Regina Friess

Narrative versus spielerische Rezeption?

Film, Fernsehen, Medienkultur.
Schriftenreihe der Hochschule für Film und Fernsehen
„Konrad Wolf"

Herausgegeben von
Lothar Mikos,
Michael Wedel,
Claudia Wegener
und Dieter Wiedemann

Die Verbindung von Medien und Kultur wird heute nicht mehr in Frage gestellt. Medien können als integraler Bestandteil von Kultur gedacht werden, zudem vermittelt sich Kultur in wesentlichem Maße über Medien. Medien sind die maßgeblichen Foren gesellschaftlicher Kommunikation und damit Vehikel eines Diskurses, in dem sich kulturelle Praktiken, Konflikte und Kohärenzen strukturieren. Die Schriftenreihe der Hochschule für Film und Fernsehen schließt an eine solche Sichtweise von Medienkultur an und bezieht die damit verbundenen Themenfelder ihren Lehr- und Forschungsfeldern entsprechend auf Film und Fernsehen. Dabei werden unterschiedliche Perspektiven eingenommen, in denen es gleichermaßen um mediale Formen und Inhalte, Rezipienten und Kommunikatoren geht. Die Bände der Reihe knüpfen disziplinär an unterschiedliche Fachrichtungen an. Sie verbinden genuin film- und fernsehwissenschaftliche Fragestellungen mit kulturwissenschaftlichen und soziologischen Ansätzen, diskutieren medien- und kommunikationswissenschaftliche Aspekte und schließen Praktiken des künstlerischen Umgangs mit Medien ein. Die theoretischen Ausführungen und empirischen Studien der Schriftenreihe erfolgen vor dem Hintergrund eines zunehmend beschleunigten technologischen Wandels und wollen der Entwicklung von Film und Fernsehen im Zeitalter der Digitalisierung gerecht werden. So geht es auch um neue Formen des Erzählens sowie um veränderte Nutzungsmuster, die sich durch Mobilität und Interaktivität von traditionellen Formen des Mediengebrauchs unterscheiden.

Regina Friess

Narrative versus spielerische Rezeption?

Eine Fallstudie zum interaktiven Film

VS VERLAG

Bibliografische Information der Deutschen Nationalbibliothek
Die Deutsche Nationalbibliothek verzeichnet diese Publikation in der
Deutschen Nationalbibliografie; detaillierte bibliografische Daten sind im Internet über
<http://dnb.d-nb.de> abrufbar.

1. Auflage 2011

Alle Rechte vorbehalten
© VS Verlag für Sozialwissenschaften | Springer Fachmedien Wiesbaden GmbH 2011

Lektorat: Barbara Emig-Roller / Eva Brechtel-Wahl

VS Verlag für Sozialwissenschaften ist eine Marke von Springer Fachmedien.
Springer Fachmedien ist Teil der Fachverlagsgruppe Springer Science+Business Media.
www.vs-verlag.de

Umschlaggestaltung: KünkelLopka Medienentwicklung, Heidelberg
Gedruckt auf säurefreiem und chlorfrei gebleichtem Papier
Printed in Germany

ISBN 978-3-531-17502-7

Danksagung

An dieser Stelle meinen herzlichen Dank an die vielen Freundinnen und Freunde, Kolleginnen und Kollegen, die mir geholfen und die mich unterstützt haben:

Prof. Dr. Lothar Mikos, Prof. Barbara Kirchner, Prof. Dr. Rainer Winter, Prof. Dr. Annamaria Rucktäschel, Prof. Dr. Elizabeth Prommer, Susanne Eichner, Claudia Töpper, Dr. Dagmar Hoffmann, Dr. Andrea Gschwendtner, Hans Meienreis, Oliver Gerstner, Klaus Scheuermann, Uke Bosse, Regine Bielefeldt, Max Buschfeldt, Markus Uhl, Henrike Schulz und alle Mitwirkenden der Filmproduktion

und an meine erweiterte Familie:
Stefano Semeria und unsere beiden Söhne Lino und Fabio, sowie Deike, Hellmuth, Susanne, Elisabeth und Albrecht Frieß, Ute Claussen, Heiderose und Nino Semeria und Bianca Gapsch

für den liebevollen Beistand in den letzten Jahren

Inhalt

1   Einleitung: Kurzer Überblick über das Forschungsprojekt

Im dem Forschungsprojekt wird auf theoretischer Basis eine Gegenüberstellung von narrativen und spielerischen Rezeptionsmustern und damit verbundenen Ausprägungen des Rezeptionserlebens entwickelt. Auf Grundlage dieser Differenzierung werden Hypothesen zu möglichen Veränderungen des Rezeptionserlebens eines interaktiven Spielfilms im Vergleich zur Rezeption eines äquivalenten linearen Spielfilms (Kurzfilm) entwickelt und in einer empirischen Studie überprüft. Vorausgehende Ausgangsthese ist die Annahme, dass ein interaktives Medienangebot spielerische Rezeptionsmuster stärker fördert als ein lineares Medienangebot und damit verbunden Verschiebungen im Verhältnis narrativer und spielerischer Rezeptionsmuster untersucht werden können.

Der Ausgangspunkt des Forschungsansatzes begründet sich im weiteren Umfeld der Reflexion von interaktiven, rechnergestützten Medien im Allgemeinen und zu Computerspielen im Besonderen. Dabei werden zwei Themenfelder aufgegriffen: 1. Thesen zur Etablierung einer neuen Spielkultur durch den Computer als neue Kulturform. 2. Die Diskussion zur Vereinbarkeit bzw. Unvereinbarkeit von Spiel und Narration.

Die Zugrunde gelegte Ausgangsthese ist, dass in Abhängigkeit vom Medienangebot narrative und spielerische Formen von Bedeutungszuweisung in unterschiedlichen Ausprägungen zum Tragen kommen und mit je unterschiedlichen Formen der Bedeutungszuweisung und darauf aufbauend, des Rezeptionserlebens verbunden sind.[1]

Motivation des entwickelten theoretischen Ansatzes ist es, zum einen der Gegenüberstellung von Spiel und Narration über einen rezeptionstheoretischen Ansatz eine neue Perspektive zu eröffnen und zum anderen die Untersuchung spielerischer Rezeptionsformen auf den Prozess der Bedeutungszuweisung zu fokussieren. Zusätzliches Anliegen dabei war, die Möglichkeit einer empirischen Überprüfung in der Theorieentwicklung mit einzubeziehen und darauf aufbauend eine exemplarische Studie durchzuführen.

Für die theoretische Gegenüberstellung narrativer und spielerischer Rezeptionsformen im Hinblick auf empirisch überprüfbare Qualitäten kann nur sehr begrenzt auf vorhandene Forschung zurückgegriffen werden kann.[2] Insbesondere

---

[1] Siehe Kapitel 2.
[2] Siehe Kapitel 4.

für die Entwicklung der spielerischen Medienrezeption musste weitgehend auf allgemeine Grundlagentheorie zum Spiel zurückgegriffen werden. Ebenso gibt es nur wenige empirische Studien, die sich mit Aspekten der Bedeutungskonstruktion in der Rezeption audiovisueller Medienangebote befassen. Für die Ausarbeitung narrativer Rezeptionsqualitäten und damit verbunden Prozesse von Bedeutungskonstruktion und Involvierung konnten hingegen vorhandene Theorien zur Filmrezeption als Grundlage und Vergleichsfolie herangezogen werden.

Damit ergibt sich für die vorliegende Arbeit eine große Spanne zwischen den zu diskutierenden Theorieansätzen und der Entwicklung eines darauf bezogenen empirischen Untersuchungsdesigns. Um diese Verknüpfung zu erreichen, wurden einige Eingrenzungen getroffen und bestimmte Begrenzungen hingenommen.

Die zentrale Eingrenzung wird über die Perspektivierung der Forschung auf den empirischen Vergleich der Rezeption eines linearen Films mit einer interaktiven Variante getroffen, als beispielhafter Fall für eine vergleichende Untersuchung narrativer und spielerischer Rezeptionsmuster. Damit muss im Gegenzug die interaktive Gestaltung des Vergleichsfilms auf einem einfachen Niveau gehalten werden, um eine Vergleichbarkeit zu gewährleisten. Der hier realisierte Interaktivitätsgrad bewegt sich damit am unteren Rand der möglichen Interaktivitätsdimensionen rechnergestützter Medienangebote, die den theoretischen Ausgangspunkt für die Frage einer neuen Spielkultur bilden.

Letztlich spiegelt sich in der Auswertung der Studienergebnisse die Komplexität des Zusammenspiels der verschiedenen theoretischen wie empirischen Komponenten wider. Insofern versteht sich die folgende Arbeit als erster Schritt zur Ausarbeitung von Fragen zu spielerischen und narrativen Rezeptionsformen in audiovisuellen Medien.

2 Problembenennung, Ausgangsthesen und Eingrenzungen

Die Entwicklung der Fragestellungen und des Forschungsinteresses des vorliegenden Dissertationsprojektes begründet sich einerseits in der theoretischen Diskussion von Interaktivität als Qualität rechnergestützter Medien. Andererseits bezieht es sich auf Problematiken und Diskussionen, die sich im Praxisumfeld der Produktion und Gestaltung interaktiver narrativer audiovisueller Medienangebote ergeben. Die beiden Bezugspunkte werden im Folgenden kurz erläutert.

2.1 Medientheoretische Ansätze zur Verbindung von Interaktivität und Spiel

Ausgangspunkt bilden theoretische Ansätze im Umfeld der Diskussion zu Veränderungen medial vermittelter Kommunikation über rechnergestützte Medienangebote, die die Frage der Neuartigkeit und der Qualifizierung der spezifischen Form dieser Medien ins Zentrum setzen. Die jeweils zu differenzierende Materialität von Medienangeboten wird bei den vorgestellten Ansätzen als inhärente Komponente des Rezeptionsprozesses erachtet. Die Gemeinsamkeit liegt in der Annahme, dass durch die besondere Qualität der Medien neue Bedingungen für die Rezeption begründet werden. Die Qualifizierung der Spezifik rechnergestützter Medien wird zur Grundlage für die Beschreibung einer damit verbundenen Rezeptionsform.[3]

Im Folgenden sollen verschiedene theoretische Ansätze hinsichtlich gemeinsamer Thesen zusammengefasst werden. Die Darstellung wird hier ohne kritische Besprechung bzw. Entwicklung eigener Standpunkte vollzogen, insofern sie als Ausgangspunkt für die anschließende Erarbeitung eines Theoriekonzepts zur Erörterung, der hier aufgeworfenen Fragestellungen, dienen soll.

---

[3] Damit grenzen sich diese, vorwiegend auf konstruktivistischer Medientheorie beruhenden, Betrachtungen von Ansätzen der überwiegend empirisch ausgerichteten Rezeptionsforschung ab, die im ersten Schritt von einer Qualifizierung der Rezeptionsformen ausgehen und diese mit möglichen Qualitäten der Medienangebote in Verbindung setzen, bzw. als Grundlage der Qualifizierung von Medienangeboten benutzen.

2.1.1   Computer als interaktives Medium

Die zentrale neue Eigenschaft rechnergestützter Medien wird im überwiegenden Teil der folgenden Ansätze mit dem Begriff der Interaktivität erfasst, deren Auswirkungen auf die Kommunikationssituation es zu qualifizieren gilt. Insofern Elena Esposito[4] in ihren Erörterungen eine sehr konkrete Bezugnahme auf die Funktionsweise von Computern und deren Auswirkungen auf den Kommunikations- und Rezeptionsprozess darlegt[5], soll ihr Interaktivitätsbegriff als Grundlage gesetzt werden.

Interaktivität wird von ihr beschrieben als Potential einer vom Rezipienten initiierten, komplexen Verarbeitung der vom Mitteilendem bereitgestellten Datengrundlage über rechnergestützte Prozeduren. Ergebnis und Verlauf der Verarbeitung sind vom Rezipienten aufgrund ihrer Komplexität nicht vorhersagbar und stellen somit eine Information im Sinne von unbekannten neuen Aussagen dar.[6] Die Besonderheit eines eigendynamischen operationsfähigen symbolischen Systems steht im Zentrum der Betrachtung.

Eine vergleichbare Definition entwickelt auch Espen Aarseth in seiner Begriffserläuterung zur „ergodischen Literatur"[7]. Ergodische Literatur zeichnet sich dadurch aus, dass sich der Nutzer die konkret rezipierbare Textform erst erarbeiten muss. Neben der interpretativen Tätigkeit muss der Nutzer über exploratives, konfiguratives oder texterzeugendes Handeln die von ihm rezipierbare Textform erstellen.[8] Ein Text kann nach seiner Ansicht Erstens nicht unabhängig von einem materiellen Medium existieren – und diese Materialität beeinflusst sein Verhalten. Zweitens ist ein Text nicht gleichgesetzt mit der Information, die er übermittelt.[9] Damit der Besonderheit elektronisch produzierbarer Textformen Rechnung getragen werden kann, muss nach Aarseth ein Text als Resultat eines Zusammenspiels von Medium, Zeichen und Operator verstanden werden.[10] Differenzierungen von Textkategorien können dann als Differenzierungen einer dieser drei Größen beschrieben werden.[11]

In beiden Fällen stellt also eine spezifische Eigenschaft der Materialität der Medienangebote den Ausgangspunkt für damit verbundene Möglichkeiten von Sinn- oder Bedeutungskonstruktionen in der Rezeption dar. Im Sinne von Espositos Definition wird im Folgenden die Spezifik komplexer rechnergestützter Trans-

---

[4] Esposito, E. (1993).
[5] Esposito bezieht sich dabei auf Winograd/Flores (Winograd, T.; Flores, F. (1992)).
[6] Esposito, E. (1993), S. 338–340.
[7] Vgl. Aarseth, E. (1997), Kapitel 1–3.
[8] Vgl. Aarseth, E. (1997). S. 62–65.
[9] Aarseth, E. (1997), S. 62.
[10] Aarseth, E. (1997), S. 57.
[11] Aarseth, E. (1997), S. 57.

formationen von bereitgestellten Datengrundlagen, initiiert durch den Eingriff des Rezipienten, als Interaktivität bezeichnet.

2.1.2   Bezug auf historische Entwicklung von medial geprägten Kommunikationsstrukturen

Eine weitere Gemeinsamkeit dieser Ansätze liegt in dem medienhistorischen und mediensoziologischen Bezugsrahmen der Ableitung und Beschreibung möglicher Veränderungen durch die Verbreitung rechnergestützter Medien.

Es wird explizit davon ausgegangen, dass die zwischenmenschliche Interaktion unter Anwesenden keine sinnvolle Folie für die Erörterung interaktiver Medien sein kann.[12] Esposito beschreibt einen mehrstufigen Prozess zur historischen Entwicklung der Medien und damit verbundenen Veränderungen von Kommunikation sowie der Genese gesellschaftlicher Wirklichkeitsmodelle. Die Stufen führen von der Einführung der Schrift, über Buchdruck, Entwicklung von Printmassenmedien, Kinofilm und Fernsehen zum Computer.

These ist dabei, dass diese Entwicklung sich einerseits durch fortschreitende Abstraktion und Abkopplung vom unmittelbaren Wahrnehmungskontext und der Mitteilungsperspektive auszeichnet, denen auf der anderen Seite ein Gewinn an Personalisierung in der Bedeutungszuweisung und eine Demokratisierung der Teilnahmemöglichkeiten an sozialen Prozessen gegenübersteht.[13] Ein wesentlicher Faktor der sozialen Funktion von Massenmedien ist die Bereitstellung einer gemeinsamen Bezugsfolie, vor der die Gesellschaftsmitglieder ihre individuellen Ansichten und Perspektiven auf mediale Inhalte im persönlichen Austausch erfahren und entwickeln können, sowie soziale Aushandlungsprozesse stattfinden.[14]

Die Eigenständigkeit der medial vermittelten Inhalte gewinnt mit der audiovisuellen Darstellung von Film und Fernsehen eine neue Dimension. Esposito spricht von einer zunehmenden Parallelisierung von unmittelbarer Wahrnehmungsrealität und der medial vermittelten kommunikativen Realität.[15] Es ist also gerade nicht von der häufig diskutierten Vermischung medialer und unmittelbarer Realität auszugehen, sondern von der stärkeren Eigengesetzlichkeit der Wahrnehmungswelten audiovisueller Medien, die in ihrer Bedeutung für die individuellen Wirklichkeitsvorstellungen zunehmend gleichberechtigt zur unmittelbaren Wahrnehmung hinzutreten.[16]

---

[12] Vgl. Wehner, J. (1997), S. 97; Esposito, E. (1993), S. 338ff.
[13] Esposito, E. (1995), S.189–200.
[14] Esposito, E. (1995b), S. 228–234; Wehner, J. (1997), S. 100–106.
[15] Esposito, E. (1995), S.200–201.
[16] Esposito, E. (1995), S.200–201.

Der Bruch, der mit der Interaktivität computergenerierter Anwendungen entsteht, liegt in der Aufhebung der Bezugnahme auf die Mitteilungsperspektive. Durch die vom Rezipienten gesteuerte komplexe Verarbeitung der bereitgestellten Textgrundlage kann der Mitteilende nicht mehr voraussehen, welcher konkrete Text rezipiert werden wird. Die Eindeutigkeit einer Rückführbarkeit auf eine Mitteilungsperspektive ist damit nicht mehr gegeben. Ebenso ist die generalisierende Funktion der Massenmedien, die intersubjektive Reflexion unter Bezug auf gemeinsame Medieninhalte durch die spezialisierten, vom Rezipienten generierten Inhalte, wesentlich eingeschränkt. Die Bedeutungszuweisung vom Rezipienten wird selbstbezüglicher und muss sich wesentlich auf den Text sowie auf die vom Rechner gegebenen Vernetzungs- und Verarbeitungsmöglichkeiten stützen.[17]

Auf die Diskussion der weiter greifenden sozialen Dimensionen dieser Entwicklungen und der Entstehung neuer Strukturen der Netzkommunikation soll hier nicht näher eingegangen werden, insofern zunächst nur die Frage einer Veränderung des Rezeptionsprozesses und der Bedeutungszuweisung im Wechsel von linearen kulturell etablierten audiovisuellen Medienangeboten zu interaktiven Formen steht.

2.1.3   Qualifizierung der Rezeptionsform bei rechnergestützten interaktiven Medienangeboten

Die Kennzeichnung der charakterisierenden Eigenschaften der Rezeption interaktiver Medien wird je nach Autor mit unterschiedlichen Gewichtungen beschrieben und diskutiert.[18] Die wichtigsten Charakteristika, die kurz ausgeführt werden sollen, sind: Selbstbezüglichkeit der Bedeutungskonstruktion, Mehrdeutigkeit und Operationalisierung von Bedeutungszuweisung, Abstraktion und Abkopplung, Handeln mit und in symbolischen Umgebungen und experimentelle Verlaufsform des Rezeptionsprozesses, sowie Ästhetisierung bzw. erlebnisorientierte Form der Bedeutungszuweisung.

---

[17] Esposito, E. (1993), 351–353.

[18] Die hier verfolgte Zusammenfassung von diskutierten Texten beruht, wie bereits erörtert, nicht auf dem Begriff der Interaktivität. Ausgangspunkt bildet die Gemeinsamkeit der Reflexion von Veränderungen auf Basis der oben beschriebenen Eigenschaften rechnergestützter Medienformen. So spricht z. B. Krotz von „elektronische mediatisierter Kommunikation". Vgl. Krotz, F. (1995), S. 447–462.

Mehrdeutigkeit selbstbezüglicher Prozesse
Esposito bezieht sich in ihrer Ableitung des Interaktivitätsbegriffs explizit auf
Heinz von Foersters Unterscheidung von trivialen und nicht trivialen Operationen.[19]
Während erstere eine eindeutige und damit vorhersagbare Relation zwischen Ein-
gangs- und Ausgangswert herstellen, durchlaufen letztere einen selbstbezüglichen
Prozess, bei dem operativ ermittelte Werte Grundlage der weiteren operativen
Verarbeitung darstellen. Dadurch entsteht schon bei einfachsten Operationen ein
Komplexitätsgrad, der eine Vorhersage des Ausgangswerts unmöglich macht.
Wichtigste Eigenschaft dieser selbstbezüglichen Operationen ist, dass mit zunehmender Laufzeit der Operation die Operation selbstbestimmender Wert des Ausgangswerts wird, der Eingangswert zunehmend an Bedeutung verliert. Insofern
der Verlauf der Operation bestimmender Faktor wird, muss von einer potentiellen
Mehrdeutigkeit ausgegangen werden, bei gleicher Eingabe können unterschiedliche Ausgangswerte z. B. je nach Laufzeit erfolgen. Von Foerster setzt diese kleine
mathematische Demonstration zur Eigenschaft selbstbezüglicher Operationen
als Ausgangspunkt einer kritischen Betrachtung von Wahrnehmungs- und Wirklichkeitsvorstellungen. Seiner Ansicht nach sind diese noch zu stark vom Abbild-
charakter mit einer eindeutigen Verweisbarkeit trivialer Relationierung geprägt
und sollten von einem Wechsel zum Paradigma nicht trivialer Zusammenhänge
abgelöst werden.[20]

Sicher wird im Zuge der Diskussion um digitale Bild- und Informationsauf-
bereitung bereits seit langem die Abbildvorstellung von Medienwahrnehmung
kritisch diskutiert, dennoch liefert von Foerster eine sehr prägnante Darlegung
zum Zusammenhang von Konstruktivität bzw. zur Abkopplung der Bedeutungsgenerierung und der Prozesshaftigkeit und Mehrdeutigkeit der menschlichen
Wahrnehmung als selbstbezügliches System. Die Selbstbezüglichkeit, die sich
über die Interaktivität als Kopplung von Bedeutungsgenerierung des Rezipienten
und der vom Rezipienten selbst mit initiierten konkreten Form der Mitteilung
ergibt, verstärkt die Abkopplung der Bedeutungszuweisung von einer externen
Bezugsperspektive und erhöht das Bewusstsein der möglichen Mehrdeutigkeit
oder Uneindeutigkeit.[21]

---

[19] Esposito, E. (1993), 338–340; Foerster, H. (1992), S. 59–62.
[20] Foerster, H. (1992), S. 59–62.
[21] So führt auch Krotz aus: Kommunikation ist bei neuen elektronisch mediatisierten Medienformen „viel weniger durch kommunikationsexterne Realität überprüfbar und deswegen besonders
‚konstruiert'". Krotz, F. (1995), S. 452. Und weiter: „Für Individuen wird sich das Realitätsproblem
verschärfen, es wird gemessen an unserer heutigen medialen Praxis, erhebliche Einordnungs- und
Orientierungsprobleme geben." Krotz, F. (1995), S. 458.

Prozesshaftigkeit und Dynamik der Bedeutungskonstruktion
Esposito geht davon aus, dass der Verlust der Bezugnahme auf eine Mitteilungsperspektive als Grundlage der Bedeutungszuweisung durch die strukturellen Angebote der Verarbeitungsmöglichkeiten des Computers ausgeglichen wird. Die
Verarbeitungsprozesse werden zum integralen Bestandteil der Bedeutungszuweisung. Die Bedeutungsgenerierung ist eingebunden in einen dynamischen Prozess,
bei dem der Rezipient in die Konstruktion der symbolischen Zeichenwelt eingreift.
    Peter Krieg[22] und Sybille Krämer[23] sehen in dieser Form der Handlung in und
mit symbolischen Objekten und der experimentellen, selbstreflexiven dynamischen
Erkundung möglicher Bedeutungen eine Abkehr vom instrumentellen Zeichen-
und Mediengebrauch, verstanden als bloßem Verweis auf Informationen. Krieg
beschreibt dieses neue Paradigma, das über interaktive Medien in den Vordergrund
gerückt wird, als spielerische lernorientierte Rezeptionsform Krämer, beschreibt
es als „spielerische Interaktion"[24]. Krieg sieht die Neuartigkeit interaktiver Medien
vor allem in dem Potential eines veränderten Wahrnehmungs- und Kommunika-
tionsverständnisses.[25] Krämer betont, in Anlehnung an Esposito, den materiell
gegebenen Unterschied von virtuellen Computerwelten zu traditionellen Medien,
der über die textinternen „Freiheitsgrade"[26] symbolischer Objekte und deren Verbindungen zu einem Bedeutungszusammenhang entsteht.
    Die Prozesshaftigkeit und Dynamik der Rezeptionshandlung selbst rücken in
den Vordergrund der Bedeutungskonstruktion. Der Bezug auf eine dem Medienangebot externen Realität – die einer Mitteilenden Person, oder anderer Erfah-
rungsbezüge – wird abgeschwächt.

Emotionale Aspekte der Selbstbezüglichkeit: Ästhetisierung und
Erlebnisorientierung des Rezeptionsprozesses
Während Esposito eine rein kognitiv orientierte These zur Veränderung der Bedeutungszuweisung aufstellt, sehen andere Autoren hier vor allem auch mögliche
Veränderungen der emotionalen Zuwendung. Ausgehend von der Fragestellung,
welche Bezugsgrößen dem Rezipienten für die Bewertung und Beurteilung bleiben, wird davon ausgegangen, dass das Rezeptionserleben selbst zum wesentlichen Bestandteil der emotionalen Bedeutungszuweisung wird. Wehner wie auch
Rötzer beschreiben dies als Ästhetisierung der Bedeutungszuweisung, bei dem
die jeweiligen Gestaltungsmuster wesentliches Kriterium für eine Bewertung und

---

[22] Krieg, P. (1993), S. 180–188.
[23] Krämer, S. (1995), S. 225–236.
[24] Krämer, S. (1995, S. 225–236.
[25] Krieg, P. (1993), S. 182–185.
[26] Krämer, S. (1995), S. 230.

Zuwendung liefern.[27] Krotz, Krämer wie auch Rötzer gehen davon aus, dass die Ereignishaftigkeit und Erlebnisqualität des Rezeptionsprozesses in den Vordergrund rücken werden.[28]

Neues Wissensparadigma
Fast alle Autoren verbinden mit den postulierten Veränderungen von Rezeption und Kommunikation durch interaktive Medien[29] eine Veränderung von Wirklichkeits- und Wahrnehmungsvorstellungen und der sozialen Bedeutung von medialer Kommunikation.[30]
    Rötzer stellt diesen Aspekt sehr ausführlich als Veränderung des Wissensparadigmas dar. Wird das Spiel zur leitenden Modellvorstellung von Kommunikationskultur, so wird Wissen zur Fähigkeit mit dem Unwahrscheinlichen umzugehen. Wissen vollziehe sich als Simulation von komplexen nicht vorhersagbaren Zusammenhängen, das dem Singulären Rechnung trage. Damit werde eine Abkehr vom traditionellen Wissenschaftsverständnis als Prognose von Wahrscheinlichem unter Aufstellung allgemeingültiger Regeln vollzogen.[31] Auch Esposito[32] greift, ausgehend von Foerster und dessen Darstellung zur Selbstbezüglichkeit von Wahrnehmung, auf einen Erkenntnisbegriff von Maturana zurück, bei dem Wissen als Fähigkeit zur Handlung bzw. Selbsterhaltung in einem umgebenden komplexen System definiert wird. Während die Vorstellung von Wissen als abgespeicherte und übertragbare Informationsform von Maturana als falsches Paradigma beschrieben wird.[33] Die Selbstbezüglichkeit des Rezeptionsprozesses bei interaktiven rechnergestützten Medien stellt eben diesen Aspekt der Konstruktivität als Anbindung an die je spezifische Form der Operationalisierung von Bedeutungsgenerierung, für den Rezipienten wahrnehmbar, in den Vordergrund.

---

[27] Rötzer, F. (1998), S. 152, 169; Wehner, J. (1997), S. 109.
[28] Vgl. Krotz, F. (1995), S. 459; Krämer, S. (1995), S. 232; Rötzer, F. (1998), S. 152.
[29] Hier sei noch einmal darauf hingewiesen, dass der Begriff interaktive Medien stellvertretend für die unterschiedlichen Bezeichnungen von rechnergestützten vernetzten Medienformen bei den Autoren benutzt wurde. Siehe dazu auch obige Erläuterung zur Begriffsdefinition interaktiver Medien..
[30] Krämer geht von dem Potential eines Wechsels der bisher vorherrschenden instrumentellen Form des Computergebrauchs zu einer produktiven Gebrauchsform aus. (Krämer, S. (1995), S. 225–226.) Wehner diskutiert die möglichen Gefahren einer Auflösung elementarer sozialisierender Funktionen von Massenmedien, die z. B. in die Dominanz ästhetisierende Beurteilungs- und Akzeptanzkriterien münden könnte. (Wehner, J. (1997), S. 108–110.) Während Esposito in den dargestellten Aufsätzen und späteren Erörterungen die Diskussion der Auflösungen vorhandener Bezugssysteme kommunikativer Beurteilung mit der Generierung neuer Kriterien, insbesondere durch die Vernetzungsstrukturen des Internets verbindet. (Esposito, E. (2000), S. 185–187.)
[31] Rötzer, F. (1998), S. 157.
[32] Esposito, E. (1995a), S. 190–191.
[33] Vgl. Maturana, H. (1988), S. 842.

Bezug zu Spiel

Eine explizite Bezugnahme von der Qualifizierung neuartiger Rezeptions- und Kommunikationsmuster über rechnergestützte Medienangebote zu Verhaltensformen des Spiels bzw. zu Spielwelten wird von Krämer, Krieg und Rötzer ausgeführt. Krieg und Krämer beziehen sich auf die Handlungsform der Kommunizierenden. Der interaktive Gebrauch des Computers im Kontext symbolischer Welten ähnelt nach Krämer Vorgängen, denen wir im Zuge von Spielsituationen begegnen.[34] Die Parallelen zwischen der Handlung in virtuellen Umgebungen und Spielsituationen liegen in: der Teilnahme in – nicht Beobachtung von – symbolischen Umgebungen, einer dynamischen autarken Verlaufsform des Prozesses, der Kontingenz und Unvorhersehbarkeit des Verlaufs, als einer von vielen Möglichkeiten, und dem damit verbunden Ereignischarakter des Prozesses.[35]

Krieg definiert Spiel hingegen als lernorientiertes konstruktives Handeln, dass sich im selbstreflexiven Prozess vollzieht. „Lernen ist der Prozeß der Erfindung einer Welt durch Stabilisierung von Empfindungen."[36] Die Erzeugung von stabilen Erfindungen erfolgt über ein experimentelles Erkunden, eine sich über ein wiederholendes Ausprobieren langsam aufbauende Stabilisierung. Interaktive Medien stellen sich, durch ihre spezifische Eigenschaft dieses aktiven erkundenden Moments von Wahrnehmung und Wirklichkeitskonstruktion, in den Vordergrund.[37]

Rötzer sieht den Ausgangspunkt der Parallelisierung vom Handeln in virtuellen rechnergenerierten Umgebungen und Spielwelten in der Ästhetisierung und Erlebnisorientierung des Rezeptionsprozesses , der als Eigenwert in den Vordergrund tritt.[38] Die neuen Kommunikationsformen können nach Rötzer, als Ausdruck eines veränderten Identitätskonzepts verstanden werden, das im Kontext weiterer Faktoren, die hier nicht weiter erörtert werden sollen, die Grundlage einer neuen Spielkultur darstellt.[39]

---

[34] Krämer, S. (1995), S. 233–234. Wobei Spiel, hier im Sinne von Scheuerls Spielbegriff, als Bewegungsverlauf, der bestimmte Charakteristiken aufweist, aufgefasst wird. (Vgl. auch Scheuerl, H. (1991))
[35] Krämer, S. (1995), S. 234.
[36] Krieg, P. (1993), S.182.
[37] Krieg, P. (1993), S.182–183. Kriegs „Hoffnung ist, dass die interaktiven Medien dadurch dem Paradigma [der Informationsübertragung, Anm. d. Vf.] allmählich das Wasser abgraben. (...) Es geht um ‚inventives' er-findendes Lernen, statt um ‚exploratives' Lernen, bei dem lediglich bereits vorhandene Informationen zu ‚entdecken' gilt." Krieg, P. (1993), S. 184.
[38] Rötzer, F. (1998), S. 152.
[39] Rötzer, F. (1998), S. 152–169. Rötzer führt dazu aus: „Wir befinden uns im Zeitalter des Konstruktivismus und des Experiments, nicht mehr in dem der Realität, der Objektivität und der Wahrheit. Etwa als Spiel zu interpretieren, heißt nicht nur, darin Spaß, Unterhaltung und Zerstreuung zu suchen, es heißt auch paradoxerweise, die veränderliche und sich verändernde Ordnung, das Zusammenwirken von Regel und Zufall, von Notwendigkeit und Freiheit anzuerkennen; es heißt, etwas nicht nur richtig auszuführen, sondern darin auch zu einer ästhetischen Vollkommenheit zu gelangen und letztlich erwachsen zu werden." Rötzer, F. (1993), S. 27.

Das Interesse an den vorgestellten Diskussionen zur Spezifik von Rezeptions- und Kommunikationsprozessen bei rechnergestützten Medien liegt wie bereits einleitend angeführt, auf dem Aspekt der postulierten Verbindung von Interaktivität und Spiel. Die Betrachtung von Interaktivität wird dabei an eine sehr allgemeine oder grundsätzliche Erfassung von rechnergestützten Medienangeboten gebunden. Befasst man sich hingegen mit der Produktion interaktiver audiovisueller Medienangebote, entwickeln sich unmittelbare konkrete Fragestellungen zu der Relation zwischen inhaltlicher Vermittlung und audiovisueller Gestaltung zu den Eingriffsmöglichkeiten der Nutzer. Insofern muss auch hier noch mal darauf hingewiesen werden, dass der obige Interaktivitätsbegriff als eine Idealform verstanden werden muss. Die konkrete Ausprägung einer interaktiven Nutzung kann dementsprechend sehr nah an der oben entwickelten Qualifizierung der komplexen Transformation liegen, z. B. bei Computerspielen, oder auf niedrigeren Komplexitätsstufen vollzogen werden. Zur Diskussion welche konkreten Formen der Selektions- und Manipulationsmöglichkeiten des Nutzers als interaktiv beschrieben werden können, gibt es eine Vielzahl von Ansätzen. Goertz liefert dazu einen guten Überblick, verknüpft mit einem eigenen Kriterienkatalog. Im vorliegenden Ansatz wird diese Diskussion nicht aufgegriffen und eine vereinfachende Reduzierung auf die Gegenüberstellung von Linearität (mit nicht beeinflussbarem Verlauf) und Interaktivität (Beeinflussung des Verlaufs durch den Zuschauer) bewusst in Kauf genommen. Dies begründet sich zum einen in der Fokussierung auf die theoretische Modellierung von spielerischer und narrativer Rezeption und deren empirisch abfragbaren Qualitäten. Andererseits ist es sinnvoll diese Differenzierung anhand konkreter erster Ergebnisse, unter Bezug auf das entwickelte Theoriemodell, auf eine aufbauende Forschungsarbeit zu verlegen.

Demgegenüber beziehen sich die Diskussionen aus dem Umfeld der Medienpraxis auf konkrete Werkformen und konkrete Rezeptionshandlungen.

2.2 Diskussion im praktischen Kontext: Narration versus Spiel bei interaktiven audiovisuellen Medienangeboten

2.2.1 Praxis des interaktiven Films

Die Einbindung des Zuschauers in die Gestaltung des Verlaufs narrativer Formate hat eine lange Geschichte, die sich in viele unterschiedliche Bereiche medialer Angebote und darstellender Künste verzweigt. Eine exakte historische Verortung soll hier nicht erfolgen, sondern nur eine exemplarische Darstellung von Bezugspunkten aus der konkreten Gestaltungsarbeit unter Eingrenzung der Perspektive auf Formen des interaktiven Films.

Für die Entwicklung interaktiver filmischer Angebote gibt es eine lange Tradition unterschiedlichster Formate und Konzepte. Nach Chris Hales[40] stellt ein interaktiver Kinofilm, der im Rahmen der Weltausstellung 1967 in Montreal gezeigt wurde, eines der ersten Versuche dar. Das Publikum wurde an ausgewählten Entscheidungspunkten von einem Moderator live dazu motiviert, sich für einen von zwei möglichen Wegen per Knopfdruck am Kinosessel zu entscheiden.

Mit der Entwicklung interaktiver CD-ROMs konnte der Nutzer auf Basis zugrunde liegender Autorensysteme mit relativ großer Freiheit und komplexen Menüstrukturen multimediale Inhalte mit Filmbausteinen rezipieren. Eine starke Einschränkung des filmischen Rezeptionserlebnisses lag in der Begrenzung der Größen der Filmdarstellungen, sowohl in der Bildgröße, wie auch in der Filmlänge und Qualität der Filmbilder.

Mit dem Aufkommen der DVD wurde diese Einschränkung aufgehoben. Es gab eine neue Welle interaktiver Filmangebote, die nun die Möglichkeit hatten dem qualitativen Anspruch von klassischer Hollywoodproduktion ebenbürtig zu sein, wenn auch bei relativ eingeschränkten Möglichkeiten der Nutzernavigation.[41]

Im Bereich der Multimedia-CD-Roms haben sich vor allem populäre Formen der Informationsdarstellung als eigenständige Angebotsform durchgesetzt. Interaktive Multimedia-CD-ROMs mit Lernspielen, Infotainment- oder Edutainment-Angeboten bilden heute ein eigenes Marktsegment der Softwareangebote.

Die interaktiven Filmangebote der ersten DVD-Generationen im Bereich des fiktionalen Erzählens waren wenig erfolgreich. Für die DVD hat sich dann ebenfalls eine Angebotsform durchgesetzt, bei der die interaktive Nutzerführung als Zusatzelement, inhaltlich wie strukturell, zum Filmangebot verstanden wird. In beiden Fällen steht für die Rezeption nicht das interaktive Filmerlebnis im Vordergrund. Das Scheitern dieser anfänglich so euphorisch verfolgten Bahn des interaktiven Films war und ist häufig Ausgangspunkt für die Diskussionen im praktischen Umfeld der Mediengestaltung.

Diese Entwicklung entspricht den Problemen, die sich bei dem Gestalten interaktiver filmischer Angebote stellen. In der Praxis der konzeptionellen Arbeit zur Entwicklung interaktiver audiovisueller Medienumgebungen ergeben sich in der Regel zwei gegenüberliegende Pole, zwischen denen es sich zu verorten gilt. Einerseits Auf der einen Seite liegt die größtmögliche Freiheit der Navigation, Manipulation und Konstruktion für den Rezipienten und Nutzer und auf der anderen Seite die lineare Darstellung und emotionale Einbindung in gestaltete

---

[40] Vortrag von Chris Hales im Rahmen des Workshops „Interactive Digital Moviemaking", München März 2002.
[41] Durch das Problem der hohen Produktionskosten für alternative Handlungsstränge führte die Eingrenzung der Aufwendungen in anderen Bereichen in der Regel dennoch zu einer qualitativen Herabsetzung.

Welten: Handlungsräume und Handlungssituationen, die nachvollziehbar sind und Motivationen zur Teilnahme bieten.[42] Die dahinter liegende Gefahr bei der Gestaltung der Nutzereinbindung kann reduziert werden auf die Frage: Beliebigkeit oder Passivität?

Um die Beliebigkeit bei großer Handlungs- und Gestaltungsfreiheit einzugrenzen, lassen sich einerseits Regeln aufstellen und andererseits Ziele setzen, womit eine Art Spielrahmen etabliert wird. Demgegenüber wird die emotionale Einbindung der Rezipienten meist über die Involvierung in Handlungssituationen und die Anteilnahme an Charakteren angestrebt, die in der Regel über lineare erzählende Filmmodule dargestellt werden, sei es auch nur als einmaliges Intro eines PC-Spiels.

2.2.2 Narration versus Spiel: Theoretische Diskussion zur Praxis

Die Frage der Gegenüberstellung von Spiel und Narration bei interaktiven narrativen Formaten wird in einer Reihe von Texten diskutiert, deren Autoren überwiegend praxisnahe Erörterungen zur Gestaltung und Rezeption dieser Angebote darlegen. Jesper Juul[43], selbst Spielentwickler, stellt die Frage der Gegensätzlichkeit bzw. nach möglichen Perspektiven einer Vereinbarkeit von Spiel und Narration in den Mittelpunkt seiner gestaltungs- und entwicklungsbezogenen Betrachtung.

Seiner Ansicht nach ist die Rezeptionssituation bei Computerspielen auf mehreren Ebenen konträr zu der eines Lesers bzw. Zuschauers von erzählenden Darstellungen.[44] Juuls Ansatz wird hier exemplarisch vorausgreifend angeführt, da bei ihm der Aspekt der unterschiedlichen Bedeutungszuweisungen Ausgangspunkt der Gegenüberstellung ist. Weitere Autoren im Umfeld der Computerspieldiskussion, wie Ryan und Aarseth,[45] greifen diese Fragestellung unter anderen Perspektiven ebenfalls auf.[46]

Juul sieht klare Differenzen in der Rezeption narrativer Texte und narrativer Elemente bei Computerspielen. Letztere bildeten, so Juul, allenfalls einen metaphorischen Rahmen für die Rezeption, seien aber nicht integraler Bestandteil von Computerspielen.[47] Der Spieler eines Computerspiels versuche, nach Juul, nicht ein mentales Modell für Charaktere oder Handlungsträger und deren Emotionen, Wahrnehmungen oder Ziele aufzubauen. Es mache, so sein angeführtes Beispiel, keinen

---

[42] Interaktiver Film liegt im zweiten Bereich, dem der Dominanz involvierender linearer Darstellung vorhandener Handlungsbezüge bei geringer Nutzerfreiheit und wenig Manipulationsmöglichkeiten.
[43] Juul, J. (1999).
[44] Vgl. Juul, J. (1999),Kap. 4 und Kap. 5.
[45] Aarseth, E. (1997); Ryan, M. (2001).
[46] Die ausführlichere Besprechung dazu erfolgt im Kapitel 4.
[47] Juul, J. (1999), Kap.4/S. 9.

Sinn sich kognitiv mit einem Raumschiff zu identifizieren. Beim Spiel gehe es nicht darum ein Raumschiff zu „sein", sondern das Raumschiff zu „kontrollieren"[48]. Die Rezeptionshaltung beim Computerspiel und die Rezeption von Erzählungen wird von Juul ebenfalls gegenübergestellt. Der Spieler übernehme im Computerspiel eine konkrete Aufgabe und das Spiel wiederum evaluiere die Leistung des Spielers bezüglich der Erfüllung dieser Aufgabe. Der Leser bzw. Zuschauer könne hingegen nur auf ein gutes Ende hoffen, dies aber nicht herbeiführen. Spieler zu sein, heiße, sich der Evaluation der eigenen Aktivitäten auszusetzen. Die kognitive Aktivität finde beim Spielen auf einer abstrakteren Ebene, als die der Aktivierung mentaler Modelle, statt.[49]

Juul stellt hier, größtenteils aus unmittelbarer anschaulicher Erfahrung des Spielentwicklers und -nutzers, Thesen zur Rezeption bei Spielen in Gegenüberstellung zur Rezeption von Geschichten auf, die auf unterschiedliche Formen der Bedeutungszuweisung und Handlungsmotivation zielen. Damit konkretisiert er aus Rezeptionsperspektive die oben angeführten Problemstellungen der praktischen Konzeption interaktiver narrativer AV-Angebote.

Die Polarisierungen der praktischen Konzeption interaktiver filmischer Angebote wie auch die von Juul sehr fokussiert formulierten Thesen zu den differierenden Rezeptionshaltungen bilden neben den vorangestellten Ausführungen zu den theoretischen Reflexionen den Ausgangspunkt der folgenden Ausführungen zur Entwicklung der ausgehenden Thesen und Fragestellungen.

2.3   Zusammenfassende Ableitungen

Zusammenfassend werden aus obigen Ausführungen zur theoretischen Diskussion von den spezifischen Qualitäten des Rezeptionsprozesses bei interaktiven Medien und den Darstellungen zur Problemdiskussion im Umfeld der praktischen Produktion und Konzeption interaktiver erzählender AV-Medien folgende Thesen und Fragestellungen abgeleitet:

2.3.1   Ausgangsthesen

1.   Die Materialität von Medienangeboten führt zu spezifischen kulturellen Formen von Wirklichkeitsrepräsentation und Wirklichkeitsvorstellungen.

---

[48] Juul, J. (1999), Kap. 5/S. 2,3.
[49] Juul, J. (1999), Kap. 5/S. 2,3.

2. Interaktive Medienangebote bedingen eine spezifische Rezeptionsform, die
    sich qualitativ von der Rezeptionsform linearer Medien abgrenzen lässt und
    Qualitäten des Spiels aufweist.

Die Erste These ist nicht direkter Gegenstand der Diskussion, sondern stellt den
umfassenden theoretischen Rahmen für die Untersuchung dar. Sie liefert den Ausgangspunkt für Wahl und Diskussion der Theorieansätze zur Entwicklung des
Grundmodells von Medienrezeption (und wird dort im kleinen Rahmen unter
Perspektivierung auf den eingegrenzten Forschungsgegenstand erörtert werden).
Die zweite These stellt hingegen die Grundlage der ausgehenden Forschungsfragen dar, die im Folgenden noch weiter eingegrenzt werden sollen.

2.3.2 Fragestellungen

1. Kann die These einer Ausprägung spielerischer Rezeptionsformen und Wirk-
    lichkeitsmuster durch interaktive Medien theoretisch konkretisiert werden?
2. Kann auf Basis dieser Konkretisierung ein Zusammenhang zwischen inter-
    aktiven Medienangeboten und spielerischer Rezeptionsform empirisch unter-
    sucht und belegt werden?

Die Frage zur empirischen Überprüfbarkeit ergibt sich nicht unmittelbar aus den
vorgestellten Theorieansätzen, wurde aber als zweite Komponente des Forschungsprojekts aufgenommen, gerade weil die bisherigen Erörterungen sich wesentlich im
Rahmen medienphilosophischer oder umfassender mediensoziologischer Konzepte
bewegen. Neben den bereits angeführten Diskussionen zum Praxisumfeld ergeben
sich nach vorliegender Auffassung zahlreiche weitere Felder konkreter Debatten
zur Rezeption interaktiver Medienangebote, die es sinnvoll und von Interesse
erscheinen lassen, die theoretischen Konzepte zur empirischen Qualifizierung
der Rezeption interaktiver AV-Medien weiter zu differenzieren und anhand konkreter Untersuchungen zu hinterfragen. Dazu gehören im weiteren Umfeld die
heftig geführten Diskussionen zum Einfluss von Ego-Shooter-Spielen wie aber
auch Forschungsfelder zu den Potentialen von Lernspielen oder anderen lern-
orientierten interaktiven Medienformen. In beiden Bereichen stellen Fragen zur
Qualifizierung der Prozesse von Bedeutungskonstruktionen und damit vermittelten
Wirklichkeitsvorstellungen einen sinnvollen Ausgangspunkt für weiterführende
Untersuchungen dar.

2.4   Eingrenzungen

Da für diese konkreten Fragestellungen bisher sehr wenig theoretische wie auch empirische Forschung vorliegt, stellt die Entwicklung der Theoriegrundlage eine relativ umfangreiche Aufgabenstellung dar. Damit in diesem Rahmen die Ausarbeitung bis hin zur Durchführung einer empirischen Studie möglich ist, wird eine weitere Eingrenzung des Betrachtungsgegenstandes und der damit verbundenen Theorieentwicklung vorgenommen.

Der Bezugspunkt für diese Eingrenzung liegt in der oben angeführten Diskussion zur praktischen Arbeit der gestaltenden Konzeption interaktiver filmischer Anwendungen.

2.4.1   Eingrenzung des Betrachtungsgegenstands

Die Annäherung an die These einer Veränderung des Rezeptionsprozesses durch Interaktivität soll über eine konkrete vergleichende Betrachtung erfolgen. Inwiefern lässt sich zeigen, dass sich die Rezeption eines linearen AV-Angebots von der eines vergleichbaren interaktiven AV-Angebots hinsichtlich vorab entwickelter Fragestellungen verändert? Dafür bietet sich die vorhandene Diskussion im Praxisumfeld zur Verbindung von Narrativität und Spiel im Bereich interaktiver narrativer Formate an. Als Ausgangspunkt soll die Rezeption eines linearen narrativen Films in Gegenüberstellung zu der Rezeption einer vergleichbaren interaktiven Variante gesetzt werden. Die Qualifizierung der hypothetischen Veränderungen hin zu einer spielerischen Rezeption soll also auf der konkreten Bezugsfolie der Rezeption von linearen narrativen Filmen erfolgen. Das bietet, neben dem praxisbezogenen Interesse an der Untersuchung der Rezeption interaktiver narrativer Filmangebote, die Möglichkeit, für das theoretisch schwach erschlossene Feld zur konkreten Qualifizierung der Rezeption interaktiver Medienangebote, die breite Grundlage der rezeptionsästhetischen Filmtheorien als Bezugsbasis zu setzen.

2.4.2   Eingrenzung der theoretischen Perspektive und der methodischen Vorgehensweise

Aus der formulierten Ausgangsthese ergibt sich die Fokussierung auf Fragen zur Bedeutungskonstruktion und damit verbundenen Qualitäten des Rezeptionsprozesses. Es wird davon ausgegangen, dass der Prozess der Zuschreibung von Bedeutung durch Interaktivität verändert wird. Im Interesse steht eine Relation zwischen Werkform und deren materiell bedingten Eigenschaften des Rezeptionsprozesses zu intersubjektiv ermittelbaren Veränderungen der Bedeutungszuweisung und damit verbundenen Qualitäten des Rezeptionserlebens. Rezipiententypologien, wie auch Fragen individueller Rezeptionsmotivationen, stellen in diesem Rahmen gegebenenfalls zu berücksichtigende Faktoren dar, sind aber nicht Teil der Forschungsfrage. Die Fokussierung auf die Frage der Veränderung von Rezeptionsprozessen bedingt weiterhin, dass hier nicht die Frage der Differenzierung von narrativen, interaktiven oder spielerischen Werkformen zur Debatte steht.[50]

Im Sinne rezeptionsästhetischer Ansätze zur Filmtheorie[51] wird davon ausgegangen, dass bei der Rezeption narrativer linearer Filme narrative Rezeptionsmuster zum Tragen kommen, die über bestimmte Schlüsselelemente seitens der filmischen Angebote initiiert werden.[52] Diese narrativen Rezeptionsmuster, werden – so die These – über die interaktive Qualität durch spielerische Rezeptionsmuster überlagert. Die theoretische Erschließung soll über die Eingrenzung auf die Gegenüberstellung von spielerischen und narrativen Rezeptionsmustern erfolgen. Dabei wird von der Notwendigkeit einer Abkopplung von Rezeptionsmustern und Medienangeboten ausgegangen: Linearität bzw. Interaktivität von Medienangeboten können nicht gleichgesetzt werden mit narrativer bzw. spielerischer Rezeption. Es muss eine unabhängige Qualifizierung narrativer und spielerischer Rezeptionsmuster erfolgen, deren Zusammenhang mit der linearen und interaktiven Qualität der Medienangebote untersucht werden kann.

Die Zielsetzung der empirischen Überprüfbarkeit bedingt, dass die theoretische Qualifizierung der Rezeptionsprozesse und mögliche Veränderungen hinsichtlich beobachtbarer oder abfragbarer Qualitäten ausgearbeitet werden muss. Da im vorliegenden Studienrahmen eine Befragung der Rezipienten im Anschluss an die Rezeption erfolgen soll, muss es sich um bewusst formulierbare Qualitäten des Rezeptionserlebens handeln. Das heißt, dass die theoretisch analytische Gegenüberstellung von narrativen und spielerischen Rezeptionsmustern unter Bezug auf die empirische Überprüfbarkeit formuliert werden sollen. Die Ausrichtung der Untersuchung bezieht sich damit auf Qualitäten des Rezeptionserlebens in ihrer Relation zu Prozessen der Bedeutungskonstruktion.

---

[50] Dazu gibt es bereits Literatur, deren Beiträge hinsichtlich ihrer Relevanz noch zu überprüfen sind, bzw. besprochen werden. Siehe Kapitel 4.
[51] Dabei wird hier vor allem Branigans Theorieansatz zur Filmrezeption zugrunde gelegt. Branigan, E. (1998).
[52] Vgl. Branigan, E. (1998), S. 3 und Bordwell, D. (1985), S. 39.

2.4.3   Eingegrenzte Thesenformulierung und Fragestellungen

Die eingegrenzte Thesenformulierung lautet:

1. Narrative und spielerische Rezeptionsmuster stellen unterschiedliche Formen der (inhaltlichen wie emotionalen) Bedeutungszuweisung dar.
2. Unterschiedliche Dominanzen von narrativen und spielerischen Rezeptionsmustern bedingen unterschiedliche Formen des Rezeptionserlebens.
3. Die Aufbrechung einer narrativen linearen Filmform zu einer interaktiven Struktur führt zu einer Verstärkung spielerischer Rezeptionsmuster.

Daraus ergeben sich folgende Fragestellungen:

1. Welche Differenzierungen lassen sich auf theoretischer Basis für narrative und spielerische Rezeptionsmuster formulieren: bezüglich a) der Bedeutungskonstruktion (emotionale wie kognitive Aspekte), b) dem darauf aufbauendem Rezeptionserleben?
2. Welche Unterschiede bezüglich Bedeutungskonstruktion und Rezeptionserlebens lassen sich empirisch ermitteln beim Vergleich der Rezeption eines linearen narrativen Films zu einer äquivalenten interaktiven Filmversion?
3. Kann die These der Verbindung von Interaktivität und spielerischer Rezeption anhand dieser Untersuchung belegt werden?

2.4.4   Vorgehensweise und Arbeitsschritte für die theoretische und empirische Untersuchung

Die bereits dargestellte schwierige Ausgangslage dieses Forschungsprojekts liegt in der relativ schmalen Forschungsgrundlage im Bereich der Rezeption interaktiver narrativer AV-Medien einerseits sowie zur Frage spielerischer Medienrezeption andererseits. Ebenso liegt nach vorhandenem Kenntnisstand keine Literatur zur Qualifizierung und Differenzierung von Prozessen der Bedeutungskonstruktionen bei narrativen und spielerischen Rezeptionsformen vor.

Demzufolge muss in einer theoretischen Grundlagenarbeit versucht werden ein Modell von Medienrezeption zu entwickeln, das es ermöglicht, die theoretische Erörterung der Ausgangsthesen zur differierenden Bedeutungskonstruktionen im Kontext interaktiver Mediennutzung zu verbinden mit einer Qualifizierung dieser Differenzen hinsichtlich empirisch überprüfbarer Kategorien des Rezeptionserlebens.

Als Theorieansatz für die Entwicklung dieses Modells soll eine Verbindung konstruktivistischer Medientheorie und handlungstheoretischer Ansätze zur Medienrezeption dienen. Erstere liefert wichtige Konzepte für die Relationierung individueller kognitiver Rezeptionsprozesse und den physischen wie sozialen Bedingungen der Rezeptionssituation. Die im symbolischen Interaktionismus verankerte Rezeptionstheorie integriert hingegen über die handlungsorientierte Perspektive wesentliche Konzepte der emotionalen Einbindung der Rezipienten, insofern die Rezeptionshandlung als soziale auf die zwischenmenschliche Interaktion bezogene Handlung verstanden wird. Beide Ansätze bauen auf Prozessen der Bedeutungskonstruktion auf und bieten damit die notwendige Fokussierung auf die hier zur Frage stehenden Komponenten des Rezeptionsprozesses.

Darauf aufbauend sollen Kategorien der Bedeutungskonstruktion und des Rezeptionserleben entwickelt werden, die als Basis der späteren Qualifizierung narrativer und spielerischer Rezeptionsmuster bezüglich empirisch abfragbarer Komponenten dienen können. Zielsetzung dieser Modellentwicklung ist die Kopplung von theoretisch analytischen Annahmen und Beschreibungen zur Bedeutungskonstruktion in der Relation zu bestimmten Rezeptionssituationen und einer auf das beschreibbare Rezeptionserleben orientierten Gegenüberstellung narrativer und spielerischer Rezeptionsmuster bei der Rezeption narrativer fiktionaler Filme. Diese Erörterung basiert wesentlich auf rezeptionsästhetischer und kognitiver Filmtheorie, die im Zusammenspiel mit rezeptions- und handlungsorientierten Elementen von Theorien zum Spiel zur angestrebten Gegenüberstellung führen soll.

Im anschließendem Teil zur empirischen Untersuchung sollen auf Basis der theoretisch entwickelten Beschreibung von narrativer und spielersicher Medienrezeption bezüglich der Bedeutungskonstruktion und des Rezeptionserlebens bei der Rezeption narrativer Filme Thesen zur den Verschiebungen bei der Rezeption eines vergleichbaren Interaktiven Films entwickelt werden. Diese Thesen stellen den Ausgangspunkt der empirischen Studie zum Rezeptionserleben interaktiver Filme dar. Die Studie ist als Experiment mit standardisierten Fragebögen und ergänzenden Gruppeninterviews durchgeführt worden.

Die Arbeit gliedert sich damit in folgende Abschnitte:

- Grundlagen der Medienrezeption (Theorie- und Modellentwicklung)
- Rezeption narrativer Filme: Qualifizierung von Bedeutungskonstruktion und Rezeptionserleben und Charakterisierung narrativer Rezeptionsmuster
- spielerische Medienrezeption (Ableitung spielerischer Rezeptionsmuster aus Theorieansätzen) zum Spiel
- Gegenüberstellung narrativer und spielerischer Medienrezeption
- Entwicklung von Hypothesen für die empirische Forschung und Durchführung der Studie
- Interpretation und Kritik zum Theorieansatz und der empirischen Erhebung

3 Grundlagen der Medienrezeption

Die angestrebte Modellentwicklung zur Differenzierung der beim Prozess der Bedeutungskonstruktion beteiligten Prozesse der Medienrezeption in Relation zur Materialität des Medienangebots unter Berücksichtigung des kommunikativen Kontexts soll im ersten Schritt eine soziologisch ausgerichtete Betrachtungsperspektive dargestellt werden. Dies ermöglicht den Anschluss an die weitgefassten medienphilosophischen und kulturtheoretischen Implikationen der oben dargestellten Theorieansätze zu den Ausgangsthesen herzustellen.

Wie bereits eingehend angesprochen, wird dies auf Grundlage konstruktivistischer und handlungstheoretischer Medientheorie entwickelt, die im Folgenden zunächst getrennt hinsichtlich relevanter Kategorien und Begrifflichkeiten dargestellt werden. Im Anschluss wird in einem vergleichenden Fazit die Möglichkeit einer verbindenden Modellentwicklung erörtert.

Im zweiten Schritt soll über die Diskussion von rezeptionsästhetischen und kognitionstheoretischen Ansätzen die Modellierung der Rezeptionsprozesse mit Ausrichtung auf die empirischen, am erfahrbaren und formulierbaren Rezeptionserleben orientierten, Kategorien zu den ausgehenden Fragestellungen erfolgen.

3.1 Soziologische Betrachtungsperspektive

3.1.1 *Konstruktivistische Medientheorie*

3.1.1.1 Kommunikation und Interaktion in konstruktivistischer Medientheorie

Ausgangspunkt des Konstruktivismus ist ein Modell interagierender Systeme. Systeme bilden je in sich geschlossene funktionale und dynamische Einheiten in einer sie umgebenden Umwelt. Über Schnittstellen findet eine strukturelle Kopplung für den lebensnotwendigen Austausch mit anderen Systemen ihrer Umwelt statt. Auch Bewusstsein und Kommunikation werden vom Konstruktivismus als je eigene Systeme angesehen. Die strukturelle Kopplung von Bewusstsein und Kommunikation realisiert sich über symbolische Darstellungen oder, pragmatischer ausgedrückt, über Medienangebote.[53]

---

[53] Schmidt, S. (1998), S. 27, 31.

Die Grundoperation aller beobachtenden wie kommunikativen Systeme besteht im Unterscheiden und Benennen. Unterscheiden entspricht der kognitiven Operation des Erkennens. Benennen basiert auf kommunikativen sprachlichen Operationen.[54] Kommunikation wird verstanden als „Interaktion mit Hilfe von Zeichen"[55]. Kommunikation kann dabei nicht auf den Austausch von Information reduziert bzw. als solcher beschrieben werden. Wie auch bei den Prozessen der Ausbildung von Wirklichkeitsvorstellungen oder des Beobachtens muss auch hier von einem dynamischen individuell geformten Prozess ausgegangen werden. Dabei interpretiert das Individuum bestimmte Handlungen bzw. deren Resultate als Zeichen, denen es mit Hilfe kognitiver Schemata Bedeutungen zuweist. Kommunikation umfasst individuelle kognitive wie soziale Prozesse.[56]

Über Kommunikation und Interaktion bauen sich Wirklichkeitsmodelle als systematisiertes kollektives Wissen auf. Sie ermöglichen den Aufbau von Erwartungen und die Koordination von Interaktionen.[57] Wirklichkeitsmodelle stellen dabei ein System von sozial wichtigen[58] Unterscheidungen bezogen auf Verhaltensweisen zu verschiedenen Bereichen dar und grenzen sich damit z.B. von einfachen Klassifikationen ab. Die Unterscheidungen sind gefühls- und wertmäßig besetzt. Bereiche, auf die sie sich beziehen, werden von Schmidt differenziert in: Natur und Umwelt, Mitglieder des sozialen Umfelds, Normen und Werte, Inszenierung von Emotionen.[59]

3.1.1.2 Medial vermittelte Kommunikation: konstruktivistische Medientheorie

Kommunikationsbegriff
Der Kommunikationsbegriff konstruktivistischer Medientheorie umfasst drei voneinander zu differenzierende Komponenten: Information, Mitteilung und Verstehen. Information wird verstanden als eine Strukturveränderung im lebenden kognitiven System, die durch eine kognitive Tätigkeit, also einer bestimmten Form des Operierens hervorgerufen wird. Eine Information ist ein Ereignis oder ein Prozess, der sich im kognitiven System aktualisiert.[60] Mitteilung ist hingegen der Prozess der Transformation von systeminternen Informationsstrukturen in

---

[54] Schmidt, S. (1998), S. 33.
[55] Großmann, B. (1999), S. 120.
[56] Großmann, B. (1999), S. 120.
[57] Schmidt, S. (1998), S. 33.
[58] Vgl. Schmidt (1998), S. 34. Schmidt spricht von der „gefühls- und wertmäßige(n) Besetzung" der einzelnen Komponenten von Wirklichkeitsmodellen.
[59] Schmidt, S. (1998), S. 34.
[60] Vgl. Schmidt, S. (1996), Kap. 5, S. 70–82.

Zeichenkomplexe.[61] Verstehen wird von Schmidt wie auch von Grossmann unterschieden in einen psychischen intraindividuellen Prozess und ein soziales Verstehen, der im Folgenden noch näher erläutert wird.[62]

Verstehen und Bedeutungskonstruktion
Da Kommunikation und Kognition als je autonome Bereiche aufzufassen sind, kann Verstehen nur als emergentes Resultat der Kopplung entstehen.[63]

Soziales Verstehen ist auf Generierung von Anschlussfähigkeit gerichtet, während das psychische intraindividuelle Verstehen kognitive Operationen bezeichnet, die auf den Aufbau von Kohärenz gerichtet sind.[64] Letzteres umfasst die Prozesse der je subjektiven Bedeutungskonstruktion bei der Rezeption von kommunikativen Angeboten. Soziales Verstehen hingegen dient der interindividuellen Fortsetzung von Kommunikationsfähigkeit und steht damit in Abhängigkeit der Zuschreibung von Verstehen vom jeweiligen Gegenüber. Im Laufe der Sozialisation bilden die Individuen eine Form der Selbstzuschreibung von sozialem Verstehen aus, als eine angenommene Anschlussfähigkeit der Rezeptionstätigkeiten.[65]

Bedeutungen sind die vom Individuum erstellten Wirklichkeitskonstruktionen, die auf Grundlage der Rezeption eines Kommunikationsangebotes beim Rezipienten ausgelöst bzw. angestoßen werden.

Insofern sowohl bei den auslösenden Kommunikationsangeboten als auch bei den kognitiven Prozessen der Rezeption auf soziale Wissensbestände – z. B. sprachliche Formen, kognitive Schemata bezüglich Medienerfahrungen, Alltagswissen usw. – zurückgegriffen wird, sind Bedeutungen immer auch sozial verankert.[66] Es kann damit von interindividuellen Gemeinsamkeiten bei Prozessen der Bedeutungszuweisung ausgegangen werden.[67]

Die subjektive Zuschreibung von Bedeutung vollzieht sich unter Rückgriff auf sozial konventionalisierte Kriterien, die sich auf den Aufbau von Kohärenz und die Adäquatheit zu vorhandenen Wirklichkeitsmodellen beziehen.[68] Ziel des internen Verstehens ist der Aufbau einer kohärenten Struktur, als Grundlage weiterer

---

[61] Großmann, B. (1999), S. 121.
[62] Schmidt, S. (1998), S. 26,27; Großmann, B. (1999), S. 122, 132–134.
[63] Schmidt, S. (1998), S. 32.
[64] Schmidt, S. (1998), S. 26,27. Medienangebote werden einerseits über Bewusstseinsprozesse vom Individuum transformiert in z.B. Gedanken, Gefühle, Erinnerungen und dienen andererseits der Aufrechterhaltung und Anschlussfähigkeit von Kommunikation. Kommunikation stellt dabei, z.B. über Gattungen, Themen, syntaktische Strukturierungen, den Bezugsrahmen für Medienangebote her. Schmidt, S. (1998), S. 31.
[65] Großmann, B. (1999), S. 134–135.
[66] Großmann, B. (1999), S. 130,131.
[67] „Die angenommene Interindividualität von Textbedeutungen ist dabei zurückzuführen auf ähnliche Erfahrungen im Lauf der Ko-Ontogenese." Großmann, B. (1999), S. 130.
[68] Großmann, B. (1999), S. 161.

kognitiver Zuschreibungen.[69] In einem Prozess des selbst zugeschriebenen sozialen Verstehens entwickelt der Rezipient Hypothesen hinsichtlich des Gemeinten und vergleicht diese mit den eigenen Bedeutungszuweisungen.[70] Das selbst zugeschriebene Verstehen, das inhärenter Bestandteil der Rezeption massenmedialer Kommunikationsangebote ist, ist immer mit einer gewissen Unsicherheit verbunden. Im Verlauf der Mediengeschichte haben sich hierbei eine Vielzahl von Strategien und institutionalisierten Formen des Umgangs bzw. zur Reduzierung dieser Unsicherheiten entwickelt wie z. B. Kritiken, Publikumsgemeinschaften.[71]

Bedeutungszuweisung und Medienschemata
Über Medienschemata findet eine kulturelle Prägung des Umgangs mit Medienangeboten und der individuellen Bedeutungszuweisung statt.[72] Grossmann spricht hier von den „verschiedenen Funktionsebenen der Medienschemata"[73], auf die sich der Rezipient hinsichtlich der Zuordnung des Wirklichkeitsbezugs und der „thematischen Räume"[74] eines Medienangebots stützt.

Medienschemata sind Schemata, die sich durch individuelle Erfahrungen und Sozialisationsprozesse im Umgang mit Medienangeboten herausbilden. Sie beeinflussen bzw. organisieren das individuelle psychische Verstehen und bilden einen integralen Bestandteil der entstehenden Wirklichkeitskonstruktionen. Insofern sie über soziale Prozesse der Kommunikation ausgebildet werden, kann davon ausgegangen werden, dass sie kulturspezifisch bzw. sozial eingrenzbar sind.[75]

Die Funktionen von Medienschemata werden von Grossmann beschrieben als „Organisation der Gesamtstrategien des Wirklichkeitsbezugs"[76]. Medienschemata werden von Grossmann auch als Gattungen bzw. Gattungsschemata bezeichnet[77] und können differenziert werden über Variationen im Wirklichkeitsbezug, des Themenbezugs, sowie über die verwendeten Zeichensysteme und Darstellungskonventionen zur Signalisierung der Zuordnung dieser Bezüge.[78] Gattungen haben

---

[69] Großmann, B. (1999), S. 160.
[70] Großmann, B. (1999), S. 161.
[71] Großmann, B. (1999), S. 161–162.
[72] Großmann, B. (1999), S. 162, 163.
[73] Großmann, B. (1999), S. 161.
[74] Großmann, B. (1999), S. 161.
[75] Großmann, B. (1999), S. 157.
[76] Großmann, B. (1999), S. 157. Grossmann beschreibt dies als Zuordnung zu Themengebieten sowie Gestaltungs- und Darstellungsformen unter Bezug auf „sinnlich-perzeptive, inhaltlich-kommunikative, nutzungs-gratifikationsbezogene Dimensionen". Großmann, B. (1999), S. 158.
[77] Großmann, B. (1999), S. 157.
[78] Großmann, B. (1999), S. 169. Auch über verschiedene Darstellungskonventionen oder Stile werden verschiedene Erwartungen bezüglich Wirklichkeitsbezug und Themen aufgebaut. Großmann, B. (1999), S. 174, 175.

eine starke soziale Verbindlichkeit und stellen damit einen wesentlichen Faktor der kulturellen Prägung der Medienrezeption dar.[79]

Kulturbegriff und Materialität von Medien
Kommunikation ist die Form und Struktur, mit der sich Sozialität in Form eines gemeinsam geteilten bzw. akzeptierten Wissens den beteiligten Individuen vermittelbar und zugänglich macht. Zu dem gemeinsam geteilten Wissen sind dabei sowohl die sprachlich oder kommunikativ vermittelten Inhalte wie auch die sprachlichen bzw. kommunikativen Formen und Strukturen an sich zu zählen. Die Organisation des gemeinsam geteilten Wissens in Form kommunikativer Strukturen findet nach Grossmann in „komplexen symbolischen Ordnungen" statt, zu denen z. B. die Ausformung bestimmter Themenräume oder Gattungsformen zählen.[80]

Als Kultur kann dann wiederum die Gesamtheit dieser symbolischen Ordnungen, also die kommunikativ vermittelte Organisation des gemeinsam geteilten Wissens, verstanden werden, die dabei sowohl den Aspekt des geteilten Wissens an sich als auch den Aspekt der Anwendung dieses Wissens[81] umfasst. Kommunikation und Kultur stellen also das wesentliche Bindeglied zwischen den Individuen und deren prinzipiell systemisch geschlossenen Bewusstseinsprozessen und der Gesellschaft dar.[82]

Kultur stellt das Programm für die soziale Gesamtinterpretation und Bewertung des Wirklichkeitsmodells einer Gesellschaft dar. Kultur liefert die Bedeutungsvorgaben und funktioniert damit als Grundlage für Kontrolle und Reproduktion einer Gesellschaft. Soziale Individuen sind dabei gleichzeitig Produkt und Produzenten von Kultur.[83]

Bereiche dieser kulturellen Basis werden von Schmidt differenziert in: Normwissen und Alltagswissen, Situationskontext der Kommunikation, vorausgegangene Kommunikation oder Diskurs-Kontext von Kommunikation, sozialkulturelle Aspekte.[84]

Medienangebote bzw. Sprache im Besonderen stellen einen Bezug auf kollektives Wissen her und bieten damit kommunikative wie kognitive Orientierungsfunktionen.[85] Medienangebote stellen insofern eine materialisierte Form von Kultur – als Programm – dar.[86] Es ist von einer wechselseitigen Relationierung zwischen Medienangeboten und ihren Ausformungen und den Ausbildungen von

---

[79] Großmann, B. (1999), S. 169.
[80] Großmann, B. (1999), S. 122–123.
[81] Schmidt spricht hier von Kultur als „Programm". Schmidt, S. (1998), S. 34.
[82] Großmann, B. (1999), S. 125.
[83] Schmidt, S. (1998), S. 34–35.
[84] Schmidt, S. (1998), S. 28–29.
[85] Schmidt, S. (1998), S. 31.
[86] Schmidt, S. (1998), S. 36.

Wertegemeinschaften, Emotionen und Wirklichkeitsmodellen in einer Gesellschaft auszugehen.[87] Eine langfristige Veränderung der Medienangebote kann damit auch in Beziehung gesetzt werden zu Veränderungen von Wirklichkeitsmodellen, Bedeutungs- und Wertezuweisungen einer Gesellschaft. „Durch Mediensozialisation und unvermeidlich intensiven Mediengebrauch verändert sich auch das, was man als *ontologische Frage* bezeichnen könnte, nämlich die vermeintliche Sicherheit, zwischen wirklich und nichtwirklich, wahr und falsch, authentisch und fiktiv, eindeutig und dauerhaft unterscheiden zu können. Langfristig scheint die Entwicklung dahin zu gehen, daß sich über den modernen Medienverbund und die Wirkungen, die er über Sozialisation und Kultur ausübt, die Struktur unserer Wirklichkeitsmodelle essentiell verändern wird."[88]

3.1.2 Handlungstheoretische Medientheorie

3.1.2.1 Kommunikation als soziale Handlung

Die symbolisch-interaktionistisch verankerte Betrachtung von Prozessen der Medienrezeption baut auf dem Handlungsbegriff auf.[89] Soziales Handeln wird von Krotz definiert als „Bedeutung tragendes und auf Bedeutung sich beziehendes Handeln"[90]. Kommunikatives Handeln entsteht, wenn dabei eine bewusste Bedeutungsvermittlung an andere angestrebt wird.[91] Grundlage dafür bildet die symbolische Geste, die in Abgrenzung von reflexartigen Ausdrucksformen und Verhalten als ein bereits gesellschaftlich orientierter Akt des gegenseitigen Anzeigens von Handlungen verstanden wird.[92]

Kommunikation und damit auch Medienrezeption ist unmittelbarer Bestandteil sozialer Interaktion. Die Abstimmung der gemeinsamen Handlungen mit den anderen Interaktionspartnern erfolgt über ein gegenseitiges Anzeigen und Interpretieren von Handlungen und Handlungsabsichten.[93] Interaktion stellt die Ausbildung

---

[87] Schmidt, S. (1998), S. 34, 35.
[88] Schmidt, S. (1998), S. 38.
[89] Krotz, F. (1996a), S. 55.
[90] Krotz, F. (1996a), S. 55.
[91] Krotz, F. (1996a), S. 55 unter Verweis auf: Hunziker, Peter. Medien, Kommunikation, und Gesellschaft. Darmstadt, Wissenschaftliche Buchgesellschaft 1988.
[92] Morris, C. (1992), S. 17, 18.
[93] Blumer beschreibt drei grundlegende Komponenten von Interaktion: Bedeutungszuweisung als Grundlage von Handlung, Zuweisung von Bedeutung im Prozess sozialer Interaktion und prozesshafte Reflexion und Anpassung von Bedeutungszuweisungen in der Interaktion. Blumer, H. (1973), S. 81.

von gemeinsamen Objekten dar.[94] Die Interagierenden werden in ihrer Orientierung und ihrem Handeln von der Bedeutung dieser Objekte gesteuert.[95]

Handlungssituationen, Kommunikation und individuelle Bedeutungskonstruktionen werden in unmittelbarer Verschränkung miteinander gedacht. Mediennutzung und Medienaneignung müssen also im Kontext der sozialen Einbindung und der alltäglichen Aktivitäten der Individuen betrachtet werden und in Bezug auf die damit verbundenen Prozesse, wie z. b. Rollenzuweisungen, Identitätsbildung, Öffentlichkeitsbildung, untersucht werden.[96] „Die Medien stehen nicht in einem gesellschaftsfreien Raum, sie sind in alltägliche Strukturen eingebunden, sind Teil der alltäglichen Routine und Praxis. Ihre Bedeutung ergibt sich jedoch erst aus dem Gebrauch, den die handelnden Subjekte im Rahmen ihrer lebensweltlichen und kulturellen Bezüge von den Medien machen."[97]

3.1.2.2 Kommunikation und Medienrezeption aus handlungstheoretischer Perspektive

Die handlungstheoretische Perspektive stellt emotional verankerte Relevanzstrukturen an den Ausgangspunkt der Betrachtung von Kommunikation und Interaktion. Kommunikation stellt die Grundlage für die Möglichkeit und Fortführung intentionalen Handelns dar. Die Motivation der Aufrechterhaltung von Handlungsfähigkeit speist die Notwendigkeit der Selbst- und Fremdreflexion mittels symbolischer Bezugssysteme. Kommunikation steht im Zentrum sozialer Orientierungshandlungen der beteiligten Individuen, wie z. B. der Aushandlung von Identitätskonstruktionen und Ausbildung von Wahlgemeinschaften.[98]

Mikos diskutiert ausführlich das Konzept der Lebenswelt als subjektiv erfahrbarer Wirklichkeitsbereich, „der Schauplatz und Ziel des wechselseitigen Handelns in kommunikativer Umwelt ist"[99]. Die Strukturen der Lebenswelt definieren die Möglichkeiten intersubjektiver Bezugssysteme und werden symbolisch vermittelt.[100] Aufbau, soziale Integration und Kontinuität von Lebensweltkonzepten vollziehen sich im Sinne von Habermas kommunikativem Handeln über Spra-

---

[94] Blumer, H. (1973), S. 101.

[95] Diese „Objekte, einschließlich der Objekte von sich selbst, werden in ihrer Interaktion miteinander gebildet, aufrechterhalten, abgeschwächt und umgeformt." Blumer, H. (1973), S. 101.

[96] Mikos, L. (1992), S. 528.

[97] Mikos, L. (1992), S. 528, 529.

[98] Mikos spricht dabei von „Wahlnachbarschaften", denen sich die Rezipienten in ihren Selektions- und Orientierungshandlungen anschließen. Vgl. Mikos, L. (u. a.) (2000), S. 50–52.

[99] Mikos, L. (1992), S. 530.

[100] Mikos, L. (1992), S. 530–531, Mikos bezieht sich in seiner Begriffsentwicklung auf den Lebensweltbegriff von Schütz und Luckmann und Habermas Theorie des kommunikativen Handelns.

che.[101] Mikos führt in seinem Lebensweltkonzept eine für rezeptionsästhetische Betrachtungen im Bereich der AV-Medien wichtige Erweiterung von Habermas Verständnis kommunikativer Handlung über die Einbeziehung nicht-diskursiver, präsentativer symbolischer Vermittlung aus. „Die Lebenswelt ist die subjektiv sinnhafte Erscheinungsform des Wissens von Welt, die als Rahmen der täglichen Lebenspraxis intentional die Handlungen der Subjekte steuert und sich in den strukturellen Komponenten der kulturellen Reproduktion, sozialen Integration und Sozialisation erschließt. Als kognitives Bezugssystem wäre sie jedoch um nicht-kognitive, emotionale und mythische Elemente zu erweitern."[102] Im Kulturbegriff wird von Mikos die geforderte Einbindung präsentativer symbolischer Strukturen realisiert.[103]

Rollenverständnis, parakommunikative Situation und Empathie
Die Berücksichtigung nicht-diskursiver emotionaler Beurteilung und Erfassung bildhafter Präsentationen spielt im Bereich der Film- und Fernsehrezeption eine zentrale Rolle. Die Verschränkung der unmittelbaren Lebendigkeit filmischer Darstellung von Personen, Gesten, Mimik, Bewegungen und symbolisch vermittelter Sozialität fordert ein Konzept von Medienrezeption, das auf der Integration ganzheitlicher audiovisuell orientierter Erfassung und Beurteilungen aufbaut. Über den Begriff der Rollenkonstruktion und des Rollenhandelns liefert der symbolische Interaktionismus bei der Erläuterung von Verstehens- und Interaktionsprozessen eine wesentliche Komponente für diese Erörterung.

Das Konzept symbolisch vermittelter Rollenübernahmen und Rollenvorstellungen – als „role-taking"[104] - ist im symbolischen Interaktionismus grundlegender Bestandteil von Kommunikation und wird als parakommunikative Kommunikation auf Medienrezeption übertragen. Der Prozess des Verstehens und der Bedeutungszuweisung im Rahmen kommunikativer Handlungen baut auf der wechselseitigen Perspektivverschränkung der beteiligten Individuen auf und ist wesentlich mit Vorstellungen und Erwartungshaltungen über Rollenkonstruktionen verbunden. Rolle wird als „zusammengehöriges, strukturiertes Muster von situationsbezogenen Handlungspotentialen"[105] verstanden. Rollen beinhalten also Erfahrungswerte und damit verbundene Erwartungsmuster, mit denen es den Individuen möglich ist, in Interaktionssituationen Handlungen, Absichten, Bewertungen und Gefühle des jeweiligen Gegenüber nachzuvollziehen oder zu antizipieren.[106] Diese Perspektive

[101] „Die Lebenswelt konstituiert sich für das handelnde Subjekt vor allem über den durch Sprachhandlungen vermittelten sinnhaften Aufbau der sozialen Welt." Mikos, L. (1992), S. 531.
[102] Mikos, L. (1992), S. 532.
[103] Siehe unten die Ausführungen zum Kulturbegriff.
[104] Vgl. Teichert, W. (1973), SS. 376–379.
[105] Krotz, F. (1996a), S. 57.
[106] Krotz, F. (1996a), S. 59.

geht von einer grundlegenden Fähigkeit zur empathischen Anteilnahme sozialer Individuen aus, die sowohl bei kommunikativen wie auch parakommunikativen Handlungen zum Tragen kommt.[107]

In unmittelbarer Verschränkung zum Rollenbegriff wird auch der Selbst-Begriff im symbolischen Interaktionismus definiert. Das Selbst entwickelt sich über die reflexive wie emotionale Auseinandersetzung mit internalisierten Rollen, deren möglichen Opponenten und den darüber vom Individuum erfahrbaren Perspektiven es gegeneinander abzuwägen gilt.[108] Das „role-taking" wird gerade im spielerischen Prozess der Bedeutungskonstruktionen, das durch die Freiräume der anonymen Medienrezeption gefördert wird, durch ein „role-making" ergänzt.[109] Identitätsbildung wird sozial verstanden und unmittelbar mit den Prozessen symbolischer Bedeutungszuweisungen verbunden. Die Aneignung der sozialen Strukturen ist gleichzusetzen mit dem Prozess der Selbstkonstruktion.[110] Darin wird auch eine starke individuelle wie auch soziale Relevanz von medial vermittelten Rollendarstellungen und damit einhergehender emotionaler Einbindung im Rezeptionsprozess begründet. Auch Charlton und Neumann gehen in ihren Ausführungen zur Identitätsbildung in der Medienrezeption auf den Aspekt der nicht-diskursiven Qualität in der Ausbildung von emotionalen und kognitiven Schemata ein. „Menschen lernen aus ihren Erlebnissen mit Personen und Situationen, sie erwerben soziales Wissen. Aber dieses Wissen ist nicht nur ein gewußter Inhalt, sondern auch eine in Interaktionsverhältnissen erworbene Form des Erlebens, Fühlens und Denkens."[111]

Emotionalität und Eigenwert von Medienrezeption
Nach Krotz erscheint eine auf Informationsverarbeitung ausgerichtete Untersuchung der Medienrezeption häufig zu kurz zu greifen. Davon ausgehend, dass z. B. Fernsehen überwiegend zur Unterhaltung genutzt wird, stellt er die Berücksichti-

---

[107] Krotz, F. (1996a), S. 59.
[108] Vgl. Krotz, F. (1996b), S. 78–79.
[109] Vgl. Teichert, W. (1973), S. 376–379.
[110] Charlton, M.; Neumann, K. (1990), S. 43.
[111] Charlton, M.; Neumann, K. (1990), S. 43. Weiterhin führt Krotz zum Zusammenhang von Selbstbildung und Rollenwahrnehmung im symbolischen Interaktionismus aus: „Denn nur dann kann das Individuum sich imaginär in einen Interaktionspartner hineinversetzen und seine eigenen Interaktionen abstimmen, wenn es auf eigenen Erfahrungen mit ähnlichen Situationen zurückgreift. Insofern läßt sich die Aktivität des Einzelnen und der Einzelnen in Interaktion und Kommunikation nicht nur durch die wechselseitige Perspektivverschränkung beschreiben, sondern auch durch die Grundlage der eigenen Erfahrungen organisierte innere Auseinandersetzung mit dem Bild des anderen und die darauf basierenden Abstimmung des eigenen Handelns. Dementsprechend kann man sich die inneren Prozesse im Verlauf von Interaktion und Kommunikation, etwa des Denkens und Erlebens, als inneren Dialog in solchen unterschiedlichen im selbst inkorporierten sowie imaginär übernommenen Rollen vorstellen." Krotz, F. (1996b), S. 76, 77.

gung der emotionalen Aspekte der Medienrezeption als wesentliche Aufgabe einer
adäquaten Betrachtung in den Vordergrund.[112] Aus der symbolisch interaktionistischen Perspektive sind auch Gefühle als soziale Phänomene zu behandeln, die
vom Individuum aktiv und unter Bezugnahme auf gemeinschaftliche Symbolsysteme erzeugt werden.[113]

Im Vergleich zur kommunikativen Situation beinhaltet eine parakommunikative Situation eine distanzierende Qualität, die je nach Bewertungs-Perspektive
positive wie negative Aspekte mit sich bringen kann. Den Interpretationen des
Rezipienten steht keine kommunikative Reaktion gegenüber, sie bleiben ohne interindividuelle Konsequenzen und erzeugen damit Freiheitsgrade der Rezeptionshandlung, die in einer persönlichen kommunikativen Situation nicht gegeben sind.[114]

So beschreibt Mikos die parasoziale Interaktion als eine Form von Interaktion,
die zwar dem Alltagshandeln zugerechnet werden kann und auf dessen Regeln
basiert, dabei aber gleichzeitig über dieses hinaus greift und eine „wirklichkeits-
modulierende Form von Alltagshandeln"[115] etabliert. Insofern es einen eigenen
Wirklichkeitsrahmen medial vermittelter Kommunikation beschreibt, können hier
die Grenzen alltäglicher persönlicher Interaktion überschritten werden.[116]

Es handelt sich damit um eine der persönlichen Interaktionssituation struk-
turell vergleichbare Form kommunikativen Handelns, deren eigene emotionalen
Qualität gerade in der Befreiung aus dem unmittelbaren Interaktionskontext liegt.
Nach Krotz stellt das parakommunikative Handeln mit seiner Bezugnahme auf die
sachliche Umwelt ein Fall sozialen Handelns dar, der sich allerdings von anderen
Fällen des dinglichen Umgangs dadurch abgrenzt, dass er nicht ergebnisorien-
tiert ist, sondern „ein spezifisches, prozeßhaftes Kommunikationserlebnis für den
Nutzer"[117] beinhaltet.

Kulturbegriff und Materialität von Medien
Mikos definiert Kultur als symbolisch vermittelte gelebte soziale Praxis, die damit
über das kognitive Moment von Lebenswelt hinaus die konkrete Realisierung in
Handlungen der beteiligten Individuen und – in eingeschränkter Form – auch die
Resultate dieser Handlungen mit einschließt. Damit beinhaltet Kultur, wie oben
erwähnt, auch die präsentativen nicht kognitiven Elemente symbolischer Praxis.
Mikos führt dazu aus: „Im Aspekt der gelebten sozialen Praxis weist der Kultur-

[112] Krotz, F. (1996a), S. 65. Siehe Kapitel 3.2.4.2/Bewertung des Rezeptionserlebens.
[113] Krotz setzt dieses Verständnis in Abgrenzung zu einer mehr organismisch orientierten Betrachtung von Emotionen als primär physiologischer Vorgang. Krotz, F. (1993), S. 479, 483–485.
[114] Krotz, F. (1996a), S. 56.
[115] Mikos, L. (1996a), S. 100.
[116] „Parasoziale Interaktion stellt in diesem Sinn eine Modulation von sozialer Interaktion dar, die einer anderen Sinnwelt bzw. einem anderen Wirklichkeitsbereich angehört." Mikos, L. (1996a), S. 100.
[117] Krotz, F. (1996a), S. 56.

begriff einerseits über die Lebenswelt als bloßen kognitiven Bezugssystem hinaus und erweitert sie anderseits in ihrer symbolischen Dimension auf nicht-kognitive Elemente."[118]

Insofern sie sich als Tätigkeit der Anwendung eines Wissensvorrats vollzieht, ist sie immateriell, findet sich aber im Material, in der Verdinglichung „in Form homologer Strukturen"[119] wieder. Kultur als gemeinschaftliches Kapital realisiert sich beim Einzelnen als Handlungspotential auf Grundlage kulturell vermittelter Ressourcen, z. B. im Aufbau von Erwartungen, Zielen und Bedeutungskonstruktionen.[120]

3.1.3 Zusammenfassung und Vergleich: Aspekte von Kommunikation und Medienrezeption aus konstruktivistischer und handlungstheoretischer Perspektive

Grundlagen der Medienrezeption: Konstruktivismus
Der Konstruktivismus vollzieht eine analytische Trennung von Bewusstseinssystemen und sozialen Kommunikationssystemen und legt den Ausgangspunkt der Betrachtungen von Medienrezeption auf die Bedingungen kognitiver Operationen und der beteiligten Faktoren medialer Kommunikation.

Der Prozess der Bedeutungszuweisung teilt sich in psychisches und soziales Verstehen: als Anschluss an vorhandene Wissensstrukturen, Aufbau von Kohärenz und Erzeugung kommunikativer Anschlussfähigkeit. In anonymen Kommunikationssituationen der Medienrezeption findet ein selbst zugeschriebenes soziales Verstehen statt unter Rückgriff auf kulturell verankerte Regulationssysteme, wie z. B. Medienkritiken. Der Aspekt der Mitteilung, als Transformation individueller Informationsstrukturen in Zeichenkomplexe, wird vom Verstehenden im Interpretationsprozess aufgegriffen.

Konstruktivistische Medientheorie stellt die Relation zwischen der Materialität von Medienangeboten und der Ausprägung kommunikativer Prozesse stärker in den Vordergrund. Der Prozess der Bedeutungskonstruktion wird geformt über die Materialität der Rezeptionssituation. Die Materialität von Medienangeboten ist Teil der kulturellen Selbstreproduktion von Gesellschaft und Grundlage für kommunikativ vermittelte Interaktionsfähigkeit.

---

[118] Mikos, L. (1992), S. 535.
[119] Mikos, L. (1992), S. 534.
[120] Mikos greift hier auf Bourdieus Begriff des Habitus zurück. Der Habitus strukturiert somit, nach Mikos, die Praxis der handelnden Subjekte wie auch ihre Wahrnehmung und Interpretationsmöglichkeiten. Mikos, L. (1992), S. 535.

Grundlagen der Medienrezeption: Symbolischer Interaktionismus
Handlungstheoretisch verankerte Medientheorie geht hingegen von der unmittelbaren Einbettung jeglicher Bedeutungszuweisung in soziale Bezugssysteme der kommunizierenden Individuen aus. Die Handlungssituation ist als soziale Verankerung und Ausgangspunkt von Reflexion integrativer Bestandteil der Bedeutungskonstruktion. Antizipation und Reflexion im symbolisch vermittelten Interaktionsprozess basieren wesentlich auf der Fähigkeit wechselseitiger Rollenverständnisse, die wiederum Grundlage für die sozial vermittelte Verankerung von Identitätskonstruktionen darstellen. Das Nachvollziehen emotionaler Komponenten von Handlungen, wie Intentionen und Motivationen der Handlungsträger, muss Bestandteil jeglicher Analyse von Medienrezeption sein, sowohl auf Ebene kognitiver Bedeutungskonstruktion als auch auf der Ebene individueller Rezeptionssituation der Kommunizierenden.

Medienrezeption und Interaktion im Konstruktivismus
und Symbolischen Interaktionismus
In beiden Theorieansätzen sind die prozesshafte Einbindung der Ausbildung kommunikativer Formen und deren Rezeption durch die beteiligten Individuen in soziale Interaktion grundlegende Bestandteile. Kommunikation ist Basis der Aufrechterhaltung von Handlungsfähigkeit und Kommunikation ist ein selbstreflexiver Prozess der Ausbildung kommunikativer Objekte und deren Anschlussmöglichkeiten an soziale Interaktionsprozesse wie individuelle Bewusstseinsvorgänge.

Kommunikation ist verankert im Interaktionsprozess und Zeichen dienen der wechselseitigen Koordinierung von Individuum und Umwelt. Der Interpretationsprozess stellt als dynamischer Prozess der Kopplung individueller und sozialer Bedeutungszuweisungen ein zentrales Element von Kommunikation dar. Kommunikationsstrukturen als Aufbau symbolischer Ordnungssysteme sind Grundlage wie auch Ergebnis gesellschaftlicher Wirklichkeitsvorstellungen.

Materialität symbolischer Darstellung und Bedeutungskonstruktion
Beide Ansätze gehen von einem dynamischen Prozess der Bedeutungskonstruktion aus, der sich zwischen Rezipient und Medienangebot im Rezeptionsablauf formt.[121] In der konstruktivistischen Theorie wird von einer strukturierenden Qualität der Materialität der Medienangebote für die kognitiven Aktivitäten der Rezipienten ausgegangen. Die handlungstheoretische Perspektive setzt den Akzent stärker auf die soziale und kulturelle Strukturierung von Prozessen der Bedeutungskon-

---

[121] So beschreibt Krotz Mediennutzung als eine dem kommunikativem Umgang mit anderen Individuen parallel geschaltete Handlung, bei dem in Analogie zur kommunikativen Handlung ein Prozess der Bedeutungszuweisungen in Gang gesetzt wird, der sich als eine „Art Dialog" zwischen Rezipient und Medienangebot gestaltet. Krotz, F. (1996a), S. 56.

struktion seitens der Rezipienten, die dann ihren Niederschlag in den jeweiligen materiellen Formen der Praxis symbolischer Vermittlungen finden. In beiden Theorieansätzen wird dabei im Kulturbegriff eine Verbindung von immateriellen Anwendungsformen von sozialem Wissen und materieller Darstellung und Strukturierung der symbolischen Praxis etabliert.

3.1.4 Grundlagen der Medienrezeption aus soziologischer Perspektive: Ergebnis

Im Folgenden sollen die oben angeführten Aspekte von Bedeutungskonstruktion bei medial vermittelten Kommunikationssituationen so differenziert werden, dass eine Eingrenzung und Benennung der relevanten Faktoren möglich ist: 1. für die im Forschungsinteresse stehende Relation von Bedeutungszuweisung und Interaktivität als materiell bedingter Qualität eines Medienangebots und 2. hinsichtlich der im Ausgangskapitel angeführten Thesen zur Veränderung der Rezeptionssituation. Im gleichen Zug sollen die Aspekte und Komponenten von Medienrezeption, unter voraus greifender Eingrenzung auf Rezeption von AV-Medien, selektiert werden, die für die vorliegende Untersuchung nicht relevant oder als konstant erachtet werden können.

3.1.4.1 Kommunikationssituation

Es wird davon ausgegangen, dass Aspekte des kommunikativen Verhältnisses von Mitteilendem und Rezipierendem relevant sind für die Analyse der Bedeutungskonstruktion.[122] Im Rahmen konstruktivistischer Medientheorie ist die Reflexion des Mitteilungsaspekts ein Bestandteil der Bedeutungskonstruktion. Die Möglichkeiten der Bezugnahme auf diesen Aspekt stehen in direkter Abhängigkeit von den jeweils gegebenen materiellen Bedingungen des Medienangebots und der physischen Gegebenheit der Kommunikationsrelation.[123] Eine zentrale Argumentation der ausgeführten Ausgangsthesen zu Interaktivität und Spiel bezieht sich auf die Veränderung der Bezugsetzungsmöglichkeiten auf den Mitteilungsaspekt

---

[122] In Abgrenzung zum rezeptionsästhetischen Theorieansätzen von Branigan zur Filmrezeption, der den kommunikativen Aspekt als rahmende Ebene aus der unmittelbaren Analyse von narrativer Interpretation ausschließt. Branigan, E. (1998), S.2. (Die ausführliche Diskussion dieser Ansätze wird in Kapitel 5.2 und 5.3 erfolgen.)

[123] Diese materiellen wie physischen Aspekte werden hier als Materialität von Rezeptionssituationen erfasst (siehe unten).

durch eine Unterbrechung der Perspektivierung und die damit verbundene Selbstbezüglichkeit interaktiver Rezeptionsformen.

Ebenso soll in der Reflexion der Kommunikationssituation der sozialen Verankerung von Bedeutungskonstruktion handlungstheoretischer Theorie Rechnung getragen werden. Aus handlungstheoretischer Perspektive speisen sich die
individuellen Möglichkeiten von Bedeutungskonstruktion aus der sozialen wie
kulturellen Einbindung der Individuen, so wie sie diese im Gegenzug auch mit
ihren symbolischen Handlungen aufbauen. Wie auch die konkreten Rezeptionshandlungen im Kontext der individuellen Verortung und Aushandlung in und
von sozialen Relationen zu sehen sind. Dabei schlagen sich Prozesse des Alltags
als lebensweltliches Bezugssystem sowie über die je individuellen, medialen wie
interpersonalen Formen der Anschlusskommunikation in der Bedeutungskonstruktion nieder.

Mit dem Begriff der Kommunikationssituation sollen Faktoren des kommunikativen Bezugs zwischen Rezipient und Produzent, dessen Qualität über
das Medienangebot definiert wird, sowie für den Rezeptionsprozess relevante
Aspekte des weiter gefassten sozialen und kulturellen Umfelds erfasst werden.
Die Kommunikationssituation umfasst das soziokulturelle wie kommunikative
Bezugssystem, in dem die konkrete Medienrezeption platziert ist. Der Bezug auf
den Mitteilungsaspekt realisiert sich z. B. in den Einschätzungen und Beurteilungen zum Mitteilenden, bezüglich Kompetenzen, Intentionen, Wertesystemen.
Die soziokulturellen Bezugsetzungen realisieren sich z. B. über Alltagsbezüge
oder Genrewissen.

3.1.4.2 Materialität von Medien

Neben den soziokulturellen Aspekten sollen die materiellen und physischen Bedingungen, der über die mediale Vermittlung hergestellten Kommunikationssituation, als zweites Feld bedingender Faktoren der Bedeutungszuweisung abgegrenzt
werden. Wie oben bereits erwähnt, wird davon ausgegangen, dass Beurteilungen
bezüglich des Mitteilungsaspekts aber auch die Möglichkeiten der Referenzierung
auf externe Erfahrungswelt von den physischen und materiellen Qualitäten des
Medienangebots und der Kommunikationssituation beeinflusst werden.

Dabei soll hier gemäß der Überlegungen von Esposito und Aarseth[124] das
klassische Modelle von Sender, Medium und Empfänger mit den darin enthalte-
nen Vorstellungen der Enkodierung und Dekodierung erweitert werden um den

---

[124] Siehe Kapitel 2.1.

Aspekt der Qualität der Transformation bereitgestellter Texteinheiten zwischen Textkodierung und Enkodierung, z. B. über ein datenprozessierendes Programm. Die materiell bzw. physisch bedingten Eigenschaften der Relation von Rezipient, Medienangebot und Mitteilendem ergeben sich dann aus folgenden Faktoren:

1. Die über die physischen Bedingungen von Medienangebot und Mediendistribution gegebenen zeitlichen und örtlichen Relationen zwischen Rezipient und Mitteilendem. Die Bedingungen und Möglichkeiten der Kontextualisierung von Mitteilungen – sei es in der Rezeption wie in der Produktion – sind stark geprägt vom jeweiligen Wahrnehmungskontext sowie des Wissens um den je anderen Wahrnehmungskontext. So können die beteiligten Kommunikationspartner einem weitgehend gleichen soziokulturellen Umfeld angehören oder völlig differierenden zeitlichen, örtlichen Situationen und damit verbundenen soziokulturellen Bezugssystemen angehören. In Abhängigkeit davon kann die Adressierung des Mitteilenden sich an ein mehr oder weniger spezifisches bzw. unbekanntes Publikum in einer mehr oder weniger persönlichen oder generalisierenden Form wenden. In umgekehrter Richtung kann für den Rezipienten der Mitteilende mehr oder weniger persönlich erfahrbar bzw. anonym sein und die Ausprägungen der Mitteilungsperspektive, wie z. B. Selektivität oder Intention, mehr oder weniger transparent oder einsehbar sein.

2. Die materiell bedingten Qualitäten der Produktion, Distribution, Transformation, Darstellung und Rezeption des Medienangebots: Welche Bedingungen ergeben sich für die Qualität der Mitteilung über die Produktions- und Distributionsformen? Wie wird der Prozess der Übertragung von Bewusstseinsformen in symbolische Darstellung durch die technischen und physischen Aspekte des je aktuellen Prozesses der Herstellung der Zeichen in ihrer materiellen Form geprägt? Welche Transformationen ergeben sich zwischen den hergestellten Textmaterialien und den rezipierten Texten? Sind diese vom Rezipienten wie Mitteilendem vorhersehbar oder nicht nachvollziehbar – trivial oder komplex? Und damit stellt sich auch die Frage: Welche Einflussmöglichkeiten haben Mitteilender und Rezipient auf die Texte? Welche Qualität hat die Darstellung, z. B. photographischer Realfilm, digital generierte Textbausteine etc.? Darauf beziehen sich rezeptionsästhetische Fragen zur Spezifik audiovisueller Medienrezeption. Und welche Bedingungen ergeben sich für den Zugriff des Rezipienten auf die Medienangebote: Fragen des Interfaces und der damit verbundenen kognitiven Aufwendungen aber auch der sozialen Qualität der Rezeptionssituation, die dadurch mitbestimmt werden, z. B. in der Gruppe oder im öffentlichen Raum.

Tabelle 1   Materiell bedingte Qualitäten der Rezeptions- und Kommunikationssituation: Übersicht der Kategorien und Ausprägungen

Kategorie	bezogen auf	Ausprägungen
Zeitliche und räumliche Relation	R-P	gleich < > ungleich
Form der symbolischen Darstellung	M	Text, Bild,….
Kodierung/Dekodierung	P-M-R	Technische Produktionsmittel, Interface..
Einfluss, Interaktion	R-M-P	einseitig < > zweiseitig
Transformation	M	linear < > komplex
Persönliche Relation	R-P	bekannt< unbekannt
Wahrnehmungskontext	R-P	gleich <> ungleich
Adressierung, Publikumsvorstellung	P-M-R	generalisiert < > spezialisiert
Mitteilungscharakter	P-M-R	transparent < > intransparent
(R = Rezipient, M = Medienangebot, P = Produzent, Mitteilender)		

Abbildung 1   Modelldarstellung zur Materialität der Kommunikationssituation

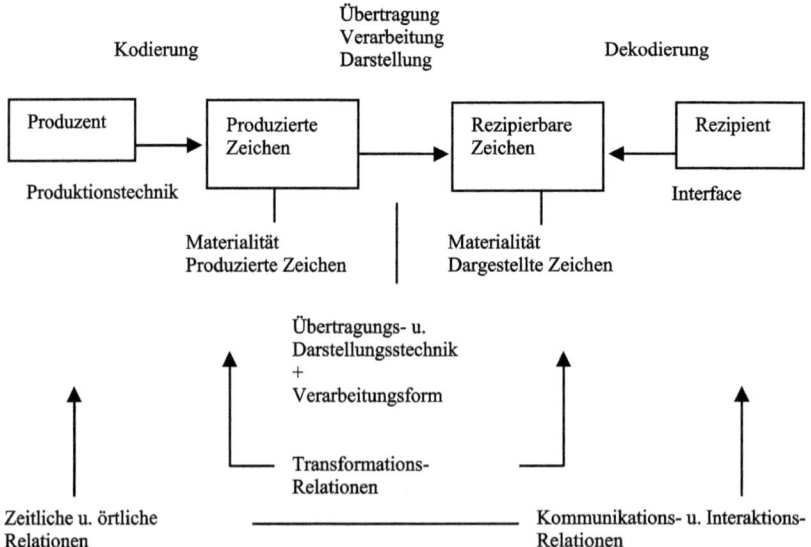

3.1.4.3 Handlung Medienrezeption

Im Sinne handlungstheoretischer Überlegungen wird davon ausgegangen, dass die konkrete Erfahrbarkeit von Handlungen ein wesentliches Moment emotionaler wie auch kognitiver Auseinandersetzung mit sich und der Umwelt darstellt. Als Ausgangspunkt des reflexiven Bewusstseins wird im symbolischen Interaktionismus die Problemüberwindung dargestellt.[125] Im Rahmen einer Handlung stellt sich erst über einen Widerstand, ein Hindernis die Notwendigkeit der Reflexion ein und damit verbunden auch die Fähigkeit zur Antizipation möglicher Hindernisse, als Grundlage für intentionales Handeln.

Die Handlung Medienrezeption soll hier mit ihren Handlungskomponenten der emotionalen wie kognitiven Anforderungen zur Durchführung der Handlung und damit verbundenem Kompetenzerleben, wie auch den mit der Handlung verbundenen Erfahrungen von Selbst und bzw. Umwelt berücksichtigt werden. Über die Handlung wird ein Ich-Umwelt-Bezug aufgebaut.[126]

Aus handlungstheoretischer Perspektive stellt Kommunikation und damit auch Medienrezeption ein soziales Handeln dar. Der Rezipient baut über die kommunikative Handlung eine Beziehung zwischen sich und der Umwelt auf, die sich als dynamischer Prozess der Aushandlung von Bedeutungen vollzieht. Die Frage des Widerstands, das heißt die Erfahrung von Umwelt im kommunikativen Prozess als Gegenpol zur rein selbstbezüglichen Sinnzuweisung und Handlungsvollzug, muss in Abhängigkeit von der je konkreten Rezeptionssituation immer wieder neu gestellt werden.[127]

Neben der Einbindung in ein intentionales Gefüge – sei es inhaltliches Interesse, soziale oder kulturelle Motivationen – ist hier auch der bereits erwähnte Eigenwert des emotionalen Erlebens bei der Medienrezeption zu berücksichtigen, der häufig mit dem Begriff der Unterhaltung gefasst wird.[128]

3.1.4.4 Prozess Bedeutungskonstruktion

Mit dem Prozess der Bedeutungszuweisung sollen emotionale wie kognitive Faktoren erfasst werden, die zum Aufbau einer repräsentativen Vorstellung zur Bedeutung des Mitgeteilten auf individueller Ebene führen. Rahmende bzw. filternde

---

[125] Witt, C, (1993), S. 40,41.

[126] Vergleiche dazu auch Oerters Handlungsbegriff, der im Kapitel 6.2 besprochen wird.

[127] Im vorliegenden Theorieansatz wird davon ausgegangen, dass dafür die Materialität des Medienangebots mitbestimmender Faktor sowohl für die Ausformung der Kommunikationssituation als auch für die Gestaltung des Prozesses der Bedeutungszuweisung ist.

[128] Siehe Kapitel 3.2.4.2/Bewertung des Rezeptionserlebens.

Bedingungen dieser Prozesse werden über die jeweiligen Ausprägungen und damit verbundenen emotionalen und kognitiven Aspekten von Kommunikationssituation, Materialität und Handlung gestellt.

Auch für die Bedeutungszuweisung ist davon auszugehen, dass emotionale wie kognitive Prozesse zwischen den Polen der Selbst- und Umweltbezogenheit zu verorten sind. Je nach Ausrichtung kann dabei auch von einer stärker handlungs- oder wahrnehmungsbezogenen Ausprägung gesprochen werden.[129]

Die Bedeutungskonstruktion selbst ist, wie oben dargestellt, geprägt von dem Aufbau einer kohärenten Sinnstruktur unter Bezugnahme auf vorhandene Wissens- strukturen einerseits und kommunikative Anschlussfähigkeit andererseits. Kenn- zeichnend für die Bedeutungszuweisung bei einer anonymen Rezeptionssituation linearer Medienformen sind die Freiheiten und damit verbundenen Unsicherheiten einer einseitigen Bedeutungszuweisung. Bedeutungskonstruktion wird dabei in der Regel über vorausgreifende und nachgeschaltete Kommunikationsprozesse, im Sinne einer sozial vermittelten Aushandlung, beeinflusst und gegebenenfalls revidiert oder transformiert. Kulturell geprägte Muster zur Strukturierung von Bedeutungszuweisungen spielen dabei eine wichtige Rolle.

3.1.4.5 Zusammenfassung: Modell und Begriffsdefinition zu den Grundlagen der Medienrezeption

Zusammenfassend ergibt sich damit folgende modellhafte Darstellung von Medien- rezeption:

Abbildung 2   Modellskizze Medienrezeption

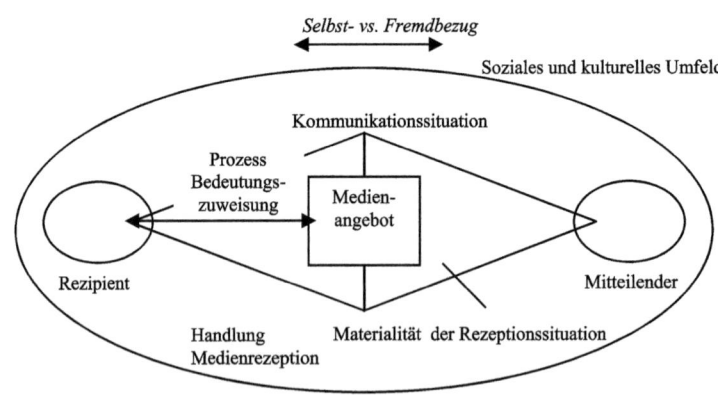

---

[129] Siehe dazu die Ausführungen im Kapitel 3.2.3.2.

Zusammenfassende Begriffserläuterung:

- *Kommunikationssituation:* Faktoren, die sich auf kommunikativen Bezug zwischen Rezipient und Produzent beziehen (der über das Medienangebot hergestellt wird) , und das soziale Bezugsfeld für die Bedeutungszuweisung (kommunikatives Umfeld).
- *Materialität der Rezeptionssituation:* Jeweils spezifische Qualitäten der Rezeptionssituation, die sich über die physischen Gegebenheiten des Medienangebots und der Kommunikationssituation ergeben.
- *Handlung Medienrezeption:* Faktoren der Zuwendung, Durchführung und Aufrechterhaltung der Medienrezeption als Handlung.
- *Bedeutungszuweisung:* Emotionale und kognitive Faktoren beim Aufbau einer repräsentativen Vorstellung zur Bedeutung des Mitgeteilten.

3.2 Psychologische und Rezeptionsästhetische Erörterungen

Aufgabe des zu entwickelnden rezeptionsorientierten Theorieansatzes muss es sein, eine Brücke herzustellen zwischen den erörterten Kategorien auf Ebene soziologischer Medientheorie, der theoretischen Grundlagenliteratur zur Rezeptionsästhetik fiktionaler narrativer Filme, sowie der Entwicklung von empirisch abfragbaren Qualitäten emotionaler wie kognitiver Prozesse der Bedeutungskonstruktion.

Im Folgenden werden im ersten Schritt Fragen zur Begrifflichkeit von Emotion und Kognition und Faktoren von kognitiven und emotionalen Prozessen allgemein erörtert, um auf dieser Basis entsprechende Differenzierungen für den Rezeptionsprozess aus rezeptionsästhetischer wie kognitionspsychologischer Sicht zu entwickeln.

3.2.1 Kognition und Emotion

Es wird davon ausgegangen, dass Prozesse der Medienrezeption eine Verbindung darstellen aus emotionalen und kognitiven Aspekten, die sich zwar theoretisch getrennt betrachten lassen, im konkreten Rezeptionsprozess hingegen unmittelbar miteinander verbunden sind. Beide übernehmen gleichermaßen bzw. im Bezug aufeinander Steuerungsfunktionen für den Aufbau von Bedeutungszuweisungen, Beurteilungen und Erlebnisdimensionen.

Emotionen und Kognitionen können nach Krotz als je eigenständige, gleichwertige „aufeinander bezogene Erlebnisweisen"[130] begriffen werden. Fühlen bildet

---

[130] Krotz, F. (1993), S. 486.

dann „ein dem kognitiven System komplementäres, aber prinzipiell autonomes Erlebnis- und Steuerungssystem."[131]

Auch Früh geht davon aus, dass konnotative Bedeutungsinterpretationen immer in Relation zu kognitiven Reizinterpretationen stehen. Es ist von einer Simultanität von kognitiv-denotativer Interpretation und konnotativ-emotionaler Interpretation auszugehen.[132]

Grodal geht in seinen Ausführungen zur Rolle von Emotion und Kognition bei Rezeptionsprozessen von biologischen Erkenntnissen im Rahmen wahrnehmungsphysiologischer -psychologischer Forschung aus, bei denen Wahrnehmung im Kontext der Notwendigkeit von Handlungsfähigkeit des Menschen in seiner Umgebung erörtert wird.[133] „Wahrnehmung über Sinnesorgane dient dazu, Informationen bereit zu stellen, die über Erinnerung und Kognition kognitiv analysiert und emotional evaluiert werden und damit die Basis bilden auf der mögliche Handlungen geplant und ausgeführt werden."[134]

Zur Relationierungvon Emotionen und Kognitionen führt Grodal einen zentralen Aspekt menschlicher Wahrnehmung an. Er greift dazu auf die Eigenschaften des neurologischen Systems des Menschen zurück. Beim Mensch liegt, im Gegensatz zu einfacheren Wesen, kein direktes Verhältnis zwischen Reizaufnahme und Reaktion vor. Für reflexartige Lebewesen sind Gefühle nicht notwendig zur Aufrechterhaltung der Verbindung zur Umwelt bzw. für die Handlungsfähigkeit. Erst durch die Trennung müssen sich Sinnesorgane, speziell die Sehkraft, zum Teil auf Motivationen stützen, die durch interne Bewusstseinsprozesse produziert werden. Das „Subjekt muss bestimmte Operationen ausführen, um die Lücke zwischen subjektiven Interesse, welches in Körper und Gedächtnis eingeschrieben ist, und der Objektwelt, wie sie von Kognition und Vision repräsentiert wird zu ‚überbrücken'. Erfahrung ermöglicht es Menschen neue Verbindungen zwischen Objekten und ihren generellen emotionalen Motivationen herzustellen."[135]

Erst durch die Unterbrechung, dem Überwinden eines reflexartigen Verhältnisses, ist die Trennung zwischen Selbst und Umwelt möglich und damit eine Vorstellung, eine Beschreibung von Sich selbst in der Umwelt. Der Mensch entwickelt

---

[131] Krotz, F. (1993), S. 486.
[132] Früh, W. (2002), S. 141. Ohler geht hingegen von einer Vorrangigkeit kognitiver Prozesse aus. (Ohler, P. (1994), S.133.) Hier wird einerseits die Auffassung einer wechselseitigen Relationierung, wie sie z. B. bei Krotz, Grodal und Früh ausgeführt wird, mit gleichwertiger Relevanz beider Faktoren vertreten. Andererseits wird der Frage der Vorrangigkeit für die vorliegende Untersuchung keine ausschlaggebende Relevanz beigemessen.
[133] Vgl. Grodal, T. (1997), S. 9–10 und Kap. 2, S.38 ff.
[134] Grodal, T. (1997), S. 10 (Übersetzung aus dem englischen Original vom Verfasser).
[135] Grodal, T. (1997), S. 41.

eine Perspektive, auf sich in der Umwelt situiert, die also nicht nur vom Subjekt als Zentrum weggeht, sondern auch das Subjekt als Objekt in der Umwelt enthält.[136] Auch Krotz verweist auf die Notwendigkeit einer emotionalen Bezugsetzung bei Wahrnehmungsprozessen. Er bezeichnet es als „Hineinholen des Objektes in die eigene innere Erlebniswelt"[137]. Emotionen stellen eine untrennbare Relation von Objekt und Individuum her. Über sie wird die Wahrnehmung von Wirklichkeit bezüglich ihrer Relevanz für das Individuum organisiert. Dabei stellt Fühlen insofern einen konstruktiven Akt dar, als über die emotionale Relationierung Objekte differenziert und damit identifizierbar gemacht werden.[138]

Krotz wie auch Grodal gehen davon aus, dass Emotionen eine für die Handlungsfähigkeit notwendige Komplexitätsreduzierung kognitiver Strukturen liefern und gleichzeitig Grundlage für das Erinnerungsvermögen stellen.[139]

Einen weiteren Aspekt der Verknüpfung emotionaler und kognitiver Aspekte führt Smith unter Bezugnahme auf Greenspan und de Sousa an. Emotionen können grundsätzlich nur auf der Basis bestimmter identifizierbarer Glaubensüberzeugungen gebildet werden. Emotionen sind weder einfache körperliche Reaktionen, noch rein psychische Vorgänge, sondern bilden sich immer aus dem Zusammenspiel von Affekt und Kognition.[140]

Emotionen stellen also einerseits die Basis für kognitive Wahrnehmungsprozesse dar, in dem sie eine direkte Verknüpfung zwischen Subjekt und Umwelt herstellen und beziehen sich andererseits in ihrer Entstehung selbst wiederum auf eine bereits vorhandene kognitive Erfassung von Umwelt. Es muss also, wie einleitend bemerkt, von einer grundlegenden Wechselseitigkeit der beiden Aspekte ausgegangen werden. In dieser wechselseitigen Verschränkung wird die Handlungsfähigkeit des Individuums etabliert, basierend auf einer objektivierenden Perspektive auf das Selbst im Kontext der Umwelt.

---

[136] Grodal, T. (1997), S. 40–41. Diesen Aspekt der Selbstwahrnehmung führt Grodal auch bezüglich einer anthropologischen Entsprechung von Filmdarstellungen der Er-Perspektive an. Menschen reflektieren ihre Situation nicht aus der Ich-Perspektive, sondern platzieren sich als Handelnde in einer Umgebung aus Sicht einer beobachtenden Perspektive. Grodal, T. (1997), S. 113 (Grodal bezieht sich hier auf Ausführungen von Marr, D. zu „Vision: A Computational Investigation into the Human Representation and Processing of Visual Information. W. H. Freeman, San Francisco 1982). Siehe dazu auch Kapitel 5.2.1.

[137] Krotz, F. (1993), S. 487.

[138] Krotz, F. (1993), S. 487, 489.

[139] Grodal, T. (1997), S. 88 und S. 93; Krotz, F. (1993), S. 491.

[140] Smith, M. (1995), S. 58–59.

3.2.2 Kognition

Begriffsklärung Kognition
Kognitionen werden als Vorgänge verstanden, die sich auf Erlangung von Erkenntnis bezogen auf Umwelt richten. Über Kognition baut das Individuum eine Vorstellung von sich und seiner Umwelt auf.[141] Wie auch Emotionen stellen sie einen Prozess der Verknüpfung von individuellen Bewusstseinsstrukturen und wahrgenommenen Strukturen der Umwelt dar. Kognitionen stellen eine Veränderung von Bewusstseinsstrukturen dar, die über die Verarbeitung von wahrgenommenen Umwelteinflüssen ausgelöst wird, unter der Zielsetzung der Aufrechterhaltung von Handlungsfähigkeit in der Umgebung.

Kognitionen sind symbolisch darstellbar bzw. in sprachlicher Form repräsentierbar. Sie haben reproduzierenden Charakter und sind damit prinzipiell trennbar von einer als extern erfahrenen Realität.[142] Trotz individueller Prägung kann von intersubjektiven Gemeinsamkeiten kognitiver Prozesse ausgegangen werden, die es ermöglichen Verarbeitungsmechanismen unabhängig von Persönlichkeitsfaktoren zu untersuchen.[143]

Wichtige Fragen bezüglich dieser Mechanismen, die zum Aufbau einer Vorstellung bei der Rezeption symbolischer Darstellungen führen, sind Fragen zur Referenzierung und Relationierung wie auch Fragen des prozessualen Ablaufs kognitiver Prozesse. Die im Zuge der Rezeption von medial vermittelten Textangeboten zum Tragen kommenden kognitiven Prozesse werden im Kapitel 3.2.4.2/ Interpretation weiter diskutiert. Für die allgemeine Beschreibung kognitiver Aspekte von Wahrnehmung auf der höheren Ebene der Bedeutungskonstruktionen über die Verknüpfung und Interpretation bereits erstellter Wahrnehmungsmodule wird im Folgenden auf das Konzept der schemabasierten kognitiven Erfassung eingegangen. [144]

---

[141] Großmann, B. (1999), S. 117; Krotz, F. (1993), S. 485.

[142] Krotz, F. (1993), S. 487. Im Gegenzug stellen die sprachlichen bzw. symbolischen Systeme bereits eine Strukturierung kognitiver Prozesse dar. Die Reproduzierbarkeit richtet sich dabei sowohl auf die Vermittlung vom erkennendem Bewusstsein zur Umwelt, wie auch auf die bewusstseinsinterne Vermittlung und Wiedererkennbarkeit. Vgl. Schmidt, S. (1998), S. 31 und Großmann, B. (1999), S. 122–125.

[143] Vergleiche dazu Ohler, P. (1994), S.133.

[144] Für die vorliegende Untersuchungsperspektive wird davon ausgegangen, dass die tieferliegenden Wahrnehmungsprozesse, vor allem auf der Ebene bottom-up gerichteter Wahrnehmung, nicht zur Debatte stehen hinsichtlich möglicher Veränderungen durch den Wechsel von Interaktivität und Linearität eines Medienangebots.

Schematabasierte Wahrnehmung
Kulturell geprägte Wahrnehmungsschemata stellen, neben Sprache, eine wichtige Komponente der interindividuellen Gemeinsamkeit kognitiver Prozesse dar. Schemata im Allgemeinen stellen dabei nur einen möglichen Typ mentaler Strukturierungsformen neben anderen Formen dar.[145]

Schematheorie verbindet die kognitive Perspektive mit der sozialen Situation des Publikums und kulturellen Modellen des Verstehens.[146] Schemata werden von der kognitiven Psychologie als zentrales Element top-down gerichteter Aktivität angesehen. Die Erwartungen und Ziele des Rezipienten werden bei einer top-down gerichteten Wahrnehmung zur Grundlage für die Organisation des Wahrgenommenen.[147] Im Gegensatz dazu stehen bottom-up gerichtete Prozesse, bei denen die Erkenntnisprozesse sukzessive von den eingehenden Reizen und deren Verarbeitung gesteuert werden.[148]

Ein Schema ist Wissensordnung, die beim Wahrnehmenden bereits vorhanden ist und benutzt werden kann, um neue sensorische Daten zu klassifizieren und vorhersehbar zu machen.[149] Da Schemata keine determinierende Klassifizierung der Daten darstellen, sondern nur zur Zuweisung von wahrscheinlichen Übereinstimmungen führen, hat die zugewiesene Bedeutung immer nur wahrscheinlichen, vorläufigen Charakter, welcher Annahmen und Erwartungen beinhaltet.[150]

Schemata stellen einerseits eine Reduzierung von Komplexität im Wahrnehmungsprozess dar, während sie im Gegenzug zu einer weit greifenden Anreicherung inhaltlicher Bedeutungsvorstellung führen können. Smith weist auf Studien hin, die zeigen konnten, dass bei der Rezeption von darstellenden Werken, auf der Basis vorhandener schematisierter kultureller Modelle, nur wenige Schlüsselreize ausreichen, um komplexe Prozesse, Handlungen und Handlungsträger zu identifizieren.[151]

---

[145] Siehe dazu die Diskussion von Hasebrinks Ausführungen zu Interpretationsprozessen, der bei den Theorieansätzen zur Rezeption narrativer Texte von zu einseitigen und weitgreifenden Unterstellungen hinsichtlich der Relevanz narrativer Schemata ausgeht. Siehe Kapitel 3.2.4.2/Interpretation.

[146] Smith, M. (1995), S. 65.

[147] Branigan, E. (1998), S. 37.

[148] Branigan, E. (1998), S. 37.

[149] Branigan, E. (1998), S. 13. Die Zuweisung von Bedeutung entsteht dabei durch die Wahrnehmung übergreifender Muster, die aus dem Zusammenspiel von Schemata und Daten erzeugt werden. Branigan, E. (1998), S. 14.

[150] Branigan, E. (1998), S. 14.

[151] Smith, M. (1995), S. 48. Dieser Aspekt macht die Berücksichtigung der Schematheorie für die Untersuchung von Prozessen der Filmrezeption wichtig. Smith entwickelt seine Ausführungen zur schematabasierten Rezeption unter Bezug auf Gombrich und weist auf die wechselseitige Bedingtheit von Wahrnehmung und Schemataausbildung hin. Im experimentellem Erproben und Anwenden von Interpretationen bauen wir nach Smith ein Verständnis der Situation auf und aktualisieren gegebenenfalls unsere Schemata. Verstehen entsteht in einem Kreislauf aus Aktion und Perzeption, bei dem

Schemata entstehen auf Grundlage einer wiederholten erfolgreich geteilten Erfahrung, sowie durch Kommunikation. Schemata ermöglichen die schnelle Ausformung von Gestalten oder Mustern, die aus je mehreren Bestandteilen zusammengesetzt sind. Schemata verknüpfen dabei kognitive, affektive und assoziative Komponenten von Bewusstseinstätigkeiten. Es gibt verschiedene Lebensbereiche, in denen und für die sich Schemata ausbilden und organisieren, z. B. Schemata für Handlungen, Wahrnehmungen, Kommunikation.[152]
Schemata, z. B. Gefühlsschemata, können auch teilweise unbewusst bzw. nicht sprachlich formulierbar sein.[153] Für die Untersuchung und Beschreibung von Medienrezeptionsprozessen sind vor allem die Wahrnehmungs- und Kommunikationsschemata von Interesse.[154] Neben dieser individuellen wahrnehmungsprozessierenden Ebene stellen Schemata, wie oben erwähnt, ein wichtiges Element interindividueller Antizipationsfähigkeiten und Koordinierungsmöglichkeiten dar.[155]

3.2.3   Emotion

3.2.3.1 Emotion aus handlungstheoretischer Perspektive

Im vorliegenden Verständnis der Einbindung von Gefühlen in Prozesse der Bedeutungszuweisung wird von einem aktiven Gefühlserleben ausgegangen, das nicht einseitig von externen Reizen ausgelöst werden kann, sondern über Interpretationsprozesse vom Individuum aktiv mitgestaltet wird.[156] Dazu liefert Krotz in dem Text „Fernsehen fühlen: Auf der Suche nach einem handlungstheoretischem Konzept für das emotionale Erleben des Fernsehens"[157] eine ausführliche Erörterung.
Krotz beschreibt die Grundlagen eines symbolisch interaktionistischen Verständnisses von Emotion bei Medienrezeptionsprozessen folgendermaßen: Emotion wird als Prozess nicht primär als Zustand verstanden. Dieser Prozess ist interaktionsbezogen und damit sozial verankert. Emotion wird als den Erkenntnisprozessen gegenüber „autonomes Erlebnis- und Steuerungssystem"[158] Verstanden. Auf der

---

Emotionen einen wesentlichen Bestandteil bilden. Smith, M. (1995), S. 49. Innerhalb dieses Kreislaufs kann es zur Annahme, Abwandlung oder Ablehnung von sozialen Schemata kommen. Smith, M. (1995), S. 52. Schematheorie beinhaltet damit sowohl die Freiheit des aktiven und interpretativen Akts, wie auch die limitierenden Faktoren der kulturellen Bedingtheit. Smith, M. (1995), S. 52.
[152] Großmann, B. (1999), S. 119, 120.
[153] Großmann, B. (1999), S. 119, 120.
[154] Großmann, B. (1999), S. 120.
[155] Großmann, B. (1999), S. 119, 120.
[156] Krotz, F. (1993), S. 484, 485.
[157] Krotz, F. (1993).
[158] Krotz, F. (1993), S. 486.

Grundlage ihrer sozialen Bezogenheit treten Emotionen in der „Auseinandersetzung mit der symbolischen Umwelt"[159] auf und bilden einen eigenen Bestandteil der Prozesse der Bedeutungskonstruktion, bezogen auf Handlungen wie auch Gegenstände. Emotionales Erleben bedeutet eine Involvierung des Individuums in eine Situation. Damit wird einerseits die Situation in Bezug auf das wahrnehmende Individuum definiert und andererseits die Wahrnehmung des Selbst in Relation zur Situation erfahren.[160] Erst durch diese Aneignung einer Situation wird das Individuum handlungsfähig. Voraussetzung für eine emotionale Besetzung von Gegenständen ist eine Identifizierung und Differenzierung. Insofern stellt emotionales Erleben auch einen konstruktiven differenzierenden Akt dar. In Abgrenzung zur sequentiellen Organisation kognitiver Prozesse vollziehen sich emotionale Prozesse situativ oder simultan.[161]

Gefühle bilden einen inhärenten Bestandteil von Bedeutungskonstruktionen. Emotionales Erleben stellt wie Handeln eine konstruktive Form des Inbeziehungsetzens zwischen Individuum und einer als symbolisch bedeutsam erlebten Umwelt dar.[162]

Krotz[163] betont die Relevanz der emotionalen Erschließung von Welt für die individuelle Erkenntnis wie auch für die soziale Koordination: Fühlen zeichnet sich durch eine simultane Strukturierung der Umwelt aus, die „Figur-Grund-Charakter hat". Es konstituiert Situationen und differenziert zwischen Objekten. Fühlen ist selektiv und „trägt zur Komplexitätsreduktion" bei. „Fühlen involviert das Individuum" und stellt damit eine grundlegende Beziehung zwischen Individuum und Umwelt her.„Fühlen konstituiert kognitive Vorstellungen und hat damit kognitiv faßbare Anteile wie Beurteilungen oder davon abgeleitete Probehandlungsimpulse, ist aber darauf nicht zu reduzieren." Es besteht eine prinzipielle Autonomie von emotionalen und kognitiven Prozessen, über deren „komplementären Gemeinsamkeiten" sich die Welt für das Individuum konstituiert. „Emotionen stellen die wesentliche Basis für Gesellschaft dar, insofern sie konstitutiv für Beziehungen und Interaktionen und diese konstitutiv für Gesellschaft sind."[164]

---

[159] Krotz, F. (1993), S. 479.
[160] Krotz, F. (1993), S. 490.
[161] Krotz, F. (1993), S. 40.
[162] Krotz, F. (1993), S. 480, 484.
[163] Vgl. Krotz, F. (1993), S. 491.
[164] Krotz, F. (1993), S. 491.

3.2.3.2 Differenzierung der Komponenten emotionaler Bedeutungszuweisung

Diese eher allgemein gehaltene Darlegung zur emotionalen Bedeutungskonstruktion lässt sich über konkretere Ausführungen zu den Prozesselementen von emotionaler Wahrnehmung von Smith, Tan und Grodal spezifizieren und unterstützen.

Der Emotionsprozess baut sich über zwei Stufen auf, eine primäre affektive Ebene, die von Smith und Grodal mit der Ebene der physiologischen Erregung in Verbindung gesetzt wird, und einer sekundären bereits kognitiv erschlossenen Einordnung dieser primären Affekte.[165]

Die primäre affektive Phase ergibt sich direkt aus der Situation. Sie kann zwar auch kulturell geprägt sein, wird aber nur wenig aktiv gesteuert. Die zweite beurteilende und benennende Phase der emotionalen Bedeutungszuweisung ist hingegen nicht direkt mit der Situation verbunden und stellt einen sozial verankerten konstruktiven Prozess dar.[166] Diese beiden Pole des Emotionsprozess werden auch als „innere" Erlebnisseite und „äußere" Seite der externen Bezugsetzung beschrieben.[167]

Es kann davon ausgegangen werden, dass die kognitive Analyse und Benennung von Emotionen zum großen Teil als soziale erlernte, intersubjektive geprägte Form beschrieben werden kann.[168] Grodal verweist hier auch auf Studien, die die Kontextabhängigkeit der jeweils spezifischen Benennungen von Erregung aufzeigen.[169]

Insofern kann auch von einer Intersubjektivität von Gefühlen ausgegangen werden. Wie jede andere Art von Wahrnehmung entstehen sie durch Interaktion mit der physischen und menschlichen Umwelt. In beiden Fällen ist die Intersubjektivität von Wahrnehmungen darin begründet, dass wir annehmen, dass der andere Ähnliches wahrnimmt wie wir und dass wir darüber miteinander kommunizieren können.[170]

Emotionen stellen damit keinen unreflektierten quasi automatischen Prozess dar, sondern entsprechen, wie bereits von Krotz formuliert, einer aktiven Bedeutungskonstruktion und auch einer aktiven Beteiligung in dem Interaktionsgeschehen.

---

[165] Smith, M. (1995), S. 59; Tan, E. (1996), S. 47.

[166] Tan, E. (1996), S. 47 und Grodal, T. (1997), S. 97, 98.

[167] Nach Smith sind die beiden relevanten Komponenten von Emotion Affekt und Kognition. Das kognitive Moment lässt sich dabei weiter unterscheiden in die Bezugnahme auf ein externes (reales) Objekt und die Ausbildung eines „internen Objekts" im Sinne eines bewertenden Prozesses. (Smith, M. (1995), S. 59) Ebenso differenziert Krotz: „Fühlen hat eine innere Erlebnisseite für das Individuum sowie eine davon unterschiedene äußere Darstellung." Krotz, F. (1993), S. 491.

[168] Grodal, T. (1997), S. 97.

[169] Grodal, T. (1997), S. 98. Grodal führt in diesem Zusammenhang unter Verweis auf Schachter die „Cognitive-labelling theory" an: Affekte, Emotionen entstehen zunächst als unspezifische Erregung und werden dann in einer kognitiven Einschätzung z. B. bezüglich ihres hedonistischen Werts – angenehm oder unangenehm – spezifiziert. Eine physiologische Erregung wird also immer durch kognitive Interpretation im zweiten Schritt erst zu einem „benennbaren" Gefühl. Grodal, T. (1997), S. 97.

[170] Grodal, T. (1997), S. 97.

Als Hauptaufgabe von Emotionen wird die Regulation bzw. Kontrolle kognitiver Prozesse verstanden bzw. die Erstellung einer aktiven Relationierung aus Reizaufnahme und Reaktion.[171] Dabei lassen sich zwei Funktionen von Emotionen unterscheiden. Eine mehr rückwärts gewandte bewertende Funktion und eine nach vorne gerichtete Funktion der Ausrichtung des Handlungsimpulses.[172] Je nach Dominanz der Ausprägung dieser beiden Ausrichtungen wird zwischen einer wahrnehmungs- und erfahrungsbezogenen und einer handlungsorientierten Form emotionaler Bedeutungskonstruktion unterschieden.

Wahrnehmungsbezogene Emotionen versus handlungsbezogene Emotionen
Die häufig vollzogene unmittelbare Verknüpfung von emotionaler Erregung und Handlungsimpulsen wird von mehreren Autoren als zu eng gegriffen kritisiert und muss gerade für die Betrachtung von Rezeptionsprozessen bei künstlerisch gestalteten Medienangeboten ergänzt werden.[173]

Grodal vollzieht diesbezüglich eine Differenzierung zwischen einer mehr passiven adaptiven und einer aktiven aversiven Kontrolle von Situationen, in Entsprechung zur Teilung von parasympathischen und sympathischen Nervensystem.[174] In der Folge davon kann zwischen einer handlungsorientierten Form der Bedeutungszuweisung und einer perzeptiven assoziativen Form der Bedeutungszuweisung, die sich primär als Erinnerung und dem Aufbau von Netzwerken etabliert, unterschieden werden. Die rhythmische, ästhetische Wahrnehmung als Erkennen von Redundanzen und Wiederholungen beschreibt Grodal als eine Art Synchronisation zwischen Subjekt und Umwelt, insofern hier selbstreflexive Funktionsmuster kognitiver Verarbeitungsprozesse aufgegriffen werden, bei der

---

[171] Grodal beschreibt, unter Bezugnahme auf Frijdas Emotionstheorie, Emotionen als unmittelbaren Bestandteil eines „großen kognitiv-emotionalen" Puffers zwischen Stimulus und Reaktion. Grodal, T. (1997), S. 41.

[172] Smith, M. (1995), S. 60, 61; Tan, E. (1996), S. 44. Smith spricht hier von der rückwärts gerichteten Aneignungsqualität von Emotionen und einer vorwärts gerichteten Anpassungsqualität von Emotionen. Smith, M. (1995), S. 60, 61.

[173] So spricht sich Schwab in seiner Erörterung zur Unterhaltungsforschung dafür aus, weniger von spezifischen Handlungstendenzen als von einer allgemeinen „Aktivation", die z.B. auch in Form vorgestellter Handlungen realisiert wird, auszugehen. Dabei bezieht sich Schwab wie auch schon Grodal (Grodal, T. (1997), S. 41) und Tan (Tan, E. (1996), S. 43 ff.) auf die Emotionstheorie Frijda. Schwab, F. (2001), S. 68.

[174] Grodal weist auf die unterschiedlichen Funktionsweisen von linker und rechter Hirnhemisphäre und der damit verbunden Differenzierung von dorsalem und ventralem Nervensystem hin. Das dorsale System kontrolliert die konkrete Ausführung von Handlungen, während das ventrale System die Planung und übergreifende Orientierung und, damit verbunden, die Repräsentation von Emotionen und Motivationen kontrolliert. Filmrezeption entspricht nach Grodal durch die gegebene Blockierung der konkreten Handlungsausführung (seitens des Rezipienten) der Arbeitsweise des ventralen Systems. Grodal, T. (1997), S. 121, 122.

es gleichzeitig zu einer Unterdrückung von willentlichen kognitiven Prozessen kommen kann, die auf einen motorischen Output ausgerichtet sind.[175]

Die Ausprägung der Emotionalität der Bedeutungszuweisung kann sich damit zwischen den Polen einer erfahrungsbezogenen ästhetischen, eher assoziativen, oder rhythmischen Wahrnehmung und einer sequentiellen, intentionalen Bedeutungszuweisung bewegen.

Dimensionen handlungsgerichteter emotionaler Bedeutungszuweisung

Die Dimension der Handlungsgerichtetheit ist ein wesentlicher Aspekt von Emotionen bei intentionalen und motorisch ausgerichteten Wahrnehmungsprozessen. Tan beschreibt Emotion in diesem Kontext folgendermaßen: Emotion als Prozess ist eine spezifische Form einer Situation Bedeutung zuzuweisen, ebenso wie eine Kontrolle der Zuweisung von Prioritäten für bestimmte Handlungstendenzen.[176] Deshalb ist Emotion dann immer auch mit einem Wechsel der Handlungstendenz verbunden, insofern sie Impulse setzt.[177]

Die Regulierung von Handlungsimpulsen über Emotionen ist mit zentralen Anliegen[178] im Sinne von bevorzugten Zuständen der wahrnehmenden Person verbunden. Tan definiert Emotion unter anderem als ein System zur Befriedigung dieser Anliegen. Grundlagen dieser Anliegen sind z. B. in Normen, Bedürfnissen oder Einstellungen der jeweiligen Personen verankert.[179] Die Ausbildung von Handlungsimpulsen hängt dabei eng mit der wahrgenommenen Relevanz von Bedeutungszuweisung zusammen.[180] Nach Tan muss eine Situation erst eine bestimmte kritische Bedeutungsfunktion beinhalten, um Emotionen hervorzurufen.[181]

Tan unterscheidet in seiner Darstellung konstituierende und kontextuelle Komponenten einer emotionalen Wahrnehmung. Die konstituierenden Komponenten der situationsgebundenen Bedeutungsstruktur werden von Tan benannt als: Relevanz, Wertigkeit, Realitätsgrad, bezogen auf die Encodierung des Reizes und Widerstand oder Schwierigkeit, als Präsenz eines Hindernis zur Erreichung eines gewünschten Zustandes.[182] Kontextuelle Komponenten können darüber hinaus noch die genauere Qualität der Emotion festlegen. Eine solche kontextuelle Komponente kann z. B. das Potential zur Handlungsmöglichkeit sein.[183]

---

[175] Grodal, T. (1997), S. 56.
[176] Tan, E. (1996), S. 44.
[177] Tan, E. (1996), S. 44.
[178] Im Original: „concerns". Tan, E. (1996), S. 44.
[179] Tan, E. (1996), S. 44.
[180] Tan, E. (1996), S. 45.
[181] Tan, E. (1996), S. 45.
[182] Tan, E. (1996), S. 45.
[183] Ein Faktor der für die Untersuchung relevanter Komponenten der emotionalen Erfahrung bei der Filmrezeption zu berücksichtigen ist. Siehe Kapitel 5.4.

Wichtig für den Bezug zur Medienrezeption ist, dass eine handlungsgerichtete Form von emotionaler Erfahrung auch für vorgestellte Handlungen diskutiert werden kann und nicht auf reale Handlungssituationen beschränkt werden sollte. So führt Schwab an, dass die zwingende Verbindung aus Emotion und Handlungsgerichtetheit als Überlebenssicherung im aktuellen Stadium menschlicher Entwicklung nicht mehr als gegeben gesetzt werden kann.[184] Bei der Erörterung von Medienrezeption muss von Denk-Handlungstendenzen ausgegangen werden. Tan geht in diesem Zusammenhang, bei der Filmrezeption, von einer virtuellen Handlungstendenz bei empathischer Beobachtung aus.[185]

3.2.3.3 Zusammenfassende Erörterung emotionaler Wahrnehmung und Bedeutungszuweisung

Emotionen stellen im Gegensatz zu rein kognitiven Prozessen eine unmittelbare Relationierung zwischen Subjekt und Umwelt her.

Grundsätzlich kann zwischen erfahrungsbezogener (adaptiver, assoziativer, beurteilender) und handlungsbezogener Ausrichtung emotionaler Bedeutungszuweisung differenziert werden. Bei letzterer ist hinsichtlich der Untersuchung von Medienrezeptionsprozessen noch mal zu differenzieren zwischen Bezugsetzungen der Bedeutungszuweisung zu realen und vorgestellten Handlungssituationen.

Die erfahrungs- oder wahrnehmungsbezogene emotionale Bezugsetzung kann sich auf verschiedene Wahrnehmungsformen beziehen, die sowohl nicht figurativ wie auch figurativ sein können und damit auch verschiedene Ausprägungen erhalten. Ästhetische Wahrnehmungsprozesse – die wiederum auf rein musterorientierter rhythmischer oder aber gestaltbezogener Wahrnehmungsform beruhen können – und damit verbundene emotionale Erfahrungen sind ein Bestandteil dieser Wahrnehmungsformen. Die adaptive Beobachtung und Beurteilung von situativen Zusammenhängen, die für den Wahrnehmenden ohne Bezug zu einer Handlungstendenz bleiben, stellen einen anderen Pol dar.

Die handlungsgerichtete emotionale Bezugsetzung zu Interaktionssituationen baut sich über bewertende und zielgerichtete intentionale Komponenten auf. Der emotionale Prozess durchläuft dabei verschiedene Phasen, von einer eher affektiven Phase über eine bewertende und bedeutungszuweisende Phase bis zur Ausrichtung der Handlungsorientierung. Grundlage für die zweite und dritte Phase sind kognitive Wahrnehmungsprozesse, sozial und kulturell verankerte

---

[184] Schwab, F. (2001), S. 68.
[185] Tan, E. (1996), S. 75–76. Die noch zu leistende Untersuchung der möglichen Differenzen emotionaler Erfahrung bei simulierten oder vorgestellten Handlungs- und realen Handlungstendenzen wird später vorgenommen. Siehe Kapitel 5.4.

Bewertungs- und Beschreibungsformen und die je individuelle Ausbildung von Anliegen, die ebenfalls sozial geprägt sind. Insofern beinhalten Emotionen immer auch kognitive Aspekte, sind sozial verankert und können als aktive Bedeutungskonstruktion beschrieben werden können.

Als relevante Faktoren emotionaler Bedeutungszuweisung bei Wahrnehmungsprozessen sollen die von Tan erläuterten Komponenten in leicht zusammengefasster Form aufgegriffen werden:

- Relevanz, als Dimension der Bezugsetzung zur eigenen Lebenswelt. Dazu wird hier auch die Zuschreibung des Realitätsgrad oder Realitätsstatus gezählt, insofern darin die Qualitäten möglicher Beziehungen zur eigenen Lebenswelt enthalten sind.
- Wertigkeit, als Frage der Übereinstimmung bzw. Divergenz zu den individuellen Wertvorstellungen.
- Handlungsbezug als allgemeine Frage von nach dem Handlungsimpuls, der die Frage nach Handlungsmöglichkeiten wie auch Handlungsnotwendigkeiten beinhaltet.
- Dynamik und Wechsel der Wahrnehmungsimpulse, sowohl auf Ebene repräsentativer (semantischer) Bedeutungssituationen wie als Dynamik ästhetischer Wahrnehmungsstrukturen.

Tan bezieht seine Komponenten wesentlich auf handlungsgerichtete Wahrnehmungsformen. Zielsetzung hier ist die möglichst umfassende Reflexion emotionaler Bedeutungszuweisung, die auch und gerade die Pole nicht handlungsorientierter Bedeutungszuweisung mit einschließt. Aus vorliegender Sicht können die genannten Faktoren auf die erfahrungs- und wahrnehmungsorientierte Form übertragen werden. Die Übertragung für den Faktor Dynamik und Wechsel ist unmittelbar einsichtig, z. B. für rhythmisch ausgerichtete Wahrnehmungsformen. Für die Faktoren Relevanz und Wertigkeit wird davon ausgegangen, dass sie in jedem Fall Ausgangspunkt einer emotionalen Bedeutungszuschreibung darstellen, insofern auch in Bereichen beobachtender und ästhetischer Wahrnehmungsformen je individuelle kulturelle und soziale Prägungen zu unterschiedlichen Zuschreibungen von Relevanz und Wertigkeiten und damit verbundenen emotionalen Qualitäten – z. B. der Bedeutungszuweisung von Gestaltungselementen – führen. Die Frage des Handlungsbezugs wird z. B. über ihre negative Ausprägung und einer damit verbundenen Prägung emotionaler Erfahrung relevant.

3.2.4 Rezeptionsästhetische Grundlagen der Medienrezeption: Modellentwicklung zum Theorieansatz

Es wird davon ausgegangen, dass emotionale wie kognitive Aspekte auf allen Ebenen der im Kapitel 3.1.4 entwickelten relevanten Bereiche von Medienrezeption, Kommunikationssituation, Handlung Medienrezeption und dem Prozess der Bedeutungszuweisung, zusammen spielen. Um eine Grundlage für die weitere theoretische wie empirische Untersuchungen zu schaffen, ist eine konkretisierende Übertragung der bisherigen Erörterungen auf Kategorien von Medienrezeptionsprozessen notwendig.

Die Ausführungen zu Emotion und Kognition zeigen zwei wesentliche Komponenten jeglicher Wahrnehmungsprozesse: eine nach außen gerichtete Aufnahme von Strukturen und eine nach innen gerichtete Bezugsetzung – sei es zu vorhandenen kognitiven Strukturen, emotional ausgerichteten Bewertungen, oder Notwendigkeiten und Begrenzungen einer Handlungssituation. Es soll differenziert werden zwischen einer primär kognitiv geleiteten Entwicklung einer Vorstellung von Umwelt bzw. Aussage und den zum Rezipienten gerichteten primär emotionalen Aspekten von Bedeutungszuweisung.

Im Rahmen der Bedeutungszuweisung bei Medienrezeption wird ersteres unter dem Aspekt der Interpretation zusammengefasst. Die Frage nach primär emotionalen Komponenten der Bedeutungszuweisung wird hier mit dem Begriff der Involvierung erfasst.

Wie oben ausgeführt,[186] kann zwischen einer stärker selbst- oder mehr fremdbezüglichen Ausprägung von Bedeutungszuweisung und Rezeptionshandlung differenziert werden, die zu unterschiedlichen Ausprägungen sowohl kognitiver wie emotionaler Faktoren auf den verschiedenen Ebenen des Rezeptionsprozesses führen.

Zusätzlich stellt sich aber, insofern es sich beim Untersuchungsgegenstand fiktionaler Spielfilme um ein Medienangebot handelt, bei dem das emotionale Erleben selbst im Vordergrund der Zuwendung und Erwartungshaltung steht, noch die Frage nach der Gesamtbewertung des Rezeptionserlebens seitens der Rezipienten. Im alltäglichen Sprachgebrauch werden Spielfilme als Unterhaltungsangebot verstanden und damit bestimmte Ansprüche an das Rezeptionserleben verbunden, die im Vordergrund einer ganzheitlichen Bewertung des Medienangebots und damit auch der retrospektiven Mitteilungen zu dem Gesehenem stehen. In diesem Sinn soll die Frage der relevanten Faktoren für die Bewertung eines unterhaltenden Rezeptionserlebens kurz gesondert diskutiert werden.

---

[186] Siehe Kapitel 3.1.4.

3.2.4.1 Interpretation

Komponenten des Interpretationsprozesses
In der Erörterung der zu betrachtenden Komponenten des Interpretationsprozesses
sollen die oben bereits ausgeführten Elemente kognitiver Bedeutungszuschreibung erweitert werden durch Hasebrinks Theorieansatz zur Beschreibung von
Bedeutungskonstruktion im Rezeptionsprozess.[187] Hasebrink verfolgt einen psychologischen Ansatz, der sich an der konkreten Praxis der Rezipienten orientiert.[188]

Bei der Betrachtung von Kommunikationsprozessen und damit verbundenen Interpretationsleistungen ist nach Hasebrink, unter Bezug auf Bühler, eine
dreifache Funktion von Zeichen zu berücksichtigen: Darstellung, Ausdruck und
Appell. Was wird gesagt? Was sagen die Zeichen über den Sender aus? Welche
Absichten des Senders lassen sich erschließen?[189] Neben dem Aufbau einer inhaltlichen Repräsentation des Dargestellten vollzieht sich beim Rezeptionsprozess
nach Hasebrinks Modell ein Beurteilungsprozess, der von eigenen Interessen
und Einschätzung zum Dargestellten möglichen Beziehungen zum Sender, einer
Einschätzung des Senders und dessen Äußerungen. Der Rezipient kann das Dargestellte annehmen oder ablehnen, er bildet sich ein Urteil zu den kommunikativen Intentionen des Senders und er kann die möglichen Anliegen des Senders
annehmen oder ablehnen. Die letzten beiden Aspekte werden im vorliegenden
Theorieansatz als Komponenten der Kommunikationssituation als Beurteilungen
zum Mitteilenden und zum Mitteilungsaspekt erfasst und werden damit nicht als
Bestandteil des Interpretationsprozesses berücksichtigt. Unter Interpretation wird
hier die sachbezogene Form der inhaltlichen Bedeutungszuweisung im Rezeptionsprozess verstanden. Diesen Aspekt diskutiert Hasebrink unter dem allgemeinen
Begriff der Bedeutungszuweisung.

Die Bedeutung eines symbolischen Ausdrucks wird bei Hasebrink über den
Sachbezug definiert, also dem Begriff den ein Rezipient mit einem bestimmten
Zeichen verbindet.[190] Jeder Rezipient geht davon aus, dass der wahrgenommene
Ausdruck etwas „Sinnvolles" und „Verstehbares"[191] darstellt, etwas vom Äußern-
den Intendiertes beschreibt. Die Bedeutungszuweisung steht damit immer in Re-
lation zu der jeweiligen Äußerungssituation, z. B. Zeit, Ort, Person und setzt beim
Verstehenden bereits ein Wissen um den möglichen Gegenstandsbezug voraus.[192]

---

[187] Hasebrink, U. (1986).
[188] Da Hasebrinks Untersuchung an der Rezeption schriftlicher Texte orientiert ist und in der weiteren Ausführung damit für Fragen der Filmrezeption nicht mehr geeignet ist, werden hier nur einige
grundlegende Aspekte seines Theorieansatzes referiert.
[189] Hasebrink, U. (1986), S. 9.
[190] Hasebrink, U. (1986), S. 17.
[191] Hasebrink, U. (1986), S. 19.
[192] Hasebrink, U. (1986), S. 15, 20.

Eine kontextunabhängige Bedeutungszuschreibung ist hingegen immer nur bedingt möglich und mit Abstraktionen verbunden.[193]

Die Untersuchung Hasebrinks zielt auf die Prozesse von Bedeutungszuweisung bei der Rezeption größerer schriftlicher Textzusammenhänge.[194] Ein Text wird von Hasebrink verstanden als kohärente Folge von Zeichen oder sprachlichen Ausdrücken, die nicht in übergreifende Texteinheiten eingebettet sind.[195]

Zentrale Qualität eines Textes ist damit die Kohärenz.[196] Kohärenz, in thematischer Hinsicht, bezieht sich auf die Verknüpfbarkeit der Textelemente, zum einen zwischen mindestens je zwei Bedeutungselementen und zum anderen als Bezugsetzung zwischen diesen Relationen auf einer darüber liegenden Ebene. Da Texte grundsätzlich immer lückenhaft sind und die notwendigen Relationierungen nicht explizit vorhanden sind, ist der Aufbau von Kohärenz und damit auch die Zuweisung einer Textqualität zu einer Abfolge von Zeichen letztlich an den Rezipienten gebunden.[197]

Aus kognitionspsychologischer Sicht kann das Textverstehen auf verschiedenen Ebenen untersucht werden, die zwischen den beiden Polen bottom-up induzierter Referenzierung und top-down gesteuerten Prozessen liegen. Hasebrinks Ansatz zielt auf Fragen im Bereich des Aufbaus größerer zusammenhängender Bedeutungsstrukturen, die er als globale Bedeutungsstruktur bezeichnet.

Im Bereich dieser höheren „semantisch-syntaktischen"[198] Textverarbeitungsprozesse wird davon ausgegangen, dass ein Text aus einer Menge von grundlegenden Bedeutungseinheiten besteht.[199] Diese bilden die implizite Textbasis, die als grundsätzlich lückenhaft und nicht vollständig beschrieben werden kann. Ein rein textgesteuertes, bottom-up-strukturiertes Textverstehen ist per se nicht möglich. Zur Relationierung der vorhandenen Bedeutungseinheiten muss der Leser auf vorhandenes Vorwissen zurückgreifen. Diese top-down-gerichteten Prozesse stellen die vom Rezipienten zu leistenden Inferenzen dar, also „wissens- bzw. schemageleitete Prozesse"[200].

Da bei der Textrezeption im Normalfall nicht alle Bedeutungseinheiten wahrgenommen und relationiert werden, kommt es zu einer vom Rezipienten vollzogenen Reduktion auf die wichtigsten Informationen und Relationen. Hasebrink

---

[193] Hasebrink, U. (1986), S. 14–16.
[194] Und kann damit in den Grundzügen auch auf die Bedeutungszuweisung beim Film als geschlossener Text übertragen werden.
[195] Hasebrink, U. (1986), S. 23 unter Bezug auf Brinker, K. (1979).
[196] Die sich in eine grammatische, thematische und pragmatische Dimension differenzieren läßt. Hasebrink, U. (1986), S. 23.
[197] Hasebrink, U. (1986), S. 25.
[198] Hasebrink, U. (1986), S. 26.
[199] Hasebrink, U. (1986), S. 26.
[200] Hasebrink, U. (1986), S. 26.

spricht hier von semantischer Makrostruktur, als der durch die Verdichtungen des Rezipienten entstandenen Textstruktur.[201]

Die vom Rezipienten vollzogenen Relationierungen von Bedeutungseinheiten beim Aufbau einer Makrostruktur beruhen nach Hasebrink im Wesentlichen auf drei Prinzipien: Abfolge oder Kontiguität, Ähnlichkeit und semantische Beziehungen. Im Zuge der Diskussion verschiedener Theorieansätze zur dieser Frage kritisiert Hasebrink Rezeptionstheorien im Bereich narrativer Texte, die von einer rein schemageleiteten Erfassung ausgehen, als zu eng gefasst. Schematheorien stellen nach Hasebrink häufig bereits weit greifende Vorannahmen zu „Geschichten-Grammatiken"[202] als Wahrnehmungsstrukturierungen auf und übersehen damit mögliche andere Formen der Relationierung. Nach Hasebrink muss von zwei Formen der Erfassung ausgegangen werden: kategorienbestimmte Relationierungen und schemageleitete Strukturen. Erstere können auf einfachen Ähnlichkeiten von Merkmalen ohne weitere Ordnungssysteme beruhen, zweitere stellen Bedeutungselemente in eine zeitliche, kausale oder zweckorientierte Relation zueinander.[203]

Interpretation: Zusammenfassung

Unter Rückgriff auf die bereits ausgeführten Darstellungen zu konstruktivistischen und handlungstheoretischen Theorien der Medienrezeption und der Verstehensprozesse[204] und die zu Beginn des Kapitels dargestellten Grundlagen kognitiver Prozesse sollen für den Interpretationsprozess folgende Komponenten und Faktoren zusammengefasst werden.

Grundlage der Interpretation einer textlichen Einheit bildet das Verstehen als Zuschreibung einer sinnhaften Mitteilung. Der Interpretierende geht davon aus, dass ein Mitteilender mit dem vermittelten Text sinnhafte Zusammenhänge dargestellt hat. Als Text wird dabei ein Medienangebot jeglicher Form verstanden, das als eine in sich geschlossene bedeutungstragende Einheit konzipiert und vermittelt wurde.

Verstehen bzw. Sinnzuweisung von Texten vollzieht sich als Aufbau von Kohärenz über zwei wesentliche Bezugssysteme, interne Kohärenz und Kohärenz als Anschlussfähigkeit an externe Bezugsysteme.[205] Diese beiden Seiten werden im vorliegenden Konzept als relationale und referentielle Form der Bedeutungszuweisung aufgenommen. Während bei der ersten Form die interne Verknüpfung und Strukturierung von Bedeutungsmodulen im Vordergrund steht, bezieht

---

[201] In Abgrenzung zur Mikrostruktur eines Textes, als „Menge aller im Text vorkommenden und inferierten Propositionen." Hasebrink, U. (1986), S. 26, 27.
[202] Hasebrink, U. (1986), S. 29.
[203] Hasebrink, U. (1986), S. 44–45.
[204] Siehe Kapitel 3.1.1 und 3.1.2.
[205] Siehe Kapitel 3.1.1.

sich der zweite Aspekt auf Fragen der Bezugsetzungen zu vorhandenen externen Wirklichkeitsstrukturen.

Die Bedeutungszuweisung wird immer über Kontextualisierungen vollzogen. Sie wird geprägt von vorhandenen Bewusstseinsstrukturen des Denkenden und darüber ausgebildeten kognitiven Schemata, die in Wechselbeziehung stehen zu Kontextualisierungen, die auf verschiedenen Ebenen des Kommunikationsprozess vollzogen werden. Bedeutungen werden also generiert unter Bezug auf vorhandene Wirklichkeitsstrukturen des Kognizierenden, vorangegangene Kommunikationsakte, Handlungskontext der Kommunikation, weitere soziale und kulturelle Kontexte der Kommunikation und Aspekte des Mitteilungscharakters.

Beim vorliegenden Modellansatz werden diese Aspekte auf verschiedenen Ebenen berücksichtigt. Bezugsetzungen zum Mitteilenden und der Mitteilungsperspektive. Beispielsweise werden Einschätzungen zu Kompetenz, Intentionen, Wertungen auf der Kommunikationssituationsebene verortet. Diese Aspekte werden als unmittelbare Kohärenzbildung, vor- oder nachgängig, verstanden. Bezug auf vorangegangene Kommunikationshandlungen oder auf soziale und kulturelle Kontexte werden unter der Berücksichtigung vorhandener Schemata, z. B. Gattungsschemata, Alltagsschemata, in den Verstehensprozess integriert. Bezugsetzungen zum Handlungskontext der Kommunikation werden über die Betrachtung der Rezeptionshandlung ebenfalls als rahmende Bedingungen des Interpretationsprozess berücksichtigt.

Die Betrachtung von Interpretation, als Aufbau einer repräsentativen Vorstellung zum Vermittelten, wird damit eingegrenzt auf die oben erwähnten Kohärenzbildungen relationaler wie referentieller Art. Dieser Prozess steht in Wechselwirkung zu den beschriebenen Faktoren auf den Ebenen der Kommunikationssituation und der Rezeptionshandlung.

Der Rezeptionsprozess kann dabei auf unterschiedlichen Ebenen kognitiver Aktivitäten des rezipierenden Bewusstseins untersucht werden. Die Differenzierung zwischen bottom-up induzierten Wahrnehmungsprozessen und top-down gerichteten Aktivitäten ist ein Beispiel dafür. Für die vorliegende Fragestellung sollen nur die bereits auf höherer Ebene liegenden Strukturierungen, die zum Aufbau der globalen Bedeutungsstruktur bzw. Makrostruktur führen, berücksichtigt werden. Fragen dazu, ob und wie z. B. räumliche Vorstellungen bei der Filmrezeption aufgebaut werden, stehen nicht zur Debatte. Es wird davon ausgegangen, dass sich auf den tiefer liegenden Ebenen der Erfassung von Bedeutungseinheiten keine Veränderungen hinsichtlich der Forschungsfrage ergeben.[206] Die Trennung

---

[206] Nach Hasebrink lässt sich diese globale Bedeutungsstruktur über die vom Rezipienten sprachlich vermittelbaren Nacherzählungen oder Zusammenfassungen der rezipierten Texte in wesentlichen Zügen erfassen. Hasebrink führt weiter aus, dass diese Darstellungen sich auf unterschiedliche Aspekte der Bedeutungsstrukturierung beziehen, wie z. B. inhaltliche Aspekte, Relevanzaspekte, Beziehungen

dieser Aspekte ist Aufgabenstellung der später zu leistenden empirischen Analyse der Gruppeninterviews.[207]

Die Erstellung dieser Bedeutungsstruktur vollzieht sich, wie oben erwähnt, unter einer Reihe von Strukturierungsaktivitäten seitens des Rezipienten. Grundsätzlich bietet ein Text nur eine unvollständige implizite Textbasis, die erst über Inferenzen seitens des Rezipienten zu sinnvollen Zusammenhängen vervollständigt werden kann. Im Zuge weiterer Zusammenfassungen und Gliederungen baut der Rezipient die Makrostruktur auf. Diese stellt das Ergebnis dar, von Prozessen des Selektionierens, der Sequenzierung, der Modularisierung, der Abstraktion, der Modifikation und der Verdichtung.[208]

Schemata sind, wie in Kapitel 3.2.2 ausgeführt, ein wesentliches Instrumentarium für die Bildung von Inferenzen, weitergehenden Strukturierungsprozessen und dem Aufbau von Erwartungen bzw. Hypothesen. Neben schematabasierten Erfassungen müssen auch kategoriale Formen der Zusammenfassung berücksichtigt werden.

3.2.4.2 Involvierung

Involvierung soll im vorliegenden Modell, wie oben dargelegt, die Summe der emotionalen Zuwendungen mit positiver Ausprägung sein, das heißt, dass der Rezipient emotional eingebunden wird, im Gegensatz zu einer emotionalen Distanzierung. Die Wahl des Begriffs und seiner Definition wurde unter anderem in Abgrenzung zum Unterhaltungsbegriff gewählt, insofern eine Diskussion von Film als Unterhaltungsangebot hier nicht im Vordergrund steht.[209] Einen weiteren Bezugspunkt dafür bilden die später noch zu erörternden Theorieansätze zum Rezeptionserleben fiktionaler Spielfilme.[210]

Anliegen der Begriffswahl ist es einen möglichst umfassenden Blick auf die Frage der emotionalen Beteiligung des Rezipienten im Rezeptionsprozess zu werfen, der es erlaubt: 1. Den Prozess der Interpretation als offene Frage mit einzubeziehen und nicht schon von angenommenen interpretativen Zuweisungen auszugehen. 2. Zu differenzieren zwischen der Rezeptionshandlung als Tätigkeit des Rezipien-

---

zwischen Elementen, Zusammenfassungen zu größeren Einheiten, die in der Regel stark ineinander verschränkt und wenig strukturiert wieder gegeben werden. Vgl. Hasebrink, U. (1986), S. 33.

[207] Siehe Kapitel 8.5.

[208] Vgl. Hasebrink, U. (1986), S. 37ff.

[209] Siehe Kapitel 3.2.4.2./Bewertung des Rezeptionserlebens. Wie im Abschnitt Kapitel 2.4 ausgeführt, richtet sich die Fragestellung in erster Linie auf die Diskussion möglicher Veränderungen von Bedeutungskonstruktionen, die im zweitem Schritt mit unterschiedlichen Formen der Involvierung und ggf. veränderten Einschätzungen zum Rezeptionserleben eines Medienangebots verbunden sind.

[210] Siehe Kapitel 5.

ten und mentalen Prozessen im Rahmen dieser Tätigkeit. 3. Aspekte der Kommunikationssituation mit einzubeziehen. 4. Eine Interindividuelle Betrachtung zu vollziehen, die nicht auf individuelle Dispositionen der Rezipienten rekurriert. Und 5. das Augenmerk auf emotionale Prozesse zu richten, die über eine sprachliche Beschreibung der Rezipienten erfahrbar sind, da keine anderen physiologischen oder psychologischen Beobachtungsinstrumentarien eingesetzt werden.

Der Prozess emotionaler Bedeutungszuweisung wurde oben bereits differenziert beschrieben. Wie schon bei der Definition der Komponenten und Faktoren des Interpretationsprozess soll hier die Konkretisierung der Bezugsetzung zur Medienrezeption erfolgen.

Die spezifizierende Beschreibung, der im Kapitel 3.2.3/Emotion entwickelten Qualitäten und Faktoren emotionaler Bedeutungszuweisung – die Differenzierung von wahrnehmungs- vs. handlungsbezogenen Emotionen, sowie Fragen zur Relevanz, Wertigkeit, Handlungsoption und Dynamik – muss in der Anwendung auf einen konkreten Rezeptionsprozess erfolgen. Im vorliegenden Fall ist dies die Rezeption eines linearen fiktionalen Films, deren Betrachtung im Anschluss erfolgen wird.

Unter Bezug auf die im Kapitel 3.1.4 dargestellten Ergebnisse wird davon ausgegangen, dass im Prozess der Medienrezeption emotionale Bedeutungszuweisung über folgende Komponenten der verschiedenen Ebenen des Kommunikationsprozesses aufgebaut werden bzw. auf deren Wechselwirkungen beruhen.

Ebene der Kommunikationssituation
Es wird angenommen, dass Beurteilungen und Bewertungen zum Mitteilenden und der Mitteilungsperspektive Einfluss nehmen auf die Ausprägung der emotionalen Anteilnahme und Grundlagen für Beurteilungen legen. Einschätzungen zur Person bzw. Personen, ihren Kompetenzen, Wertvorstellungen, Absichten prägen die Zuwendung und Akzeptanz im Vorfeld von oder in Wechselwirkung zu interpretativen Bedeutungszuweisungen.

Ebene der Bedeutungszuweisung
Im Prozess der Bedeutungszuschreibung als Aufbau einer inhaltlichen Vorstellung zur Mitteilung muss zwischen verschiedenen Formen emotionaler Zuwendung differenziert werden.

Bezüglich der Wahrnehmungsstufe kann zwischen einer primären affektiven und einer sekundären kognitiven Ebene unterschieden werden. Wie schon beim Interpretationsprozess wird auch hier die Betrachtung auf die höhere Ebene bereits kognitiv erschlossener Wahrnehmungsfelder eingegrenzt. Es wird davon ausgegangen, dass unmittelbare affektive Emotionen, die vor allem durch Bild- oder Ton-effekte ausgelöst werden können, nicht als variabler Faktor zur Debatte stehen.[211]

Zum anderen soll entsprechend der Ausführung zum Interpretationsprozess eine Differenzierung zwischen Emotionen auf Ebene referentieller Bedeutungs-zuweisung und Emotionen auf Ebene relationaler Bedeutungszuweisung vollzogen werden.

Die Emotionen der ersten Ebene werden unter Bezug auf die repräsentativen Inhaltszuschreibungen erzeugt.[212] Zur zweiten Ebene zählen Emotionen, die vor-wiegend interne Bezugsetzungen und Strukturierungen rekurrieren. Dazu werden auch Emotionen ästhetischer Rezeptionsprozesse gezählt, insofern sie sich wesent-lich auf Gestaltungsstrukturen des Medienangebots richten.[213]

Ebene der Rezeptionshandlung

Auf Ebene der Rezeptionshandlung soll die emotionale Einbindung berücksichtigt werden, die sich aus dem Handlungsvollzug Medienrezeption selbst ergibt. Die oben erwähnten Komponenten von emotionaler Einbindung, Relevanz, Wertigkeit, Handlungsoptionen, Dynamik und Wechsel, sind dann im Bezug zur Aktivität der Medienrezeption zu sehen. Dabei stehen hier die Aspekte Relevanz und Wertigkeit der Medienrezeption für den Rezipienten nicht zur Debatte, da sie als individuelle Faktoren der Zuwendung und Motivation hier gegebenfalls nur als Kontrollfakto-ren berücksichtigt werden sollen. Die verlaufsorientierten Aspekte der Handlung, Wechsel/Dynamik und Handlungsbezug sollen hingegen berücksichtigt werden, insofern sie durch die interaktive bzw. nicht interaktive Form des Medienangebots direkt beeinflusst werden.

Bewertung des Rezeptionserlebens

Neben der Frage nach der Zuweisung einer repräsentativen Bedeutungsstruktur und der emotionalen Involvierung, soll die Frage nach der abschließenden Bewertung des Rezeptionserlebens als zusätzliche Komponente die Analyse des Rezeptions-prozesses ergänzen. Dies ist insofern relevant, als die empirische Untersuchung auf den retrospektiven Beschreibungen und Beurteilungen der Rezipienten auf-bauen wird und davon auszugehen ist, dass zunächst eine allgemeine Beurteilung des Rezeptionserlebens zentraler Bestandteil der Beschreibung sein wird. Wie in den Ausgangsthesen bereits formuliert, wird dabei die Ausprägung des Rezep-

---

[211] Siehe Kapitel 3.2.5.2.
[212] Die weitere Differenzierung emotionaler Bezugsetzungen auf dieser Ebene wird unter Berück-sichtigung filmtheoretischer Erörterungen im Kapitel 5.4 erfolgen.
[213] Vgl. dazu auch Morris Ausführungen zum Eigenwert des Zeichens in der ästhetischen Bedeutungs-zuweisung (Morris, C. (1992), S. 361.) sowie auch Grodals Beschreibung von emotionalen Prozessen bei nicht-figurativen rhythmischen Wahrnehmungsprozessen (Grodal, T. (1997), S. 56.).

tionserlebens als sekundäre Stufe, als Folge der und in Bezug auf die veränderten Formen der Bedeutungszuweisung und der Prozesshaftigkeit der Medienrezeption, untersucht. Somit wird davon ausgegangen, dass einerseits die Frage eines positiven Rezeptionserlebens relevant aber nicht Ausgangspunkt der vorliegenden Perspektive ist und andererseits über die Erörterung von Interpretation und Involvierung zentrale Aspekte des Rezeptionserlebens erfasst werden.

Für die Definition der Bedingungen der abschließenden Bewertung des Rezeptionserlebens bei narrativen fiktionalen Filmen werden zwei Ansatzpunkte aus der weitreichenden Diskussion zu unterhaltenden Film- und Fernsehangeboten herangezogen. Zum einen die Erhebungen von Dehm und Storll[214] zu den Erlebnisdimensionen von unterhaltsamen und informativen Fernsehangeboten.[215] Zum anderen der Theorieansatz von Früh zur Unterhaltung als Makroemotion.

Wichtigste Ergebnisse der Studie von Dehm und Storll im vorliegenden Zusammenhang sind: 1. Dass die Fernsehzuschauer selbst nicht in dem Maß, wie es im Bereich von Produktion und Forschung häufig vorgegeben wird, zwischen unterhaltsamen und informativen Medienangeboten unterscheiden und der Begriff „unterhaltsam" als beschreibende Qualität wenig angemessen scheint.[216]

2. Dass als wesentliches Kriterium der Differenzierung von unterhaltsamen und informativen Angeboten die höhere Ausprägung der emotionalen Zuwendung bei ansonsten gleichen Ansprüchen an inhaltliche oder formale Qualitäten festgestellt wurde.[217]

Das entspricht in zweifacher Hinsicht dem vorliegenden Ansatz. Zum einen, insofern hier davon ausgegangen wird, dass die emotionale Zuwendung zwar ein zentrales Kriterium ist, aber nicht losgelöst von zugeschriebener Bedeutsamkeit untersucht werden sollte. Und zweitens, dass über den Aspekt der Involvierung, die im vorliegenden Modell über mehrere Ebenen die emotionale Beteiligung der Rezipienten berücksichtigt, die Frage der positiven Bewertung des Rezeptionserlebens wesentlich abgedeckt wird.

Dennoch weisen die später noch zu diskutierenden Theorien zur emotionalen Involvierung bei der Filmrezeption[218] immer auch auf den pragmatischen Aspekt

---

[214] Dehm, U.; Storll, D. (2003).

[215] Dehm und Storll führten zwei aufeinander folgende Studien zum Erleben von Fernsehangeboten durch, die unabhängig von „gängiger" Genredifferenzierung wie auch ohne Berücksichtigung von Rezipiententypologisierungen eine übergreifende Ermittlung relevanter Erlebniskriterien anstrebte. Als zentrale Erlebniskriterien wurden in der zweiten Studie die Kategorien Emotionalität, Orientierung, Ausgleich, Zeitvertreib und soziales Erleben ermittelt. Dehm, U.; Storll, D. (2003), S. 430.

[216] Dehm, U.; Storll, D. (2003), S. 425–426. Interessant ist auch, dass die Orientierungsleistung sowohl bei unterhaltenden wie auch informativen Angeboten als annähernd gleich wichtig erachtet wird. Dehm, U.; Storll, D. (2003), S. 430.

[217] Dehm, U.; Storll, D. (2003), S. 431.

[218] Siehe Kapitel 5.4.

der Rezeptionshaltung der Filmzuschauer hin.[219] Die Zuschauer wollen emotional involviert werden bzw. sich emotional beteiligen, dies soll sich aber im begrenzenden Rahmen einer selbst bestimmten Involvierung vollziehen. Neben den Bedingungen der emotionalen Involvierung spielt damit die Frage der Möglichkeiten der Begrenzung bzw. aktiven Steuerung der Involvierung als zusätzliche Komponente eines positiven Rezeptionserlebens eine Rolle. In diesem Sinn scheint hier die Differenzierung von Früh zwischen verlaufsorientierten Involvierungsprozessen und einer abschließenden „Makroemotion" sinnvoll, bei der neben der emotionalen Involvierung zusätzliche Aspekt der Souveränität und Kontrolle seitens des Rezipienten für ein positives Rezeptionserleben berücksichtigt werden.[220]

Zusammenfassend wird davon ausgegangen, dass bei der Rezeption narrativer fiktionaler Filme die retrospektive Beurteilung des Rezeptionserlebens wesentlich mit der Intensität der emotionalen Involvierung verbunden ist und als zusätzlicher Faktor die Möglichkeit der Souveränität des Rezipienten bezüglich der emotionalen Einbindung, z. B. über Distanzierungsmöglichkeiten, berücksichtigt werden muss.

---

[219] Tan stellt einen Zusammenhang zwischen emotionaler Intensität und pragmatischer Distanzierung her und beschreibt dies als sichere Form emotionaler Erfahrung, die Grundlage der motivationalen Zuwendung bei der Spielfilmrezeption ist. (Tan, E. (1996), S. 39.) Wuss beschreibt das positive Erlebnis einer gelungenen Kunstrezeption als Zusammenspiel von Kontrollverlust, erzeugt über die Unbestimmtheiten künstlerischer Darstellung, bei gleichzeitiger Strukturierung des möglichen Kontrollerlebens über die ästhetischen Gestaltungsmittel. (Wuss, P. (1993a), S. 103.)

[220] Früh, W. (2002), S. 128–131. In Entsprechung zu Ansätzen im Bereich der Filmrezeption und Spannungstheorie (Vgl. Mikos (1996b); Tan, E. (1996), S. 37–39 und Vorderer, P.; Knobloch, S. (2000), S. 68,69.) stellt Früh in seiner Erörterung fest, dass sich ein positives Gesamterleben auch auf vorausgehenden negativen Emotionen aufbauen kann. (Früh, W. (2002), S. 99.) Im ersten Schritt ist nicht die Ausrichtung der emotionalen Erfahrung, sondern die Intensität an sich relevant. Ein positives Gesamterleben als Makroemotion ist dann im zweiten Schritt an das passende Zusammenspiel von emotionaler Intensität (die bei Früh in verschiedene Faktoren aufgeschlüsselt wird) und angemessener Souveränität bzw. entsprechendem Kontrollerleben gebunden. Vgl. Früh, W. (2002), S. 98–109.

3.2.5   Grundlagen der Medienrezeption: Zusammenfassung

3.2.5.1 Zusammenfassung der relevanten Kategorien und Faktoren von
        Medienrezeption im Modell

Abbildung 3   Zusammenfassende Modelldarstellung zur Grundlagen der
             Medienrezeption

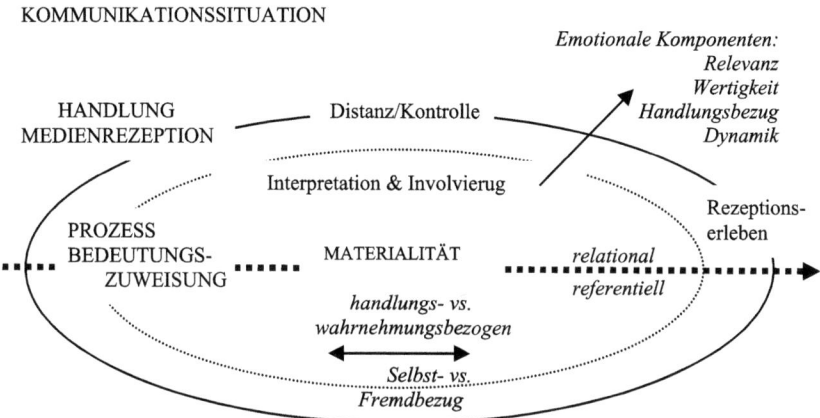

Das Modell zeigt einen Überblick über die zentralen Kategorien des vorgestellten
Theorieansatzes. Aus soziologischer Perspektive wurde die Erörterung relevanter
Faktoren von Medienrezeption gegliedert in die Bereiche: Kommunikationssituation, Handlung Medienrezeption, Prozess Bedeutungszuweisung und Materialität
des Medienangebots. Diesen Bereichen wurden die rezeptionsästhetischen Kategorien Interpretation, Involvierung und Rezeptionserleben gegenübergestellt. Zusätzlich wurden einige wichtige Subkategorien und Ausprägungen emotionaler wie
kognitiver Elemente von Rezeptionshandlung und Bedeutungszuweisung angeführt.
Symbolische Darstellungen können über primär referentielle oder relationale Verknüpfungen zu sinnvollen Einheiten verbunden werden. Die Rezeptionshandlung
kann primär selbst- oder fremdbezüglich geprägt sein, was sich in einer handlungs-
oder wahrnehmungsbezogenen Form der Bedeutungszuweisung widerspiegeln
kann. Zur konkreteren Untersuchung von Ausprägung emotionaler Einbindung
oder Zuwendung der Rezipienten werden Relevanz, Wertigkeit, Handlungsbezug
und Dynamik – auf den unterschiedlichen Ebenen emotionaler Beteiligung im
Rezeptionsprozess – als bedingende oder qualifizierende Faktoren untersucht.

3.2.5.2 Nicht relevante und konstante Faktoren der Medienrezeption im
vorliegenden Ansatz

Über die Perspektivierung der Forschungsfrage einerseits und die konkrete Gestaltung der experimentellen Studie andererseits ergeben sich eine Reihe von Faktoren, die im Rahmen der theoretischen Erörterung als konstante oder nicht relevante Faktoren erachtet werden und in den folgenden Ausführungen zur Rezeption narrativer Filme nicht weiter greifend ausgeführt werden.

Individuelle Dispositionen
Der Fokus richtet sich auf die Abhängigkeit von Prozessen der Bedeutungskonstruktion zur jeweiligen linearen bzw. interaktiven Form des Medienangebots. Dabei wird, wie bereits erläutert, von einer interindividuellen Veränderung ausgegangen. Individuelle Faktoren der Medienrezeption, wie kognitive Dispositionen, psychologische Typendifferenzierungen, individuelle Motivationsgrundlagen der Medienrezeption, werden hier als nicht bedingende Faktoren angesehen. Im Rahmen der empirischen Befragung gilt es diesbezüglich kontrollierende Erhebungen hinsichtlich möglicher störender oder manipulierender Einflussmöglichkeiten durchzuführen.[221] Für die theoretische Reflexion werden sie als nicht relevant bzw. konstant bezüglich einer generell angenommen Disposition zu einem positiven Rezeptionserleben bei der Rezeption von Spielfilmen angesehen.

Es wird davon ausgegangen, dass die primären Wahrnehmungsprozesse und damit verbundene emotionale Prozesse, wie z. B. Wahrnehmung von Lebewesen, Raum- und Bewegungswahrnehmung, affektive Bild- und Tonwahrnehmung für die interaktiven und linearen Formen der realfilmbasierten Spielfilmdarstellung als konstant erachtet werden. Im Zuge der Diskussion und der Qualifizierung der Bedingungen von emotionaler Erfahrung bei der Spielfilmrezeption werden Aspekte dieses Bereiches noch ausgeführt, die aber nicht zur Disposition möglicher Hypothesenbildung stehen.

Soziologische und kulturelle Faktoren
Bezüglich der soziologischen und kulturellen Bezugspunkte von Bedeutungskonstruktion bei Medienrezeption werden ebenfalls, bedingt durch die konkrete Situierung der Studie, Annahmen hinsichtlich konstanter Faktoren vorausgesetzt. Die Probanden sind Studierende in Berlin und Potsdam, die alle in medienbezogenen Studiengängen studieren. Die soziale Situierung der Studierenden und damit verbundenes Alltagswissen, wie z. B. Erfahrungen zu WG-Situationen und kulturelle Bezugssysteme, wie z. B. Genrewissen, werden als übereinstimmend

---

[221] Siehe Kapitel 8.4.3.2.

angenommen, somit wird nicht von einer störenden Einflussnahme möglicher Differenzen ausgegangen.

3.2.5.3 Grundlagen der Medienrezeption: Abschließende Darstellung zur Modellentwicklung

Soziale wie individuelle Verankerung von Medienrezeption
Ausgangspunkt des Modells stellt die Kopplung einer soziologischen interaktionistischen Betrachtung von Medienrezeption als Handlung und einer kognitionspsychologisch und rezeptionsästhetisch orientierten Betrachtung von Bedeutungskonstruktion in Auseinandersetzung mit der konkreten Materialität eines Medienangebots dar.

Grundsätzlich stellt jede Handlung eine Beziehung und eine Form der Auseinandersetzung zwischen Handelndem und Individuum her. Der symbolische Interaktionismus betont den Erfahrungswert und damit verbundenem Erkenntniswert von Hindernissen im Handlungsverlauf über die rückkoppelnde Reflexion und damit verbundenen Antizipationsmechanismen. Motiviert über Bedürfnisstrukturen versucht der Handelnde mögliche Handlungsverläufe zu antizipieren und mit den eigenen Beurteilungen, Reflexionen und dem Entwurf von Handlungsmöglichkeiten abzugleichen. Wechselseitiges Anzeigen über symbolische Repräsentationen stellt das zentrale Moment der Verankerung des Individuums mit seinen Bedürfnisstrukturen im sozialen Kontext dar. Wobei sowohl die Ausprägung der Bedürfnisstrukturen wie auch die Entwicklung der kommunikativen Strukturen und der damit verbunden Entwicklung sozialer Systeme in gegenseitiger Abhängigkeit als dynamischer Prozess verstanden werden.

Damit wird bereits die Relation zur Ebene der mentalen Ebene von Bedeutungszuweisungen gezogen. Die konstruktivistische Theorie betont stärker die Eigengesetzlichkeit von Bewusstseinsstrukturen, kommunikativen Handlungen und voneinander zu differenzierenden sozialen Systemen. Der Betrachtung der jeweiligen Schnittstellen dieser Systeme wird demzufolge eine höhere Gewichtung eingeräumt. Die Materialität von Medienangeboten stellt eine derartige Schnittstelle dar und wird verstanden als kulturelle Manifestation der jeweiligen Formen und Möglichkeiten von Wirklichkeitskonstruktion und Wirklichkeitsvermittlung.

Prozessuale Beschreibung von Medienrezeption
Über die Handlung Medienrezeption vollzieht der Rezipient eine aktives Inbeziehungsetzen zwischen sich und der Umwelt.

Initiiert durch die spezifische Materialität des Medienangebots ergeben sich unterschiedliche Bedingungen für die Kommunikationssituation einerseits und die unmittelbare Prozessualität der Medienrezeption als Zuweisung von Bedeutung andererseits.

Über die jeweilige konkrete Situation von Medienrezeption werden die Faktoren der Handlungssituation des Rezipienten als Verbindung zwischen den individuellen kognitiven und emotionalen Prozessen von Bedeutungskonstruktionen und dem Anschluss an vorhandene soziale Strukturen (die mehr oder weniger anonym oder individuell sein können) eines externen Wahrnehmung- und Handlungsumfeldes ausgebildet.

Sowohl auf Handlungsebene wie auf Ebene von Bedeutungskonstruktionen ergibt sich eine Polarisierung zwischen einer mehr selbstbezüglichen Ausgestaltung der Prozesse und einer stärker fremdbezüglichen Form. Die angemessene Balance ist Grundlage von Handlungsfähigkeit und stellt nach konstruktivistischer Sicht die Realisierung von Wissen dar.

Die emotionale Verankerung von Handlung auf der Basis von Sinnzuweisungen ist Voraussetzung für einleitende Motivation und begleitende Ausrichtung von Handlungen – auch von Medienrezeption als Handlung. Als konstituierende Komponenten für die Betrachtung der Bedingungen von Emotionalität wurden Relevanz, Wertigkeit, Handlungsbezug und Dynamik angeführt. Grundsätzlich beinhaltet die emotionale Bedeutungszuweisung einerseits beurteilende, eher rückwärtige oder wahrnehmungsbezogene, und eine vorwärtige handlungsbezogene Ausrichtungen, wobei, je nach Situation, der eine oder andere Pol stärker ausgeprägt sein kann.

Auf der Ebene des Verstehens von kommunikativ vermittelten Bedeutungsstrukturen stellt sich ebenfalls die Relation der Bezugsetzung zwischen vorhandener Erkenntnisstrukturen und externer Erfahrungswirklichkeit ein. Dabei sind die Ebenen der textinternen Relationierung und des textexternen Referenzierens beim Aufbau von kohärenten Zusammenhängen zu berücksichtigen.

Medienrezeption und Rollenkonstruktionen

Die soziale Verankerung von Medienrezeption als Handlung ist im Bezug auf den unmittelbaren Anschluss der kommunikativen Handlung zu der realen sozialen Situation auf mehreren Ebenen relevant: soziale wie kulturelle Schemata als Grundlage kognitiver Zuschreibungen, die je aktuelle reale Handlungssituation der Medienrezeption und ihr Einfluss auf die Bedeutungszuweisungen, soziale Prozesse der Aushandlung von Bedeutungen von Medienangeboten. Aus interaktionistischer Sicht stellen die emotionale wie auch kognitive Reflexion und Erweiterung der Vorstellungsmöglichkeiten sozialer Rollenkonstruktionen und möglicher Gestaltung von Handlungssituationen über den Prozess der Medienrezeption sowohl für das Individuum wie für die Entwicklung sozialer Gruppierungen und kultureller Aushandlungsprozesse ein wichtiges Instrumentarium dar. Die Bedingungen medienvermittelter Prozesse von Identitätskonstruktion stehen insbesondere bei der Betrachtung von Formen der narrativen filmischen Darstellung im Interesse soziologischer wie auch psychologischer Untersuchungen von Medienrezeption. Die Frage, ob und wie die Reflexion bzw. die emotionale Erfahrbarkeit von Rollenkonstruktionen und von zwischenmenschlicher Interaktion über spezifische Form von Medienangeboten beeinflusst werden, stellt bedeutsame Motivation der vorliegenden Untersuchung dar.

4 Vorhandene Forschung zur Gegenüberstellung spielerischer und narrativer Medienrezeption

Volker Gehrau liefert in seiner Übersicht zur Rezeptionsforschung eine umfassende Klassifizierung der unterschiedlichen wissenschaftlichen Perspektiven und damit verbundenen Qualifizierungen der Rezeptionsprozesse.[222] Den gemeinsamen Nenner der Rezeptionsforschung formuliert Gehrau wie folgt: „Insofern befasst sich die Rezeptionsforschung mit Phänomenen der Interaktion zwischen Rezipienten und Medieninhalten"[223], die von ihm verstanden wird, als aktive Auseinandersetzung mit Medienangeboten in ihrer jeweiligen audiovisuellen Darstellungsform.[224] Dieser Anspruch ist auch Ausgangspunkt der vorliegenden Forschungsperspektive, die den Prozess der aktiven Auseinandersetzung ins Zentrum setzt und von dort ausgehend Fragestellungen hinsichtlich empirisch erfahrbarer Qualitäten von Rezeption ermittelt.

Nach Gehrau geht dieser Ansatz von einer Verbindung einer „Logik der Textkonstruktion"[225] und einer „handlungstheoretischen Logik"[226] aus. In diesem Sinn wird im vorliegenden Modell versucht, die prozessualen Elemente von Rezeption der kognitiven Psychologie mit Elementen einer kontextuellen sozialen Perspektive von Rezeption zu verbinden. Die Verknüpfung von konstruktivistischer und symbolisch interaktionistischer Theorieperspektive zur Betrachtung von Bedeutungskonstruktion im kommunikativen Prozess der Medienrezeption geht von einem aktiven und sozial motivierten Interesse an Bedeutungszuweisungen aus. Die Fragestellung richtet sich auf die Abhängigkeit und Interdependenz dieser Form der Bedeutungszuweisung von einer gegebenen Form des Medienangebots. Um dabei über das Feld medienphilosophischer oder mediensoziologischer Grundlagenerörterungen hinaus zu gelangen, wurde bewusst eine eingrenzende Konkretisierung der Fragestellung im Hinblick auf eine Qualifizierung empirischer Kategorien von Rezeption vollzogen.

Damit wird sowohl eine rezipientenorientierte wie auch eine wirkungsorientierte Forschung, die von einer zweckgerichteten Nutzungsform und diesbezüglich geprägten Prozessen von Bedeutungskonstruktion ausgeht, nicht in Betracht ge-

---

[222] Gehrau, V. (2002).
[223] Gehrau, V. (2002), S. 12.
[224] Gehrau bezieht sich dabei auf Michael Charlton.
[225] Gehrau, V. (2002), S. 12.
[226] Gehrau, V. (2002), S. 12.

zogen. Ebenso wird davon ausgegangen, dass motivationsorientierte Fragestellungen nicht von primärer Relevanz sind – auch insofern sie im vorliegenden Fall als konstant erachtet werden können –, aber gegebenenfalls mit erörtert werden müssen. Nach dem vorliegendem Forschungsstand gibt es aus dieser Perspektive noch keine Forschung zur Qualifizierung spielerischer und narrativer Rezeption auf theoretischer Ebene sowie einer auf dieser Differenzierung aufbauenden empirischen Untersuchung zum Rezeptionserleben interaktiver Filme.

Im Folgenden soll deshalb das weitere Umfeld der Forschung zur Gegenüberstellung von Spiel und Narration in AV-Medien einerseits und zur empirischen Untersuchungen von interaktiven audiovisuellen Angeboten , die im weiteren Sinn auf die Verbindung von Spiel und Narration oder Interaktivität und Narration ausgerichtet sind, angeführt werden.

4.1 Werkorientierte Gegenüberstellung von Narration und Spiel in AV-Medien

Im Bereich der Gegenüberstellung von Spiel und Narration in AV-Medien gibt es eine Reihe von Betrachtungen, die aus dem Umfeld der Computerspieltheorie stammen und eine werkästhetische Gegenüberstellung von Spiel und Narration untersuchen. In der Regel ist die Frage der Vereinbarkeit oder Gegensätzlichkeit spielerischer und narrativer Gestaltungsformen Ausgangspunkt der Fragestellungen.

4.1.1 Narratologische Ansätze und historische Betrachtung von Computerspielen

Eine umfangreiche Arbeit zu diesem Thema hat Britta Neitzel in ihrer Dissertationsschrift „Gespielte Geschichten"[227] vorgelegt. Ausgehend von einer Differenzierung unterschiedlicher Theorieansätze der Erzählforschung, versucht Neitzel die jeweils zentralen Kategorien der narratologischen Modelle auf die Analyse von Videospielen anzuwenden. Ausgangspunkt ist die Fragestellung ob und in welcher Form Videospiele als narrativ zu qualifizieren sind. Die Qualifizierung von narrativen Eigenschaften erfolgt dabei über die Betrachtung der Nutzung und des Rezeptionsprozesses. Damit findet eine unmittelbare Gegenüberstellung von werkästhetischen Begrifflichkeiten und Analysesystemen und Beobachtungen zu konkreten Rezeptionssituationen und damit verbundenen Rezeptionsqualitäten statt.[228] Die

---

[227] Neitzel, B. (2000).

[228] Neitzel bedient sich dabei eines Kunstgriffs, bei dem sie den Rezeptionsprozess unterteilt in eine Produktion des Sujets (seitens des Rezipienten) und die darauf folgende Rezeption, der damit

Schwierigkeiten, die dieser Ansatz mit sich bringt, zeigen sich in dem häufigen Wechsel der Untersuchungsperspektive im Verlauf der Gegenüberstellung und münden in die Frage der möglichen Unvereinbarkeit von Handlung, als Handlung des Rezipienten und Erzählung, als erzählte Handlung eines Erzählenden. „Das Videospiel steht durch seine eingeschobene Narration zwischen einer Erzählung, die von schon abgeschlossenen Handlungen erzählt, und den Handlungen, von denen erzählt werden kann, wenn sie abgeschlossen sind."[229] Die Frage der Vereinbarkeit von Beobachtung und Teilnahme ist letztlich eine Frage, die bereits am Ausgangspunkt von sehr vielen Texten zur Betrachtung neuer interaktiver Medienformen steht. Die unmittelbare Verknüpfung traditioneller Erzähltheorien und anschauliche Betrachtung der Rezeptionssituation kann hier nur zu begrenzten lokalen Beschreibungen und Analysen der Rezeptionserfahrung führen.

Es gibt eine Reihe von Artikelbeiträgen zur Narrativität von Computerspielen, die ähnliche Untersuchungsperspektiven aufweisen. Dabei ist noch zu differenzieren zwischen Betrachtungen, die stärker auf den Charakter des „playing" und denen die mehr den Aspekt des „gaming" von interaktiven audiovisuellen Spielangeboten in den Vordergrund stellen.[230] Letztere gehen von der konkreten Form vorhandener Computerspiele aus und deren konzeptionell gegebenen Bedingungen für den Spielablauf und stellen diese in Beziehung zu narratologischen Theorieansätzen. Die theoretische Differenzierung narratologischer Theorieansätze steht dabei weniger stark im Vordergrund als in Neitzels Ansatz und der Fokus wird stärker auf die Differenzierung verschiedener Spielformate und deren Eigenheiten hinsichtlich möglicher narrativer Konzepte gelegt.[231]

Eine historisch ausgerichtete Betrachtung zur Entwicklung von Computerspielen liefert die Arbeit von Michael Bhatty „Interaktives Story Telling"[232]. Die Erörterung des Narrationsbegriffs wird hier auf ein Minimum begrenzt zugunsten einer ausführlichen Darstellung zur Entwicklung und Beschreibung von Computerspielgenres und der jeweiligen Spiele. Eine weniger formatorientierte und stärker am Rezeptionsprozess ausgerichtete Betrachtung von Computerspielen als „fictional form"[233] vollzieht Barry Atkins. Auch hier wird, wie bei Neitzels Arbeit, versucht, vorhandene ästhetische Analysekriterien narrativer Formen, wie z. B. Qualifizierungskriterien zur Erzählperspektive oder Erzählzeit, auf den Re-

---

entstandenen Geschichte. Diese Vorgehensweise scheint primär theoriegeleitet motiviert, unter der Vorgabe vorhandene narratologische Analysemethoden auf Spielprozesse beziehen zu können. Vgl. Neitzel, B. (2000), S. 131–135.

[229] Neitzel, B. (2000), S. 250.

[230] Als Unterscheidung von Betrachtungen des freien Spiels bzw. des Spiels als bestimmte Form menschlichen Handelns und Betrachtungen konkreter regelbasierter Spiele. Vgl. Walther, B. (2003).

[231] Vgl. exemplarisch die Texte von Eskelinen, M. (2001) und Frasca, G. (2003) angeführt.

[232] Bhatty, M. (1999).

[233] Atkins, B. (2003).

zeptionsprozess von Computerspielen über deren werkanalytische Betrachtung zu beziehen.[234] Hinsichtlich der Frage der Paradoxie der Gleichzeitigkeit von Erzählung und Handlung schließt sich Bhatty einer ebenfalls breiten Tradition der Betrachtung von interaktiven Erzählformen im Sinne einer Performance an: Die Erzählung realisiert sich aus dieser Perspektive in der Handlung und kann als Erzählung erst nach Abschluss der Handlung retrospektiv vom Rezipienten realisiert werden.[235] Damit wird die Frage von Narrativität im Rezeptionsprozess verlagert auf Prozesse, die der Rezeptionshandlung vor- und nachgängig sind. In diesem Fall bleibt die Rezeptionshandlung selbst der Spielhandlung und deren Eigenschaften von Bedeutungszuweisung überlassen. Die Analyse von narrativen Konzepten wird dann, wie auch bei Atkins, zu rein formalen Betrachtungen ihrer möglichen Übertragbarkeit auf Zuschauer- bzw. Handlungsperspektive, Zeitkonzepten oder Spannungsformen in den verschiedenen Spielangeboten.

4.1.2 Literaturtheoretische Ansätze von Aarseth und Kücklich

Daneben gibt es Ansätze, die zwar in ihren konkreten analytischen Betrachtungen auch von den jeweiligen formalen Vorgaben des Computerspiels ausgehen, im theoretischen Ansatz aber eine Ausrichtung verfolgen, die die Rezeptionshaltung des Spielens an sich (im Sinne des playing) erörtern und damit näher an der vorliegenden Fragestellung zur Spezifik spielerischer Rezeption liegen.

Aarseths Theorieansatz[236] zum ergodischen Text liefert eine Basis, auf die sich eine Reihe der Texte, die sich mit Fragen zur Relation von Interaktivität, Narrativität und Computerspielen beschäftigen, beziehen.[237]

Aarseth entwickelt seinen Begriff der ergodischen Literatur als Qualifizierung von Cybertexten, aus der von ihm postulierten Notwendigkeit eine Rezeptionsform zu beschreiben, die über die rein interpretierende Tätigkeit der Rezeption narrativer Texte hinaus greifen muss. In Abgrenzung dazu muss, nach Aarseth, ein Rezipient von Cybertexten sich seinen Text erarbeiten, was einerseits heißt, dass er eine zusätzliche materielle Form der Kontrolle über den Text ausüben muss und andererseits dass er auch in der Ausübung der Textrezeption scheitern kann. Damit wird der Rezipient mehr zum Spieler als zum Leser.[238] Der Textbegriff muss deshalb, laut Aarseths Forderung, übergreifend so definiert werden, dass sowohl die interpretative Tätigkeit einer linearen Rezeption als auch die kontrollierende

---

[234] Vgl. Atkins, B. (2003), S. 8.
[235] Atkins, B. (2003), S. 7: „(…)The production of story is the end result of play(…)".
[236] Vgl. Aarseth, E. (1997.) Auf Aarseths Ansatz wurde bereits im Kapitel 2.1 eingegangen.
[237] Vgl. unter anderem Ryan, M. (2001), Kücklich, J. (2002).
[238] Aarseth, E. (1997), S. 4.

Tätigkeit der Rezeption ergodischer Texte[239] damit abgedeckt werden kann. Wie bereits erörtert, realisiert sich nach Aarseth ein Text über das Zusammenspiel von drei Faktoren: verbales Zeichen, Medium und Operator.[240]

Auch Aarseth verfolgt damit eine werkorientierte Differenzierung linearer und nicht-linearer Formen. Hinsichtlich der Abgrenzung bzw. Gegenüberstellung neuartiger „ergodischer" Textformen, wie z. B. dem Adventure Game, bei narrativen Texten stellt Aarseth selbst bereits fest, dass ein vergleichende Qualifizierung über den Bezug auf vorhandene Begrifflichkeiten der narratologischer Theorien keine ausreichenden Erkenntnisse liefern kann und schlägt vor, diesbezüglich neue Begrifflichkeiten zu entwickeln.[241] Damit entspricht Aarseth der vorliegenden Kritik, an der zu kurz gegriffenen Übertragung narratologischer Begrifflichkeiten auf den Rezeptionsprozess von Computerspielen, und entzieht sich gleichzeitig dem Fokus der vorliegenden Diskussion.

Auch Julian Kücklich[242] berücksichtigt Aarseths Ansatz der Betrachtung der speziellen Form von Textualität bei Computerspielen über die im Rezeptionsprozess ausgeführten Transformationen vorhandener Textbasis zu lesbaren Zeichen. Kücklich geht aber in Abgrenzung zu Aarseth davon aus, dass die spezifische Qualität von Computerspielen nur über die Betrachtung des Spielens und nicht über die textorientierte Qualifizierung zu ermitteln ist.[243] Damit richtet Kücklich seine Ausführung auf eine rezeptionsorientierte Analyse aus. Als Perspektive dieser Erörterung wählt Kücklich aber eine semiotische und literaturwissenschaftliche Theorieorientierung und rückt wiederum die Frage der Relationierungen auf Ebene der Zeichensysteme bzw. der Codierungsformen in das Zentrum der Betrachtung.[244]

Mit dem Ziel der semiotischen Analyse der Grundlagen von Codierung und des Dekodierungsprozess von Computerspielen wirft Kücklich ein breites Netz von Bezugssystemen aus. Bezüge zum Film und zum Comic, Fragen der intermedialen Beeinflussung, Fragen zur Rezeption als Kommunikation, die Rolle intersubjektiver Bedeutungsgenerierung und Fragen zur Identitätskonstruktion werden im Zugriff auf unterschiedlichste Theorieansätze betrachtet. Resümee dieser eingehenden Untersuchungen ist bei Kücklich, dass auch Spiele als Me-

---

[239] Diese werden im vorliegenden Ansatz als interaktive Texte beschrieben.

[240] Aarseth, E. (1997), S. 55. In seiner Ausführung zur Beschreibung des diskursiven Prozesses von Bedeutungskonstruktion bei der Rezeption von Computerspielen setzt Aarseth den Aspekt der Räumlichkeit als wesentliche Metapher für die besondere Form der Rezeption. Räumlichkeit kann sowohl als Form einer logischen kausalen Verknüpfung von Elementen als auch als Form einer phänomenologischen nicht kausalen Präsentation von Einheit verwendet werden. Aarseth, E. (1997), S. 311.

[241] Aarseth, E. (1997), S. 104–105.

[242] Kücklich, J. (2002).

[243] Kücklich, J. (2002), S. 59.

[244] Kücklich, J. (2002), S. 60–67. Kücklich bezieht sich hier auf den Zeichenbegriff von Peirce und Isers Fiktionalitätstheorie.

dien begriffen werden müssen, deren Besonderheit vor allem in der von Bateson beschriebenen Zweistufigkeit der Referenzierungsebenen zu sehen ist. In den folgenden Betrachtungen zur Narrativität von Computerspielen, verfolgt Kücklich wie auch die vorangehend beschriebene Literatur wiederum den Brückenschlag zu vorhandenen narratologischen Beschreibungsformen hinsichtlich Erzählinstanz, Erzählperspektive und Zeit- bzw. Raumstrukturen.

In seiner weiteren Entwicklung eines Modells der „Lesbarkeit von Computerspielen" vollzieht Kücklich eine Qualifizierung von Rezeption, die auch für die vorliegende Theoriearbeit relevant ist. Unter Bezug auf die von Ryan formulierte Gegenüberstellung zwei dominanter Textmetaphern, Text als Welt und Text als Spiel, stellt er zwei unterschiedliche Ausrichtungen von Rezeptionsformen als Aktivität des Lesers und damit verbundenen Textformen gegenüber.[245] Die reflexive spielerische Rezeption und die immersive Rezeption auf Basis einer „willing suspension of diesbelief"[246]. In der weiteren Entwicklung der Begrifflichkeiten wird eine Analogie zur Gegenüberstellung von ästhetischer und hermeneutischer Interaktion hergestellt. Während erstere sich auf die Muster- und Regelerkennung stützt und über eine oberflächenorientierte Wahrnehmung des Textangebots als fortlaufend selbstregulierender Prozess beschrieben werden kann, ist letztere auf eine interpretative Rezeption hinsichtlich eines finalen Zustands ausgerichtet und vollzieht sich eher sprunghaft.[247]

Diese Gegenüberstellungen stehen in Analogie zu einigen Punkten der noch auszuführenden Theoriediskussionen zum Vergleich spielerischer und narrativer Rezeptionsformen[248]: die Gegenüberstellung von relationaler und referentieller Form der Bedeutungszuweisung. Die später beschriebene Geschlossenheit der fiktionalen Perspektive beim linearen Spielfilm entspricht Kücklichs Weltmodell. Die Frage der ästhetischen auf Struktur und Mustererkennung ausgerichteten Rezeption wird diskutiert, ebenso wie die von Kücklich später noch damit verbundene Frage von Kontrollausübung und Kontrollverlust.[249]

In zwei wichtigen Punkten scheint jedoch Kücklichs Modell hinsichtlich der vorliegenden Fragestellung nicht konsistent. Trotz der rezeptionsorientierten Ausrichtung seiner Analyse richtet Kücklich seine Fragestellung letztendlich auf die Textform des Computerspiels aus und stellt seiner abschließenden Untersuchung die Frage voran, ob es sich beim semiotischen System Computerspiel um einen „Text" oder ein „Universum" handelt.[250] Damit tritt auch Kücklich wieder

---

[245] Kücklich, J. (2002), S. 154.
[246] Kücklich, J. (2002), S. 155.
[247] Vgl Kücklich, J. (2002), S. 163–165.
[248] Kücklich, J. (2002), S. 169.
[249] Siehe Kapitel 7.
[250] Kücklich, J. (2002), S. 163.

in den zirkulären Argumentationsfluss von Rezeptions- und Textanalysen ein, die sich letztlich der Möglichkeit eindeutiger Analysen der einen oder der anderen Seite entziehen.

Der zweite unklare Punkt ist die Frage der Immersion. Kücklich stellt sich die Frage nach der Möglichkeit eines immersiven Rezeptionserlebens trotz reflexiver spielerischer Textrezeption, die er mit dem nicht schlüssigen Konstrukt der Differenzierung von räumlicher, zeitlicher und emotionaler Immersion zu beantworten sucht.[251] Durch die Beschränkung auf den semiotischen Textbegriff entzieht Kücklich seinem Theorieansatz die Möglichkeit einer differenzierten Betrachtung der Formen emotionaler Einbindungen im Rezeptionsprozess.

Die abschließende Beschreibung der Rezeption von Computerspielen mündet in die These, der fortlaufenden Oszillation zwischen einer reflexiven spielerischen kontrollausübenden und einer immersiven vom Kontrollverlust geprägten Rezeption. Diese sind – und darin liegt ein tautologisches Moment – jeweils an die interaktive eingreifende und die passive Rezeption linearer und damit auch narrativer Passagen gebunden.

4.1.3   *Pragmatische Ansätze zu Narrativität und Spiel von Juul und Ryan*

Die Arbeit von Jesper Juul sowie die kurze Analyse von Jean Marie Ryan zur Möglichkeit von Narrativität von Computerspielen sollen noch kurz aufgegriffen werden.[252] Beide sind wiederum auf die textbezogene Fragestellung der Verbindung von Narrativität und Spiel ausgerichtet, gehen dabei aber wie auch schon Kücklich auf die Qualifizierung der Rezeptionshandlung beim Computerspielen ein. Im Unterschied zu Kücklich steht bei Ryan und Juul weniger eine theoriegeleitete Modellierung im Vordergrund als eine pragmatische Analyse konkreter Rezeptionsverläufe.

Ryans Ausgangspunkt entspricht Branigans Verständnis von narrativer Rezeption als gradueller Qualität, die in Abhängigkeit von der jeweiligen Textbasis stärker oder schwächer ausgeprägt sein kann. Dem gegenüber stellt Ryan eine Differenzierung verschiedener Rezeptionsmodi der interaktiven Rezeption. Ryan stellt zwei Ebenen von Interaktivität in Relation: interne gegen externe Interaktivität und eine explorative gegen ontologische Interaktivität. Erstere bezieht sich auf

---

[251] Kücklich, J. (2002), S. 158.

[252] Juul, J. (1999)(In der Veröffentlichung im Internet sind die Seitenangaben nach Kapiteln untergliedert. Die folgenden Verweise auf Textstellen werden entsprechend der von Juul vollzogenen Strukturierung mit „S. Kapitel; Seite" angegeben.); Ryan, M. (2001).

die Position innerhalb oder außerhalb der Diegese und letztere auf die Qualität der Veränderung (Selektion oder Modifikation) über die Eingriffsmöglichkeit.[253] Diese Differenzierung ist hier in zweifacher Hinsicht von Interesse. Einerseits wird ein Punkt aufgegriffen, der wie unten erst noch zu besprechen ist,[254] dem Ansatzpunkt der hier vollzogenen Kritik an vorhandenen empirischen Untersuchungen zur Rezeption interaktiver Filme und narrativer Computerspiele entspricht. Der interaktive Eingriff in eine mögliche narrative Textbasis kann nicht per se gleichgesetzt werden, mit einem Handeln des Rezipienten im diegetischen Raum.[255] Andererseits wird von Ryan ein Vorschlag zur differenzierten Qualifizierung des interaktiven Zugriffs hinsichtlich der damit verbundenen Bedeutungsebenen entwickelt. Dies entspricht der ausgehenden These einer Verbindung zwischen spezifischer Materialität der Rezeptionssituation und Qualifizierung von Bedeutungszuweisungen.

Wie im Verlauf der Diskussion der Ergebnisauswertung der empirischen Studie noch zu sehen sein wird, ist eine weiter greifende Thematisierung einer differenzierten Qualifizierung der Verbindung von Interaktivität und spezifischen Ausprägungen der Bedeutungskonstruktion gegebenenfalls notwendig.[256] Die Vorschläge von Ryan könnten diesbezüglich einen Ausgangspunkt darstellen.

Juul wirft eine relativ pragmatische Perspektive auf, die Frage der Vereinbarkeit von Narration und Computerspiel. Als Spielentwickler hat er einerseits sowohl die Struktur und Gestaltung von Computerspielen im Blickfeld aber auch das konkrete Spielerleben und die Spielmotivation der Rezipienten. Die Ausführungen zur theoretischen Erörterung von Interaktivität und Narrationstheorien führen unter Berücksichtigung der bereits erörterten Texte keine zentralen neuen Aspekte ein. Juul geht wie Kücklich davon aus, dass die Darstellungen im Computerspiel einen anderen referentiellen Status haben als narrative Textbausteine. Über den Eingriff des Rezipienten wird der Verweisungscharakter auf externe Referenzebenen aufgelöst, ebenso wie keine festen kausalen Relationen zwischen den Textmodulen bestehen können.[257] In der Beschreibung der Spielhandlung und dem damit verbundenen Rezeptionserleben spricht Juul einige Aspekte an, die zwar auch bei Kücklich in theoretisierter Form vorhanden sind, aber hier eine eindeutigere Bezugsgrundlage aufweisen. Als Spielhandlung findet die Rezeption bei Computerspielen zielorientiert statt und das Rezeptionserleben richtet sich wesentlich auf die Evaluierung des Spielers hinsichtlich der von ihm ausgeführten

---

[253] Ryan, M. (2001), S. 7–8.
[254] Siehe Kapitel 4.1.2.
[255] Diese Problematik wird im hier entwickelten Ansatz in einem ersten Schritt über die Differenzierung in Rezeptionshandlung und Prozess der Bedeutungskonstruktion aufgegriffen. Siehe Kapitel 3.1.4.
[256] Siehe Kapitel 8.6.7 und Kapitel 9.3.
[257] Juul, J. (1999), S. 4;5–6.

Kontrolle des Spielverlaufs aus. Es findet damit nach Juul keine emotionale Immersion bezüglich einer repräsentativen Bedeutung der symbolischen Darstellung statt. Die Darstellungen werden hingegen metaphorisch und zweckorientiert Interpretiert hinsichtlich ihrer funktionalen Zusammenhänge innerhalb des Spielzusammenhangs.[258] Die personale Qualität des Spiels liegt so Juuls Schlussfolgerung nur im Spieler selbst.[259] Juul vollzieht eine Differenzierung und Bezugsetzung zwischen der Ebene der Rezeptionshandlung und Bedeutungskonstruktion, die auch hier verfolgt wird.

4.2 Empirische Rezeptionsforschung zu Spiel und Narration in AV-Medien

Im weiteren Themenbereich der empirischen Forschung zur Rezeption von Unterhaltung und interaktiven AV-Medien gibt es eine Reihe von Studien aus dem wissenschaftlichen Umfeld von Prof. Peter Vorderer, die einer gemeinsamen Ausrichtung von Rezeptionsforschung zuzuschreiben sind. Grundlage stellt eine gratifikations- und motivationsorientierte Betrachtung von Medienrezeption dar. Rezeptionsforschung ist hier ausgerichtet auf die Erforschung des Rezipienten und dessen Umgang mit Medienangeboten. Damit ergibt sich unabhängig von der spezifischen Thematik der einzelnen Studien und damit verbundener vorangehender theoretischer Forschung eine Differenz zum vorliegenden Forschungsansatz. Krotz sieht die Differenz zwischen einer gratifikationsorientierten Forschung und einem interaktionistischen Ansatz in den je unterschiedlichen Aktivitätsbegriffen, die der Betrachtung von Rezeptionshandlungen zugrunde gelegt werden.[260] Im Sinne des symbolischen Interaktionismus wird die Interaktion über symbolische Zeichen als Voraussetzung für die Möglichkeit von Handlung in einer sozialen Umgebung und die Entwicklung des Selbst im sozialen Kontext betrachtet und muss als Handlung in ihrer Prozesshaftigkeit untersucht werden. Im Rahmen von wirkungsorientierten Forschungstraditionen stellen die Handlungen per se eine empirisch beobachtbare Gegebenheit dar und die Fragestellungen richten sich auf die psychologischen Komponenten, die beim Individuum im Umfeld der Handlungsdurchführung beobachtbar sind. Die Bedeutung der Handlung wird hier über die individuellen Motivationen und Gratifikationen definiert. Dies konkretisiert sich in den Ausführungen der Studien darin, dass die Frage der interpretativen Bedeutungszuweisung vorausgesetzt wird (im Sinn einer als allgemeingültig anzunehmenden Inhaltsdarstellung auf semantischer Ebene) und diese vorausgesetzte

---

[258] Juul, J. (1999), S. 5;2.
[259] Juul, J. (1999), S. 5;4.
[260] Krotz, F. (1996a), S. 53.

Interpretation in die Bewertung möglicher Motivationen und Gratifikationen der Rezeptionshandlungen als Konstante integriert wird. Die Möglichkeit von Verschiebungen dieser Interpretationsebene wird nicht in Betracht gezogen.

Im Rahmen des vorliegenden Theorieansatz steht die Bedeutungskonstruktion als zentrales Motiv der Rezeptionshandlung selbst zur Debatte und die empirisch beobachtbaren Komponenten der Rezeptionshandlung werden erst im Anschluss an diesen Prozess hinterfragt und sollen so weit wie möglich auf diesen bezogen werden.

4.2.1   Studien mit direktem Bezug zum vorliegenden Forschungsansatz

Zwei Studien, aus dem oben beschriebenem Umfeld, bilden unmittelbare Schnittmengen zur vorliegenden Forschung. In der 2001 veröffentlichten Studie von Peter Vorderer, Silvia Knobloch und Holger Schramm zur Rezeption eines interaktiven TV Films,[261] wurde ebenso wie im vorliegenden Forschungsdesign ein experimenteller Vergleich zwischen der Rezeption einer linearen und zwei interaktiven Varianten eines fiktionalen Spielfilms untersucht. Die 2002 veröffentlichte Studie von Daniela Schlütz[262] zur Rezeption von Bildschirmspielen greift die Frage der spielerischen Rezeption im Rahmen der theoretischen Vorarbeit zu ihrer empirischen Rezeptionsuntersuchung auf.

Studie zur Rezeption eines interaktiven Films von Peter Vorderer,
Silvia Knobloch und Holger Schramm
Ausgangspunkt des theoretischen Ansatzes der Studie von Vorderer, Knobloch und Schramm ist die „disposition theory" zur Unterhaltung (nach Zillmann, Vorderer 2000), nach der die emotionale Beziehung zu den Protagonisten und Antagonisten einer fiktionalen Geschichte und ein vom Zuschauer favorisiertes Ende der Geschichte zentrale Bedeutung für das Unterhaltungserleben haben.[263] Die Fähigkeit und Bereitschaft der Rezipienten zum empathischen Empfinden mit den Helden sind Basis der emotionalen Abhängigkeit vom Schicksal der Helden.[264] Die über die Ungewissheit bezüglich des ersehnten positiven Ausgangs aufgebaute Spannung (die zunächst vielleicht als negatives Gefühl wahrgenommen wird) entlädt sich mit

---

[261] Vorderer, P.; Knobloch, S.; Schramm, H. (2001).
[262] Schlütz, D. (2002).
[263] Vorderer, P.; Knobloch, S.; Schramm, H. (2001), S. 344.
[264] Vorderer, P.; Knobloch, S.; Schramm, H. (2001), S. 344.

dem Ausgang in eine Erleichterung, die dann als positives Unterhaltungserleben erfahren wird.[265] Empathie kann bei diesem Theorieansatz nur auf Grundlage positiver bzw. nicht-negativer Bewertungen des Protagonisten aufbauen. Die moralische Einschätzung und Bewertung des Helden stellt damit eine zentrale Voraussetzung für die Intensität des Unterhaltungserlebens dar. Als erste Untersuchungshypothese wird die Verbindung positiver Charakterbeurteilung mit der Intensität von Spannungs- und Unterhaltungserleben postuliert.[266]

Grundlage für die „affective disposition" Theorie und ihrer Aussagen zu Empathie, Spannung und Bewertung sind lineare Filme. Die zweite Fragestellung der Studie richtet sich auf die mögliche Beeinflussung dieser Komponenten durch ein Eingreifen der Rezipienten in den Handlungsfortgang.[267] Vorausgehende Annahme ist, dass es eine Intensivierung des Unterhaltungserlebens geben wird. Diese Intensivierung wird, unter Bezug auf das Unterhaltungserleben bei Computerspielen, begründet über das positive Selbsterleben einer vollzogenen und erfolgreichen Handlung (und nicht über eine Steigerung des empathischen Miterlebens). Damit verbunden wird als dritte Annahme formuliert, dass die kognitiven Kapazitäten der Informationsverarbeitung der Rezipienten von zentraler Bedeutung für eine Kombination aus Unterhaltungssteigerung über das empathische bedingte Spannungserleben durch die Anteilnahme an den Situationen eines sympathischen Charakters bei gleichzeitigem Kompetenzerleben durch die Bewältigungsfähigkeit von Handlungsaufgaben ist.[268]

Die daraus entwickelte zweite Forschungshypothese lautet: Zuschauer, die in der Lage sind Information anstrengungslos zu verarbeiten (und nicht überfordert oder gestresst sind), werden sich besser unterhalten fühlen (werden mehr Empathie für den Protagonisten empfinden), werden mehr Spannung empfinden, wenn der Protagonist in Gefahr ist, und werden den Film positiver bewerten, wenn sie eine interaktive Version des Films sehen als bei einer nicht-interaktiven Version. Im Gegenzug werden Zuschauer ohne diese Fähigkeiten sich besser unterhalten fühlen,

---

[265] Vorderer, P.; Knobloch, S.; Schramm, H. (2001), S. 344. Vorderer, Knobloch und Schramm rekurrieren hier auf das Konzept des „excitation transfer" von Zillmann.

[266] Vorderer, P.; Knobloch, S.; Schramm, H. (2001), S. 344. Vor der Überprüfung der Relationierung von Interaktivität und Unterhaltung sollen deshalb der Einfluss der Bewertung des Protagonisten auf das Unterhaltungserleben, das heißt, auf das Empathieerleben und das Spannungserleben überprüft werden. Vorderer, P.; Knobloch, S.; Schramm, H. (2001), S. 344.

[267] Vorderer, P.; Knobloch, S.; Schramm, H. (2001), S. 345.

[268] Es wird folgende Kopplung vollzogen: Erste Annahme : Es wird die höchste Gratifikation erreicht, wenn beide Komponenten erfüllt werden: 1. Die Spieler erreichen oder übertreffen, die selbst gesetzten und vom Spiel gestellten Anforderungen. 2. Gleichzeitig liefert die Geschichte einen positiven Helden, der am Ende erfolgreich ist. Vorderer, P.; Knobloch, S.; Schramm, H. (2001), S. 346. Zweite Annahme: Die kognitiven Kapazitäten der Informationsverarbeitung bei der Medienrezeption sind dabei von zentraler Bedeutung. Vorderer, P.; Knobloch, S.; Schramm, H. (2001), S. 346.

wenn sie eine traditionelle nicht-interaktive Fassung des Films sehen.[269] Beide Hypothesen wurden in der Auswertung der Studienergebnisse bestätigt.

Die beiden Forschungshypothesen zeigen bereits die deutliche Differenz der Studie zur vorliegenden Untersuchungsfrage unabhängig von den Differenzen der vorangehenden theoretischen Ausrichtung. Wie oben bereits ausgeführt, wird Interaktivität nur in Relation zur Ebene der Handlungsdurchführung und des Handlungserlebens in die Fragestellung einbezogen. Interaktivität wird als zusätzliche Ebene untersucht, die additiv zu einem als konstant angenommenen Rezeptionsprozess der interpretativen Ebene der Filmrezeption hinzutritt. Hinzu kommt die unmittelbare Kopplung von rezipientypologischer Forschungshypothese mit Hypothesen zu Veränderungen des Rezeptionserlebens bei gegebener Variation eines Medienangebots. Damit wird eine unmittelbare Untersuchung der Relevanz linearer oder interaktiver Medienangebote für die Rezeptionsprozesse negiert.

Untersuchung zu Gratifikationen bei Bildschirmspielen von Daniela Schlütz
Die von Krotz erwähnte Ausrichtung auf die beobachtbare Handlung bei einer gratifikationsorientierten Medienforschung schlägt sich auch, in der als Ausgangspunkt dienenden Definition von Spiel, bei Daniela Schlütz' Untersuchung zur spielerischen Rezeption nieder. Spiel wird von ihr unter Bezug auf eine breit gefächerte Diskussion von Theorieansätzen, die u. a. auch Bateson und Oerter einschließt, definiert als „eine autotelische Handlung, die sich durch geregelte Interaktion innerhalb einer alternativ gerahmten Realität auszeichnet und ambivalenten Wiederholungs-Charakter hat."[270] Diese Definition kann nur auf das „gaming" eines regelgeleiteten Spiels bezogen werden. Der Aspekt des Spiels als kognitiver Vorgang ist hier nicht berücksichtigt, ebenso wenig wie die kreative handlungsbezogene Ebene von „play".

Interaktivität wird ebenfalls beim Rezeptionserleben des Nutzers verankert und als ein für den Nutzer relevant erfahrene Veränderung des Medienangebots definiert.[271] Das damit verbundene Handlungserleben, eines intentionalen auch „irreversiblen" Eingreifens, bildet den Brückenschlag zum Spiel in der Mediennutzung. „Medienrezeption und Spiel sind nicht wesensgleich, sondern bezeichnen unterschiedliche Kategorien. Zwar kann auch Medienrezeption autotelischen Cha-

---

[269] Vgl. Vorderer, P.; Knobloch, S.; Schramm, H. (2001), S. 246. Als zusätzliche beeinflussende Faktoren des Unterhaltungserlebens (neben kognitiven Kapazitäten) werden Alter, vorausgehende Medienerfahrungen, generelle Vorlieben und Persönlichkeitsfaktoren (wie z. B. das Vermögen und die Bereitschaft zur empathischen Anteilnahme) mit in die Erhebung zur empathischen Anteilnahme bei der Rezeption interaktiver Filme aufgenommen. Vorderer, P.; Knobloch, S.; Schramm, H. (2001), S. 346.
[270] Schlütz, D. (2002), S. 28.
[271] Schlütz, D. (2002), S. 36–37.

rakter haben. Um sie zum Spiel zu machen, es muss allerdings – so die These – Interaktivität vorliegen.[272]

Wie die vom Nutzer erfahrbare Irreversibilität des interaktiven Eingreifens mit dem Wiederholungs-Charakter der spielerischen Handlung zu verbinden ist, bleibt unklar.

Auch bei Schlütz wird wiederum die Bedeutungsebene der medialen Darstellung vorausgesetzt, ohne den Interpretationsprozess des Nutzers zu hinterfragen. Die im Rezeptionsprozess vollzogenen kognitiven und emotionalen Aktivitäten der Rezipienten werden in der nutzungsorientierten Perspektive nur über das Erlebnisgefühl und dessen Verwendbarkeit hinsichtlich angestrebter Gratifikationen analysiert.

Nach weiteren Ausführungen zum Begriff des Rezeptionserleben, der hier über das Zusammenspiel von Kognitionen und Emotionen während der Rezeption definiert wird, beschreibt Schlütz die oben erwähnte Spezifik des Rezeptionserlebens bei einer spielerischen Mediennutzung wie folgt: „Das Erleben spielerischer Mediennutzung besteht zum einen aus emotionalen Anteilen, das heißt positiven wie negativen Gefühlen, zum anderen aus vorwiegend kognitiven Anteilen wie dem ‚flow'-Erleben."[273] Diese relativ offene Formulierung wird über die Beschreibung der Gratifikationen spielerischer Mediennutzung ergänzt: „Der Nutzen von spielersicher Mediennutzung ist Eskapismus, Befindlichkeitssteuerung sowie die Erfahrung von Autonomie, Bezogenheit und Kompetenz im Sinne einer konkret realisierten Problemlösung."[274] Hier liegt eine eher allgemein gehaltene Beschreibung der Ausprägungen von beobachtbaren Erlebniskomponenten vor, die sicherlich auch bei anderen Rezeptionsformen auftreten können.

In der die theoretische Analyse abschließenden Forschungsfrage zur empirischen Untersuchung zeigt sich, dass das Konzept der spielerischen Mediennutzung bei Schlütz nicht als Rezeptionsform verstanden wird. Die Gratifikationen spielerischer Mediennutzung sollen in der Studie unterschieden werden von Gratifikationen „klassischer[und]andere[r] interaktive[r] Medien"[275]. Spielerische Mediennutzung wird also nicht einer anderen Form der Mediennutzung sondern anderen Medienformen gegenübergestellt. Damit ist die spielerische Mediennut-

---

[272] Interaktivität und das damit verbundene Rezeptionserleben definiert Schlütz in diesem Zusammenhang wie folgt: „Interaktivität wird hier verstanden als eine bestimmte Nutzungsform, bei der der ‚User' in das mediale Geschehen nachhaltig eingreifen kann. Diese Teilnahme ist folgenreich und irreversibel. Das daraus resultierende Kompetenz- und Verantwortungserleben wird mit dem Begriff ‚agency' beschrieben. ‚Agency' – Erleben fördert das Gefühl der Immersion, der involvierten Rezeption. (…) Spiel ist also interaktive Mediennutzung, die sich durch ein spezifisches Erleben von linearer Medienrezeption abgrenzen lässt." Schlütz, D. (2002), S. 39.
[273] Schlütz, D. (2002), S. 94.
[274] Schlütz, D. (2002), S. 94.
[275] Schlütz, D. (2002), S. 94.

zung letztlich gleichgesetzt mit medialen Spielangeboten. Die Ausführungen zur empirischen Studie sind über die Ausrichtung der Fragestellung auf Motivation und Gratifikation im vorliegenden Forschungskontext nicht weiter relevant.

4.2.2 Weitere Studien in diesem Forschungsumfeld

Christoph Klimmts Studie zum Rezeptionserleben von Computerspielen[276] ist insofern noch im weiteren Feld der vorliegenden Forschungsausrichtung als die Relation zwischen der Rezeption von audiovisuellen Spielen und Unterhaltungs-erleben analysiert und operationalisiert wird. Das Unterhaltungserleben bei der Spielrezeption wird hier wie auch bei Schlütz am Handlungserleben verankert. Die Anforderungen und die Dynamik der Rezeptionshandlung im aktiven, ein-greifenden Umgang mit symbolischen Darstellungen und das damit verbundenen Kompetenzerleben liefert die entsprechende Gratifikation eines positiven Selbst-wertgefühls.[277] Auf der Ebene der referentiellen Bedeutungszuweisung wird von Klimmt die „Teilnahme an alternativen Handlungsrollen"[278] als zentrales Moment von Spielrezeption im Sinne der simulativen Handlung in diegetischen Welten an-genommen. Zentrale Gratifikation dabei ist die Realitätsflucht. Ob und in welcher Form diese Teilnahme vom Rezipienten auch tatsächlich kognitiv und emotional realisiert wird, wird wie auch in den obigen Beispielen nicht in Frage gestellt und schlägt sich auch über die Eingrenzung auf das Moment der Realitätsflucht als Erlebnisfaktor nicht in der empirischen Befragung nieder.

Knoblochs Studie mit Grundschulkindern ist hier insofern von Interesse, als Fragen zur Empathie, Identifikation und parasozialer Interaktion im Zentrum einer vergleichenden Gegenüberstellung der Rezeption von Charakteren linearer fiktionaler Trickfilme und der Rezeption von Figuren interaktiver PC-Spiele im Zentrum der theoretischen Erörterung stehen. Das emotionale Erleben bei der Charakterrezeption wird von Knobloch differenziert in drei für die Studie rele-vante Aspekte: parasoziale Interaktion, Wishful Identification und Empathie im Sinne eines „fictional involvement"[279] als Übernahme von Bedürfnisstrukturen der Protagonisten. Im Bezug zur vorliegenden Forschung sind vor allem die Relatio-nen zwischen Empathie und interaktiver Mediennutzung relevant, die Knobloch im Anschluss erörtert. Interaktivität wird, wie oben, verstanden als inhaltliches Eingreifen, das als subjektiv relevant empfunden wird.[280] Knobloch geht davon

---

[276] Klimmt, C. (2001).

[277] Klimmt, C. (2001), S. 251–252.

[278] Klimmt, C. (2001), S. 252–253.

[279] Knobloch, S.; Ngyen-Blaas, L.; Hastall, M. (2004), S. 329.

[280] Knobloch, S.; Ngyen-Blaas, L.; Hastall, M. (2004), S. 332.

aus, dass das empathische Miterleben durch Interaktivität verringert wird, da das eigene Handlungserleben („Ego-Emotionen"[281]) in den Vordergrund rückt. Das Erleben von Aspekten der parasozialen Interaktion und Wishful Identification wird hingegen, so die Annahme, durch Interaktivität verstärkt.[282] Insgesamt wird angenommen, dass das emotionale Erleben bei interaktiver Mediennutzung intensiver wird, vor allem aufgrund der Verstärkung selbstbezüglicher Gefühle beim Rezipienten.[283]

Auch wenn bei Knobloch, wie in den anderen Studien, die Ebene der Bedeutungskonstruktion nicht in der Untersuchungsperspektive integriert wird, stellen die Fragestellung und Hypothesenausrichtung auf der Ebene der empirischen Studie hinsichtlich der empathischen Anteilnahme eine Parallele mit der hier entwickelten Frage zum empathischen Erleben (und zur noch auszuführenden Hypothesenentwicklung hinsichtlich empirisch abfragbarer Qualitäten[284] bei spielerischer und narrativer Rezeption) dar.

In der Auswertung stellt Knobloch fest, dass die drei verschiedenen Konzepte von Charakterrezeption nicht klar zu trennen sind. Alle drei Faktoren der Charakterrezeption wurden von den Kindern höher bewertet bei der Rezeption eines PC-Spiels, also auch das empathische Miterleben. Insgesamt stellten aber PC-Spiel und Trickfilm für die Kinder ein gleich attraktives Angebot dar.

4.3   Vorhandene Forschungen zu Spiel und Narration in audiovisuellen Medienangeboten: Fazit

Wie bereits einleitend ausgeführt, gibt es hinsichtlich der spezifischen Fragestellung der vorliegenden Forschungsperspektive keine unmittelbar auszuwertenden Forschungsergebnisse. Einzelne Aspekte der vorgestellten Ansätze in unterschiedlichen Bereichen werden hier aufgegriffen bzw. als Bestätigung der kategorialen Differenzierung der Modellentwicklung verstanden.

Die wichtigsten Ansätze aus den vorgestellten Texten, die für die vorliegende Theorieentwicklung als relevant erachtet wurden sind:

• Aarseths Forderung nach einem erweiterten Textverständnis, das den Aspekt der Transformation von produzierten Textmodulen über mögliche vom Rezipienten initiierte Operationen Text berücksichtigt. Sowie auch seine Forderung den Rezeptionsprozess nicht auf das reine Interpretieren zu reduzieren,

---

[281] Knobloch, S.; Ngyen-Blaas, L.; Hastall, M. (2004), S. 332.
[282] Knobloch, S.; Ngyen-Blaas, L.; Hastall, M. (2004), S. 334.
[283] Knobloch, S.; Ngyen-Blaas, L.; Hastall, M. (2004), S. 332–333.
[284] Siehe Kapitel 7.3 und 8.1.

sondern den Aspekt der aktiven Tätigkeit, der unter anderem auch in der Durchführung von datenprozessierenden Operationen bestehen kann, mit einzubeziehen.[285]

- Ryans Verständnis von narrativer Rezeption als gradueller mehrdimensionaler Qualität, die in Relation zu einer Veränderung von Bedeutungskonstruktion durch die Qualität des interaktiven Zugriffs gesetzt werden kann.

- Kücklichs (unter Bezug auf Ryan formulierten) Gegenüberstellung einer Rezeption von Texten „als Welt" und Texten „als Spiel" und der daraus entwickelten Differenzierung von referentieller und relationaler Bedeutungszuweisung im Rezeptionsprozess.[286]

- Die von Vorderer formulierte und auch bei Klimmt einbezogene Differenzierung zwischen Sozio- und Egoperspektive zur Qualifizierung unterschiedlicher Rezeptionshaltungen bei linearen und interaktiven Medienangeboten.

---

[285] Dieser Aspekt wird im vorliegenden Ansatz über die getrennte Betrachtung von Interpretation und Rezeptionshandlung aufgegriffen.
[286] Vgl. Kücklich, J. (2002), S. 154–155.

5   Rezeption narrativer Filme

5.1   Einleitung

Aufgabe der folgenden Theoriereflexionen ist es, den Prozess der Rezeption narrativer Filme unter Berücksichtigung der als relevant erachteten soziologischen wie rezeptionsästhetischen Aspekte von Medienrezeption zu beschreiben. Als theoretische Basis wurden rezeptionsästhetisch und kognitionspsychologisch ausgerichtete Theorieansätze (insbesondere von Branigan, Bordwell, Wuss, Smith, Tan und Grodal) ausgewertet und auf das entwickelte Ebenenmodell bezogen.

Die Perspektive der Analyse ist dabei unterteilt in zwei Aspekte: 1. Die Erfassung und Beschreibung der relevanten Komponenten bei der Rezeption narrativer fiktionaler Filme im Hinblick auf eine empirische Untersuchung und 2. die möglichst allgemeine Extrahierung der Charakteristika narrativer Rezeptionsmuster. Im Rahmen der zweiten Zielsetzung wird davon ausgegangen, dass es eine Form der narrativen Rezeption gibt, die unabhängig von der Frage der fiktionalen oder dokumentarischen Vermittlung ein bestimmtes Grundmuster des Aufbaus von Zusammenhängen und Bedeutungsstrukturen darstellt.[287]

Da sich die Ausgangsthesen und die damit verbundene Ausrichtung der experimentellen Studie explizit auf die Beeinflussung der Rezeptionsprozesse durch die je spezifische Qualität von Materialität und Kommunikationssituation beziehen, soll eine kurze Beschreibung der Ausprägung dieser Qualitäten beim narrativen fiktionalen Film vorangestellt werden.

5.2   Aspekte der Materialität und der Kommunikationssituation bei der Rezeption narrativer Filme

Die besondere Qualität der Realfilmdarstellung und deren Gestaltungsmöglichkeiten wurde bereits seit den Anfängen filmtheoretischer Überlegungen[288] in vieler Hinsicht dargestellt und soll hier nicht in ihrer ganzen Breite aufgegriffen werden. Auf Basis der im Kapitel 3.1.4.2 erörterten Relevanz der Materialität für die Kommunikationssituation und den gestellten Fragen zu möglichen Verschiebungen über eine interaktive Rezeptionssituation soll die Qualifizierung, der dort angeführten

---

[287] Vgl. Branigan, E. (1998), S. 1–8 und S. 192.
[288] So betrachtet Siefried Kracauers Filmtheorie die Besonderheiten der Realfilmdarstellung umfassend und eindrucksvoll.

Dimensionen für den narrativen linearen Film, kurz ausgeführt werden und die Besonderheiten, die hier von Interesse sein können, angesprochen werden.

5.2.1   Materialität: Besondere Eigenschaften der Realfilmdarstellung

Die Materialität der symbolischen Darstellung ist vor allem durch die Besonderheiten der Realfilmdarstellung geprägt (siehe unten). Hinzutritt gegebenenfalls die je besondere räumliche Situation der Präsentation, sei es die Situation der Kinopräsentation oder die Eigenheiten einer häuslichen, familiären Rezeptionssituation in privater Umgebung.

Die Transformation von kodiertem Text zu rezipierbarem Text ist bei der Filmdarstellung linear, das heißt, es findet keine datenprozessierenden Verarbeitung des kodierten Materials statt, so dass Mitteilender und Rezipient davon ausgehen können, dass der jeweils andere die konkrete Form der symbolischen Darstellung kennt.

Die besondere affektive Wirkung der filmischen Darstellung beruht nach Ansicht von Tan und Grodal unter anderem auf einer unmittelbaren Korrelation zur menschlichen Wahrnehmung.[289] Die Darstellungsweise der Beobachtung von außen, aus Sicht einer dritten Person im narrativen Film, entspricht nach Grodal allgemeinen mentalen Modellen menschlicher Wahrnehmung.[290] Die objektorientierte Raumperspektive spricht dabei insbesondere sensomotorische Aspekte der Wahrnehmung an. Ein Fokus unserer audiovisuellen Wahrnehmung liegt auf Bewegung und Bewegungsrichtung von Objekten. Die visuelle Präsentation von sich bewegenden oder potentiell bewegenden Objekten und Lebewesen im Film führt zu einer unmittelbaren affektiven sensomotorischen Stimulation bei den Rezipienten.[291]

Dieser motorische Aspekt wie auch ein ebenso anthropologisch verankerter empathischer Effekt, der sich bei der Beobachtung von Gesichtsausdrücken einstellt, wird häufig mit dem Begriff der „live salience", der Lebendigkeit filmischer Darstellung, beschrieben.[292]

Grodal vollzieht eine Differenzierung zwischen unmittelbarer Verknüpfung von visueller Information mit motorischer Erfahrung und einer mentalen Verarbeitung von visueller Information auf abstrakterer Ebene. Nach Grodal liefert die visuelle Wahrnehmung je nach audiovisueller Prägnanz („salience") des Darge-

---

[289] Vgl. z. B. Grodal, T. (1997), S. 23 ff. und Tan, E. (1996), S. 82 ff.
[290] Grodal, T. (1997), S. 113 ff. Dieser Aspekt wird im Kapitel 5.3 noch weiter ausgeführt.
[291] Grodal, T. (1997), S. 45. Grodal verweist auf Studien, die aufzeigen konnten, dass potentielle Zielgerichtetheit von Bewegungen Anderer sensomotorische Spannung der Rezipienten aufbaut. Grodal, T. (1997), S. 86, 87.
[292] Grodal, T. (1997), S. 46.

stellten ein unmittelbares physisches Erlebnis. Unser sensomotorisches System wird direkt über die visuelle Wahrnehmung entsprechender Reize angesprochen und Aktivitäten werden ohne bewusste Verarbeitung simuliert. Es gilt hier also zwischen einer rein visuellen Wahrnehmung und einer kognitiven Verarbeitung von visuellen Informationen zu unterscheiden. Die „salience" des Dargestellten nimmt dabei, so Grodal direkten Einfluss auf die „emotionale und kognitive Relevanz einer gegebenen Erfahrung".[293]

Die Rezeption von Filmdarstellung ist deshalb von einer unmittelbar affektiven Wirkung geprägt, die sie unter anderem wesentlich von einer, in der narrativen Struktur gleichartigen, schriftbasierten Darstellung unterscheidet. Tan weist diesbezüglich auf den Spektakelcharakter filmischer Darstellung hin. Für ihn stellt die Lust am Spektakel, der Beobachtung beeindruckender Filmbilder, ein unmittelbares primäres Bedürfnis dar, das beim Rezipienten ein emotionales Rezeptionserleben auf primärer Ebene darstellt.[294]

Mikos verweist auf die Relevanz der nicht-diskursiven Form symbolischer Darstellung bei filmischer Repräsentation, die der besonderen Berücksichtigung bei der theoretischen Reflexion der Bedeutungszuweisungen bedarf. Über die Unmittelbarkeit der audiovisuellen Präsentationsformen stellt sich für die Rezipienten ein starker Bezug zum Alltagsleben und zur Alltagshandlung her, der in sich sowohl in der Zuweisung von Relevanz und möglichen Interpretationen der Darstellung, als auch in der rückwärtigen Einbindung der medialen Erfahrungen in das Alltagsleben niederschlägt.[295]

5.2.2 Kommunikationssituation

Die physischen Bedingungen der Relation von Rezipient und Mitteilendem ist bei der Filmrezeption geprägt von der zeitlichen und meist auch örtlichen Distanz. Insofern narrativer Film nicht als Liveübertragung realisiert wird, ist die Produktion der narrativen Form der Rezeption immer zeitlich vorgängig.

Die persönliche Relation zwischen Rezipienten und Mitteilendem ist in der Regel anonym. Gegebenenfalls stellen Regisseur und andere Mitwirkende öffentliche Persönlichkeiten dar, so dass der Rezipient zusätzliche Möglichkeiten der Kontextualisierung und gegebenefalls auch der Beurteilung bezüglich Kompetenzen, Intentionen etc. hat. Die Form der Adressierung ist dementsprechend generalisiert und an ein unpersönliches Publikum gerichtet. Die lineare Form und

---

[293] Grodal, T. (2000), S. 119.
[294] Tan spricht dabei von den „primary motives" der Filmrezeption. Tan, E. (1996), S. 82–83. Dieser Aspekt wird im Kapitel 5.4 noch einmal aufgegriffen.
[295] Vgl. Mikos, L. (1992), S. 531–543.

zeitliche Verschiebung lassen in der Regel keine Einflussnahme der Rezipienten zu. Jegliche Form der Interaktion zwischen Mitteilenden und Rezipienten muss über institutionalisierte Formen vor oder nach dem eigentlichen Rezeptionsprozess vollzogen werden.[296]

Reflexionen bezüglich der Eigenschaften des Mitteilungscharakters wie auch Einschätzungen und Beurteilungen zu den mitteilenden Personen und deren Situation ist beim narrativen Film allgemein und beim Spielfilm stark an das Genrewissen gekoppelt und erhält je nach Genre eine unterschiedliche Gewichtungen.[297] Die Dringlichkeit von Fragen zur Wahrhaftigkeit oder Glaubwürdigkeit der Mitteilung, die Relevanz des künstlerischen Ausdrucks und das Verhältnis von künstlerischem Ausdruck und inhaltlicher Mitteilung, sowie Fragen zur Intention und Kompetenz des Mitteilenden variieren je nachdem, ob es sich um einen Autorenfilm, dokumentarischen Spielfilm, Actionfilm oder eine Reportage handelt.[298]

So sind aufgrund der gegebenen größeren Selbstbezüglichkeit und Freiheit der Bedeutungszuweisung bei der Rezeption fiktionaler Spielfilme[299] sicherlich Reflexionen des Mitteilungsaspekts und der Kompetenz stärker auf Fragen der Gestaltung ausgerichtet, während bei dokumentarischen Formen Fragen zur Selektivität oder Beurteilungskompetenz auf inhaltlicher Ebene eher relevant werden können.

Grundsätzlich wird, wie später noch zur Frage der Mimesisdiskussion erörtert wird[300], davon ausgegangen, dass ein Bewusstsein der Konstruktivität bei der Rezeption narrativer Filme vorhanden ist und gerade beim fiktionalen Spielfilm wesentlicher Bestandteil der emotionalen Involvierung darstellt.[301] Über die starke Konventionalisierung von Darstellungsformen ist gegebenenfalls anzunehmen, dass die sprachliche Reflexion von Gestaltungselementen wenig ausgeprägt ist und eher ein intuitives Wissen vorliegt, was aber keine Vermischung mit unmittelbarer Wirklichkeitswahrnehmung darstellt.[302]

---

[296] Vgl. Esposito, E. (1995b), S. 229–246 und Großmann, B. (1999), S. 161–162. Esposito spricht von der zunehmenden Parallelisierung von Wahrnehmungsstrukturen der Alltagswirklichkeit und medial rezipierter Wirklichkeit, die mit der Einführung der Kinofilme vollzogen wird. Die besondere Qualität von Kinofilmen besteht in der Geschlossenheit der fiktionalen Perspektive, die in Verbindung mit dem starken Bezug zur Alltagswirklichkeit über Realbild wie auch Handlungsbezug eine unserer unmittelbaren Alltagswahrnehmung parallel gestellte Wahrnehmungsform bietet. Damit stellt Esposito eine zu dem von Mikos angeführten Alltagsbezug vergleichbare Überlegungen an, wenn auch mit anderer theoretischer Bezugsperspektive.

[297] Vgl. zur Relevanz von Genrewissen bei der Filmrezeption: Mikos, L. (1996b), S. 41–42.

[298] Vgl. Großmann, B. (1999), S. 162–163.

[299] Siehe Kapitel 5.3.6.2.

[300] Siehe Kapitel 5.3.8.

[301] Vgl. Mikos, L. (1996a), S. 41–42. Siehe auch Kapitel 5.4.

[302] Vgl. Smith, M. (1995), S. 42–43.

5.2.3 *Relevanz von Materialität und Kommunikationssituation*

Die besondere Qualität der Filmdarstellung steht nach obigen Ausführungen im unmittelbaren Bezug zu Fragen der Involvierung wie auch der Interpretation und wird dort noch mal berücksichtig werden. Hinsichtlich möglicher Veränderungen von kognitiven wie emotionalen Prozessen der Bedeutungszuweisung zwischen einer linearen und einer interaktiven Variante der Filmdarstellung wird davon ausgegangen, dass sich bezüglich des „salience"-Aspekts, wie auch des Aspekts der Alltagsnähe, keine Veränderungen durch die interaktive Aufbrechung des linearen Verlaufs ergeben. Insofern es sich um eine einfache Verzweigung der Filmdarstellung handelt, bleibt die audiovisuelle Darstellung der Handlungsverläufe konstant, lediglich die narrative Makrostruktur wird in ihrer Geschlossenheit aufgelöst.

Es wird deshalb davon ausgegangen, dass, bis auf den Aspekt der Transformation, alle anderen Aspekte von Materialität und Kommunikationssituation konstante oder auch nicht relevante Eigenschaften für die Rezeption linearer und interaktiver narrativer Filme hinsichtlich der hier angestellten theoretischen Betrachtungen und empirischen Fragestellungen darstellen.[303]

5.3   Rezeption narrativer Filme: Interpretation

5.3.1 *Einleitung*

Die Erörterung der Rezeption narrativer fiktionaler Filme hinsichtlich der vorangegangenen Unterteilung in Interpretation, Involvierung und Rezeptionserleben wird unter Bezug auf rezeptionsästhetische Theorieansätze mit je unterschiedlichen Schwerpunkten vollzogen. Gemeinsam ist allen Ansätzen die Überzeugung, dass Filmrezeption sich erstens wesentlich über den Aufbau schematabasierter Inferenzierung und Erwartungen vollzieht und zweitens nur über die Bezugsetzung zu alltäglichen Wissensstrukturen und Wahrnehmungsmustern verstehen lässt.[304]

---

[303] Dies wäre z.B. für die Erörterung einer möglichen kommerziellen Produktion von interaktiven Filmen und den damit verbundenen Faktoren der konkreten Praxis genauer zu untersuchen, da sich hier weitere Differenzen zwischen einer rechnerbasierten Rezeptionssituation und einer Rezeption im Kino ergeben können. Hier steht aber zunächst nur die theoretische Betrachtung möglicher Differenzen der Bedeutungszuweisung und damit verbundenem Rezeptionserleben zur Diskussion. Insofern es sich bei der empirischen Untersuchung um eine Art Laborsituation handelt, bei der nur dieser Aspekt als variabler Faktor etabliert wird, können die weiteren Faktoren als konstant angenommen werden.
[304] Dabei gibt es in den Theorien verschiedene Gewichtungen hinsichtlich der Darstellungen zur Relation von Alltagswahrnehmung und Filmrezeption. Branigan und Bordwell beziehen sich vor allem auf die Aktivierung kognitiver Schemata des Alltagsverständnisses von Handlungssituationen in der Filmrezeption, während sie darüber hinaus stark ein Filmverständnis über intertextuelle und innertextuelle

Narrative Rezeption stellt aus dieser Perspektive eine top-down orientierte Wahrnehmungsform dar[305], bei der auf der Grundlage der vom Filmmaterial gelieferten Ausgangsreize unter Bezugnahme auf verschiedene Wahrnehmungsschemata[306] weit reichende Schlussfolgerungen bezüglich vorhandener Zusammenhänge wie auch der Möglichkeiten des weiteren Verlaufs erstellt werden.[307] Zielsetzung dieser Theorie ist es, nach Branigan, Erklärungen zu erstellen, bezüglich einer angemessenen Verbindung zwischen den vom Rezipienten konstruierten Bedeutungsstrukturen und dem audiovisuellen Material.[308]

Die Beschreibung der kognitiven Wahrnehmungsstrukturen von Filmrezeption stützt sich stark auf Branigans Theorie, die von einer narrativen Wahrnehmung als spezifischer Form der Datenerfassung und Strukturierung – in Abgrenzung zu nicht narrativen Formen – ausgeht, die zunächst unabhängig von der Frage der Fiktionalität gesehen werden kann.[309] Die Frage der Fiktionalität und der damit verbundenen Besonderheiten der Filmrezeption wird gesondert im Abschnitt Kapitel 5.4.4.2 diskutiert.

5.3.2   Kognition versus Emotion bei narrativer Rezeption

Ausgangspunkt der folgenden Erörterungen sind die von Branigan und Bordwell formulierten Theorieansätze einer narrativen Rezeptionsform als eigenständiges Wahrnehmungsmuster bzw. als bestimmte Form der Wirklichkeitskonstruktion.

Schemata fokussieren. (Vgl. Bordwell, D. (1985), S. 31–36.) Smith betont hingegen die Parallelität der emotionalen Verankerung der Charakterrezeption im Film und alltäglicher Personenwahrnehmung, die in wechselseitiger Verschränkung auf die gleichen grundlegenden anthropologischen Schemata von Personenwahrnehmung zurückgreifen. In Abgrenzung zu Branigan und Bordwell kann seiner Ansicht nach ein rein textuell geprägtes Verständnis von Charakteren die emotionalen Prozesse der Filmrezeption nicht ausreichend darstellen. Vgl. Smith, M. (1995), S. 17–19.

[305] Wuss weist in seinem Ansatz, der stärker auf die besonderen Komponenten einer ästhetischen und damit gestaltorientierten Wahrnehmung eingeht, darauf hin, dass von einem Wechselspiel von „bottom-up" und „top-down" (Anführungszeichen) Prozessen ausgegangen werden muss. (Vgl. Wuss, P. (1993b), S. 89.) Hier wird davon ausgegangen, dass dieser Aspekt vor allem für die über die rein interpretativen Prozesse hinaus greifenden Elemente des filmischen Erlebens berücksichtigt werden muss.

[306] Böhmer unterscheidet die bei der Filmrezeption angewandten Schemata in: narrative, Alltags- und medienspezifische Schemata. Böhm, C. (1990), S. 144 .

[307] Bordwell, D. (1985), S. 29, Branigan, E. (1998), S. 141, Ohler, P. (1994), S. 136. Als Indiz für die weitreichend konstruktive Tätigkeit der Rezipienten sieht Branigan die relative Unabhängigkeit der Erinnerung von Geschichten von der Reihenfolge ihrer Darstellungen. Branigan, E. (1998), S. 14.

[308] Branigan, E. (1998), S. 141. Nach Branigan lautet die Fragestellung, die Narrationstheorie erklären muss: „Wie entscheidet ein Zuschauer, wie viel und welche Art von Wissen eine (strukturierte) Einheit bilden. Wie werden die Bildschirmdaten vom Zuschauer partitioniert und restrukturiert?" (Übersetzung aus dem engl. Original vom Verfasser) Branigan, E. (1998), S. 141.

[309] Branigan, E. (1998), S. 1, 216–217.

Branigan wie auch Bordwell beziehen sich in ihren Analysen dabei vor allem auf die kognitiven Operationen eines „narrativen Verstehens"[310]. Die kognitivistisch orientierte Filmtheorie geht, wie oben ausgeführt, davon aus, dass Filmrezeption im Zusammenspiel von narrativen Schemata und alltäglichen Denkmustern vollzogen wird.[311]

Der Fokus liegt hier auf den Verstehensprozessen bei gegebener Rezeptionstätigkeit. Die Frage der emotionalen Motivation im Rahmen von Bedeutungskonstruktionen und der damit verbundenen emotionalen Einbindung werden bei Bordwell und Branigan vorrangig auf der Ebene möglicher Erregung über den Verlauf der kognitiven Prozesse erörtert. Grundlegend kritisierbar ist dabei, nach Ohler, dass Bordwell von prinzipiell rationalen und zielorientierten Informationsverarbeitungsprozessen seitens der Rezipienten ausgeht. Für Ohler scheint es hingegen unwahrscheinlich, dass rein rationale und regelbasierte Prozesse als einzige und umfassende Grundlage für ein emotionales Erleben – wie dem Spannungserleben – angenommen werden können. Seiner Ansicht nach muss hier eine Ergänzung bezüglich assoziativer Kognitionsprozesse, wie sie z. B. in den Strukturmustern von Wuss formuliert werden, erfolgen.[312] Wuss geht von einem gleichwertigem Zusammenspiel einer auf das Erzählte ausgerichteten Wahrnehmung und einem strukturgeleiteten Wahrnehmungsprozess aus, bei dem insbesondere auch ästhetische Momente des Rezeptionserlebens zum Tragen kommen.[313] Auch Grodal kritisiert bezüglich Bordwells Ansatz, dass die Erörterung des „narrative desire"[314] nicht ausreichend sei für die emotionale Involvierung bei der Filmrezeption.[315] Wie Smith geht Grodal davon aus, dass zwischenmenschliches Empathieempfinden die wesentliche Basis für die emotionale Einbindung der Rezipienten im Film bildet.[316]

Die hier erörterten primär kognitiven Elemente narrativen Verstehens, die sich vor allem auf textuelle Rezeptionsschemata beziehen, müssen dementsprechend ergänzt werden unter Einbeziehung der sozialen Verankerung von Bedeutungskonstruktion. Wie bereits im Kapitel 3.1.2 angesprochen, wird im vorliegenden Ansatz davon ausgegangen, dass gerade die Rezeption audiovisueller narrativer Darstellungen unmittelbar mit dem handlungstheoretischen Konzept der wechselseitigen

---

[310] Bordwell, D. (1985), S. 33.
[311] Vgl. Bordwell, D. (1992), S. 6.
[312] Ohler, P. (1994), S. 134, 135.
[313] Vgl. Wuss, P. (1993b), S. 86–87.
[314] Grodal, T. (1997), S. 94.
[315] Vgl. Grodal, T. (1997), S. 1–7
[316] Vgl. Grodal, T. (1997), S. 94. Branigan führt allerdings selbst an, dass das narrative Schema nur bestimmte Prozesse der narrativen Wahrnehmung abdecken könne. Andere Elemente, wie Faszination, emotionale Partizipation in einer Geschichte, die Beeinflussung der Sichtweisen eines Rezipienten, oder die kommunikative Relevanz einer Rezeptionssituation ließen sich damit nicht erklären. Ebenso wenig wie damit der Einfluss des „Stils" der Präsentation erfasst wird. Branigan, E. (1998), S. 16.

Perspektivübernahme unter Bezugnahme auf die jeweiligen Handlungssituationen
und sozialen Verankerungen der Agierenden verbunden ist. Die damit verbundenen
Fragen von Identitätskonstruktionen und des Rollenverständnisses über Medienrezeption sind nur unter Einbindung der jeweiligen emotionalen Bezugssysteme
und Relevanzstrukturen sinnvoll darstellbar. Diese Aspekte der narrativen Filmrezeption werden im anschließenden Kapitel zur Involvierung angesprochen.

5.3.3   Narrative Interpretation: Fragestellungen

Bordwell geht in seiner Analyse von der Ausgangsfrage aus: Was macht eine wahrgenommene Struktur zu einer Geschichte? Wie kommen wir dazu, bestimmte
Textteile als eine Geschichte aufzunehmen? Und verweist diesbezüglich auf vorhandene psychologische Forschungen, die zeigen, dass Menschen kulturübergrei-
fend ab einem Alter von ca. 5 Jahren die Fähigkeit einer narrativen Rezeption
entwickeln. Dabei ergaben sich altersübergreifend relativ gleichförmige Grundzüge
dieser Wahrnehmungsform, die Bordwell, wie folgt, zusammenfasst: Menschen
begreifen eine Geschichte 1. als etwas, das aus einer bestimmten Anzahl von Handlungen besteht, welche nach bestimmten Prinzipien verbunden sind. 2. Besteht ein
Verständnis davon, was wesentlicher Bestandteil einer Geschichte ist und was nur
von zweitrangiger Bedeutung für sie ist, 3., und das ist für Bordwell der wichtigste Aspekt für ein konstruktives Verständnis, werden eigenständige Operationen
bezogen auf die Geschichte seitens der Zuschauer ausgeführt. Es werden fehlende
Informationen durch eigene Annahmen aufgefüllt, bei verschobener Reihenfolge
wird eine interne Sequenzierung vollzogen und es werden kausale Verknüpfungen
zwischen Ereignissen aufgebaut, sowohl retrospektiv wie prospektiv.[317]
     Branigan baut seinen Theorieansatz auf einer zweiten elementaren Eigen-
schaft narrativer Rezeption auf. Neben der Wahrnehmung und verbindenden Strukturierung von Handlungen und Ereignissen ist die narrative Rezeption immer mit
dem Wissen um die Vermittlung verbunden. Die Ereignisse werden im Hinblick
darauf wahrgenommen, dass zum einen etwas dargestellt werden wird, das es Wert
macht diese Geschichte zu erzählen, und zum anderen dass es sich um etwas von
jemandem Anderen wahrgenommenes handelt. Die narrative Konstruktion des
Rezipienten baut sich über die Bezugsetzung von narrativer Vermittlung und den
vermittelten Handlungen auf.[318] Neben dem „Was?" der Geschichte, dem dekla-
rativen Wissen, baut der Rezipient auch ein Verständnis davon „wie?" vermittelt

---

[317] Bordwell, D. (1985), S. 34.
[318] Branigan beschreibt das sich aus dieser Form der Reinterpretation ergebende Bezugsystem von
Bedeutungszuweisung als Ebenenmodell. Vgl. Branigan, E. (1998), Kap. 4, S. 86 ff.

wird, als prozedurales Wissen, auf.[319] Es gibt damit zwei aufeinander bezogene Bezugsfelder für die Kohärenzbildung: die Konstruktion der Diegese und Aspekte der Kohärenz der Narrativität, auf verschiedenen Ebenen der textuellen Struktur und Darstellung.[320]

Für die hier zu beantwortende Frage, der Konstruktion einer inhaltlichen Vorstellung zu einem gegebenem Text, wird nach obiger Darstellung davon ausgegangen, dass es sich dabei um eine Vorstellung eines Handlungsraums mit darin handelnden Charakteren und bestimmten zeitlich strukturierten Ereignissen, also einer diegetischen Vorstellung handelt. Im Folgenden sollen die wichtigsten Komponenten und Qualitäten der kognitiven Prozesse bei der Konstruktion einer Diegese erörtert werden. Neben der übergreifenden Betrachtung zur diegetischen Repräsentation werden Fragen der Charakterrezeption wie auch zur Verlaufsstruktur des Interpretationsprozesses zusätzlich behandelt. Die Frage der Zuschreibung des Realitätsstatus wird unter dem Aspekt der Fiktionalität im Anschluss diskutiert.

5.3.4 Was wird erzählt: Aufbau der Diegese

5.3.4.1 Aufbau einer Handlungswelt

Für den Aufbau der Vorstellung einer kohärenten Handlungswelt muss der Rezipient auf Basis der audiovisuellen Darstellung räumliche wie zeitliche Repräsentationen erstellen, deren Konstruktion in unmittelbarer Wechselbeziehung zu den damit verbundenen Handlungssituationen oder Ereignissen stehen. Ein wesentliches Bezugssystem für Konstruktion von Handlungsräumen ist die phänomenologische Alltagsrealität im Sinne einer eindeutigen und einmaligen Objekt-Raumbeziehung, sowie der grundlegenden physikalischen wie biologischen Eigenschaften von Lebewesen. Voraussetzung dafür, bzw. damit einhergehend, vollzieht sich eine Differenzierung des Rezipienten zwischen diegetischen und nicht-diegetischen Elemente

---

[319] Branigan, E. (1998), S. 65.

[320] Auch Wuss weist in seiner Erörterung auf die kultur- und geschichtsübergreifende Existenz von Erzählung als anthropologisches Muster hin. Die begriffliche Definition von Erzählung muss dementsprechend weitgefasst werden und schließt bei Wuss sowohl kommunikative wie strukturelle Komponenten ein. Erzählung entsteht im Zusammenspiel von Information und Kommunikation. Die von Wuss beschriebene Bündelung von Merkmalen auf den Ebenen der Datenstruktur und kommunikativen Aspekten einer Mitteilung, die sich in den Erwartungshaltungen des Rezipienten widerspiegeln. (Vgl. Wuss, P. (1993b), S. 86.) Dies kann als Entsprechung zu Branigans Ebenen des „Wie" und des „Was" gesehen werden, greift aber – insofern sie explizit den Kommunikationsaspekt berücksichtigt – noch darüber hinaus. Da Branigans Analyse explizit auf die Frage der narrativen Datenstruktur rekurriert, liefert sie für die angestrebte Abgrenzung von spielerischer und narrativer Rezeptionsform im ersten Schritt eine klarere Abgrenzung.

der audiovisuellen Darstellung. Dies basiert auf Alltagswissen, Vorstellungen zum Realitätsstatus und genrespezifischen Gestaltungsschemata.[321]

Hasebrink charakterisiert die Rezeption narrativer Texte als eine Form der Bedeutungsstrukturierung, bei der handlungs- und ereignisorientierte Schemata zum Tragen kommen. Diese zeichnen sich dadurch aus, dass sie zum einen mit einer hierarchischen Gliederung der Textbestandteile verbunden sind und zum anderen vor allem zeitliche, kausale und zielorientierte Relationen zwischen den einzelnen Bedeutungseinheiten vollzogen werden.[322]

Bordwell wie auch Branigan gehen davon aus, dass darüber hinaus allgemeine narrative Schemata zur Strukturierung der Ereignisse vorhanden sind. Dabei handelt es sich um vorhandene Wissensschemata zu Strukturmustern narrativer Vermittlungen. Bestandteile eines solchen narrativen Grundmusters sind unter anderem Kategorisierungen der Ereignisse in verschiedene Komponenten narrativer Makrostrukturen, wie Ausgangssituation, Komplikationen, Zielsetzungen, Verlauf und Ausgang.[323]

Die diegetische Konstruktion entwickelt sich also im Zusammenspiel von raum-zeitlichen Repräsentationen, Handlungs- und Ereignisvorstellungen und narrativen Vorstellungsmustern.

Aspekte der Raum-Zeitrepräsentation in der Filmrezeption
Grodal geht ausführlich auf die besonderen Aspekte der filmischen Raumdarstellung einer externen beobachtenden Perspektive ein. Er führt aus, dass diese Darstellungsform im Kern unseren alltäglichen kognitiven Prozessen von Raum-Objektrepräsentation entspricht. Auch in unserer realen Wahrnehmung nutzen wir die visuellen Informationen zum Aufbau kohärenter Räume über ein objektorientiertes Koordinatensystem.[324]

Die objektorientierte Repräsentation aus der Außenperspektive dient vor allem als Grundlage für Einschätzungen zu möglichen Bewegungen und Handlungen der Objekte und Protagonisten. Dabei ist keine geschlossene Raumvorstellung im Sinne einer vollständigen physikalisch korrekten Erschließung notwendig.

---

[321] Vgl. Branigan, E. (1998), S. 33–36.
[322] Hasebrink, U. (1986), S. 45. In Abgrenzung zu Textrezeptionen bei denen z. B. vor allem ähnlichkeitsbasierte Relationen erstellt werden ohne hierarchische Strukturierungen. Hasebrink, U. (1986), S. 42–44.
[323] Branigan, E. (1998), S. 17; Bordwell, D. (1985), S. 34–36.
[324] Grodal, T. (2000), S. 117. Grodal grenzt sich damit noch einmal von der Annahme ab, dass eine subjektive visuelle Perspektive eine angeblich realistischere Darstellung visueller Wahrnehmung darstellen würde. Eine objektorientierte Repräsentation aus der Außenperspektive bietet eine wesentlich flexiblere Ausgangsposition für die Simulation von Bedürfnissen und damit verbundenen Handlungsmöglichkeiten bzw. Absichten von Charakteren, als es z. B. eine rein subjektorientierte Perspektive ermöglichen würde.

Für den Aufbau dieser Simulationen greift der Rezipient meist auf vorhandene Wissensbestände zur Einschätzungen von Situationen zurück, die nicht unbedingt mit der jeweils vom Film gebotenen visuellen Perspektive übereinstimmen müssen und kann so wesentlich flexibler Konstruktionen möglicher Bedürfnisse und Handlungsabsichten aufbauen, als es die rein filmische Information erlauben würde.[325] Zusätzlich beeinflusst der Aspekt der „salience" der visuellen Darstellungen, der Prägnanz einzelner dargestellter Objekte die Erstellung der Raum-Objekt-Repräsentation.

Die kognitiven Prozesse der Verarbeitung visueller Informationen beim Film richten sich also auf den Aufbau eines objektorientierten räumlichen Koordinatensystems, das verknüpft wird mit der jeweiligen „salience" der visuellen Information und der Relevanz bestimmter Bedürfnisse in einer gegebenen Situation.[326]

Über die Gestaltungsmöglichkeiten der Filmdarstellung werden verschiedene Formen zeitlicher Strukturierungen bezüglich Kontiguität, Parallelität, Vorgängigkeit und Dauer von Ereignissen beim Rezipienten aktiviert. Auf die ausführlichen Diskussionen zur Relation der verschiedenen Gestaltungsmöglichkeiten von Zeitdarstellung im Film und Fragen der Zeitvorstellungen beim Rezipienten soll hier nicht eingegangen werden.[327]

Wichtig für den vorliegenden Zusammenhang ist dabei, dass auch hier davon ausgegangen werden kann, dass keine geschlossene und zwingend logische Zeitvorstellung aufgebaut wird, sondern die Orientierung am Zusammenhang von Handlungssträngen das eigentliche Zeitgerüst darstellt.[328]

Trotz der scheinbar zunächst „objektiven" beobachtenden Darstellung von Raumzusammenhängen und Zeitabläufen der filmischen Darstellung und den damit verbundenen mentalen Repräsentationen eines Raum-Zeitzusammenhangs wird der Aufbau einer kohärenten Diegese vor allem über das Verständnis der Handlungen und deren Motivationen aufgebaut. Auch die rein physische Repräsentation steht in direkter Verbindung zu möglichen Handlungsverläufen und deren Bedeutungsstrukturen. Diese Bedeutungsstruktur der Ereignisse kann wiederum nur über ein Verständnis der Charaktere und deren Intentionalität sinnvoll erfasst werden.

---

[325] Grodal, T. (2000), S. 118.
[326] Grodal, T. (2000), S. 117. Siehe auch oben, Kapitel 5.2.
[327] Vgl. dazu z. B. Branigan, E. (1998), S. 20; S. 196–177.
[328] Die Aufrechterhaltung und Verfolgung eines globalen Zeitschemas wird nach Grodal vom Rezipienten gar nicht angestrebt oder geleistet. Es werden nur soweit zeitliche Zusammenhänge zwischen verschiedenen narrativen Strängen erstellt, als es zum Verständnis der Geschichte notwendig ist. Grodal, T. (1997), S. 140. Bezüglich des Erlebnisses von Zeit, der Zeiterfahrung der Rezipienten führt Grodal (unter Verweis auf dazu durchgeführte experimentelle Studien) aus, dass diese nicht von der dargestellten Zeit sondern vor allem von der Darstellung in der Zeit abhängt. Zeiterfahrung hängt unmittelbar mit der zu verarbeitenden Informationsmenge zusammen, im Sinne einer gedrängten oder gedehnten Aktionsdichte. Grodal, T. (1997), S. 139.

5.3.4.2 Charakterrezeption

Dimensionen der Charakterrezeption

Die Frage der Charakterrezeption ist vor allem mit Fragen der Involvierung, der Frage nach dem empathischen Miterleben, verbunden. Dennoch bedarf es im ersten Schritt einer kognitiven Identifikation im Sinne des Erkennens und Abgrenzens von Charakteren sowie kognitiver Einschätzungen zu deren Intentionen und Motiven.

Grundsätzlich gibt es zwei Komponenten des Charakterverständnis: 1. Charakter als Personen im Sinne des Alltagsverständnis, 2. Charaktere als Artefakt in ihrer Funktion der Strukturierung von Narration.[329] Im ersten Fall wird ein Charakter als symbolisch vermitteltes Analogon zu einem menschlichen Handlungsträger verstanden.[330] Zweites tritt bei der Rezeption fiktionaler Spielfilme stärker in den Vordergrund als bei dokumentarischen Formen, dennoch gilt es auch allgemein für narrative Formate, insofern der Rezipient auch dort davon ausgehen wird, dass ein Handlungsträger in der jeweiligen Erzählung bestimmte Rollen oder Positionen im Rahmen narrativer Bedeutungsstrukturen – wie etwa Protagonist oder Antagonist, Held oder Opfer – besetzt.[331]

In dem von Smith entworfenem Stufenmodell der Charakterrezeption steht auf unterster Ebene zunächst die kognitive Identifikation von Persönlichkeit, auf deren Grundlage gegebenenfalls unterschiedliche Ausprägungen emotionaler Zuwendung aufgebaut werden.[332] Hinsichtlich der Frage, über welche Kriterien wir dargestellte Objekte erstens als Lebewesen identifizieren und ihnen zweitens Persönlichkeit zuschreiben, entwickelt Smith auf Basis anthropologischer und kulturwissenschaftlicher Ansätze ein „person schema" das grundlegende Merkmale von Persönlichkeitszuschreibung abdeckt.[333] Die kognitive Identifikation

---

[329] Tan, E. (1996), S. 159. Tan bezieht sich bei dieser Einteilung auf Bordwell. Diese Kategorisierung entspricht der hier vorliegenden Differenzierung in referentielle und relationale Aspekte der Rezeption, im Sinne einer primär auf externe Alltagswirklichkeit referierenden Bedeutung und einer primär über interne Bezugssysteme vollzogene Sinnstruktur.

[330] Smith führt dazu weiter greifend an, dass sich die Konzeption von Charakteren zum einen auf allgemeine Konzepte des Menschen als Handlungsträger, wie z. B. körperliche Einzigartigkeit, und zum anderen auf spezifische kulturell ausgeprägte Konzepte, wie der von verschiedenen „sozialen Rollen" bezieht. Erstere bieten die Grundlage, auf der sich letztere ausbilden können. Die kulturellen Variabilitäten, die sich erst über eine engere Definition des Personenbegriffs ausbilden könne, stellen wiederum bei einem Großteil der Filme einen wichtigen Bestandteil von Verstehensprozessen und Bedeutungskonstruktionen in der narrativen Rezeption dar. Vgl. Smith, M. (1995), S. 21–22 und 35.

[331] Auch für die Charakterrezeption können damit die beiden Ebenen referentieller und relationaler Bedeutungskonstruktion angenommen werden.

[332] Vgl. Smith, M. (1995), S. 5.

[333] Auch Grodal trennt zwischen kognitiver Identifikation und empathischer Zuwendung, als zwei Komponenten der mentalen Operation, die Zuschauer bei der Rezeption menschlicher Handlungsträger ausführen. Grodal, T. (1997), S. 88.

beschreibt Grodal in Entsprechung zu Smiths „person schema" als Ebenenmodell verschiedener Merkmale menschlicher Handlungsträger.[334] Da der Bereich der kognitiven Identifizierung von Personen im Rahmen der vorliegenden Untersuchungsperspektive als konstant angenommen wird, wird auf die weitere Ausführung der Elemente von Personenzuschreibung verzichtet.

Tan entwickelt ebenfalls eine differenzierte Strukturierung der Charakterrezeption über Zuschreibungen bezüglich Rollen, Merkmalen und Verhaltenseigenschaften.[335] Die sich daraus ergebenden Typologisierungen beziehen sich vor allem auf die narrativen Funktionen der Charaktere und deren sozialen und situativen Einbindungen im Handlungskontext.[336] Die Charakterrezeption lässt sich in Tans Ansatz grundsätzlich zwischen den Polen einer typologischen oder einer individuell basierten Wahrnehmung verankern.[337] Er geht von einer pragmatischen Begrenzung der Charakteridentifizierung hinsichtlich der je angenommenen Relevanz für die Handlungssituationen und für mögliche zukünftige Ereignisse aus.[338] Wichtigster Faktor der Charakterrezeption ist die Einschätzung von Bedürfnissen und Intentionen der Charaktere, insofern sie den Motor für den Antrieb und Verlauf der Erzählung darstellen.[339]

Zusammenfassung: Charakterrezeption

Es wird davon ausgegangen, dass ein Verständnis von Handlungszusammenhängen nur über die kognitive Erfassung von Handlungsmotiven der Charaktere möglich ist. Die Charakterkonstruktion, im Sinne einer mentalen Vorstellung eines menschlichen Handlungsträgers, stellt den wichtigsten Bezugspunkt narrativer Rezeption dar.[340]

Die Entwicklung der Charaktervorstellung wird über den Bezug auf unterschiedlicher Wissensbereiche und Kontextualisierungen vollzogen. Dazu gehören: allgemeine Muster menschlicher Handlungsträger, kulturell geprägte Personencharakteristika, soziale Rollenvorstellungen, genrespezifische Typifizierungen und narrative Funktionsmuster von Charakteren.[341] Die Charakterrezeption muss als dynamische Ebenenstruktur verstanden werden, die über verschiedene Stufen der

---

[334] Grodal, T. (1997), S. 92.
[335] Tan, E. (1996), S. 164.
[336] Tan, E. (1996), S. 165.
[337] Tan, E. (1996), S. 159.
[338] Tan, E. (1996), S. 166.
[339] Tan, E. (1996), S. 168–169.
[340] Wie schon bezüglich der Vorstellung von Handlungssituationen angeführt, wird auch hier davon ausgegangen, dass reale und fiktionale Charaktere auf Grundlage vergleichbarer Strukturen wahrgenommen werden. Vgl. Tan, E. (1996), S. 166; Smith, M. (1995), S. 17–19.
[341] Zusätzlich kann auch die Reflexion bezüglich des Verhältnisses von Schauspieler und Rolle ggf. mehr oder weniger beeinflussend für die Charakterkonstruktion sein.

kognitiven Identifikation von Charakteren, wie allgemeine Zuschreibung menschlicher Handlungsfähigkeit, die Konstruktion typischer oder wenig differenzierter Charaktere, bis hin zur Vorstellung von sehr ausdifferenzierten individuellen Persönlichkeiten reichen kann. Die Ausrichtung der Differenzierung wird stark über den inhaltlichen Kontext und die narrative Struktur mitbestimmt. Bezüglich der vorausgehenden Identifikation eines menschlichen Handlungsträgers kann von einem kulturübergreifenden Personenschema, das allgemeine Charakteristika menschlicher Handlungsträger beschreibt und darüber hinaus greifenden kulturellen Spezifika von Personenzuschreibungen ausgegangen werden.

5.3.4.3 Zusammenfassung: Diegese

Das Verstehen bzw. den Aufbau der inhaltlichen Vorstellung in der narrativen Rezeption vollzieht sich über Bezugsetzung auf die phänomenologische Alltagswirklichkeit und die Bezugsebenen narrativer Bedeutungsstrukturen.

Über den Bezug zu Wissensstrukturen der Alltagsrealität werden auf unterster Ebene die Zuschreibungen von eindeutigen Raum-Zeit-Situationen und einfachen personalen Eigenschaften und Fähigkeiten von Handlungsträgern vollzogen. Darüber hinausgreifend werden Situationszuschreibungen, Bewegungs- und Handlungsmuster und differenziertere Charakterzuschreibungen auf Basis unserer Alltagserfahrungen durchgeführt. Bereits auf dieser Ebene greift die narrative Kontextualisierung als eingrenzendes und steuerndes Moment der Bedeutungszuschreibung – insofern Bewegungs- und Raumwahrnehmung wie auch Charakterdifferenzierung in Abhängigkeit von narrativen Situationszusammenhängen vollzogen werden. Die wichtigste Komponente der narrativen Relationierung stellt die Ausrichtung auf Intentionen und Bedürfnisse von Charakteren in bestimmten Handlungssituationen als zentrales Motiv für Bedeutungszuweisungen dar.

Die Zuschreibung von Zusammenhängen wird dementsprechend über phänomenologisch orientierte Zeit-Raum-Zusammenhänge, kausale Verkettung von Ereignissen und intentionale oder zielorientierte Verbindungen erstellt. Letztere können sich sowohl auf die Charakterperspektiven wie auch auf Perspektiven der narrativen Vermittlung und damit verbundenen Wissensstrukturen und Erwartungsmustern beim Rezipienten, z. B. hinsichtlich der Relevanz von Ereignissen, beziehen. Damit verbunden wird eine Gliederung oder Hierarchisierung der Bedeutungseinheiten in Bezug auf eine narrative Makrostruktur vollzogen.

5.3.5   Prozesselemente und Verlaufsstruktur

Neben den Fragen, in welcher Form die inhaltlichen Zuweisungen aufgebaut werden, sollen hier die Verlaufsstruktur und strukturelle Charakteristika der Bedeutungskonstruktion, die bereits teilweise oben angesprochen worden sind, noch mal gesondert betrachtet werden. Gerade bei der Rezeption linearer fiktionaler Filme ist die Zeitlichkeit des Prozesses ein entscheidender Faktor für das Zusammenspiel kognitiver und emotionaler Faktoren.[342]

Beim Aufbau narrativer Strukturen lässt sich über ein Zusammenspiel von zwei Ebenen beschreiben: das Erkennen von Handlungssituationen und Erstellung einfacher Handlungsmodule auf der unteren Ebene und der darüber liegende Aufbau einer narrativen Makrostruktur.[343] Dabei ist zu berücksichtigen, dass es auch Textformen gibt, die keine übergreifende Makrostruktur erlauben, wenn z. B. episodische Strukturen dominieren. Branigan erstellt diesbezüglich eine Differenzierung verschiedener Formen kausaler wie auch kategorialer Strukturierungsmuster, die auch als Mischformen ineinander greifen können, bei der erst bei einer übergreifenden Fokalisierung von einer narrativen Rezeptionsstruktur gesprochen werden kann.[344]

Der Aufbau inhaltlicher Vorstellungen bei der Filmrezeption ist wie bei fast allen Formen der Medienrezeption mit Prozessen der Modularisierung, Selektionierung, Relationierung und Restrukturierung verbunden. Wichtigste Form der Relationierung bei der handlungsorientierten Rezeption stellt die kausale Verbindung von einzelnen Modulen dar. Sie stellt nach Branigan die herausragende Qualität der narrativen Datenorganisation dar. Zeitliche und örtliche Zusammenhänge stellen dabei weniger relevante Aspekte wie die kausale Logik dar, sie dienen als nicht zwingend notwendige Grundlage für Kausalität.[345] Branigan beschreibt die Zuweisung von Kausalitäten als fortwährende Prüfung und Erwägung von wahrscheinlichen Zusammenhängen auf verschiedenen Grundlagen.[346]

Darüber hinaus ist die narrative Relationierung immer mit dem Aufbau hierarchischer Strukturierungen bezüglich wichtiger und weniger relevanter Ereignisse

---

[342] Vgl. Grodal, T. (1997), S. 1. Weitere Ausführungen dazu bei Kapitel 5.4.3.

[343] Nach Grodal baut sich die Rezeption narrativer Filme über 3 Ebenen auf: Die unterste Ebene bilden assoziative Felder (die sich durch visuellen Input als unbewusste Assoziationen über die jeweiligen internen Vernetzungen ergeben), die dann gebündelt werden. Auf der zweiten Ebene findet eine Fokussierung auf narrative Situationen statt, der in der dritten Ebene eine Makrostruktur, z. B. über eine narrative Motivation, zugeschrieben wird. Grodal, T. (1997), S. 67.

[344] Branigan, E. (1998), S. 19.

[345] Branigan, E. (1998), S. 216–217.

[346] Branigan hat dazu die ausführliche Übersicht zu möglichen Kausalitäten erstellt. Branigan, E. (1998), S. 27.

verbunden. Ausgangspunkt dieser Hierarchisierung sind in der Regel Intentionen und Bedürfnisse der Hauptpersonen.[347]

Neben den vom Zuschauer zu leistenden Relationierungen und Inferenzen stellen der Aufbau von Hypothesen bezüglich kommender Ereignisse und die damit verbundenen Erwartungshaltungen eine wichtige Komponente des Rezeptionsverlaufs beim Film dar. Narrative Rezeption vollzieht sich auf der Ebene der Makrostruktur als zielorientierte Rezeption, das heißt, der Aufbau von kausalen Zusammenhängen wird hinsichtlich kommender Ereignisse strukturiert.[348]

Wie bereits dargestellt, wird davon ausgegangen, dass die Hypothesengenerierung wie auch die Inferenzbildung wesentlich über schemageleitete Prozesse vollzogen wird.[349] Erfahrungsbasierte Kategorien verschiedener Bereiche führen zu schematischen Zuweisungen und den für die Hypothesengenerierung notwendigen Eingrenzungen. Für die Strukturierung der übergreifenden Erwartungen zum weiteren Handlungsverlauf liefern narrative Schemata eine grobe Vorgabe, deren Ausdifferenzierung mit je unterschiedlicher Relevanz über Genreschemata, Alltagswissen, intertextuelles Vorwissen oder rein innertextuelle Wahrnehmungsmuster erfolgen kann. Grodal beschreibt ein diesbezügliches Basismodell der story-orientierten Rezeption über folgende Stufen: 1. kognitive Analyse-Situation, 2. Evaluation bezüglich der Bedürfnisse von Charakteren, 3. Antizipation von Handlungen und Ereignissen bezüglich der Möglichkeiten der Bedürfnisbefriedigung und 4. Analyse der Situation für die Charaktere.[350]

Neben den Bezugsetzungen auf verschiedene Rezeptionsschemata stellen auch thematische Felder der Filmdarstellung eine Begrenzung für mögliche weitere Verlaufsstrukturen und diesbezügliche Erwartungshaltungen dar.[351]

Der Verlauf der Hypothesengenerierung vollzieht sich als komplexer Prozess, bei dem viele Variablen offen gehalten werden müssen.[352] Dabei ist eine zunehmende Spezifizierung der Hypothesen möglich und auch angestrebt.[353] Die Rezeption narrativer Strukturen realisiert sich über die sukzessive Minimierung von Unbestimmtheiten. Durch die Erstellung von zeitlichen und kausalen Zusammenhängen werden zunehmend Bestimmtheiten produziert.[354]

---

[347] Vgl. Böhm, C. (1990), S. 152–156. Böhms Studie zur Inferenzbildung, als zentraler Prozess der Bedeutungskonstruktion in der Filmrezeption, konnte zeigen, dass die Hauptpersonen den Ausgangspunkt für Aufbau von Handlungssträngen und kausalen Netzwerken bilden.

[348] Branigan, E. (1998), S. XIV; S. 217.

[349] Branigan, E. (1998), S. 15, 29.

[350] Grodal, T. (1997), S. 87–88.

[351] Vgl. Tan, E. (1996), Kap. 5, S. 121 ff.

[352] Branigan, E. (1998), S. 16.

[353] Branigan, E. (1998), S. 15.

[354] Dabei darf wie Ohler ausführt, die kognitive Rezeptionsform von Spielfilmen nicht auf eine Form der Problemlösung reduziert werden. Im Gegensatz zur strategischen und linear zielorientierten

Über die zeitliche Sequenzierung kommen bestimmte kognitive Effekte der linearen Struktur hinsichtlich der Bedeutungszuweisung zum Tragen, die hier kurz angesprochen werden sollen. Zum einem tritt häufig eine einfache Vermischung von Abfolge und Kausalität ein: Was als nachfolgend wahrgenommen wird, wird im narrativen Rahmen oft als „Verursacht-durch" verstanden.[355] Grodal verweist darüber hinaus auch auf den „priming"[356] Effekt, das heißt, dass die zeitliche Sequenzierung der Filmdarstellung sich richtungsweisend für die Bedeutungskonstruktion auswirkt. In einem gegebenen Feld von Phänomenen ist immer das erste Element dominierend für die Erwartungen und Bedeutungszuweisungen der weiteren Elemente.[357]

Bezüglich möglicher Formen der Hypothesengenerierung erstellt Bordwell ein ausführliches Kategorienschemata. Im Rahmen fiktionaler Spielfilme kann davon ausgegangen werden, dass „suspense"-Hypothesen, bezüglich noch kommender Ereignisse, das dominierende Prinzip darstellen.[358] Unter Bezug auf Gombrich führt Bordwell aus, dass unsere Wahrnehmung wesentlich darauf ausgerichtet ist, die Umgebung bezüglich unerwarteter Veränderungen zu überprüfen.[359] Tritt eine unerwartete Handlung auf, die einer aufgestellten Hypothese entgegenläuft, wird der Zuschauer nicht noch einmal in der Geschichte zurückspringen, um ein neues Hypothesensystem aufzustellen, sondern er wird in einer art „wait-and-see"-Strategie die kommenden Ereignisse abwarten, um dann die Hypothesen gegebenenfalls zu modifizieren.[360] Es kann also von einer gewissen Persistenz der entworfenen Bezugssysteme ausgegangen werden, was einerseits dem von Grodal angesprochenem „priming"-effekt entspricht und andererseits auch die von Ohler beschriebene Form einer aktiv-passiven Rezeptionsstrategie, bei der der Rezipient sich auch in abwartender Haltung vom weiteren Verlauf leiten lassen kann.

Problemlösung stellt Filmrezeption eine ästhetische Rezeptionsform dar, bei der Rezipient die Möglichkeit hat, sich mehr oder weniger intensiv in die kognitive Verfolgung offener Variablen einzubringen und im Verlauf je neue oder wechselnde Ausrichtungen der hypothetischen Fragestellungen entstehen. Ebenso werden neben kausallogischen auch assoziative und perzeptiv ausgerichtete Rezeptionsmuster in die Bedeutungszuweisung und Hypothesengenerierung eingebracht. Ohler, P. (1994), S. 138–139. Wuss beschreibt die ästhetisch ausgerichtete Rezeptionsform beim Film als Verlaufsform, bei der über die künstlerische Gestaltung fortwährend ein gewisses Maß an Unbestimmtheit aufrechterhalten oder neu produziert wird. Wuss, P. (1993a), S. 103–104.

[355] Branigan, E. 81998), S. 50.

[356] Grodal, T. (1997), S. 68.

[357] Grodal, T. (1997), S. 68. Dieser Effekt wird, wie Grodal anmerkt, im Spielfilm sehr häufig als Instrument der Irreführung eingesetzt. „Priming and direction of attention as ‚misdirection' represent one of the main tools for producers of fiction." Grodal, T. (1997), S. 68.

[358] Bordwell trennt unter Bezug auf Sternberg zwischen der Gegenüberstellung von Neugier- und Spannungshypothesen und Wahrscheinlichkeits- und Exklusivitätshypothesen. Bordwell, D. (1985), S. 37.

[359] Bordwell, D. (1985), S. 37.

[360] Bordwell, D. (1985), S. 38.

5.3.6   Diskussion der Realitätsbezugs

5.3.6.1 Realitätsstatus

Es ist davon auszugehen, dass sich grundlegende kognitive Funktionen der narrativen Konstruktion von Handlungszusammenhängen bei realer und fiktionaler Form gleich vollziehen.[361] Wie oben ausgeführt, wird das Verständnis von Handlungsträgern und deren Bedürfnisse in Bezug auf wahrgenommene Handlungssituationen und Ereignisse als zentraler Aspekt narrativer Rezeption angesehen. Es handelt sich in jedem Fall um eine realitätsbezogene Konstruktion von Handlungssituationen. Das Verständnis von Charakteren ist nur über den Bezug zu allgemeinen anthropologisch und kulturell verankerten Wissensvorstellungen zu Personencharakteristika möglich. Dabei wird ebenfalls davon ausgegangen, dass die Grundzüge des Verstehens und Nachvollziehens bei fiktionalen wie realen Charakteren zunächst in gleicher Form vollzogen werden. Die Einschätzung des Realitätsstatus ist, wie Grodal ausführt, nicht an die unmittelbare Wahrnehmungsaktivität gebunden, sondern stellt eine Metaaktivität im Sinn einer vor- oder nachgeschalteten Form des Referenzierens dar.[362]

Grodal beschreibt die Zuweisung des Realitätsstatus als sekundäre kognitive Aktivität im Prozess der Bedeutungszuweisung bei repräsentativen Darstellungen.[363] Repräsentation stellt immer eine Form der Vorstellung – in Abgrenzung zur unmittelbaren Wahrnehmung – dar, für die eine Unterscheidung zwischen real und fiktional per se problematisch ist.[364]

Simulation oder Imagination spielen eine wichtige Rolle für zentrale Prozesse unserer Wahrnehmung. Das Vermögen sich etwas vorzustellen, vollzieht sich dabei immer über eine Rekombinierung von erinnerten Wahrnehmungen.[365] Dieser Rückgriff auf gespeicherte Wahrnehmungen bedarf einer vorangegangenen Zuschreibung eines Realitätsstatus. „Für die Unterscheidung von ‚real‘ und ‚imaginiert‘ brauchen wir also zwei Dinge: Systeme für die kognitive Evaluation des Realitätsstatus eines ‚mentalen Ereignisses‘ über kontextuelle Hinweise oder interne Eigenschaften und ein System für die mentale Repräsentation der Differenz

---

[361] Vgl. Grodal, T. (1997), S. 25, 28, 32.
[362] Grodal, T. (1997), S. 32. Auch Tan weist unter Bezug auf Bordwell auf die je konstruktive Zuweisung des Realitätsstatus seitens des Rezipienten hin. So lange die Handlung auf kausalen Bezügen aufbaut und diese sich letztlich auf die Intentionalität von Individuen zurückführen lassen, können die unterschiedlichsten Formen fiktionaler Darstellungen als realistisch empfunden werden. Tan, E. (1996), S. 72.
[363] Grodal, T. (1997), S. 32.
[364] Vgl. Grodal, T. (1997), S. 25, 28, 32.
[365] Grodal, T. (1997), S. 27.

zwischen Wahrnehmung und Vorstellungen."[366] Realität stellt damit eine spezielle mentale und emotionale Konstruktion dar.[367]

5.3.6.2 Fiktionalität

Für die theoretische Erörterung der Relevanz von Fiktionalität für den Rezeptionsprozess soll auf Branigans Ausführungen zu diesem Aspekt zurückgegriffen werden.[368] Wie auch Grodal und Tan[369] geht Branigan davon aus, dass zum einen die Frage von narrativer oder nicht narrativer Rezeption nicht vom Aspekt der Fiktionalität betroffen ist und zum anderen sowohl bei fiktionalen wie bei nicht fiktionalen narrativen Angeboten Wahrnehmungsschemata unserer Alltagswahrnehmung zum Tragen kommen.

Nach Branigan beruht die Abgrenzung von fiktionaler zu nicht fiktionaler Darstellung im Wesentlichen auf Darstellungskonventionen, es gibt keine absoluten Grenzen zwischen den beiden Formen.[370] Fiktion beinhaltet eine Referenz auf eine mögliche Welt, deren Form durch die Gesellschaft determiniert wird. Es kann also viele Welten aber nicht unendlich viele von Ihnen geben. Deshalb muss eine Theorie der Fiktion sich immer auch mit der Untersuchung unserer alltäglichen, normalen Gedankenwelt und unseren alltäglichen Formen und Begrenzungen des Denkens, seien sie psychologisch kognitiv oder gesellschaftlich bedingt, beschäftigen.[371]

Branigan beschreibt die Gegenüberstellung von Fiktion und Nicht-Fiktion in Abgrenzung zur Gegenüberstellung der Rezeption von narrativen und nicht-narrativen Mustern. Beide stellen eine Form des Verstehens dar. Der Rezipient

---

[366] Grodal, T. (1997), S. 27–28. Diese Darstellung entspricht auch Smith Konzept von Imagination als menschliche Fähigkeit, die sowohl in der alltäglichen Bedeutungskonstruktion wie auch bei der Rezeption von textuellen Repräsentationen gleichermaßen zum Tragen kommen und sich wechselseitig beeinflussen. Siehe dazu, Kapitel 5.3.8. Ebenso führt, wie unten dargestellt, auch Branigan aus, dass die Frage des fiktionalen oder dokumentarischen Realitätsstatus im Wesentlichen auf Konventionalisierungen und Kontextualisierungen zurückzuführen ist. Vgl. Branigan, E. (1998), S. 201–206 .
[367] Grodal, T. (1997), S. 28. Grodal liefert dazu eine schematische Übersicht für die relevanten Faktoren der Realitätszuweisung. Als Parameter der Zuweisung des Realitätsstatus führt Grodal an: Zeitliche Parameter, Parameter der Raumwahrnehmung, Bezug zur Alltagswahrnehmung, Bezug zu Verhalten und Absicht, Abstraktion versus Konkretion, modale Synthese versus Wahrnehmungsintensität und emotionale Reaktion. Grodal, T. (1997), S. 29–31. Diese Parameter verweisen auf zentrale Prozesse unserer sinnlichen, kognitiven und emotionalen Einschätzung von Welt und sind damit auch zentral für das Realitätsempfinden bei der Filmrezeption. Grodal, T. (1997), S. 32.
[368] Branigan, E. (1998), S. Kap. 7, S. 192–217.
[369] Vgl. Grodal, T. (1997), S. 27–35; Tan, E. (1996), S. 66–76.
[370] Branigan, E. (1998), S. 193.
[371] Branigan, E. (1998), S. 197, 198.

kann ein narratives Muster verstehen, wenn er in der Lage ist, die dazu notwendigen Relationen aufzubauen und, bzw., oder zu erkennen. Die Rezeption von Fiktionalität hingegen stellt kein Verstehen dar, sondern eine Zuschreibung von Wahrhaftigkeit. Der Rezipient muss entscheiden, ob und in welcher Form das Dargestellte realistisch ist, nicht im Sinne einer fotografischen Abbildung, sondern im Sinne der möglichen dargestellten Aussagen.[372] Dabei ist der relevante Aspekt für die Unterscheidung von Fiktion und Nicht-Fiktion die Methode oder der Prozess der Entscheidungen für die Zuweisung von Referenz, die in beiden Fällen unterschiedlich sind.[373] Ein fiktionales Symbol zu interpretieren, bedeutet sich in einem Bereich zu bewegen zwischen möglichen Referenzsystemen und einer spezifischen Referenz.[374]

Dem narrativen Verstehen kann das Glauben von fiktionaler Darstellung gegenüber gestellt werden. Fiktionalität stellt für den Rezipienten eine besondere Form der nicht eindeutigen Referenzierung dar, deren Wahrheitsgehalt vom Rezipienten eingeschätzt und beurteilt werden muss. Fiktion entsteht durch eine Indeterminiertheit der Referenz. Es wird nicht exakt festgelegt, welches Objekt oder welche Objekte repräsentiert werden, es ist per se eine gewisse Wahlfreiheit in der fiktionalen Referenz enthalten, die sie von anderen Referenzformen unterscheidet. Der Rezipient muss selbst nach Differenzierungen und Zuweisungen suchen um eine Bezugsetzung zu bekannten Zusammenhängen herzustellen.[375]

Zusammenfassend wird davon ausgegangen, dass die Bedeutungszuweisungen, hinsichtlich der kognitiven Aktivitäten einer interpretativen Zuweisung von Referenz, bei fiktionalen und nicht-fiktionalen Darstellungen über analoge Prozesse vollzogen werden. In beiden Fällen findet die Interpretation unter Bezug auf vorhandene Wirklichkeitsvorstellungen statt. Die Einschätzung dazu, ob und inwieweit es sich beim Dargestellten um fiktionale Aussagen handelt, wird vor allem auf Basis konventionalisierter Formen des Anzeigens des Referenzstatus ermöglicht. Die Zuweisung von Bedeutung bei fiktionaler Referenzierung kennzeichnet sich vor allem durch die gegebenen und meist intendierten Interpretationsspielräume aus, während bei nicht-fiktionalen Aussagen von einer eindeutigen Bedeutungszuweisung seitens des Mitteilenden ausgegangen werden kann. Der

---

[372] Branigan, E. (1998), S. 192–193.
[373] Branigan, E. (1998), S. 193.
[374] Branigan, E. (1998), S. 194. Tan weist in diesem Zusammenhang darauf hin, dass prototypische Darstellungen kognitiven Repräsentationen unter Umständen eher entsprechen können als Metaklassifizierungen (Er verweist auf Neigung dazu eher ein typisches Objekt einer Klasse als Repräsentant zu erinnern als abstrakte Klassifizierung, das heißt, auch „unrealistische Darstellung" können als ausdrucksvolle Repräsentation von Wirklichkeit wahrgenommen werden. Tan, E. (1996), S. 71.
[375] Branigan, E. (1998), S. 194: „Considered as a cognitive activity, fiction is a complex way of comprehending the world in which one is first required to hold open sets of variables while searching for a reasonable fit between language and lived experience, between sets of symbols and acts of the body."

Rezipient vollzieht die Bedeutungskonstruktion bei fiktionaler Referenzierung damit unter größerer Selbstbezüglichkeit. Die Frage, inwiefern rezipierte Bedeutungszusammenhänge vom Rezipienten als realistisch beurteilt werden, hängt damit stärker von den individuellen Möglichkeiten der Bezugsetzung zu eigenen Lebenswelten und damit verbundenen Wirklichkeitsbezügen der Rezipienten ab.

5.3.7 *Diskussion zur Kategorisierung relevanter Schemata*

Interpretation als Verstehen vollzieht sich im Aufbau kohärenter Zusammenhänge. Bei der narrativen Rezeption wird davon ausgegangen, dass sich dies über weit reichende Inferenzierungen und vorausgehende Hypothesenbildung auf der Basis vorhandener Wissensbestände vollzieht.[376]

Böhme, der sich auf Bordwell bezieht, teilt die vorhandenen Wissensstrukturen in 1. narrative Schemata zur Konstruktion einer mentalen Repräsentation einer Geschichte, 2. Weltwissen, 3. medienspezifisches Wissen um formale mediale Mittel.[377] Bordwell differenziert die Möglichkeiten der Kohärenzbildung in die Bereiche realistischer, kompositorischer, transtextualer und künstlerischer Bezugssysteme.[378] Der Theorieansatz von Wuss liefert eine Möglichkeit der von Ohler ausgeführten Kritik einer zu rationalistischen oder wissensgeleiteten Rezeptionsmodellierung bei Bordwell[379], wie auch der Kritik von Hasebrink an den zu starren Relationierungsmodellen narrativer Schemata entgegen zu kommen.[380]

Wuss Strukturprinzipien der Filmrezeption basieren auf der Frage der Besonderheiten der Rezeption künstlerisch gestalteter Darstellungen und beziehen dabei auch Prinzipien der ähnlichkeitsbasierten Relationierung, wie sie von Hasebrink formuliert werden, mit ein.[381]

Neben den ereignisorientierten Erwartungen kausaler Relationierungen (konzeptuelle Schemata) werden bei der Filmrezeption nach Wuss, häufig auch unbewusst, noch perzeptive oder stereotypengeleitete Strukturmuster aktiviert.[382] Konzeptuelle oder schemageleitete Rezeption vollzieht sich ausgehend von Ele-

---

[376] Unabhängig von der von Hasebrink (vgl. Hasebrink, U. (1986), S. 29) ausgeführten Kritik, dass in der Ausformulierung narrativer Schemata häufig viel zu weit greifende Vorannahmen und Setzungen erfolgen, soll hier, unter Begrenzung auf die minimal anzunehmenden Wissensstrukturen, die Differenzierung der verschiedenen Schemata erörtert werden..

[377] Böhm, C. (1990), S. 143, 144.

[378] Bordwell, D. (1985), S. 36.

[379] Siehe Kapitel 5.3.2.

[380] Siehe Kapitel 5.3.2 und Kapitel

[381] Wuss, P. (1993a), S. 106–107. Schemata beschreibt Wuss als Abstraktionen, im Sinne von Invarianzen der Wahrnehmungsstruktur.

[382] Vgl. Wuss, P. (1993a) S. 106–109.

menten klassischer Dramaturgie über Kategorisierungen in initiierendes Ereignis, unerwünschter Anfangszustand, erwünschter Endzustand und Hindernisse bzw. Barrieren der Zielumsetzung – und entsprechen damit im wesentlichen den Beschreibungen zum narrativen Schemata von Branigan und Bordwell.[383] Stereotypen bezeichnen Muster, die sich über vorangegangene Filmrezeptionen begründen, Gattungskonventionen, Genremuster. Beispielsweise ist der Spannungsaufbau bei bestimmten Filmgenres sehr konventionell organisiert und ruft damit beim Rezipienten bereits bekannte Formen emotionaler Muster auf.[384] Perzeptive Erwartungsschemata hingegen werden über Abduktionen[385], über die Wahrnehmung von Regelmäßigkeiten auf der Ebene perzeptiver Invariantenbildung, z. B. bei semantisch unbestimmten Passagen, erstellt.[386] Hier kommt es also nach Wuss zu einer unmittelbaren Ausformung von Mustern auf Basis des wahrgenommenen Materials ohne Rückgriff auf vorhandene Wissensstrukturen, gegebenenfalls unter Bezug auf Erwartungen hinsichtlich der Existenz ästhetischer Gestaltungsprinzipien.[387]

Zusammenfassend wird davon ausgegangen, dass, neben dem Bezug auf Alltagsschemata zur Erfassung von Handlungssituationen und Handlungsträgern, narrative Schemata hinsichtlich grundlegender Komponenten einer narrativen Makrostruktur[388] und narrativer Strategien[389] darüber hinaus greifende Gestaltungsschemata über vorhandenes Medienwissen (z. B. zum Anzeigen des Realitätsstatus, Charaktertypologien u. a.) und gestaltungsbasierte Wahrnehmungsschemata, die im je aktuellen Rezeptionsverlauf ausgebildet werden (perzeptive Schemata), zum Tragen kommen.

---

[383] Wuss, P. (1993a), S. 109; vgl. Branigan, E. (1998), S. 14–18; Bordwell, D. (1985), S. 35.

[384] Wuss, P. (1993a), S. 110–111.

[385] Abduktion als Begriff für eine gerichtete kognitive Aktivität, die, ohne Ausgangsthesen, vom gegebenen Material, Wahrnehmungen, ausgeht und sinnvolle Zusammenhänge herzustellen sucht.

[386] Wuss, P. (1993a), S. 106–108.

[387] In diesem Zusammenhang kann auch Branigans Ausführung zur metaphorischen Interpretation bei der Filmrezeption gestellt werden. Eine Kausalität über eine metaphorische Zuweisung auf zubauen bedeutet der Wahrnehmung einer Logik der Gruppierung bestimmter Ereignisse auf der Basis gemeinsamer Qualitäten, die auf einen darunter liegenden formativen Prozess verweisen. (Beispielsweise findet über eine metaphorische Relationierung eine Verbindung von diegetischen und nichtdiegetischen Elementen statt. Die nichtdiegetischen Elemente sind nicht Teil der Gesetzmäßigkeiten der diegetischen Welt, sondern sie referieren über diese Welt und adressieren dieses „über" nur an den Zuschauer. Branigan, E. (1998), S. 49.

[388] Wie z. B. Ausgangssituation, Konflikt, Zielsetzungen, mögliche Zuordnung von Protagonisten und Antagonisten, ohne dabei deren Ausdifferenzierung weiter zur Debatte zu stellen.

[389] Deren Ausprägung, wie erwähnt, je nach Genre sehr unterschiedlich sein können und damit auch die jeweiligen Erwartungen seitens des Rezipienten. Dennoch kann von einer kleinsten gemeinsamen Grundannahme vorhandener Erwartungen zu narrativen Vermittlungsmustern, z. B. argumentativer Aufbau hinsichtlich einer gegebenen Intentionalität des Überzeugens, Wissensrestriktionen, dramaturgische Gestaltungselemente der narrativen Vermittlung, ausgegangen werden.

5.3.8 Reflexive Qualität der Interpretation und Frage der Transparenz

Die Frage, ob und in wieweit Gestaltungsformen der medialen Vermittlung bei der narrativen Rezeption reflektiert oder bewusst rezipiert werden, steht in der Theoriediskussion zur Filmrezeption häufig zur Debatte. [390] Ausgangspunkt ist die Frage, inwieweit bei der beobachtenden Perspektive von fotorealistischer Filmdarstellung beim Rezipienten eine Vorstellung von Unmittelbarkeit gegeben sei und damit eine Transparenz der Gestaltungsmittel vorliege. Im vorliegenden Modellansatz ist diese Frage mit der Differenzierung zwischen relationaler und referentieller Bedeutungszuweisung verbunden, wenn auch nicht deckungsgleich. Insofern referentielle Bedeutungszuweisung die Bezugsetzung auf die phänomenologische Realität ist und relationale Bedeutungszuweisung über textinterne Relationen vollzogen wird, wäre bei der zweiten Form von einem Bewusstsein bzw. einer aktiven Einbindung von medialen Strukturen in die Interpretation auszugehen, während bei der ersten eine Reflexion der medialen Vermittlung nicht unbedingt gegeben sein muss (aber auch nicht ausgeschlossen sein muss).

Bordwell vertritt die Position, dass in den meisten Fällen der narrativen Rezeption das Medium eher als Transportvehikel zur Vermittlung einer Geschichte genutzt wird – das heißt, stilistische Fragen nicht im Vordergrund stehen. Die Wahrnehmung rein stilistischer Muster ist für die meisten Zuschauer nach Bordwell eher schwer oder gar nicht formulierbar oder erinnerbar. Der Prozess der Konstruktion einer Geschichte drängt sich hier immer in den Vordergrund der Wahrnehmung. [391]

Nach Smith muss hier unterschieden werden zwischen aktiver Rezeption im Sinne der Aktivierung von Schemata und der kritischen Rezeption von Schemata. Der Vorwurf einer „referentiellen Transparenz" kann sich nicht an das Medium richten, sondern auf die allgemeine Schwierigkeit sich der jeweils grundlegendsten kulturellen Modelle bewusst zu werden. Unbewusstheit sollte dabei nach Smith besser als „Automatisierung" beschrieben werden. [392] Smith bezieht sich dabei auf den Vorwurf der mimetischen und damit unreflektierten Rezeption beim fiktionalen Film seitens strukturalistischer Filmtheorie. [393] Smith setzt dem entgegen, dass die Wahrnehmung medialer Angebote insofern als mimetischer Akt zu verstehen sei, als der Rezipient nicht nur auf Wissen über textuelle und künstlerische Konventionen zurückgreifen muss, sondern auch auf Wissen bezogen auf die „reale"

---

[390] Vgl. z. B. Smiths Diskussion zum Vorwurf der „naiven" Rezeption seitens der strukturalistischen Filmtheorie. Smith, M. (1995), S. 4.
[391] Bordwell, D. (1985), S. 36.
[392] Smith, M. (1995), S. 50–51.
[393] Smith, M. (1995), S. 4.

Welt außerhalb des Textes.[394] Mimesis meint dann aber nicht die Nachahmung einer Wahrnehmung von natürlicher Realität, sondern dass der Rezipient für das Verständnis repräsentativer Text die gleichen bzw. ähnliche Schemata anwenden muss, die er im realen sozialen Kontext anwendet und die Ausprägung der angewandten Schemata sich dabei wechselseitig beeinflussen. Beide Wahrnehmungsformen stellen gleichermaßen menschlich konstruierte Realitäten dar. Das Bewusstsein von Textualität und Mimesis schließen sich also nicht aus, sondern ergänzen sich in einem dynamischen Ineinandergreifen.[395]

Nach Branigans Ansatz, dem hier hinsichtlich der Frage kognitiver Vorgänge bei der narrativen Rezeption in weiten Teilen gefolgt wurde, beinhaltet narrative Rezeption neben dem „Was" immer auch das „Wie" der Vermittlung. Es ist demzufolge davon auszugehen, dass die aktive Rezeption narrativer Vermittlungsstrukturen und damit einhergehend immer auch das Bewusstsein einer konstruktiven Gestaltung inhärenter Bestandteil der narrativen Rezeption sind. Wie weit und in welcher Form diese strukturellen Wahrnehmungen die emotionale Beteiligung beeinflussen, muss wiederum je nach Genre der narrativen Vermittlung konkretisiert und differenziert werden. So können bei der Rezeption eines dokumentarischen Formats strukturelle Aspekte z. B. Grundlage für die Einschätzung und Beurteilung der Kompetenz oder Aufrichtigkeit einer narrativen Vermittlung darstellen, wohingegen Wissensrestriktionen im fiktionalen Genre zu unterschiedlichen Erwartungsmustern wie, „Suspense" oder „Neugier" führen können.[396]

5.3.9   Zusammenfassung zur Qualifizierung von Interpretation bei der Rezeption narrativer Filme

Die Bedeutungszuschreibung bei narrativer Filmrezeption ist geprägt von der Trennung zwischen der Geschichte oder Handlungsebene und Vermittlung der Geschichte. Diese beiden Ebenen werden in der Rezeption fortlaufend aufeinander bezogen. Der Rezipient baut einerseits deklaratives Wissen und andererseits prozedurales Wissen auf.

Damit gibt es zwei Bezugspunkte für die Repräsentation im Sinne des Aufbaus von Kohärenz oder sinnvollen Zusammenhängen: 1. Einen in sich logischen Handlungsraum, als Raum-Zeit-Gefüge, in dem die Geschichte vollzogen wird (Diegese) und 2. die narrative Logik.

Zentraler Ausgangspunkt für die Bedeutungskonstruktion von Geschichten, als handlungs- und ereignisorientierte Situationen sind Protagonisten bzw. Charak-

---

[394] Smith, M. (1995), S. 53.
[395] Smith, M. (1995), S. 53.
[396] Vgl. Bordwell, D. (1985), S. 37.

tere, verstanden als Analogon zu menschlichen Handlungsträgern. Das Verständnis von Intentionen und Bedürfnissen der Handlungsträger bildet in der Regel den Bezugspunkt und begrenzenden Rahmen für den Aufbau von Zusammenhängen, Sinnzuweisungen und vorwärtige Erwartungen.

Die Erstellung von Zusammenhängen über die Verbindung von einzelnen Bedeutungseinheiten vollzieht sich in dieser ereignisorientierten Rezeptionsform primär über kausale Relationierungen. Zusätzlich findet eine hierarchische Strukturierung unter Bezug auf die als zentral wahrgenommenen Anliegen statt. Über die zeitliche Abfolge der Darstellung wird eine Ausrichtung oder Steuerung dieser Prozesse initiiert.

Um ein Verständnis von Handlungssituationen aus der Perspektive der Protagonisten und Einschätzungen zu möglichen Vorgängen zu entwickeln, muss der Rezipient einen konsistenten Handlungsraum aufbauen. Dabei muss der Rezipient trennen zwischen Darstellungselementen der Diegese und Darstellungselementen, die nicht Bestandteil der Welt der Charaktere sind, sowie zwischen ereignisbezogenem Wissen, das Charakteren zugänglich ist, Wissen der narrativen Vermittlung, das nur dem Rezipienten vorliegt.

Es kann davon ausgegangen werden, dass schematische Zuordnungen bezüglich einer narrativen Makrostruktur vom Rezipienten vollzogen werden, die mit der Zielsetzung einer geschlossenen Gesamtstruktur im Sinne eines „Substrats" der Geschichte verbunden sind. Darüber hinaus werden Schemata des Alltagswissen, verschiedene medienbezogene Schemata (wie Genretypologien) und je aktuell gebildete gestaltungsbezogene Schemata für die Interpretation angewandt.

Die Rezeption von Narrativität als Frage der Wissensvermittlung und Wissensrestriktion bezogen auf Ereignisse ist ein wesentlicher Faktor der Rezeption von Erzählung. Es handelt sich bei der Rezeption um Interpretation von Interpretation, eine Reinterpretation, die als Zuordnung epistemologischer Ebenen vollzogen wird. Narrative Strukturierung von Handlungsabläufen und -zusammenhängen basiert auf Selektion, Fokussierung und Herstellung von Kausalitäten. Narrative Interpretation bezieht die Einschätzungen dieser Vermittlungsebenen mit ein.

Die Bedeutungszuweisung bei der Rezeption narrativer fiktionaler Filme, ist geprägt von der Bezugsetzung auf die externe Erfahrungswirklichkeit: Die Darstellungen von Ereignissen und Charakteren können nur unter Bezug auf externe Erfahrung von persönlichen Intentionen, Motivationen von Handlungsträger, Rollenverständnissen, Handlungssituationen und -zusammenhängen erfasst werden. Dabei kann von zunächst analogen Prozessen bei der Rezeption fiktionaler wie nicht-fiktionaler Repräsentationen ausgegangen werden.

Gleichzeitig findet eine strukturell ausgerichtete Rezeption narrativer Komponenten statt. Unter Bezugnahme auf kulturell etablierte Schemata und Konventionen werden u. a. Charaktertypologien, narrative Komponenten, genrespezifische Strukturen erfasst.

5.4   Rezeption narrativer Filme: Involvierung

5.4.1   Einleitung

In der Erörterung zum Rezeptionserleben wurde angeführt, dass die wesentliche Abgrenzung der Rezeptionserwartung bei informativen und unterhaltenden
Angeboten in dem Eigenwert der emotionalen Einbindung liegt.[397] Die Frage, ob
und in welcher Form narrative fiktionale Filme den Rezipienten involvieren, stellt
dementsprechend ein zentrales Motiv der filmtheoretischen Rezeptionsforschung,
das mit unterschiedlichen Perspektiven verfolgt wird.

Dabei bilden Untersuchungen zu emotionalen Prozessen beim Spannungserleben einen Schwerpunkt, die – entsprechend emotionsregulierender Ansätze
zur Rezeptionsforschung – den Eigenwert von emotionaler Erregung sowie deren
Auflösung als gegeben setzen.[398] Unabhängig von der Frage, ob und wie weit derartige Regulationsprozesse greifen, wird hier eine Erörterung vollzogen, die die
aktive Bedeutungskonstruktion als Ausgangspunkt emotionaler Involvierung setzt.
Die Frage des Spannungsaufbaus stellt sich damit erst in einem zweiten Schritt.

Entsprechend der dargestellten Grundannahmen des symbolischen Interaktionismus wird angenommen, dass Aushandlungsprozesse sozialer Interaktion,
insbesondere Rollenkonstruktionen und damit verbundene Aspekte der Selbstkonstruktion im Zentrum narrativer Filmrezeption stehen. Die emotionalen Prozesse
bei der Rezeption von Charakteren und Handlungssituationen werden vorrangig
unter dieser Perspektive erörtert. Zusätzlich sollen die spezifischen Ausprägungen
emotionaler Prozesse bei der Rezeption narrativer Filme unter Berücksichtigung
der im Modell entwickelten Faktoren und Dimensionen zur Kommunikationssituation und zum Rezeptionserleben definiert werden. Ebenso wie die Spezifik
der Materialität filmischer Darstellungen und der Rezeptionssituation kurz angesprochen werden muss.

Die als relevant erachteten Theoriereflexionen zu emotionalen Prozessen in
der Filmrezeption werden diesbezüglich diskutiert und stellten bereits in Teilen
Grundlage der vorausgehenden Modellentwicklung dar. Insbesondere Tans Ausführungen zur Emotionalität in der Filmrezeption wurden berücksichtigt.

---

[397] Siehe Kapitel 3.4.2.2.
[398] Hier ließe sich z. B. der Ansatz von Vorderer/Knobloch anführen (unter Berufung auf die Theorie
des „excitation transfer" von Zillmann, D.). Vorderer, P; Knobloch, S. (2000), S. 66.

5.4.1.1 Differenzierung des Emotionsbegriffs

Im Kapitel wurden die als relevant erachteten Komponenten und Faktoren der emotionalen Bedeutungszuweisung diskutiert.[399] In Ergänzung dazu soll hier im Hinblick auf die spezifische Situation bei der Rezeption narrativer fiktionaler Filme weitere Überlegungen zur Differenzierung und qualitativen Beschreibung emotionaler Prozesse erörtert werden.

Smith stellt für seine Betrachtungen die Ausgangsfrage: Wie ist es möglich, dass wir von etwas, von dem wir wissen, dass es fiktiv ist, emotional erfasst werden?[400]

Geht man davon aus, dass, wie oben ausgeführt, bei der Filmrezeption die Teilnahme an den dargestellten Handlungsträgern und ihren Handlungssituationen auf analogen mentalen Prozessen wie die Teilnahme am Leben anderer in der Alltagswirklichkeit beruht, stellt sich die Frage ob und inwiefern es sich bei den über diese Prozesse generierten Emotionen um reale Emotionen handelt. Kann es eine Differenzierung geben zwischen echten und „nicht echten" Emotionen?

Smith sieht hier zunächst die Notwendigkeit zwei verschiedene Typen von Emotion für reale, fiktionale Wahrnehmung zu unterscheiden. Erstere bildet sozusagen die Norm, auf die sich letztere bezieht. Beide Formen sind aber strukturell identisch, das heißt in ihrer Emotionalität gleich. Sie unterscheiden sich hinsichtlich des Objekts, auf das sich die Emotion bezieht, während wir im ersten Fall von einer realen Gegebenheit ausgehen, wissen wir im zweiten, dass es sich um einen imaginierten Gegenstand handelt.[401] Damit hat Smith zwar eine theoretische Differenzierung vollzogen, die aber für Fragestellungen zur konkreten Erfahrung der Emotionalität und ihrer Anbindung an den Rezeptionsprozess keine weiteren Konsequenzen hat.

Tan entwickelt in seinen Überlegungen zur Differenzierung emotionaler Prozesse bei der Filmrezeption und zur Charakterisierung der spezifischen Qualität von Emotionalität eine weiter greifende Aufschlüsselung.

Bei der Rezeption fiktionaler Spielfilme unterscheidet Tan zunächst zwischen Emotionen, die sich auf die Ebene der diegetischen Repräsentation beziehen, und Emotionen, die sich auf den Film als Artefakt beziehen.[402] Emotionen auf diegetischer Ebene sind Emotionen, die durch die Vorstellung des Zuschauers in der fiktionalen Welt präsent zu sein entstehen. Diese differenziert Tan noch einmal in empathische und nicht empathische Emotionen. Letztere sind Emotionen, die direkt von Ereignissen in der fiktionalen Welt ausgelöst werden, z. B. Ekel bei Horrorszenen. Empathische Emotionen sind Emotionen, die dadurch bedingt

---

[399] Siehe Kapitel 3.2.3.
[400] Smith, M. (1995), S. 57.
[401] Smith, M. (1995), S. 57.
[402] Tan führt dafür die Begriffe F-Emotionen und A-Emotionen ein. Tan, E. (1996), S. 171.

werden, dass ein Ereignis eine bestimmte Bedeutung für einen Charakter in der fiktionalen Welt hat.[403]

Ein Großteil, der über die diegetische Repräsentation erzeugten Emotionen, sind empathische Emotionen, also Emotionen, die durch die Anteilnahme an situativen Bedeutungsstrukturen und den damit verbunden Bedürfnissen der dargestellten Charaktere entstehen. Dabei kann zunächst von einer Gleichartigkeit zu Emotionen bei der Wahrnehmung von realen Handlungssituationen ausgegangen werden. Basis der Emotionsgenerierung sind in beiden Fällen Bedürfnisse, die beim Rezipienten entstehen und mit Handlungstendenzen verbunden sind. In Abgrenzung zu Situationen emotionaler Anteilnahme in der realen Alltagswirklichkeit sind die mit den über imaginative Anteilnahme erzeugten Emotionen verbundenen Handlungstendenzen nur virtueller Natur, ohne reale Umsetzungsmöglichkeit.[404] In allen anderen Komponenten emotionaler Bedeutungsstruktur, also Relevanz, Wertigkeit, Wechsels und Dynamik, wie auch den weiteren Aspekten der Handlungsoption (z. B. mögliche Hindernisse)[405] entsprechen sie den realen Emotionen.

Im Bereich der Emotionen bezüglich der Rezeption des Films als Kunstwerk führt Tan vor allem die Wertschätzung künstlerischer Gestaltung an, aber auch Formen des Spannungserlebens, die auf der gestaltungsorientierten Rezeption narrativer Strukturen begründet sind.[406] In der vorliegenden Modellentwicklung wird dieser Aspekt über die Betrachtung von Prozessen auf Ebene relationaler Bedeutungskonstruktionen besprochen.

Hinsichtlich der Frage des Zusammenspiels aus diegetisch bedingten Emotionen und Emotionen struktureller oder relationaler Wahrnehmungsmuster verweist Tan auf die Ebenenstruktur von Branigans Theorieansatz.[407] Die konkrete Differenzierung soll hier nicht weiter ausgeführt werden. Zunächst ist nur festzuhalten, dass grundsätzlich zwischen verschiedenen Formen der emotionalen Involvierung

---

[403] Tan, E. (1996), S. 171.

[404] Tan führt hier auch die Differenzierung von Emotionen und Feelings unter Bezug auf die Theorie von Frijda ein. Tan, E. (1996), S. 75.

[405] Siehe Kapitel 3.2.3.

[406] Spannung wird in Tans Differenzierung sowohl über diegetische Emotionen wie auch über gestaltungsorientierte ästhetische Wahrnehmungsprozesse begründet. Nach seiner Terminologie stellt Spannung das wichtigste Oberflächenbedürfnis in der Filmrezeption dar. Tan, E. (1996), S. 47. Oberflächenbedürfnisse beziehen sich im Gegensatz zu Quellbedürfnissen auf die selbstbezüglichen Wahrnehmungsstrukturen der Filmrezeption, die nicht auf die repräsentative Vorstellung von Handlungssituationen referieren. Das Verständnis der Oberflächenstruktur eines Films ist einerseits Grundlage für das Verständnis des Plots, andererseits aber kann diese Oberflächenstruktur auch an sich genussvoll empfunden werden. Tan, E. (1996), S. 33.

[407] Auf der obersten Ebene der nicht diegetischen Rezeption liegen die A-Emotionen, während sich auf den darunter liegenden Ebenen mit je unterschiedlicher Ausprägung – in Abhängigkeit von Fragen der Fokussierung und Differenzierung diegetischer Repräsentation – F-Emotionen, mit überwiegend empathischer Qualität befinden. Tan, E. (1996), S. 188–189.

in Abhängigkeit von der jeweiligen Ebene der Bedeutungszuweisung (repräsentative oder relationale Ebene und deren Verbindungen) und den darauf bezogenen konkreten Ausformungen (z. B. empathische oder nicht empathische) emotionaler Bezugsetzung differenziert werden soll.[408]

In Abgrenzung zu den oben beschriebenen simulativ erzeugten Emotionen, stellen nach Tans Ansatz alle anderen Emotionen reale Emotionen dar. Wie oben beschrieben, grenzen sich die realen Emotionen von den simulativen Emotionen durch die reale Handlungstendenz ab.[409] Die Handlungstendenz richtet sich dabei auf die Handlung der Rezeption des Films an sich.[410] Das Interesse kann sich in Tans Definition sowohl auf die fiktionale Welt[411] wie auch auf den Film als Artefakt richten.[412] Interesse ist das Gefühl, das nach Tan die Grundlage der emotionalen Teilnahme und Motivation der Filmrezeption darstellt. Unabhängig davon, welche unterschiedlichen Phasen und Formen von Emotionen im Verlauf auch generiert werden, stellt Interesse die Grundbedingung für die weitere Teilnahme an der Rezeption dar, insofern „es den Rezipienten zur Aufrechterhaltung der Rezeptionshandlung motiviert. „Egal welche Gefühle ansonsten gerade die Filmrezeption prägen – Interesse muss immer und permanent vorliegen. Sieht man Film als Emotionsmaschine – so ist er vor allem eine Maschine die Interesse erzeugt."[413]

Die von Tan entwickelte Aufschlüsselung ermöglicht es, die im vorliegendem Modell angestrebten Differenzierung zwischen verschiedenen Ebenen der Bedeutungskonstruktion (referentiell versus relational) einerseits wie auch der Abgrenzung dieser zur Ebene der Handlung Medienrezeption an sich zu berücksichtigen und hinsichtlich Fragen der Involvierung aufzugreifen. Der Begriff des Interesses und die damit verbundene Differenzierung zwischen Emotionen über die Anteilnahme an imaginativen Handlungssituation (mit virtuellen Handlungstendenzen) und Emotionen mit realer Handlungstendenz als unmittelbare Relation zwischen Rezipienten und Medienangebot wird hier aufgegriffen und auf den entsprechenden Ebenen des Modells berücksichtigt werden.

---

[408] Die Ausführungen zu den A-Emotionen können meiner Ansicht nach besser über die Erfassung einer differenzierten Betrachtung realer Emotionen bezüglich struktureller Wahrnehmungsformen betrachtet zu werden.

[409] Tan, E. (1996), S. 118.

[410] Und stellt damit eine kognitive Handlung dar. (Tan, E. (1996), S. 118) Die im Hinblick auf die reale Zuwendung zum Medienangebot Film verbundenen Gefühle werden von Tan als Interesse bezeichnet. Tan, E. (1996), S. 118.

[411] In diesem Fall als reales Interesse am fiktionalen Geschehen und nicht als imaginative Perspektivübernahme und damit verbundenen empathischen Gefühlen.

[412] Tan, E. (1996), S. 118.

[413] Tan, E. (1996), S. 119. [Übersetzung vom Verfasser]

5.4.1.2 Zusammenfassung zur Differenzierung von Emotionalität bei der Filmrezeption

Unter Berücksichtigung der bisherigen Differenzierungen ergeben sich damit folgende Aspekte bei der Betrachtung emotionaler Prozesse bei der Rezeption narrativer Filme:

- Die emotionalen Komponenten der verschiedenen Ebenen der Rezeptionsprozesses: Kommunikationssituation, Rezeptionshandlung, Prozess der Bedeutungszuweisung.
- Die Differenzierung zwischen emotionalen Prozessen im Verlauf der Bedeutungskonstruktion und dem Rezeptionserleben als Gesamteindruck.
- Die Differenzierung zwischen emotionalen Prozessen auf Basis referentieller und relationaler Zuweisung und Relationierung auf der Ebene der Bedeutungskonstruktion:
- Die Differenzierung zwischen den Ausprägungen des Interesses als reale Emotion und simulativ erzeugten Emotionen auf der Ebene diegetischer Referenzierung.

5.4.1.3 Hinweis zum Spannungsbegriff

Ein zweiter Aspekt bezüglich Begrifflichkeiten und Differenzierung von Emotionen bei der Filmrezeption soll ebenfalls vorab angesprochen werden: die Frage des Spannungsbegriffs. Aus den obigen Ausführungen zur Differenzierung zwischen der Ebene der Diegese und Ebenen relationaler Bedeutungsstrukturen ergibt sich bereits, dass die Frage des Spannungserlebens hier nicht geschlossen betrachtet werden kann, sondern über die unterschiedlichen Aspekte der Ebenen differenziert werden muss. Tan führt zwar einerseits an, dass Spannungsreduktion das zentrale emotionale Motiv der Filmrezeption darstellt[414], setzt aber andererseits das Interesse als umfassendes Konzept entgegen und sieht darin den Spannungsbegriff aufgehoben.[415] Diese Integrierende Perspektive soll hier im Sinne der obigen Darstellung zu den verschiedenen Grundlagen von emotionaler Beteiligung mit der realen Handlungstendenz der Fortsetzung der Filmrezeption aufgegriffen werden. Damit wird der Frage der emotionalen Involvierung über Spannung im Folgenden auf mehreren Ebenen unter unterschiedlichen Aspekten und gegebenenfalls auch mit anderen Begrifflichkeiten nachgegangen.

---

[414] Tan, E. (1996), S. 35.
[415] Vgl. Tan, E. (1996), S. 83 und Kap. 4, S. 86 ff.

5.4.2   Emotionen auf Ebene der diegetischen Referenzierung

5.4.2.1 Diegetische Handlungssituationen

Wie bereits erläutert, wird davon ausgegangen, dass die emotionale Anteilnahme der narrativen Rezeption wesentlich auf der mentalen Konstruktion von Handlungssituationen und damit verbundenen Erfahrungen und Bedürfnisstrukturen der beteiligten Protagonisten beruht.

Dabei gibt es zwei Bezugsperspektiven der emotionalen Bedeutungszuweisung auf der Ebene diegetischer Referenzierung, ein inhaltliches oder thematisches Interesse an den dargestellten Handlungszusammenhängen und die Anteilnahme an der Perspektive der Charaktere – wobei ersteres die Grundlage für zweites darstellt.

Auf Ebene der Handlungssituationen stellen thematische Strukturen einen Rahmen dar, der zum einen die Erwartungen und Referenzierungsmöglichkeiten der Rezipienten eingrenzt und damit die Möglichkeiten der vorausschauenden Anteilnahme erhöht und andererseits einen je eigenen Interessenwert mit sich bringt.[416] Man kann davon ausgehen, dass es eine Reihe universeller wie auch kulturell oder historisch verankerter Themen mit jeweils nicht weiter zu reduzierendem Interessenwert gibt.[417] Damit ein Thema Interessenwert hat, muss es nach Tan in der Regel mit Komplikationen verbunden sein und wird über diese in unmittelbare Relation zur Rezeption der Ebene der Charaktere gesetzt.[418] Neben dem Konfliktpotential stellt die Möglichkeit oder Aussicht auf eine mögliche Auflösung nach Tan die zweite Bedingung für die Generierung von Interesse dar.[419]

Die Rezeption von Handlungssituationen ist also „quasi-automatisch" verbunden mit Fragen zu Handlungsabsichten oder Handlungsmöglichkeiten und damit verbundenen Bedürfnissen und Erfahrungen der beteiligten Protagonisten. In welcher Form die emotionale Beteiligung der Rezipienten an den Handlungssituationen der Charaktere über diese mentale Vorstellung vollzogen wird, welche Qualitäten und Bedingungen dafür maßgebend sind, soll hier unter kurz erörtert werden.

---

[416] Tan spricht von einem in den Themen intrinsisch verankerten Interessenwert. Dieser reguliert bzw. begrenzt die Inferenzen, die seitens eines Rezipienten vollzogen werden. Nach Tan ist bei höherem Interessenwert auch ein mehr an Inferenzbildung zu erwarten. Ein wichtiger Faktor für deren Ausrichtung ist, dass die Erwartungen, die aufgestellt werden, zu einer vorstellbaren und bevorzugten Auflösung der Geschichte in Beziehung zu setzen sind. Tan, E. (1996), S. 122.

[417] Vgl. Tan, E. (1996), S. 121 und Grodal, T. (1997), S. 87.

[418] Tan, E. (1996), S. 124.

[419] Tan, E. (1996), S. 124. Tan spricht diesbezüglich von der pragmatischen Motivation von Filmrezeption als Suche nach einer affektiven Erfahrung, die aber im Rahmen der Bewältigungsfähigkeit gehalten sein muss.

5.4.2.2 Charakterrezeption: Involvierung

Für die Erörterung der emotionalen Involvierung bei der Filmrezeption stellt die Charakterrezeption einen zentralen Gegenstand der theoretischen Grundannahmen dar. Die hier verfolgte Perspektive geht von einer Analogie der mentalen Prozesse, kognitiver wie auch emotionaler Art, bei der Charakterrezeption medialer Repräsentationen und der Wahrnehmung realer Personen aus. Das bedeutet zum einen, dass ein Charakter als geschlossene Identität wahrgenommen wird, die nicht hintergehbar ist und zum anderen, dass das Charakterverständnis mit Formen der Perspektivübernahme verbunden ist und nicht auf reiner Außenbeobachtung beruht.[420]

Ausgangspunkt der emotionalen Beteiligung des Rezipienten stellt die von ihm erstellte Verbindung von bestimmten, kulturell oder anthropologisch etablierten Themenbereichen mit den darin verankerten menschlichen Bedürfnissen und der Frage bzw. dem Potential ihrer möglichen Befriedigung dar. Dabei kann von kulturell übergreifenden Grundthemen menschlicher Bedürfnisse wie Geld, Liebe, Macht, Identität und Gemeinschaft und je damit verbunden Emotionen und Affekten ausgegangen werden.[421]

Empathie als Zuwendung und Positionierung
Wie in den Ausführungen zur handlungstheoretischen Medientheorie[422] erläutert, stellt die Fähigkeit der Perspektivübernahme ein menschliches Bedürfnis und eine Notwendigkeit zwischenmenschlicher Koordinierungs- und Kommunikationsfähigkeit dar. Die emotionale Beteiligung bei diesen Prozessen der Vorstellung möglicher Handlungs- und Erfahrungssituationen wird mit dem Begriff der Empathie gefasst.[423] Dabei soll hier die einfache Begriffsdefinition empathischer Emotionen aufgegriffen werden, die dadurch charakterisiert wird, dass die situativen

---

[420] Nach Smith stellt der Charakter ein Basiskonzept von narrativem Film dar, das nicht weiter reduziert oder in detailliertere Elemente aufgeschlüsselt werden kann. Smith, M. (1995), S. 9. Auch Grodal vertritt die Position, dass ein Verständnis emotionaler Prozesse bei der Filmrezeption nur über die Betrachtung simulativer Charakterwahrnehmung sinnvoll sein kann und grenzt sich damit von Ansätzen ab, die von einer Position des distanzierten Beobachters ausgehen. Grodal, T. (2000), S. 115. Er weist darauf hin, dass die Möglichkeit einer eindeutigen Identifizierung von Charakteren Bedingung für eine narrative Erschließung von Zusammenhängen darstellt und eine Blockierung von eindeutigen Charakterkonstruktionen zu eher assoziativen, nicht-narrativen oder Formen der Rezeption führen. Grodal, T. (1997), S. 100.

[421] Grodal fasst die Grundbedürfnisse mit Essen, Sicherheit, erotische Befriedigung und soziale Akzeptanz zusammen. Grodal, T. (1997), S. 87. Tan spricht von zentralen Themen wie Gefahr, Tod, Liebe oder große Geldmengen. Tan, E. (1996), S. 126.

[422] Siehe Kapitel 3.1.2.

[423] Es ist hier von kognitiven wie emotionalen Prozessen empathischer Anteilnahme auszugehen. Tan bezieht sich deshalb explizit auf empathische Emotionen. Tan, E. (1996), S. 175.

Bedeutungsstrukturen von Charakteren, verstanden als Bedürfnisse, Intentionen und Handlungstendenzen, Teil der Bedeutungsstruktur des Rezipienten werden[424] Die Übernahme von Bedeutungsstrukturen ist nicht mit Identifikation im Sinne einer Kongruenz der Interessensstrukturen gleichzusetzen. Grundlage der mentalen Aktivität der Perspektivübernahme eines anderen ist das Bewusstsein des Selbst bzw. wird dieses gerade dadurch wiederum ausgeprägt.[425] Das Distanzerleben zum Ego ist damit per se gegeben.

Dabei werden über die Eigenschaften der filmischen Repräsentation zusätzliche Bedingungen und Charakteristika der empathischen Anteilnahme definiert. Die Beobachtungsperspektive des Filmrezipienten umfasst immer mehr als die Bedeutungsstruktur des jeweiligen Protagonisten, woraus sich eine distanzierende Differenz zwischen Rezipientenperspektive und Charakterperspektive ergibt. Damit in Verbindung steht auch die besondere Möglichkeit einer umfassenden und detaillierten Darstellung von Persönlichkeitsstrukturen und deren Wertschätzungen im Film, die ihrerseits das Bewusstsein von Differenzen zur eigenen Person mit sich bringen[426] und eine komplette Identifikation mit den fremden Bedürfnisstrukturen nicht zulassen.[427]

Dieser distanzierenden Qualität bei gleichzeitiger Intimität kann andererseits wiederum ein Aufforderungscharakter zugeschrieben werden. Mikos führt in der Diskussion des Begriffs der parasozialen Interaktion aus, dass auch im Fall drama-

---

[424] Tan spricht hier von empathischen Emotionen. Tan, E. (1996), S. 175 . Grodal definiert Empathie als Aktivierung von Affekten und Emotionen beim Zuschauer durch Identifikation mit den Interessen eines dargestellten Charakters. Grodal, T. (1997), S. 93. In beiden Fällen wird also allgemein von einer Anteilnahme bzw. zumindest teilweise stattfindenden Übernahme von Bedeutungsstrukturen ausgegangen. Vorderer stellt in seiner Definition unter Bezug auf Zillmann darüber hinaus die Bedingung eines Sympathieempfindens als Basis empathischer Anteilnahme. Vorderer, P; Knobloch, S. (2000), S. 64; Vorderer, P.; Knobloch, S.; Schramm, H. (2001), S. 344. Die Auffassung, dass eine positive Bewertung eines Charakters Bedingung für die Fähigkeit einer emotionalen Anteilnahme sein muss, wird hier nicht geteilt, da von dem grundsätzlichen Interesse des Verstehens von Handlungen und Absichten über das Nachvollziehen emotionaler Prozesse ausgegangen wird, das häufig erst die Grundlage für eine positive oder negative Beurteilung der jeweiligen Handelnden sein kann. Grodal verweist explizit auf die evolutionäre Basis des Empathieempfindens als zentrales Element jeglicher sozialen Eingebundenheit. Grodal, T. (1997), S. 94. Ob und in wie weit eine positive oder negative Beurteilung eines Charakters Einfluss auf die Intensität eines narrativen Interesses hat, wäre dann eine andere Frage.

[425] Mikos beschreibt diese besondere Form der Perspektivübernahme als „distanzierte Intimität" über die dem Zuschauer die Möglichkeit geboten wird Handlungsentwürfe zu reflektieren. Mikos, L. (1996a), S. 104. Krotz geht ausdrücklich auf die identitätsbildende Funktion von Rollenreflexionen über eine Form des inneren Dialogs zwischen dem Selbst und den wahrgenommen „personae". Krotz, F. (1996b), S. 80–81.

[426] Dies ist in reduzierteren Repräsentationsformen, die mehr Freiraum für eigene Projektionen zulassen, nicht in dem Maß gegeben.

[427] Tan, E. (1996), S. 190.

tisierter narrativer Darstellung des fiktionalen Films die Öffnung zum Zuschauer hin mit in die Betrachtung der Rezeptionssituation einbezogen werden muss. Es handelt sich um eine implizite Adressierung (die in anderen Genreformen auch als explizite Adressierung realisiert wird) des Zuschauers, die Aufforderungscharakter besitzt.[428] Der Zuschauer wird durch die Intimität des Dargestellten einbezogen im Sinne einer Aufforderung zur Positionierung über Prozesse der Übernahme, Abwägung oder Antizipation.

Grodal wie auch Mikos betonen, dass bei der Filmrezeption vor allem Rollenperspektiven der Charaktere übernommen werden, die aber in Abhängigkeit von den dargestellten Interaktionssituationen und Ausdifferenzierung der Charakterdarstellungen in der Regel um weitere Persönlichkeitsmerkmale und damit verbundenen Relevanz- und Wertschätzungsstrukturen erweitert werden.[429]

Empathie: Faktoren der Abstufung

Ausgangspunkt für eine simulative Form der Perspektivübernahme im Rahmen von Prozessen der Medienrezeption ist die kognitive Identifikation von Charakteren. Dabei ist, wie dargestellt, von unterschiedlichen Differenzierungsgraden bei der Zuschreibung von personalen Qualitäten in Abhängigkeit von der jeweiligen medialen Darstellung auszugehen. Ebenso ist die Intensität der emotionalen Anteilnahme bzw. Empathie je nach Gestaltungskontext grundsätzlich als graduelle Qualität zu betrachten.

Zur Frage, welche Faktoren bezüglich der Intensität oder Qualität empathischer Anteilnahme in Betracht zu ziehen sind, lassen sich zunächst zwei wenn auch ineinander greifende Faktoren anführen.

Zum einen die grundsätzliche Qualität der Charaktervorstellung und damit verbundenen Ein- und Wertschätzungen zu den Charakteren seitens des Rezipienten. Wie differenziert werden Persönlichkeitsmerkmale wahrgenommen, wie realitätsnah werden Gefühlsausdrücke, Bedürfnisse der Charaktere vom Rezipienten empfunden? Je realitätsnaher ein Charakter vom Rezipienten empfunden wird, desto größer wird auch die Möglichkeit und Bereitschaft zur Anteilnahme an den jeweiligen situativen Bedeutungsstrukturen sein, in denen die Handlungsträger

---

[428] Mikos, L. (1996a), S. 102. Die indirekte Form der Adressierung beinhaltet, wie Mikos unter Bezug auf Goffmans Rahmen-Analyse ausführt, ein „einnehmendes Verhalten" das im Schauspiel als zuschauerbezogene Darstellung per se enthalten ist. Das Schauspiel zielt darauf ab, eine Persona im narrativen Rahmen zu schaffen. Die Interaktionen dieser Persona im Rahmen der fiktionalen Erzählungen unterscheiden sich lediglich durch die Dramatisierung von entsprechenden Interaktionen der sozialen Wirklichkeit." Mikos, L. (1996a), S. 103. Die Kunst des Schauspiels bestehe so Mikos gerade darin über Mimik, Sprache und Gesten den Eindruck einer möglichst wirklichkeitsnahen Interaktion und möglichst normalen Gefühlen beim Zuschauer zu ermöglichen. Mikos, L. (1996a), S. 103.
[429] Grodal, T. (2000), S. 116–117; Mikos, L. (2003), S. 102.

eingebettet sind.[430] Zusätzlich wird die Einschätzung der Realitätsnähe im Sinne des Relevanzaspekts emotionaler Bedeutungszuweisung, das Ausmaß des realen Interesses mit bestimmen. Dies ist insofern anzunehmen, als davon auszugehen ist, dass der Realitätsgrad mit dem Ausmaß möglicher Bezugsetzungen zur jeweiligen Lebenssituation und den Lebenserfahrungen der Rezipienten zusammenhängt.

Dabei sieht Tan neben dem Realitätsparameter noch die Frage der sympathischen Zuwendung als zweiten Faktor für die Intensität empathischer Emotionen an. Grundlage stellt das natürliche Bedürfnis der Unterteilung in In- und Out-Groups dar, als eher unbewusste Evaluierung von Charakteren auf einer positiv-negativ Skala seitens der Zuschauer, die automatisch mit einer affektiven Aufladung der Charakterrezeption verbunden ist.[431] Über eine positive Wertschätzung des Charakters wird nach Tan die Relevanz-Komponente von Bedeutungsstrukturen für den Rezipienten erhöht und Einfluss auf die emotionale Beteiligung an den Bedürfnisstrukturen der Charaktere haben.[432] Dementsprechend wird hier die Frage der Sympathie nicht als Bedingung für Empathie sondern als Faktor der Ausprägung empathischer Anteilnahme verstanden.[433]

Neben dem Ausmaß der Realitätsnähe und Übereinstimmung mit den Wertschätzungen des Rezipienten wird über die jeweilige Beobachtungsperspektive auf den Charakter, die abhängig von Struktur und Verlauf der narrativen Darstellung variieren kann, die Zuwendungsmöglichkeiten und Wahrnehmungsform von Charakteren durch die Rezipienten beeinflusst. Handelt es sich um eine auf interne Prozesse fokussierte oder mehr außen stehende Beobachtung der Charaktere?

In seinen Betrachtungen zur Charakterrezeption bei Film- und Videospielen[434] entwirft Grodal eine Abstufung der Beobachtungs- bzw. Interaktionsrelation zwischen Zuschauer und Charakter. Er differenziert zwischen einer Simulation der Innenperspektive, einer empathischen Anteilnahme aus Sicht eines Beobachters, einer Interaktion mit Charakteren in diegetischen Grenzen (bei interaktiven Formaten, die er als Meta-Fiktion charakterisiert) und einer nicht narrativen und nicht fokalisierten Beobachtung im Fall einer Blockierung der diegetischen Wahrnehmung.[435] Grodal unterscheidet hier also noch einmal zwischen Empathie und Simulation der Innenperspektive, die in seiner Definition noch stärker immersiven Charakter hat. Dabei ist auch sein Verständnis der Simulation einer Innenperspek-

---

[430] Tan führt dies als Realitätsparameter der „situational meaning structur" an. Tan, E. (1996), S. 171.

[431] Tan, E. (1996), S. 167.

[432] Tan, E. (1996), S. 171.

[433] Wie oben ausgeführt, wird nicht angenommen, dass Sympathieempfinden eine notwendige Bedingung empathischer Anteilnahme darstellt.

[434] Grodal, T. (2000).

[435] Grodal, T. (2000), S. 125. Als Beispiel für eine Blockierung der narrativen Anteilnahme führt Grodal die Möglichkeit einer zu großen Wertedifferenz zwischen Charakterdarstellung und Rezipienten an. Grodal, T. (2000), S. 124.

tive nicht mit einer distanzlosen Identifizierung zu verwechseln. Der Rezipient
übernimmt auch hier vor allem die Rollenperspektiven der Charaktere und ist
sich der Differenz zum eigenen Ego und der Tatsache der symbolischen Repräsentation (einer diegetischen Welt) durchaus bewusst. Die Distanz, die durch die
mediale Repräsentationsform geschaffen wird, befreit den Rezipienten vielmehr
von sozialen Zwängen, die bei interpersonalen Interaktionssituationen und den
dort auftretenden Perspektivübernahmen vorhanden sind und erlaubt mehr Freiheitsgrade und ein intensiveres Erlebnis der Perspektivsimulation.[436] Empathische
Anteilnahme wird hier als umfassender Begriff auch für Formen einer simulierten
Innenperspektive im Sinne Grodals verwendet. Im Sinne von Grodals Differenzierung wird dabei von Abstufungen der Qualität und Ausprägung empathischer
Gefühle je nach Form der Anteilnahme und Perspektive der Beobachtungsposition
des Rezipienten ausgegangen.

Grodal stellt zusätzlich, wie bereits dargestellt, erfahrungs- und handlungsbezogene Rezeptionsformen von Charakteren gegenüber. Dabei ist nach Grodal
die Intensität empathischer Emotionen bei einer auf Erfahrung ausgerichteten
Rezeption größer als bei handlungsorientierter Charakterrezeption.[437]

Zusammenfassung zur Charakterrezeption und Empathie
Die Rezeption von Handlungsträgern stellt den zentralen Angelpunkt der emotionalen Anteilnahme bei narrativer Rezeption dar. Empathische Gefühle werden hier
verstanden als Emotionen, die durch die Anteilnahme oder teilweise Übernahme
von Bedürfnisstrukturen der Charaktere in den dargestellten Handlungssituationen
entstehen. Die perspektivierende Rezeption über einen die Handlungsereignisse
fokussierenden Charakter stellt die Basis der empathischen Anteilnahme dar. Die
Bedeutungsstruktur, die der Rezipient einer repräsentierten Situation zuweist, umfasst dabei immer mehr als die Perspektive der Charaktere. Er kann sich zwar im
Sinne der empathischen Anteilnahme deren Perspektiven vorstellen, es kommt
aber nicht zu einer kongruenten Übernahme dieser Perspektiven.

Für die Ausprägung empathischer Anteilnahme kommen mehrere Faktoren in
Betracht: zum einen die vom Rezipienten empfundene und zugewiesene Realitätsnähe des Charakters. Diese kann wiederum einerseits abhängig sein von der Differenzierung der Charakterdarstellung und seiner narrativen Kontextualisierung

---

[436] Grodal, T. (2000), S. 116, 117, 119. Grodal führt aus, dass der Wechsel zwischen empathischer
Beobachtung und Simulation der Innenperspektive auch ein Prinzip der emotionalen Gesamtwirkung
bestimmter Filmgenres darstellt. So erzeugt z. B. ein komisches Erleben von Figuren eine distanzierte-
re Außenbeobachtung, die beim Rezipienten dann wiederum Freiraum für ein intensiveres Miterleben
aus der Innenperspektive an anderen Stellen der narrativen Struktur schafft. Grodal, T. (2000), S. 125.
[437] Grodal, T. (1997), S. 99.

und andererseits von den Möglichkeiten der Bezugsetzung zur Lebenssituation und Erfahrungshorizonts der Rezipienten.

Hinsichtlich der narrativen Kontextualisierung und damit verbundenen Aspekten der Fokalisierung weist Grodal auf die wichtige Differenzierung zwischen einer handlungsorientierten und einer erfahrungs- oder wahrnehmungsorientierten Rezeption von Charakteren hin und damit verbundenen unterschiedlichen Ausprägungen emotionaler Intensität.

Neben der Frage der Charakterdifferenzierung und dessen narrativer Verankerung stellt noch die Vermittlungsperspektive zwischen Rezipient und Charakter einen relevanten Faktor dar. In diesem Fall geht es nicht um die Relation zwischen Charakter und Handlungssituationen – im Sinne der Fokalisierung bei Branigan – sondern um Positionierung des Rezipienten zur Charakterdarstellung, im Sinne des Begriffs der parasozialen Interaktion (wie ihn Mikos diskutiert).[438] Welche Form der Charakterwahrnehmung wird über die Struktur der narrativen Darstellung ermöglicht und welche Ausprägungen der emotionalen Beteiligung oder mediatisierten Interaktion mit der symbolischen Repräsentation von Handlungsträgern ist damit verbunden?

5.4.2.3 Nicht empathische Emotionen auf Ebene der Diegese

Neben den empathischen Emotionen auf Ebene der Anteilnahme an symbolisch repräsentierten Handlungssituationen gibt es auch nicht-empathische Formen der emotionalen Involvierung bezüglich diegetischer Repräsentationen beim narrativen Film. Nicht-empathische Emotionen spielen zwar nicht die tragende Rolle, sind aber dennoch spezifischer Bestandteil des Mediums Film. Im Sinne Grodals wäre hier von den primären affektiven Ebenen der Bedeutungszuweisung zu sprechen, Tan spricht dabei vom Spektakelcharakter des Films. Das Spektakel beschreibt Tan als Moment des Films, das nicht direkt auf die interne Struktur der Geschehnisse der fiktionalen Welt gerichtet ist. Damit gibt es immer ein Attraktionsmoment, das sich auf die äußerliche Erscheinung des dargestellten richtet nicht auf die Bedeutungsstruktur einer dargestellten Situation. Die emotionale Involvierung über den bloßen Spektakelcharakter stellt nach Tan eines der wichtigsten „primary motives" für das Ansehen eines Spielfilms dar.[439] Das entspricht in etwa Grodals Ausführungen zur der rein sensomotorischen Komponente der Filmwahrnehmung.[440] Nicht-empathische Emotionen sind damit auf das Beobachten oder Erleben von Ereignissen und nicht auf die damit verbundenen Implikationen für Charaktere

---

438 Vgl. Mikos, L. (1996a).
439 Tan, E. (1996), S. 83.
440 Grodal, T. (1997), S. 22–23.

ausgerichtet. Dennoch sind es Emotionen, die über die diegetische Repräsentation, also die Vorstellung von einer möglichen Handlungswelt, aufgebaut werden, es handelt sich nicht um einen Stimulus des Films als Artefakt. [441] Je nach Genre kann diese Betrachtungs- und Erlebnisform fiktionaler Ereignisse mehr oder weniger zur Hauptattraktion der Filmrezeption werden.

5.4.2.4 Reale Emotionen auf Ebene diegetischer Referenzierung

Auf der Ebene der diegetischen Referenzierung treten neben den Emotionen der imaginativen Teilnahme an Handlungssituationen oder deren Beobachtung und den nicht-empathischem Attraktionsmomenten auch noch weitere reale Emotionen (im Sinne des realen Handlungsbezugs zur Rezeptionshandlung des Rezipienten) auf.

Hier ist zum einen das thematische Interesse an den dargestellten Handlungssituationen zu erwähnen, das auch als Moment des inhaltlichen Spannungserlebens diskutiert werden kann. [442]

Im weiteren Sinn als Form des thematischen Interesses kann das Interesse an der Auseinandersetzung mit Rollenkonstruktionen gesehen werden. Es wurde bereits an mehreren Stellen ausgeführt, dass die spezifische Qualität filmischer Darstellung unmittelbare Erfahrungsmöglichkeiten menschlicher Interaktionsprozesse bietet und damit Raum für parasoziale Formen der Auseinandersetzung mit Rollenmustern und Identitätskonstruktionen. Die von Mikos angeführte „Lust" an der Bedeutungsgenerierung[443] ist dabei sowohl auf diese Formen der Bezugsetzungen zur eigenen Lebenswelt zu sehen, wie aber auch in der, diese überschreitenden Imagination und Kreation von möglichem Variationen und neuen noch ungedachten Lebenswegen oder Handlungsmöglichkeiten.

Die auch im Abschnitt Fiktionalität angeführte Freude am Imaginieren und Kreieren von narrativen Zusammenhängen und möglichen Deutungsvarianten kann hier noch als zusätzlicher Eigenwert angeführt werden. [444]

---

[441] Tan, E. (1996), S. 175.

[442] Tan weist darauf hin, dass ein Thema aber immer erst durch die Einbindung in die narrative Struktur, d.h., durch die Verbindung zu den Handlungsträgern und deren Bedürfnisstrukturen interessant wird. Das thematische Interesse kann damit das über die narrative Struktur entwickelte Interesse verstärken, dieses aber nicht ersetzen. Tan, E. (1996), S. 37.

[443] Mikos, L. (2003), S. 92–93.

[444] Tan spricht vom Fantasieren, das per se eine Grundlage für emotionale Erregung darstellt. Tan, E. (1996), S. 27. Smith führt diesen Aspekt unter der anthropologischen Verankerung von Imagination als spezifische Fähigkeit des menschlichem Geists, die im Film als kulturelles Produkt ihre besondere Ausprägung erfährt. Vgl. Smith, M. (1995), S. 40–41.

5.4.3 Zeitlicher Verlauf, Linearität und Passivität

Neben den oben diskutierten Aspekten und Bedingungen der emotionalen Involvierung über die empathische Anteilnahme auf der inhaltlichen Ebene von
Handlungssituationen und Charakteren stellt der zeitliche Verlauf der Rezeption
das zweite zentrale Bezugssystem für die Analyse der Bedingungen emotionaler
Beteiligung dar. Auch hier muss eine komplexe Staffelung unterschiedlicher Ebenen der narrativen Rezeption berücksichtigt werden.

Nur mittelbar an die inhaltliche Bezugsetzung der emotionalen Beteiligung
an Handlungssituationen und Bedürfnisstrukturen von Charakteren gebunden,
kommen zwei Komponenten der Emotionserzeugung zum Tragen: 1. Emotionen
sind relational bezogen und entstehen über kontextuelle Veränderungen, über der
Relation zwischen Ausgangszustand und Veränderung, Wechsel oder Störung dieses Zustands.[445] 2. Verunsicherung und der damit verbundene Verlust an Kontrolle
stellt eine wesentliche Ursache emotionaler Erregung dar.[446]

Beide Komponenten werden sowohl für Prozesse auf Ebene referentieller wie
auch für rein relationale Bedeutungszuweisungen und über das Zusammenspiel
der beiden Ebenen relevant.

5.4.3.1 Dynamik und struktureller Gesamtverlauf der emotionalen Einbindung

Der zeitliche Verlauf des Films steuert die emotionale Erregung wesentlich über
den fortwährenden Wechsel und die Dynamik der Rezeptionsanforderungen
und Rezeptionsangebote auf allen Ebenen. Auf der Ebene der rein auditiven und
visuellen Wahrnehmung und damit gegebenenfalls verbundenen ästhetischen
Wahrnehmungen von Ton- und Bildgestaltung bildet sich eine Dynamik abstrakter (nicht-diegetischer) Gestaltungsmuster aus. Ebenso findet auf der Ebene der
inhaltlichen, repräsentierten Situationen oder auf Ebene der strukturellen Anforderungen über narrative Gestaltungsmuster ein fortlaufender Wechsel und damit
verbundenen eine dynamische Anforderungen an die emotionale Beteiligung
der Rezipienten. Ausmaß der Veränderung, Geschwindigkeit des Wechsels und

---

[445] Tan führt dazu das „law of comparative feeling" an, das darauf hinweist, dass ein Wechsel nie an
sich sondern immer auf der Basis bestimmter Kriterien wahrgenommen bzw. beurteilt wird. Tan, E.
(1996), S. 57.
[446] Vgl. Wuss, P. (1993a), S. 103. Auch Früh sieht in der Verbindung aus Kontrollverlust und gleichzeitiger Begrenzung des Kontrollverlusts ein wesentliches Moment der emotionalen Erregung, in der
als unterhaltsam empfundenen Rezeption. Früh, W. (2002), S. 136–137.

Unvorhersehbarkeit des Wechsels können auf diesen Ebenen die Intensität emotionaler Erregung mit bestimmen.[447]
    Verbunden mit dem Prinzip des Wechsels auf der Ebene der diegetischen
Vorstellung von Handlungssituationen weist Tan auf einen weiteren Aspekt der
Verlaufsstruktur von emotionaler Anteilnahme bei narrativer Rezeption hin, den
er über den Begriff der emotionalen Episoden beschreibt. Tan führt hier das Ge-
setz der emotionalen Schließung an, nach dem die emotionale Beteiligung eines
Rezipienten an bestimmten Bedürfnissen oder Anliegen beim Rezipienten so lange
einen Zustand der Erregung aufrecht erhält, bis die Frage der Bedürfnisbefriedigung auf die eine oder andere Art beantwortet ist und die narrative Episode
abgeschlossen ist.[448] Das bezieht sich auf kleinere narrative Episoden und Handlungsstränge im Verlauf der narrativen Rezeption, aber auch auf die narrative
Schließung einer im Verlauf aufgebauten Makrostruktur.
    Direkt damit verbunden ist eine weitere zeitliche Komponente der emotio-
nalen Beteiligung: die der kognitiven und emotionalen Investition. Unabhängig
von einer Wertschätzung und dem möglicherweise im Verlauf der Rezeption
nachlassenden Interesses bezüglich inhaltlicher oder struktureller Gestaltungselemente steigt mit der Zeit die vom Rezipienten eingebrachte Investition mentaler
wie auch emotionaler Anteilnahme und damit das Bedürfnis nach einer strukturellen Auflösung oder Zielerreichung.[449]

5.4.3.2 Interesse und Spannung: Verlaufsorientierte Involvierung über inhaltliche Erwartungen

Der zweite Bereich zeitlich strukturierter Form emotionaler Einbindung ist unmittelbar mit der repräsentativen Bedeutungszuweisung, der Anteilnahme an Handlungssituationen und damit verbundenen Erwartungen gekoppelt und wird in den meisten
Theorieansätzen als Spannungserleben diskutiert.
    Dabei ist nach dem vorliegendem Ansatz das Zusammenspiel referentieller
und relationaler Bedeutungszuweisungen und die aktive konstruktive Tätigkeit

---

[447] Tan, E. (1996), S. 57. Tan geht dabei davon aus, dass der andauernde Wechsel das zentrale Moment emotionaler Erregung in der Filmrezeption darstellt. Unabhängig davon, über welche narrativen Strukturen (z. B. der Wissensrestriktion), welche semantischen Bedeutungsstrukturen (z. B. die
menschlicher Grundbedürfnisse) und welche Gestaltungsqualitäten filmischer Repräsentation (z. B.
der unmittelbaren Lebendigkeit des fotografischen Bildes) die Art und Intensität des emotionalen
Erlebens festgelegt werden, werden bei der filmischen Narration nach Tan Emotionen in erster Linie
durch den andauernden Wechsel erzeugt. Tan, E. (1996), S. 57.
[448] Tan, E. (1996), S. 75.
[449] Tan spricht hier vom „return of investment" auf kognitiver wie affektiver Ebene. Vgl. Tan, E.
(1996), S. 192–193.

des Rezipienten auf beiden Ebenen Ausgangspunkt der Emotionsgenerierung. Über die Geschehenswahrnehmung baut sich beim Rezipienten, neben den über mögliche Perspektivübernahmen vorhandenen emotionalen Erwartungen auf Ebene der Handlungssituation, das Bedürfnis der Einschätzung der Möglichkeiten der Realisierung dieser Bedürfnisse auf.[450] Neben der simulativen emotionalen Anteilnahme an Bedürfnissen auf der Ebene imaginativer Handlungssituationen gibt es das reale Bedürfnis nach Information, insofern Informationsdefizite mit einem Verlust an Kontrollmöglichkeiten von Situationen einhergehen und das Kontrollbedürfnis ein unmittelbares Grundbedürfnis von Menschen darstellt. Der Kontrollverlust bezieht sich damit einerseits auf die imaginative Ebene der Handlungssituation, insofern der Rezipient den Handlungsverlauf nicht verändern kann und andererseits auf die reale Ebene der Einschätzungen und Erwägungen des Rezipienten zum weiteren Verlauf der Narration, deren Informationsstruktur der Rezipient ebenfalls nicht verändern kann.[451] Die Frage des Informationszugangs wird zum wesentlichen Gegenstand der emotionalen Beteiligung.

Auch Früh setzt das Kriterium des Kontrollverlusts als zentrales Moment des Spannungserlebens bei der Rezeption narrativer AV-Angebote. Als Spannung kann nach Früh aber nur die begrenzte Form eines Kontrollverlusts bezeichnet werden, die mit einem gleichzeitigen Gefühl der Bewältigungsfähigkeit einhergeht. Das Spannungserleben ist damit immer auf eine begrenzte Zeitspanne, zwischen Kontrollverlust und Bewältigung, eingegrenzt und impliziert eine Zielorientierung, im Sinne der Bewältigung.[452]

Branigan beschreibt neben der Frage nach dem Wie, also der Untersuchung der Prozesshaftigkeit von narrativer Rezeption,[453] die Ungleichheit der Wissensverteilung und des Wissens darum als zweiten Bereich der Analyse narrativer Rezeptionsstrukturen.[454] Narrative Interpretation beinhaltet als Reinterpretation

---

[450] Wuss verweist darauf, dass Emotionen grundsätzlich aus der Relation zwischen Bedürfnissen und der Einschätzung der Möglichkeiten der Realisierung dieser Bedürfnisse entstehen. Wuss, P. (1993a), S. 102.

[451] Das Kontrollbedürfnis stellt nach Wuss ein Primärbedürfnis der Menschen dar, das sich entweder als aktive Kontrolle über Einflussnahme auf Situationen oder als passive Kontrolle über die Erreichung von Informationen und damit verbunden Möglichkeiten der Einschätzung bzw. Antizipation von Geschehensverläufen realisiert. Wuss, P. (1993a), S. 103.

[452] Vgl. Früh, W. (2002), S. 189. Als Merkmale zur Spezifizierung des Kontrollverlusts führt Früh an: die Bewertung der Relevanz (sehr-wenig wichtig), die Ausrichtung der Erwartung (optimistisch, neutral, pessimistisch), der Grad der Ungewissheit (groß-gering) und die Dauer (statisch, kurz, lang). Früh, W. (2002), S. 194. Zusätzlich kann zwischen einer stimulus- vs. rezipienten zentrierten Relevanz differenziert werden. Früh, W. (2002), S. 204, 205.

[453] In Abgrenzung zur Untersuchung des Was narrativer Vermittlung, das zwar unmittelbar mit dem Wie verbunden ist, aber dennoch weniger Relevanz für die spezifische Qualität narrativer Rezeption hat. Branigan, E. (1998), S. 65.

[454] Branigan, E. (1998), S. 66.

per se das Wissen um den Wissensvorsprung und die mehr oder weniger aktiv gestaltete Wissensrestriktion. Die damit verbundenen Abwägungsprozesse sind beim fiktionalen Spielfilm, unter der Annahme einer aktiv gestalteten Wissensrestriktion, auch durch Überlegungen zu möglichen Formen von Fehlinterpretation, Auslassungen und Irreführungen geprägt.[455]

Der Rezipient befindet sich am Ausgangspunkt der narrativen Rezeptionsverlaufs in einem Zustand der relativ auf den Gesamtverlauf bezogenen größtmöglichen Unbestimmtheit und Unsicherheit, der per se mit emotionaler Erregung einhergeht. Der Rezeptionsprozess gestaltet sich diesbezüglich als aktive Beseitigung von Unbestimmtheiten und Einschätzungen bezüglich noch kommender Unbestimmtheiten. Dabei kann, je nach Gestaltung der narrativen Struktur, das Maß der wahrgenommenen Unbestimmtheit und Unsicherheit im Verlauf wieder zu nehmen bzw. sprunghafte Wechsel vollziehen. Ohler beschreibt, dass bei der Filmrezeption dominierende Bedürfnis der Rezipienten als Streben danach, noch ungefüllte Strukturen der aufgebauten Schemata aufzufüllen bzw. die aufgebauten Schemata zu verifizieren und abzugleichen, um schnellstmöglich eine „Makrostruktur" aufzubauen, die die Organisation der Informationen zu einer kohärenten Geschichte ermöglicht.[456] Dieser Prozess erfolgt primär über eine assoziative Vernetzung vorhandener Wissensbestände und rezipierter Informationen, die im Wesentlichen automatisch, also nicht bewusst, und zielorientiert ablaufen.[457]

Ohler unterscheidet prinzipiell zwei verschiedene Strukturen des damit verbundenen Spannungserleben: 1. Über textuelle Strategien wird eine Offenheit bezüglich möglicher zu erwartender Ergebnisse oder Ausgänge für einen Protagonisten der Erzählung erzeugt, das heißt, es gibt mehrere gleich wahrscheinliche Ausgänge. 2. Über textuelle Strategien werden die vom Rezipienten aufgebauten Erwartungen systematisch wieder aufgebrochen bzw. nicht erfüllt.[458] In der Regel werden in der Filmtheorie drei Formen möglicher Spannungsgenerierung angeführt: Suspense (Erwartungen über differente Wissensverteilung zwischen Zuschauer und Protagonisten), Mystery (Neugier auf den Verlauf bei bekanntem Ausgang) und Überraschung.[459] Dabei liefert in jedem Fall das vorhandene Wissen der Rezipienten über narrative und genrespezifische Gestaltungsmuster von

---

[455] Branigan, E. (1998), S. 66–76.

[456] Ohler, P. (1994), S. 138.

[457] Ohler, P. (1994), S. 139. Ohler betont in diesem Zusammenhang noch einmal die Differenz zwischen Prozessen der Problemlösung und der mentalen Aktivitäten bei der Filmrezeption. Erstere verlaufen zielorientiert und auf Basis regelgeleiteter rationaler Strategien, während im Fall der Filmrezeption assoziative Strukturen und ästhetische Wahrnehmungsformen einen wesentlichen Anteil der mentalen Aktivitäten bilden. Die assoziative Suche nach „ähnlichen" Erfahrungen ist nach Ohler insbesondere bei dem Spannungserleben über überraschende Geschehnisse dominant. Ohler, P. (1994), S. 138–140.

[458] Ohler, P. (1994), S. 135.

[459] Vgl. auch Mikos, L. (1996a), S. 136–137.

Handlungsverläufen oder Charaktertypologien die Grundlage für den Aufbau von Erwartungen sowie die Erwartung des möglichen Erwartungsbruchs und damit verbundene Prozessen der Abwägung und Hypothesenprüfung.

5.4.3.3 Zusammenfassung zur verlaufsorientierten Involvierung

Bezüglich der Relation Emotionalität und dem zeitlichen Verlauf der Rezeption stellen zunächst der Wechsel und die damit verbundene Dynamik des Rezeptionsprozesses auf verschiedenen Ebenen referentieller wie auch relationaler Bedeutungszuweisung sowie der Rezeptionshandlung selbst einen entscheidenden Faktor der emotionalen Involvierung dar.

Auf der Ebene der diegetischen Bedeutungsstrukturen ist das Bedürfnis der emotionalen Schließung von Handlungsepisoden und der narrativen Makrostruktur an den zeitlichen Verlauf gekoppelt. Zusätzlich ist mit dem Anstieg der abgelaufenen Zeit auch das Anwachsen der zeitlichen und mentalen Investition des Rezipienten verbunden und damit das Bedürfnis diese Investition auch mit einer Auflösung der offenen Fragen sowie weiterer inhaltlicher wie strukturell bedingter Bedürfnisse zu belohnen.

Schließlich verweist die Frage der zeitlichen Struktur unmittelbar auf die Diskussion des Spannungserlebens, das, wie oben dargestellt,[460] mit Tan als eine Form des Interesses verstanden wird. Spannungsgefühle werden nach obigen Ausführungen zusammenfassend definiert als Emotionen, die auf Basis einer erlebten Unsicherheit im Sinne von Unkontrollierbarkeit bzw. Wissensmangel entstehen und mit einer gezielten Ausrichtung auf die Erwartung der Aufhebung dieses Mangels verbunden sind. Mit Früh wird unter Bezug auf das nach Tan entwickelte Emotionsmodell davon ausgegangen, dass Relevanz, Wertigkeit (in Abhängigkeit von der Ausrichtung der Erwartung), Ausmaß des Kontrollverlusts und Dauer des Kontrollverlusts die Intensität des Spannungserlebens sich bedingen.[461]

Spannungserleben oder Interesse kann auf allen Ebenen als Form emotionaler Bedeutungszuweisung des vorliegenden Modells beschrieben werden. Wobei die besondere Qualität emotionaler Involvierung bei der Filmrezeption über das Ineinandergreifen dieser unterschiedlichen Interessensformen entsteht:

- Die inhaltliche Spannung diegetischer Referenzierung, die an die Übernahme von Bedürfnisstrukturen dargestellter Charaktere verbunden ist. Dabei werden Erwartungen mit Hoffnungen oder Ängsten zu möglichen Handlungsverläufen verknüpft. In dem Fall ist das Spannungserleben mit einer virtuellen Hand-

---

[460] Siehe Kapitel 5.4.1.3.
[461] Früh, W. (2002), S. 194.

lungstendenz und einer blockierten Handlungsposition bezüglich der Erfüllung der Bedürfnisstrukturen verbunden. (Der Kontrollverlust liegt im nicht manipulierbaren Handlungsverlauf, die Bewältigung liegt vor allem in der zeitlichen Begrenzung und der Hoffnung auf die angestrebten Auflösungen.)

- Die narrative Spannung bezüglich der Gestaltung narrativer Strukturen ist wesentlich an vorhandenes Wissen, an Schemata zur narrativen Gestaltung und damit verbundenen Erwartungen geknüpft. Sie kann als Wissen um die Wissensrestriktion beschrieben werden. Hier ist das Spannungserleben gekoppelt mit der realen Handlungstendenz der Fortsetzung der Rezeptionshandlung und der damit verbundenen mentalen Aktivität verbunden. (Der Kontrollverlust liegt in der nicht beeinflussbaren Informationsgestaltung der narrativen Vermittlung, die Bewältigung in der zeitlichen Begrenztheit wie in dem Versuch der mentalen Vorwegnahme möglicher Verläufe.)
- Diese strukturell orientierte narrative Spannung kann als Teil eines allgemeinen gestaltungsorientierten Interesses (auf Ebene relationaler Referenzierung) oder einer ästhetischen Rezeption verstanden werden, das auf unterschiedlichen Wahrnehmungsmustern beruht[462] und sich auf die Schließung ästhetischer Wahrnehmungsstrukturen richtet.[463]
- Es gibt das reale Interesse an inhaltlichen Themen, das z. B. auch ein Interesse am Rollenverständnis oder an bestimmten Handlungssituationen sein kann. In diesem Fall ist mit dem zeitlichen Ablauf die Erwartung der weiteren Ausführung des Themas verbunden. (Der Kontrollverlust liegt im Wissensmangel bezüglich eines als relevant erachteten Wissensbereich oder Interessengebiets, die Bewältigung liegt in der zeitlich erwartbaren Aufhebung des Wissensmangels.)

5.4.3.4 Reale Emotionen auf relationaler Ebene: Ergänzende Betrachtungen

Interesse wird hier mit Tan als reale Emotion der vorwärtig ausgerichteten Rezeptionsmotivation verstanden, das auf verschiedenen Ebenen verankert sein kann. Diegetisch basiertes Spannungserleben über die simulierte Anteilnahme an Handlungssituationen führt, wie oben dargestellt, z. B. zum realen Interesse des Informationszugangs bzw. der Erschließung narrativer Strukturen und der damit verbundenen Antizipation möglicher Handlungsverläufe.

---

[462] Vgl. dazu die Differenzierungen filmspezifischer Wahrnehmungsschemata von Wuss, P. (1993b).
[463] Wuss beschreibt die ästhetische Rezeptionsform, wie bereits dargestellt, übergreifend als Zusammenspiel von Kontrollverlust und strukturell gegebener Begrenzung des Kontrollverlusts. Wuss, P. (1993a), S. 103.

Über die Ausführungen zu Spannung und Interesse wurden bereits reale Emotionen der gestaltungsorientierten Wahrnehmung auf relationaler Ebene der Bedeutungskonstruktion angesprochen, die immer auch im Zusammenspiel mit den referentiellen Bedeutungskonstruktionen der diegetischen Repräsentation zu sehen sind. Die Trennung von referentieller und relationaler Ebene ist hier nicht sinnvoll als Differenz zu postulieren, sondern kann im Sinne von Branigans Ebenenmodell als Form der graduierten Abstufung verschiedener Relevanzebenen verstanden werden.

Dementsprechend kann zu den bereits dargestellten Formen und Bezugsebenen emotionaler Zuwendung auf relationaler Ebene noch eine weitere Ausrichtung ergänzend angeführt werden.

Interesse kann nach obigen Ausführungen als eine handlungsorientierte Wahrnehmungsform beschrieben werden (das sich hier vor allem auf mentale Aktivitätsformen richtet). In Gegenüberstellung dazu kann im Sinne von Grodals Differenzierung[464] noch eine eher rückwärtige, beurteilende oder beobachtende Form emotionaler Bedeutungszuweisung berücksichtigt werden, die sich über eine assoziative Gestaltwahrnehmung und damit verbundenem ästhetischem Erleben realisiert. Diese Form des nicht intentional ausgerichteten ästhetischen Erlebens stellt bei der audiovisuellen Vielfalt an gestalteten Strukturen im Spielfilm ein wichtiges Moment emotionaler Involvierung dar. Auch hier kann davon ausgegangen werden, dass die ästhetische Rezeption über vorhandene Schemata zu Gestaltungsmitteln mitgeprägt wird.[465]

5.4.3.5 Linearität und Passivität

Über die Ausführungen zum Spannungserleben ergeben sich bereits mehrfache Relationen zwischen der zeitlichen Struktur des Verlaufs der narrativen Rezeption

---

[464] Siehe Kapitel 3.2.3.2/Wahrnehmungsbezogene versus handlungsbezogene Emotionen.

[465] Bordwell vertritt bezüglich der Rezeption stilistischer Gestaltungselemente die Auffassung, dass diese in der Regel unbewusst bleiben und von der inhaltlichen diegetisch orientierten Rezeption überdeckt werden. Bordwell, D. (1985), S. 36. Dennoch kann davon ausgegangen werden, dass die ästhetische Rezeption einen wesentlichen Anteil der emotionalen Involvierung bei der Filmrezeption darstellt. Das Filmerleben speist sich auch aus dem Vergnügen an der Bild- und Tongestaltung (inklusive Bildfluss), an der schauspielerischen Darstellung, am Gesamtwerk der Filmdarstellung über das Zusammenspiel der verschiedenen Gestaltungsebenen. Auch das emotionale Erleben über die diegetisch orientierte Rezeption von narrativen Zusammenhängen wird über das Bewusstsein der narrativen Strukturierungsmöglichkeiten und deren antizipierende Rezeption geprägt. Tan wie auch Wuss beschreiben Filmrezeption per se als eine ästhetisch ausgerichtete Rezeptionsform und weisen auf die positive Erlebnisform, die mit dieser Gestaltungswahrnehmung verbunden ist, hin. Tan, E. (1996), S. 33–34, 83. Dazu ist auch das Interesse an der strukturellen Wahrnehmung von narrativen Gestaltungsmitteln und den damit verbundenen Anforderungen an den Rezipienten zu zählen. Tan, E. (1996), S. 90.

und der Generierung von Emotionen. Im Kontext der vorliegenden Forschungsfrage stellt sich, neben dem Aspekt des zeitlichen Ablaufs, auch die Frage, welche
Ansätze zum Zusammenhang von emotionaler Beteiligung und Passivität der Zuschauer, im Hinblick auf die nicht zu beeinflussende Form, Inhalt und Verlauf der
medialen Darstellung, bereits in der Filmtheorie erörtert werden.[466]

Tan wie auch Grodal führen den Aspekt der besonderen Intensität der emotionalen Beteiligung auf Basis der rein virtuellen, imaginativen Anteilnahme
an Handlungssituationen ohne Handlungsaufforderung an. Tan begründet diese
Intensität mit dem Freiraum der Imagination und Fantasie, der über die Loslösung
aus der konkreten Handlungsnotwendigkeit gegeben ist. Die empathischen Emotionen (Sympathie, Bewunderung, Mitgefühl) des Rezipienten können, so Tan,
nicht in Handlung umgesetzt werden und transformieren sich in Fantasie, die von
der narrativen Filmdarstellung nicht nur evoziert sondern auch strukturiert und
gelenkt wird.[467]

Wie oben ausgeführt weist Grodal diesbezüglich auf die Differenz zwischen
einer auf aktive und einer auf passive Kontrolle gerichteten Wahrnehmung und
den damit verbundenen Prozessen der Bedeutungsgenerierung hin. Bei einer handlungsorientierten, zielgerichteten Form der Wahrnehmung ist die Verarbeitung
des Inputs mehr auf die Erzeugung eines willentlichen auch motorischen Outputs
gerichtet. Bei der stärker Input-gerichteten nicht handlungsorientierten Wahrnehmung wird die Bedeutungskonstruktion stärker über assoziative, redundante
Strukturen aufgebaut. Über die Blockierung der Handlungsmöglichkeit und die
ästhetische Ausrichtung der Wahrnehmungsprozesse wird bei der Filmrezeption
die stärker wahrnehmungsorientierte Form der Bedeutungskonstruktion evoziert,
die mit einer hohen Intensität des emotionalen Erlebens einhergeht.[468] Unter Bezug
auf Torben beschreibt Grodal dies auch als Gegenüberstellung von Leidenschaft
und Handlung, insofern gerade die Unterdrückung von Handlungsmöglichkeiten
zu einer Aufladung passiver leidenschaftlicher Emotionalität führen kann.[469]

---

[466] Die weiterführende Diskussion dieses Aspekts wird unter Berücksichtigung des Gesamtmodells
des hier entwickelten Theorieansatzes im Kaptitel 7.3.
[467] Tan, E. (1996), S. 180.
[468] Grodal, T. (1997), S. 46–56.
[469] Grodal beschreibt vier Typen emotionaler Erfahrung in Relation zur jeweiligen Ausrichtung der
Wahrnehmung: 1. Ein mentaler Fokus, der mit nichtfigurativen Wahrnehmungsprozessen verbunden ist, wird als intensiv erfahren. 2. Ein mentaler Fokus, der auf ein figuratives assoziatives Netz
gerichtet ist, wird als gesättigt erfahren. 3. Ein mentaler Fokus, der auf zielgerichtete mentale oder
motorische Handlungen gerichtet ist, wird als spannend erfahren. 4. Ein mentaler Fokus, der auf
autonom-rhythmische Prozesse gerichtet ist, wird als emotiv erfahren. Grodal, T. (1997), S. 57.

5.4.4 Relevanz des Realitätsbezugs

5.4.4.1 Realitätsempfinden

Bezüglich der angestrebten übergreifenden Betrachtung von Aspekten narrativer Rezeption wird davon ausgegangen, dass die über die Anteilnahme an imaginierten Handlungssituation erzeugten Emotionen sowohl für dokumentarische wie für fiktionale narrative Formen gleich oder analog anzunehmen sind. Der zentrale Aspekt ist die Vorstellung einer möglichen (weil anzunehmender weise real passierten oder weil in dieser oder ähnlicher Form vorstellbaren) Handlungssituation. In beiden Fällen werden die gleichen Komponenten relevant für die Ausprägung der Emotionen sein: Fragen der Relevanz, als Form der Bezugsetzung zu eigenen Lebenswelten und der Zuweisung von Wertigkeiten. Trotz der Fiktionalität des Dargestellten können die Situationen und Handlungen reale Bedeutungen für den Zuschauer haben.

Grodal führt in diesem Zusammenhang die Unterscheidung zwischen einer lokalen und einer globalen Realitätsebene an. Die globale Realitätsebene bezieht sich auf die Art der Referenzierung des Gesamtzusammenhangs, z. B. fiktionale oder dokumentarische Formen oder Mischformen. Auf lokaler Realitätsebene kann innerhalb dieses Gefüges noch einmal zwischen realistischen oder nicht realistischen Relationen unabhängig vom Gesamtstatus differenziert werden. In diesem Zusammenhang weist Grodal auf den Aspekt der „salience"[470] im Sinne einer unmittelbaren Präsenz oder Bedeutsamkeit von Objekten in der Filmdarstellung und Filmrezeption hin. Präsenz (salience) ist der Begriff, den Grodal verwendet, um das Vermögen einer gegebenen Fiktion starke Erfahrungen zu evozieren und eine konzentrierte Aufmerksamkeit auf sich zu lenken zu beschreiben.[471] „Salient features" können deshalb lokalen Realitätsstatus evozieren unabhängig von der globalen Realitätszuschreibung. Dabei besteht Filmrezeption aus einem komplexen Gefüge von Komponenten, die verschiedene Ebenen der Realitätszuschreibung mit sich bringen.[472]

Dass die vom Rezipienten jeweils empfundene Realitätsnähe und subjektive Relevanz (die auch bei dokumentarischen Formen über den Faktor der Reinterpre-

---

[470] Grodal, T. (1997), S. 34.
[471] Grodal, T. (1997), S. 34.
[472] Grodal führt dazu erläuternd aus: „Der Wechsel des Aufmerksamkeitsfokus kann auf das System der Realitätsrepräsentation hinweisen, was aber nicht bedeuten muss dass der jeweils vorangegangene Modus der Aufmerksamkeit zur Illusion wird." Wenn die Aufmerksamkeit sich auf etwas „irreales" richtet oder eine aufgestellte Annahme aufgrund neuer Informationen zusammenbricht, muss das kein Bruch der Illusion sein, sondern kann als Wechsel der Art von „salience" beschrieben werden, die aktiviert wird. Grodal, T. (1997), S. 35.

tation[473] und je nach Bezug zur Lebenssituation unterschiedlich sein kann) eine wichtige Komponente der emotionalen Anteilnahme darstellt, wurde bereits angeführt.[474]

5.4.4.2 Fiktionalität

Trotz der grundsätzlichen Analogie der emotionalen Anteilnahme bei fiktionaler und nicht fiktionaler narrativer Darstellung bringt die besondere Form der Referenzierung und die besondere Rezeptionssituation des erwarteten Erwartungsbruchs (dem erwarteten Spiel mit der Wissensrestriktion) bei der fiktionalen Gattung des narrativen Films zusätzliche Aspekte der Involvierung mit ein.

Die in Kapitel 5.3.6.2 angeführte partielle Offenheit der Referenz bei fiktionalen Repräsentationen bedingt eine grundsätzlich gegebene Form der Unsicherheit und Kontingenz der referentiellen Zuweisung, mit der damit verbundenen Erregung und mentalen Aktivitätssteigerung beim Rezipienten. Die Erregung geht mit der Freude an der möglichen Kreativität seitens der Bedeutungszuweisung bei dieser offeneren Form der Referenzierung einher. Hier stellt sich auch das von Mikos beschriebene Vergnügen an der Bedeutungsschöpfung ein, das zusätzlich den Aspekt der gesteigerten Relevanz über die selbst zugewiesenen Bezugsetzungen zur eigenen Lebenssituation und Lebenserfahrung umfasst.[475]

Schließlich ist noch der involvierende Aspekt möglicher Anschlusskommunikation zu erwähnen, bei dem die Bedeutungszuweisungen diskutiert und mit den je persönlichen Bezügen in die Gemeinschaft eingebracht werden können. Bei fiktionalen Formen kann die gemeinschaftliche Aushandlung und Erörterung möglicher Bedeutungszuweisungen einerseits über die größeren Freiräume der Interpretation intensiver auf die möglichen Varianten eingehen und andererseits auch jeweils persönlicher ausfallen, insofern sie die Interpretierenden mit ihren subjektiven Deutungen und deren Bezug zu den eigenen Lebenswelten mehr in die Auseinandersetzung mit einbezieht.[476]

---

[473] So kann die Einschätzung zu vorangegangenen Prozessen der Selektion und Perspektivierung auch bei dokumentarischen Formaten zu einer Herabsetzung des Realismusbezugs führen.

[474] Vergleiche Kapitel 3.2.3.2 und Kapitel 5.3.6.

[475] Vgl. Mikos, L. (2003), S.99–101.

[476] Während bei dokumentarischen Formen ggf. stärker fremdbezügliche Aspekte des Mitteilungscharakters (wie z. B. Selektivität oder Kompetenz) sowie referentielle Bedeutungsgehalte der Aussage des Mitteilenden und deren Relevanz diskutiert oder erörtert werden. Vgl. dazu auch Hepp, A. (1999) zur Rolle des Gesprächs in der Fernsehaneignung. Hepp führt dazu, unter Bezug auf Fiske, aus, dass die prinzipielle Offenheit der Bedeutungszuweisung nicht mit Beliebigkeit gleichzusetzen ist, sondern sich in der Kommunikation über Fernsehen wiederum Muster möglicher Interpretationsspielräume ausbilden, die eine wechselseitige Bezugsetzung von Rezeptionserfahrungen in der Gemeinschaft der

5.4.5 Emotionale Prozesse auf Ebene von Rezeptionshandlung, Kommunikationssituation und Bedingungen des Rezeptionserlebens

Nach den Erörterungen zu den wesentlichen Faktoren der emotionalen Zuwendung im Prozess der Bedeutungskonstruktion bei der Rezeption narrativer fiktionaler Filme sollen entsprechend der in der Einleitung entwickelten Differenzierung von Emotionsebenen ergänzend die beiden Ebenen der Rezeptionshandlung und die Bedingungen des Rezeptionserlebens besprochen werden.

5.4.5.1 Emotionale Komponenten auf der Ebene der Rezeptionshandlung

Die Rezeptionshandlung wird bei der Rezeption narrativer fiktionaler Filme geprägt vom linearen und gegebenen zeitlich begrenzten Verlauf des Rezeptionsprozesses. Die Handlung des Rezipienten vollzieht sich als rein mentale Aktivität der kognitiven wie emotionalen Anteilnahme. Dabei ist mit der erzwungenen Passivität der Rezipienten hinsichtlich der Präsentation der symbolischen Darstellung auch die mentale Freiheit der mehr oder weniger intensiven aktiven Teilnahme am Prozess der Bedeutungskonstruktion und damit verbundenen Antizipationen verbunden. Auch wenn er gar keine Hypothesen aufstellt, wird der Rezipient auf jeden Fall weiter die Möglichkeit haben, die audiovisuelle Darstellung zu rezipieren und auch die Auflösung der narrativen Makrostruktur zu erfahren. Abgesehen von dieser Möglichkeit der mehr oder weniger starken Zuwendung werden die Dynamik und der Wechsel der mentalen Aktivitäten wesentlich von der Gestaltung und Struktur des filmischen Inputs dominiert.[477] Die Involvierung über die Dynamik der Rezeptionshandlung entspricht der Dynamik der mentalen Aktivität über die Strukturierung der kognitiven wie emotionalen Anforderungen im Verlauf. Als intentionale Ausrichtung der Rezeptionshandlung kann die narrative Schließung, der Abschluss der narrativen Makrostruktur, angenommen werden.[478]

Zuschauer ermöglichen. Hepp, A. (1999), S. 205–206. Hepp differenziert dafür drei Funktionsbereiche: 1. „kommunikative Muster, durch die das im Fernsehen Gesehene mit der eigenen Lebenswelt in Beziehung gesetzt, in ihr lokalisiert wird." 2. Kommunikative Formen, „die der Konstitution eines gemeinsamen, emotionalen Erlebens dienen." 3. Formen, „durch die Zuschauer das Gesehene deuten und interpretieren." Hepp, A. (1999), S. 203.

[477] Vgl. dazu die ausführlichen Darstellungen von Tan, E. (1996), S. Kap. 4 („The structure of interest"), S. 85 ff.

[478] In diesem Zusammenhang kann noch einmal auf Tans Ausführungen zu dem Bestreben der Schließung von offenen Bedürfnisstrukturen im Sinne von emotionalen Episoden („emotional episodes") wie auch auf den Aspekt der im linearen Verlauf ansteigenden mentalen Investition und dem damit verbundenen Bedürfnis der Auflösung („return of Investment") hingewiesen werden. Tan, E. (1996), S. 59.

Das mit der Rezeptionshandlung verbundene Selbsterleben oder Kompetenzerleben muss entsprechend der Ebenen der Bedeutungszuweisung und den damit
verbundenen mentalen Aktivitäten differenziert werden.

Unter dem Aspekt der Mitteilungsperspektive bzw., allgemeiner gesehen, des
Fremdbezugs stellt die narrative Rezeption als Form der sozialen Anteilnahme an
sich einen positiven Wert des Interesses und gegebenenfalls der Erkenntniserweite-
rung an der sozialen Umwelt dar. Dabei ist die Fähigkeit der Anteilnahme[479] als
Basis zwischenmenschlicher Verbindungen mit einem per se gegebenen Kompetenzerleben sozialer Integrationsfähigkeit verbunden.[480]

Auf der Ebene des Verstehens als Aufbau konsistenter Zusammenhänge stellt
sich die Handlungskompetenz als Fähigkeit dar, zunächst auf der inhaltlichen
Ebene dargestellte Handlungszusammenhänge zu erschließen und zu verstehen
und die notwendigen Inferenzierungen und Kontextualisierungen zu leisten. Damit
verbunden sind auch Wissen und Kompetenzen bezüglich der Erfassung struktureller Komponenten narrativer Relationierung notwendig.[481]

Gerade beim fiktionalen Spielfilm erhält die Erwartung komplex gestalteter
Formen der Wissensrestriktion und damit verbunden das mögliche Kompetenzerleben der Antizipation und Rezeption struktureller Gestaltungsmuster eine eigene Wertigkeit im Rezeptionserleben.[482]

5.4.5.2 Zusätzliche Faktoren des Rezeptionserlebens

Bei der Diskussion zu den Bedingungen eines positiven Rezeptionserlebens wurde erörtert, dass, neben dem Aspekt der Emotionalität des Rezeptionserlebens
(deren Komponenten hier bei Involvierung diskutiert wurden), vor allem die Aufrechterhaltung einer Kontrolle die Souveränität des Rezipienten bezüglich seiner
emotionalen Involvierung Bedingung für ein positives Rezeptionserleben ist. Bei
gegebener Involvierung gilt es die Frage der Kontrolle oder des Souveränitäts-
erlebens zu diskutieren. Dafür bieten sich bei der Rezeption narrativer fiktionaler
Filme mehrere Möglichkeiten auf den verschiedenen Ebenen emotionaler Involvierung an.

---

[479] Sowohl auf Ebene der Kommunikationssituation wie auch auf Ebene der imaginativen Anteilnahme
repräsentierter Handlungssituationen.

[480] Vgl. Grodal, T. (2000), S. 115–116.

[481] Vgl. Bordwell, D. (1985), S. 34–36.

[482] Tan spricht hier von einem Flow-Aspekt, der über die Eigendynamik der strukturell verankerten
emotionalen wie kognitiven Herausforderungen bei der Rezeption fiktionaler Spielfilme entsteht
und dem damit verbundenem Kompetenzerleben, um diese Herausforderungen meistern zu können.
Tan, E. (1996), S. 90.

Auf der Ebene der Rezeptionshandlung stellt die lineare zeitlich begrenzte Form des Angebots eine dem Rezipienten bewusste Begrenzung der Involvierung dar. Er kann sich unter anderem auch deshalb in die emotionale Anteilnahme an den Handlungssituationen und deren Verläufen fallen lassen, weil er weiß, dass dieser Prozess in einer ihm zu jederzeit nachzuvollziehenden Zeitspanne beendet sein wird. Zusätzlich kann der Rezipient über die bereits erwähnte Flexibilität der Intensität mentaler Aktivitäten sich mehr oder weniger stark in den Prozess der Bedeutungskonstruktionen und damit verbundenen emotionalen Aktivitäten einbringen bzw. davon distanzieren, ohne dadurch die Rezeptionshandlung zu unterbrechen.

Auf der Ebene der Bedeutungszuweisung bietet die narrative Rezeption als Reinterpretation immer die Möglichkeit der mehr oder weniger bewussten Reflexion und Distanzierung zur narrativen Perspektive, das heißt die Abgrenzung zu den vollzogenen Interpretationen (sei es über Selektivität, Wertperspektiven, Fokussierungen, etc.) der narrativen Vermittlung.

Bei der fiktionalen narrativen Form stellt sich zusätzlich die Möglichkeit über die Bewusstmachung der fiktionalen Referenzierung (z. B. über einen Wechsel von lokaler zu globaler Realitätszuweisung) und damit gegebenen Abgrenzung zu einer dokumentarischen Referenzierung eine Herabsetzung des Realitätsbezugs und einer damit verbundenen Relevanzzuweisung zu vollziehen.[483]

Neben der Fiktionalität bietet auch die ästhetische ausgerichtete Rezeptionsform beim fiktionalen Spielfilm eine Form der Abgrenzung vom unmittelbaren Realitätsbezug an und damit auch der Distanzierung von einer unmittelbar existentiellen Relevanz. Die Wahrnehmung ästhetischer Strukturen ist primär strukturell ausgerichtet und abstrahiert von unmittelbaren repräsentativen Bedeutungszuweisungen. Dabei basiert nach Wuss die ästhetisch ausgerichtete Wahrnehmungsform der Filmrezeption auf dem Zusammenspiel aus immer wieder neu erzeugtem Kontrollverlust und der strukturell verankerten Begrenzung des Kontrollverlusts.[484] Diese Begrenzung liegt, nach vorliegendem Verständnis, einerseits in der Abstraktion, andererseits in der Auflösung der Verunsicherungen über die strukturellen Schließungen des in sich gestalteten Werks.

---

[483] So weist Tan darauf hin, dass insbesondere der Faktor der Realitätswahrnehmung und das damit verbundene Wirklichkeitsempfinden vom Zuschauer bewusst als Strategie eingesetzt wird, um das emotionale Erleben eines Films zu regulieren. Generell kann beim Spielfilm davon ausgegangen werden, dass der Zuschauer ein Interesse daran hat, ein positives Rezeptionserleben zu haben und deshalb die von ihm zu beeinflussenden Kontrollmöglichkeiten der emotionalen Involvierung dementsprechend steuern wird. Tan, E. (1996), S. 77.
[484] Wuss, P. (1993a), S. 103.

5.4.5.3 Emotionale Aspekte auf Ebene der Kommunikationssituation

Wie bereits in Kapitel 5.2 angeführt, wird davon ausgegangen, dass die Beurteilungen auf der Ebene der Kommunikationssituation beim narrativen Film genreabhängig unterschiedlich ausgerichtet sind und unterschiedlich stark relevant für die Ausprägung der emotionalen Bedeutungszuweisung sind. Beim fiktionalen Spielfilm wird sich die Frage der Akzeptanz und Beurteilung des Filmwerks vor allem an gestaltungsorientierten Fragen ausrichten.

Insofern kein eindeutiger Realitätsbezug gegeben ist, können Fragen einer intersubjektiven Wahrhaftigkeit und Kompetenz bezüglich der umfassenden Berichterstattung, wie sie im Dokumentarfilm relevant werden, hier allenfalls bei dokumentarisch ausgerichteten Formen (Dokudrama, historische Filme) relevant werden.

Damit stehen zunächst vor allem Aspekte der internen Konsistenz und auch Kompetenz als Beurteilungskriterium zur Debatte.[485]

In Abhängigkeit vom Genre kann dabei die Frage des wenn auch subjektiv verankerten Realitätsbezugs oder des Realismus als Gestaltungsaspekt, im Sinne der möglichen Bezugsetzungen auf alltägliche Lebenserfahrungen, beim fiktionalen Film ein wichtiges oder auch das zentrale Beurteilungskriterium darstellen.

Zusätzlich beeinflussen natürlich auch Beurteilungen zu den Wertsetzungen der Mitteilungsperspektive, wie bei allen Kommunikationsprozessen, die emotionale Bezugsetzung zum Dargestellten.

5.5   Zusammenfassende Darstellung zur Rezeption narrativer Filme

5.5.1   Modelldarstellung zur Rezeption narrativer Filme

Zusammenfassend kann aus den Ausführungen folgende modellhafte Darstellung zu Faktoren und Ebenen der Interpretation, Involvierung und dem Rezeptionserleben bei der Rezeption narrativer Filme erstellt werden:

---

[485] Auch hier sind je nach Genre unterschiedliche Schwerpunkte zu setzen, wie z. B. Konsistenz der diegetischen Handlungssituationen, Konsistenz und dramaturgische Qualität narrativer Strukturen oder ästhetische Qualität von Spezialeffekten.

Abbildung 1   Modelldarstellung: Ebenen und Faktoren bei der Rezeption narrativer Filme

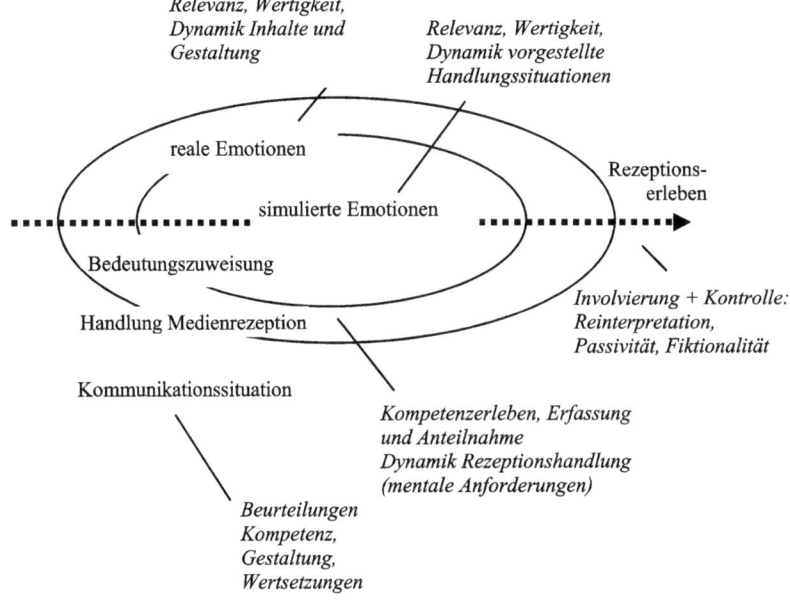

5.5.2   *Aspekte narrativer Rezeption: vorläufige Erörterung*

5.5.2.1 Einleitung

Wie einleitend angeführt, soll hier im ersten Schritt auf Basis der dargestellten Theoriereflexionen zur Rezeption narrativer Filme eine Auswertung bezüglich allgemeiner Qualitäten von narrativer Rezeption erfolgen, die unabhängig von der Frage fiktionaler Darstellung gelten kann.

Im überwiegenden Teil der dargestellten Theorieansätze wird davon ausgegangen, dass narrative Rezeption ein grundlegendes Muster menschlicher Rezeption darstellt.

So sieht Bordwell narrative Rezeption als eine formale Aktivität, die grundsätzlich nicht an ein spezifisches Medium gebunden ist.[486] Smith geht davon aus,

---

[486] Bordwell, D. (1985), S. 49.

dass die narrative Rezeptionsform eine Form des Verstehens von menschlicher Interaktion im Sinne eines konstruktiven Akts der Herstellung von Beziehungen (und damit verbundenen Antizipationsmöglichkeiten) darstellt, der sowohl im Rahmen sozialer Alltagswirklichkeit als auch bei der Rezeption symbolisch vermittelter Handlungssituationen eingesetzt wird und dabei muss von einer wechselseitigen Beeinflussung der Rezeptionsmuster ausgegangen werden.[487]

Grodal geht hier noch einen Schritt weiter. Narrative Muster stellen so Grodal (unter Verweis auf Winnicott) das wichtigste intersubjektive Modell menschlichen Handelns und Verhaltens dar und die Rezeption fiktionaler Darstellungen dient in diesem Sinn als Lernprozess der damit verbundenen mentalen Operationen.[488]

Branigan stellt das Verständnis von narrativer Rezeption als effektive Form der Datenorganisation an den Anfang seiner Untersuchung und geht dabei, wie erwähnt, davon aus, dass es auch vorangehende nicht-narrative bzw. mehr oder weniger stark narrativ bezogene Rezeptionsformen gibt.[489] Diese Auffassung ist insofern von Interesse, da im vorliegenden Ansatz davon ausgegangen wird, dass es zu verschiedenen Ausprägungen narrativer und spielersicher Rezeptionsmuster kommen kann und damit eine Qualifizierung angestrebt wird, die Übergangsformen ermöglicht.

Im Folgenden sollen kurz die wichtigsten übergreifenden Elemente narrativer Rezeption entsprechend der bisher ausgeführten Charakteristika der Rezeption narrativer Filme angeführt werden. Die weitere Spezifizierung der endgültigen Qualifizierung narrativer Rezeption wird im anschließenden Teil anhand der vergleichenden Gegenüberstellung zu den Eigenschaften spielerischer Rezeption erfolgen.

Im Zentrum steht dabei die Frage narrativer Rezeptionsmuster im Sinne einer zu charakterisierenden Form von Bedeutungszuweisung, die zunächst unabhängig von der konkreten Form der Rezeptionshandlung beschrieben werden kann.

Insofern für die angestrebte empirische Untersuchung aber auch mögliche Aspekte der Rezeptionshandlung und der Kommunikationssituation miteinbezogen werden sollen, werden hier erweiternd auch Eigenschaften auf diesen Ebenen der Rezeption bei einem gegebenen narrativen Vermittlungssituation mit linearem Verlauf aufgegriffen.

---

[487] Smith, M. (1995), S. 33.
[488] Grodal, T. (1997), S. 92. In diesem Zusammenhang ist auch der bereits angeführte Aspekt der Identitäts- und Rollenkonstruktion durch Medienrezeption anzuführen. Über die relative Freiheit der anonymen Rezeptionssituation kann der Rezipient die dargestellten Handlungsrollen und ihre soziale Einbindung ebenso wie die individuelle Ausgestaltung in der dargestellten Situation für sich reflektieren und erfahrbar machen. Vgl. Krotz, F. (1996b), S. 85.
[489] Branigan, E. (1998), S. 8.

5.5.2.2 Narrative Rezeption: Aspekte der Interpretation

Eigenschaften der narrativen Interpretation
Narrative Rezeption wird von einer top-down orientierten Wahrnehmungsform dominiert. Es gibt vorhandene Wissensschemata auf verschiedenen Ebenen, über die das Wahrgenommene vom Rezipienten aktiv organisiert wird und die Erwartungen bezüglich der weiteren Rezeption geprägt werden.

Diese Schemata lassen sich untergliedern in narrative Schemata zur Organisation von narrativen Zusammenhängen und narrativen Vermittlungsformen, Schemata des Alltagswissens hinsichtlich der Organisation von Handlungsabläufen und damit verbundenen Erfahrungen der Beteiligten und medienspezifische Schemata oder Gattungsschemata bezüglich bereits bekannter Gestaltungsprinzipien narrativer Darstellungsformen.

Narrative Rezeption ist eine handlungs- und ereignisorientierte Form der Wahrnehmung. Die Rezeption richtet sich auf die Ermittlung zentraler Handlungsabläufe und damit verbundener Motive und Intentionen der Handlungsträger aus. Es findet eine hierarchische Strukturierung nach wichtigen und weniger wichtigen Haupt- und Nebensträngen bzw. Haupt- und Nebenpersonen statt.

Das Verständnis menschlicher Handlungsträger stellt den zentralen Bezugspunkt narrativer Rezeption dar. Nur über das Nachvollziehen der Bedürfnisse und deren Bezug zu den Handlungssituationen ist eine sinnvolle narrative Interpretation möglich.

Wichtigste Relationierungsform einzelner Bedeutungseinheiten ist die kausale Verkettung. Grundlage dafür bzw. damit verbunden, ist der Aufbau zeitlich und räumlich (mehr oder weniger) konsistenter Handlungsräume. Es findet ein phänomenologisch orientierter Aufbau einer diegetischen Repräsentation im Sinne eines kontinuierlichen Handlungsflusses in einem gegebenen Zeit-Raumsystem statt.

Der zweite wesentliche Aspekt narrativer Wahrnehmung ist die Interpretation der narrativen Vermittlung. Narrative Rezeption ist eine Reinterpretation, bei der der Wahrnehmende weiß, dass die Darstellungen eine bereits selektierte und interpretierte Präsentation von Ereignissen sind. Es muss eine Bezugsetzung stattfinden zwischen der Ebene dargestellter Ereignisse und Handlungen und der Ebene der narrativen Vermittlung. Die Relevanz und Präsenz der Interpretation der Vermittlungsstrukturen fällt je nach narrativem Genre und damit verbundenen Genrewissen unterschiedlich aus. In jedem Fall muss der Rezipient Einschätzungen zur jeweiligen Realitätsstufe bzw. dem Wirklichkeitsbezug oder, wie Branigan es formuliert, der epistemologischen Ebene des Dargestellten vollziehen.

Narrative Interpretation: Verlauf
Narrative Rezeption ist eine zielorientierte Rezeptionsform, insofern von einer in
sich abgeschlossenen Darstellung von Ereignissen ausgegangen wird, die Grundlage der narrativen Vermittlung sind oder, wie Branigan es ausdrückt, die es wert
sind erzählt zu werden. Der Rezipient baut inhaltliche wie auch strukturelle Erwartungen hinsichtlich repräsentierter Handlungsverläufe und deren Vermittlung auf.
Die Rezeption richtet sich auf die Konstruktion einer möglichen Makrostruktur
der narrativen Vermittlung im Sinne einer vermittelten Story aus. Die im Verlauf
wahrgenommenen Handlungsmodule werden bezüglich ihrer Relevanz und Position innerhalb dieser Makrostruktur eingeschätzt.

Dabei gibt es genrespezifische Unterschiede bezüglich der Ausformulierung
der Bestandteile und der Struktur möglicher narrativer Schemata. Genreübergrei-
fend kann davon ausgegangen werden, dass die Komponenten Ausgangssituation,
Konflikt und mögliche Auflösung Grundbestandteile einer narrativen Makrostruktur sind.

Im Verlauf der Interpretation strebt der Rezipient die zunehmende Eingrenzung hinsichtlich der Erwartungen zu einem möglichen Abschluss der narrativen
Makrostruktur an.

5.5.2.3 Narrative Rezeption: Aspekte der Involvierung und des Rezeptionserleben

Übergreifend wird die emotionale Involvierung des Rezipienten bei narrativer
Rezeption vom input-dominiertem Verlauf und einem primär fremdbezüglichen
Interesse geprägt, dessen Ausprägung über Faktoren und Komponenten der unter-
schiedlichen Ebenen der narrativen Interpretation bestimmt wird.

Zentrales Moment der Involvierung bei der narrativen Bedeutungszuweisung
ist das empathische Miterleben von Bedürfnissen und Erfahrungen der beteiligten
Charaktere. Die emotionale Anteilnahme wird von der jeweiligen Qualität der
Charakterrezeption mit beeinflusst. (Liegt eine mehr oder weniger differenzierte
Charakterwahrnehmung, mehr handlungs- oder erfahrungsorientierte Charakterrezeption, mehr oder weniger distanzierte Perspektive auf den Charakter vor?). Die
emotionale Identifikation mit Bedürfnissen meint nicht die vollständige persönliche Identifikation, sondern ist in der Regel mit dem Bewusstsein der Beobachter-
position und damit gegebenen Reflexion der Differenz der Wahrnehmungs- und
Wissensstrukturen zwischen Rezipient und Charakter verbunden. Die Distanz
ermöglicht einerseits eine reflektierte Erfahrung und gegebenenfalls ein emotionales Durchspielen repräsentierter Rollen- und Handlungssituationen und deren
Bezugsetzung zur eigenen Lebenswirklichkeit. Andererseits strukturieren die

Differenzen zwischen Charakterposition und Rezeptionsposition Ausprägung und Verlauf emotionaler Anteilnahme.

Bei der narrativen Rezeption kann von einem Ineinandergreifen von wahrnehmungs- und handlungsbezogener (auf Ebene repräsentierter Handlungssituationen) Rezeption ausgegangen werden – wobei die Gewichtung in Abhängigkeit von der Gestaltung der narrativen Darstellung sehr unterschiedlich ausfallen kann.

Genreunabhängig stellen Beurteilungen zum Realitätsbezug – sei es auf Ebene von Handlungssituationen oder auf Ebene der Charakterdarstellung – einen wichtigen Faktor für die Ausprägung der Involvierung dar.

Für die Anerkennung und Beurteilung der Relevanz ist durch das Moment der Reinterpretation die Glaubwürdigkeit im Sinne einer inhaltlichen Konsistenz der repräsentierten Situationen von Bedeutung. Hinsichtlich der Bereitschaft und Möglichkeit der Bezugsetzungen zur eigenen Lebenssituation können zusätzlich Beurteilungen zu Wertstrukturen der Charaktere wie aber auch der vermittelnden narrativen Perspektive zusätzliche Faktoren darstellen.

Unabhängig von den Charakteren stellt das Interesse an dargestellten Handlungszusammenhängen und den damit verbundenen Themenkomplexen ein weiteres inhaltsbezogenes Moment der Involvierung dar. Dabei ist auch hier davon auszugehen, dass eine charakterbezogene Anteilnahme an den Handlungsverläufen stattfindet und das thematische Interesse auch wesentlich auf damit verbundenen Rollenwahrnehmungen und Rollenvorstellungen aufbaut.

Auf der Ebene der narrativen Vermittlung stellt das Interesse an der Verlaufsstruktur der Vermittlung je nach Genre einen mehr oder weniger großen Anteil der emotionalen Involvierung. Die Intensität der ästhetischen Rezeption (auf den unterschiedlichen Gestaltungsebenen) ist ebenfalls stark genreabhängig.

Verlauf der Involvierung bei narrativer Rezeption:
Bei der narrativen Rezeption kann von einem generellen Bestreben der Rezipienten der narrativen Schließung ausgegangen werden, entsprechend des grundlegenden narrativen Schemas geht der Rezipient davon aus, dass es etwas gibt, das es Wert ist erzählt zu werden. In der Regel ist dies mit Konflikten oder besonderen Ereignissen und den jeweiligen Auflösungen der daraus resultierenden Situationen verbunden. Es werden bei der narrativen Rezeption Erwartungen bezüglich möglicher übergreifender Handlungsverläufe aufgebaut, deren Auflösung vom Rezipienten angestrebt wird, wobei in der Regel der Erwartungsdruck mit zunehmender zeitlicher Investition ansteigt.

Der Verlauf der emotionalen Beteiligung bei der narrativen Rezeption ist von der Unkontrollierbarkeit und der Passivität des Rezipienten hinsichtlich der narrativen Vermittlung geprägt. Die über den linearen Verlauf vorgegebene Wechsel und die Dynamik von Handlungssituationen und der Struktur der Wissensrestriktion stellen einen weiteren Faktor der emotionalen Einbindung dar.

Passivität und Linearität
Über die Beobachtungsposition und die Loslösung vom Handlungsdruck (sowohl auf Ebene imaginierter Handlungssituationen wie auf Ebene der Rezeptionshandlung) ergibt sich für den Rezipienten die Freiheit, sich auch mit großer Intensität einzufühlen. Das Moment der Linearität ermöglicht einerseits eine Steuerung von mehr oder weniger intensiver Anteilnahme sowohl auf kognitiver wie auf emotionaler Ebene, ohne dass dadurch der Fortgang der Rezeptionshandlung wie auch die gegebenenfalls angestrebte narrative Auflösung gefährdet werden. Andererseits werden damit auch Freiräume einer reflexiven Distanzierung zu narrativ vermittelten Positionen (auch auf den verschiedenen epistemologischen Ebenen) möglich.

Rezeptionserleben bei narrativer Rezeption
Die Möglichkeiten der Kontrolle oder Distanzierung bei gegebener Involvierung liegen bei einer narrativen Rezeptionshandlung im mentalen Bereich und entsprechen den oben beschriebenen Bedingungen der mentalen Aktivitäten einer passiven Rezeptionshandlung über die Abstufung der Zuwendung einerseits und die reflexive Distanzierung andererseits.

5.5.2.4 Aspekte der Rezeptionshandlung bei narrativer Rezeption

Das Handlungserleben bei narrativer Rezeption speist sich aus der kognitiven Leistung des Nachvollziehens an dargestellten Handlungssituationen und emotionalen Anteilnahme an Bedürfnissen und Erfahrungen der beteiligten Charaktere. Damit steht der Fremdbezug im Vordergrund. Hinsichtlich einer sozialen Interaktionssituation stellt die Rezeptionshandlung vor allem eine Form von Interesse an Erkenntnis und Erfahrung von Umwelt dar. Selbstbezüglich kann hingegen vor allem das Interesse der Bezugsetzung zu eigenen Lebensperspektiven und gegebenenfalls die Freude an der Übernahme von Rollenperspektiven genannt werden.

5.5.2.5 Beurteilungen und Einschätzungen auf Ebene der Kommunikationssituation

Wie bereits erwähnt, stellt bei der narrativen Rezeption die Frage der Bezugsetzung zur eigenen Lebenswelt einen wichtigen Faktor dar. Je nach Genre resultieren daraus unterschiedliche Bedingungen zu den Beurteilungen und Einschätzungen auf der Ebene der Kommunikationssituation. Während bei dokumentarischen Formen Einschätzungen zur Objektivität, Recherchekompetenz und Intentionen wichtig werden, können bei fiktionalen Genres Einschätzungen zu Gestaltungskompetenzen, persönlichen Wertsystemen im Vordergrund stehen.

6 Theorieansätze zu Spiel

Im Gegensatz zur Erörterung der Analyse und Qualifizierung narrativer Rezeptionsformen ist die Theorielage für eine analoge Fragestellung zur spielerischen Rezeption von Medienangeboten wenig ergiebig. Die vorhandenen Texte, die sich explizit mit spielerischer Rezeption auseinandersetzen, fokussieren – mit Ausnahme von Ohler und Nieldings Aufsatz – den Handlungsaspekt des aktiv eingreifenden Nutzers.[493] Unter der gegebenen Zielsetzung der Qualifizierung von spielerischer Rezeption als spezifische Form der Bedeutungszuweisung innerhalb einer Rezeptionshandlung muss deshalb übergreifend auf Theorien zum Spiel zurückgegriffen werden, die mentale Prozesse erörtern. Um die jeweils unterschiedlichen Kontexte der für die vorliegende Perspektive interessanten Aspekte dieser Theorien nachvollziehbar zu machen, werden im Folgenden die relevanten Ausschnitte im je eigenen Textzusammenhang dargestellt. Erst im zweiten Schritt wird deren Zusammenführung und Übertragung auf die Qualifizierung spielerischer Rezeption vollzogen.

6.1 Kognitionstheoretisch orientierte Theorieansätze zu Spiel

6.1.1 *Ohler und Nielding: Antizipation und Spieltätigkeit*

Der Aufsatz von Peter Ohler und Gerhild Nielding zur „Antizipation und Spieltätigkeit bei der Rezeption narrativer Filme"[494] ist der einzige Text, der sich unmittelbar mit der Frage spielerischer Rezeptionsformen auseinandersetzt.

Grundlage von Ohler und Nieldings rezeptionstheoretischer Betrachtung stellt eine biologisch orientierte Theorieperspektive dar, nach der spielerische Denk- und Verhaltensmuster eine evolutionäre Entwicklungsstufe höherer Säugetiere darstellen.[495] Spiel als kognitiver Entwicklungsschritt stellt die erste Form eines vollständig wahrnehmungsentkoppelten Denkens über eine rein interne Repräsentationsform dar.[496] Grundlage für die Entwicklung spielerischer Denkformen ist der Übergang von „wahrnehmungsgebundenen"[497] zu „hypothetischen mentalen Re-

---

Vergleiche Kapitel 4.1.2.
Ohler, P; Nieding, G. (2001).
Ohler, P; Nieding, G. (2001), S. 13.
Ohler, P; Nieding, G. (2001), S. 24.
Ohler, P; Nieding, G. (2001), S. 25.

präsentationen", wie sie im frühen Symbolspiel vollzogen werden.[498] Erst über die Ausbildung einer rein mentalen Repräsentation ist die Möglichkeit der kognitiven Diversifikation, der Bildung von Varianten, möglich.[499] Die spielerische Antizipation dient damit nicht zur Ausbildung wahrscheinlichster Möglichkeiten, sondern zur Entwicklung unterschiedlicher Varianten, zur „Bildung möglicher Welten"[500].

Ohler und Nielding favorisieren einen eher naturwissenschaftlich orientierten Begriff von Spiel, unter anderem zur Vermeidung einer häufig metaphorischen sehr weit gefassten Verwendung des Begriffs. Spiel wird als ontogenetisch nachvollziehbare Entwicklungsstufe menschlichen Denkens verstanden, dessen Funktionalität in der Ausbildung von Variablen oder Alternativen als Grundlage für Flexibilität und Anpassungsfähigkeit gesehen werden kann.[501]

Eine zentrale Differenzierung, die Ohler und Nielding in ihren theoretischen Reflexionen zum Spiel ausführen, ist die zwischen divergenter und konvergenter Antizipation[502] konvergentes (logisches) Denken, welches auf Vorwissen beruht. Es wird erschlossen über Bekanntes und zielt auf eine eingrenzende Entwicklung von Lösungsmöglichkeiten. Divergentes (oder produktives) Denken dient hingegen der Entwicklung einer Vielfalt von Lösungsmöglichkeiten. Damit kann die Handlungsfähigkeit in komplexen, neuartigen Situationen aufrechterhalten werden. Aus Sicht einer evolutionären Spielpsychologie stellt Spiel die systematische Bildung von Verhaltensvarianten dar.[503]

6.1.2 Batesons sprachphilosophische Erörterung von Spiel und Phantasie

Gregory Batesons Aufsatz „Eine Theorie des Spiels und der Phantasie"[504] stellt ebenfalls die Entwicklung der kognitiven Fähigkeiten im Bereich der Sprachentwicklung an den Ausgangspunkt seiner Überlegungen zum Spiel aus ontogenetischer und entwicklungspsychologischer Sicht.

Im menschlichem Entwicklungsprozess gibt es einen Verlauf von der unmittelbaren Zeichenverarbeitung hin zur bewussten Zeichenerkennung, das heißt, es findet eine Trennung zwischen Bedeutungsebene des Signals und der kommunikativen Ebene statt. Dieser Abstraktionsprozess ist die Grundlage für die Ausbildung

---

[498] Ohler, P; Nieding, G. (2001), S. 25.
[499] Ohler, P; Nieding, G. (2001), S. 25.
[500] Ohler, P; Nieding, G. (2001), S. 26.
[501] Ohler, P; Nieding, G. (2001), S. 28. Ohler bezieht sich hier auf die Ausführungen von Sutton-Smith, die hier ebenfalls noch erörtert werden (siehe unten).
[502] Ohler, P; Nieding, G. (2001), S. 23.
[503] Ohler, P; Nieding, G. (2001), S. 23.
[504] Bateson, G. (1993).

von Metakommunikation. Je nach Rahmung der Zeichenebene kann die jeweilige Bedeutung des Zeichens variieren.[505]

Spiel stellt aus dieser Perspektive einen wichtigen Entwicklungsschritt in der Kommunikation dar. Nach Bateson kann die Entwicklung der bezeichnenden Kommunikation, die menschliche Sprache auszeichnet, erst auf der Grundlage der Ausbildung von metasprachlichen (aber zunächst nicht verbalisierten) Regeln entstehen, die angeben, wie die sprachlichen Zeichen und Zeichenfolgen sich auf die zu bezeichnenden Objekte beziehen.[506]

Die Fähigkeit zur Metakommunikation bildet wiederum die Basis für die Ausbildung von Spielhandlungen. Beim Spiel werden Signale ausgetauscht, die verbunden sind mit der metakommunikativen Mitteilung „Das ist ein Spiel".[507] Spiel als kommunikativer Rahmen formuliert immer implizite negative Meta-feststellungen: Es etabliert einen, aus psychologisch orientierter Perspektive des Rezipienten, paradoxen Rahmen. Die implizite Mitteilung von Spiel lautet: Die im Spielrahmen vollzogenen Handlungen bedeuten nicht das, was die Handlungen, die sie symbolisieren, bedeuten würden.[508]

Das Spiel stellt ein Verhalten dar, bei dem sich die Handlungen des Spielens auf andere Handlungen (des Nicht-Spielens) beziehen. Spielhandlungen stellen also Signale dar, die für andere Ereignisse stehen. Somit kann das Spiel nach Bateson als ein Entwicklungsschritt zur Ausbildung von metakommunikativen Handlungen beschrieben werden.[509]

Die besondere Zeichenrelationierung von Spielhandlungen und die besondere kognitionspsychologischen Situation beim Spiel müssen nach Bateson über Erörte-rung der Relation aus Kontext bzw. Rahmen und semantischem Bedeutungsgehalt von Signalen erfolgen.[510]

Bateson führt dafür die Unterscheidung zwischen Primär- und Sekundär-prozessen des Denkens an. Bei den Primärprozessen des Denkens unterscheidet ein Rezipient nicht zwischen den Kategorien „einige" und „alle" oder „nicht alle" und „keine", sondern trifft nur die Unterscheidung „alle" versus „keine". Erst im sekundären Schritt wird die weitere Differenzierung vollzogen.[511] Nach Bateson beruht die scheinbar paradoxe Situation der Rezipientenperspektive beim Spiel auf dieser Staffelung, bei der zunächst die einfacheren Rezeptionsformen der Primär-prozesse greifen. Die weitere Unterscheidung zwischen Spiel und Nicht-Spiel bzw.

---

[505] Bateson, G. (1993), S. 114.

[506] Bateson, G. (1993), S. 116.

[507] Bateson, G. (1993), S. 115.

[508] Bateson, G. (1993), S. 115, 116.

[509] Bateson, G. (1993), S. 116.

[510] Bateson, G. (1993), S. 120. Bateson grenzt sich damit von einer streng linguistischen oder formal-logisch orientierten Betrachtung von Zeichenrelationen ab.

[511] Bateson stellt das in Zusammenhang mit der sukzessiven Entwicklung höherer Bewusstseinsprozesse.

zwischen Phantasie und Nicht-Phantasie wird vom Rezipienten erst im Zuge der Sekundärprozesse vollzogen.[512] Innerhalb der Phase der Primärprozesse sind keine Meta-Aussagen formulierbar, die eine andere als die direkte Relationierung der Signale anzeigen würden, diese erfolgen später.[513] Nach Bateson etabliert der Rahmen des Spiels eine spezielle Verbindung aus Primär- und Sekundärprozessen, bei dem Bezeichnendes und Bezeichnetes „sowohl gleichgesetzt als auch unterschieden" werden.[514] Aus dieser Verbindung speist sich auch die besondere Form des spielerischen Erlebens, als „quasi" realem Erleben eines angezeigten oder dargestellten Gegenstands bei gleichzeitigem Bewusstsein der Abkopplung von der realen Alltagswirklichkeit.

Spiel wird bei Bateson qualifiziert als metakommunikativer oder metasprachlicher Akt. Wobei er darauf hinweist, dass ein Großteil der metasprachlichen wie auch metakommunikativen Mitteilungen implizit bleibt.[515]

6.1.3 Philosophische Spieltheorie von Georg Klaus

Klaus' Theorie des Spiels[516] greift die beiden zentralen Aspekte, der Variationsbildung und der metakommunikativen Qualität, der vorangehenden Ansätze auf, stellt sie aber in den philosophischen Kontext erkenntnistheoretischer Überlegungen.

Die Tätigkeit des Spielens ist nach Klaus unmittelbar an die Fähigkeit höherer Lebewesen gebunden, sich ein inneres Modell der Außenwelt auszubilden bzw. in umgekehrter Reihenfolge wird von Klaus diese Fähigkeit mit dem Begriff der Spieltätigkeit verknüpft.[517]

Sein Fokus ist dabei auf strategische Spielformen gerichtet bzw. auf das strategische Spiel als Form geistiger Tätigkeit. Klaus differenziert zwei Grundmuster menschlicher Spieltätigkeit: 1. die Vorwegnahme möglicher zukünftiger Situationen über das Durchspielen am inneren Modell, 2. das Spiel als Schaffung künstli-

---

[512] Bateson, G. (1993), S. 121.
[513] Bateson, G. (1993), S. 121.
[514] Bateson, G. (1993), S. 121. Bateson greift zur Veranschaulichung der unterschiedlichen Signalisierungsformen auf die Mitteilungsformen des Tierreichs zurück. Hier gibt es drei Varianten: 1. Mitteilungen die als „Stimmungs-Zeichen" fungieren, 2. Mitteilungen die „Stimmungs-Zeichen" simulieren (z. B. Drohungen), 3. Mitteilungen die dem Empfänger anzeigen, ob es sich bei dem Angezeigten um erstere oder zweite Form von Mitteilungen handelt. Bateson, G. (1993), S. 122.
[515] Bateson, G. (1993), S. 113.
[516] Klaus, G. (1968).
[517] Klaus, G. (1968), S. 9. Klaus Untersuchung der Spieltätigkeit aus philosophischer Sicht stellt die Frage nach den Möglichkeiten dieser Modellbildung und vor allem nach den Formen der Perfektionierung von mentalen Modellen. Klaus, G. (1968), S. 9.

cher Umgebungen und die jeweilige Auseinandersetzung mit diesen geschaffenen Umgebungen.[518]

Die Abbildung innerer Modelle von Außenwelt mit symbolischen Zeichen und die damit verbundene Form des Spielens mit Zeichenumgebungen sieht Klaus (wie auch bereits Ohler und Nielding) als einen wesentlichen Entwicklungsschritt menschlichen Denkens.[519] „Die Aktivität des Spiels am inneren Modell wird auf dieser Höhe der Organisation im Wesentlichen ein Spiel mit Zeichen."[520] Die Zeichensysteme stellen dabei ein Mittel zur Perfektionierung der inneren Modellbildung von Außenwelt dar. Klaus betont hier die Relevanz der Zeichensysteme an und – nicht nur der damit dargestellten Inhalte – für die Betrachtung von menschlichen Modellen von Außenwelt. Die Zeichensysteme und die mit ihnen verbundenen Möglichkeiten der Kodierung legen die Begrenzungen und Möglichkeiten der inhaltlichen Darstellungen fest.[521]

Darüber hinaus hat der Mensch die Fähigkeit im Umgang mit Zeichensystemen so weit entwickelt, dass er auch rein künstliche Zeichensysteme entwerfen kann, die als reine „Spielwelten" ohne unmittelbaren Bezug auf eine abzubildende Außenwelt konstruiert werden.[522]

Die Abstraktion bzw. teilweise Entkopplung der Zeichensysteme von ihrem unmittelbaren Abbildungsbezug ermöglicht eine rückkoppelnde Optimierung von Zeichensystemen, die rein systemintern begründet wird. Bei einem derartigen Spiel mit Zeichen steht der „operative" Sinn von Zeichen im Vordergrund, der vom „eidetischen"[523] Sinn, dem anschaulichen, sich auf das Wesen beziehenden Sinn abzugrenzen ist.[524] Der operative Sinn bezieht sich auf die Regeln der Verwendung von Zeichen und ihren Verknüpfungsformen (und entspricht damit dem von Bateson angesprochenem Aspekt der Metakommunikativität).[525]

In dieser Möglichkeit der selbstbezüglichen Optimierung von abstrakten Zeichensystemen liegt nach Klaus der wesentliche pragmatische Wert von Zeichenspielen. Sie stellt die Grundlage für eine „eigengesetzliche Entwicklung des

---

[518] Klaus, G. (1968), S. 10. Der erste Punkt entspricht Ohler und Nieldings Ausführungen, während der zweite sich auf Batesons Ebenenstaffelung bezieht, lässt aber darüber hinausgreifend Eigenschaften konstruktiver Denkprozesse des Spiels erörtert.

[519] Klaus, G. (1968), S. 10.

[520] Klaus, G. (1968), S. 10.

[521] Klaus, G. (1968), S. 11.

[522] Klaus, G. (1968), S. 10. Hier sieht Klaus eine grundlegende Verknüpfung zwischen dem strategischen Spiel und dem Spiel mit abstrakten Zeichen. Klaus, G. (1968), S. 10.

[523] Vgl. Hügli, A.; Lübcke, P. (1991), S. 146.

[524] Klaus, G. (1968), S. 12.

[525] Klaus führt zur Illustration die computative Verarbeitung von Daten und deren Interpretation an. Die Funktionalität datenverarbeitender Rechner beruht auf diesem rein operativen Sinn von Zeichen. Der eidetische Sinn wird hingegen nur vor und nach der Datenverarbeitung als bedeutungszuweisende Interpretation der Zeichen relevant. Klaus, G. (1968), S. 12.

Denkens im Allgemeinen und der Wissenschaft im Besonderen" dar.[526] Die Eigengesetzlichkeit des Denkens zeichnet sich dadurch aus, dass Im Spiel mit Zeichen
über die einfache „Trial-and-Error"-Methode eine Vielzahl von möglichen Ergebnissen und Variationen erzeugt werden können – zunächst unabhängig von
jeglicher Bezugsetzung außerhalb des Spielsystems.[527] Das Spiel als Erkenntnis-
vorgang schaltet sich damit zwischen Informationsverarbeitung und Handeln, da
es auf der systeminternen Konstruktion von Wahrheitsformen beruht.[528]

6.1.4 Aspekte von Piagets kognitionspsychologischer Theorie zur „Entwicklung der Symbolfunktion beim Kinde"[529]

Bei Piaget liegt ebenfalls ein kognitionspsychologisch orientierter Ansatz vor, der
die ontogenetischen Entwicklung von mentalen Prozessen wie auch die Ausbildung
von symbolischen Repräsentationen als Grundlage wählt. Dennoch wird auch bei
Piaget eine neue Perspektive entwickelt, bei der zum einen der Bezug zur Gegenüberstellung von Selbst- und Fremdbezug und vor allem die Einordnung von Spiel
in ein relatives Bezugssystem gradueller Differenzierung zwischen nachahmenden
und konstruktiven spielerischen Ausformung symbolischer Repräsentation von
Bedeutung sind.

---

[526] Klaus, G. (1968), S. 12. Der Ursprung des Spiels ist nach Klaus zweckbestimmt in der Optimierung der Fähigkeiten zur Kontrollierung der Außenwelt zu verorten. Dennoch wird das Spiel an sich
gerade durch seine Eigengesetzlichkeit und Loslösung von externen Relationen – Klaus nennt diese
Spielform „Spiel ohne Plan" – charakterisiert. (Klaus grenzt planvolles realitätsbezogenes Handeln
vom „Spiel ohne Plan" ab, das theorieorientiert ist und z. B. die Grundlage für den Entwurf von
Utopien darstellt). Es verselbständigt sich gegenüber externen Zwecksetzungen. Die mit dem Spiel
erreichbaren Optimierungen und auch Entwicklungen völlig neuer Strukturierungen von Zeichensystemen können aber gegebenenfalls jederzeit wieder hinsichtlich externer Zweckbezüge zum Tragen
kommen. Klaus, G. (1968), S. 12–16.
[527] Klaus, G. (1968), S. 12.
[528] Klaus, G. (1968), S. 30. Der erkenntnistheoretische Wert von Spiel kann nach Klaus nur über die
Relationierung von semantischen, syntaktischen und pragmatischen Aspekten der Abbildung von
Wirklichkeit beschrieben werden. Klaus, G. (1968), S. 26,27. Der Schwerpunkt des „Spiels ohne Plan",
dessen Optimierungsmethodik wesentlich über Versuch und Irrtum-Prozesse verläuft, liegt in dem
pragmatischen Wert – nicht auf dem syntaktischen oder semantischem Wert von Zeichenbedeutungen.
Klaus, G. (1968), S. 13. Dem Spiel (ohne Plan) ist also trotz der Negierung des direkten Realitätsbezugs
ein eigener gesellschaftlicher Wert zuzuschreiben, der im pragmatischen Sinn liegt. Klaus, G. (1968),
S. 13. Diese rein geistige Modellbildung des Spiels grenzt Klaus von einer technischen Modellbildung
ab. Erstere ist rein strukturell orientiert, zweite richtet sich auf die Untersuchung von Verhalten und
muss neben strukturellen Faktoren auch die Stofflichkeit der verwendeten Materialien berücksichtigen.
Klaus, G. (1968), S. 21. Letzteres entspräche im weiteren Sinn der Ausweitung der Betrachtung von
Spiel auf Handlungsprozesse, wie Oerter es fordert (vgl. Kap. 6.2.1).
[529] Piaget, J. (1993).

Damit werden zwei wichtige Aspekte des vorliegenden Theorieansatzes theoretisch aufgegriffen, der davon ausgeht, 1. dass die Qualifizierung spielerischer und narrativer Rezeptionsformen eine sinnvolle Opponierung mentaler Repräsentationsprozesse darstellt und 2. diese mit je unterschiedlichen Ausprägungen ineinander greifen können und nicht als sich ausschließende Qualitäten beschrieben werden müssen. Zusätzlich greift Piaget mit seinem Konzept der Nachahmung die besondere Relevanz der audiovisuellen Wahrnehmung für die Ausbildung symbolischer Repräsentation auf.[530]

Piaget legt seiner Ausführung zur „Entwicklung der Symbolfunktion beim Kinde" ein Modell zugrunde, nach dem sich die „intelligente Adaption", die Entwicklung einer begrifflichen Repräsentation auf „operatorischem" Niveau aus den beiden zunächst opponierenden Polen der Nachahmung und des Spiels entwickeln.[531] Ausgangspunkt ist für Piaget die Frage nach den Mechanismen der Ausbildung symbolischer Repräsentationen aus entwicklungspsychologischer Sicht.[532] Dabei stellt Piaget in seinem Modell das Konzept der Akkommodation und der Assimilation als zwei Pole gegenüber, zwischen denen das denkende und handelnde Subjekt über verschiedene Entwicklungsstufen, in die auch die Ausbildung seiner symbolischen Repräsentationsformen eingebunden ist, hin und her pendelt.[533] „Das progressive Gleichgewicht zwischen der Assimilation der Dinge an die eigene Aktivität und die Akkommodation der Aktivität an die Dinge endet schließlich in der Reversibilität, die die interiorisierten Handlungen, die Operationen des Verstandes charakterisiert, während das Primat der Akkommodation für die Nachahmung und das Vorstellungsbild charakteristisch ist und das Primat der Assimilation das Spiel und die unbewussten Symbole erklärt."[534] Nachahmung und Spiel stellen die zwei notwendigen Voraussetzungen zur Entwicklung symbolischer Repräsentationen dar. Nachahmung liefert die Zeichenbildung, Spiel die

---

[530] Siehe dazu auch die Ausführungen zur besonderen Qualität filmischer Darstellung im Kapitel 5.2, Grodal und auch die von Mikos postulierte Notwendigkeit der Besonderheiten nicht begrifflicher Darstellungsformen Rechnung zu tragen. Mikos, L. (1992), S. 531–532.

[531] Vgl. Piaget, J. (1993), S. 361 ff.

[532] Piaget, J. (1993), S. 19. Die soziale Qualität symbolischer Zeichen, insofern sie als Grundlage zwischenmenschlicher Interaktion verstanden werden können, kann nach Piaget nicht als Ursache vorausgesetzt werden, sondern muss in die psychologische Perspektive integriert werden. Piaget, J. (1993), S. 19.

[533] Piagets Betrachtung richtet sich hier auf die Entwicklung verschiedener Repräsentationsstufen beim Kind: „Daher scheint uns das Studium der Symbolfunktion von Belang zu sein für alle Anfangsformen der Vorstellung, der Nachahmung, des Traum- oder Spielsymbols, der verbalen Schemata und der elementaren vorbegrifflichen Strukturen. Demnach ist es nur die funktionelle Einheit der Entwicklung, die von der sensomotorischen Intelligenz zur operatorischen Intelligenz führt und die quer durch alle subzessiven Strukturen individueller und sozialer Natur erscheint" Piaget, J. (1993), S. 19.

[534] Piaget, J. (1993), S. 19.

Bedeutungsbildung.[535] Die zunehmende Bezugnahme der beiden Prozesse aufeinander ermöglicht den Prozess der Loslösung der referenzierenden Aktivitäten aus dem unmittelbaren Wahrnehmungskontext und damit der Bildung eigenständiger mentaler operationaler Symbolsysteme.[536] Auf die Piagets Charakterisierung der beiden Strukturen symbolischer Repräsentation soll kurz eingegangen werden.

Nachahmung

Nachahmung ist durch ein Primat der Akkommodation gekennzeichnet. Die Nachahmung liefert den bildformenden und in der Fortsetzung zeichenbildenden Teil von Vorstellung verstanden als intelligente Operation der Ausbildung symbolischer Darstellungsprozesse.[537] Nachahmung darf dabei nach Piaget nicht als unreflektierte, automatische Mimesis bzw. unmittelbare Form von Wahrnehmung verstanden werden, sondern ist ein aktiver Prozess, der erlernt werden muss. Nachahmung „vollzieht sich als aktive Kombination von Assimilationen und Akkommodationen"[538], wobei letztere dominieren. Nachahmung setzt immer bereits ein Verstehen voraus.[539]

Spiel

Spiel wird in Opposition zur Nachahmung durch den Vorrang der Assimilation gekennzeichnet. „Das Spiel ist so fast reine Assimilation, d. h. es ist Denken, das ausgerichtet ist durch das vorherrschende Bedürfnis nach individueller Bedürfnisbefriedigung."[540] Wesentliches Kriterium ist nach Piaget die Loslösung einer Handlung von einem aktuellen Anpassungsdruck und Anpassungsziel. Die Handlung baut zwar auf vorangehenden Anpassungshandlungen auf, ist aber in ihrer aktuellen Form zur reinen Assimilationshandlung geworden, die sich nicht mehr einer Nachahmung bzw. Akkommodation an externe Gegebenheiten unterordnen muss. Diese Befreiung vom Anpassungsdruck, die Dominanz der Eigengesetzlichkeit, ist nach Piaget charakterisierende Qualität einer Spielhandlung.[541]

Piaget vollzieht in seinen Darlegungen auch eine Reflexion häufig diskutierter Spielkriterien um zu dem Schluss zu kommen, dass sie sich alle in dem von ihm aufgestelltem Kriterium der Assimilation aufheben lassen. Autotelismus,

[535] Piaget, J. (1993), S. 16.
[536] Piaget, J. (1993), S. 1. „Es ist diese Verbindung zwischen Nachahmung (effektiver oder geistiger) eines nicht anwesenden Modell und den Bedeutungen, die durch die verschiedenen Formen der Assimilation geliefert werden, die die Bildung der Symbolfunktion erlaubt." Piaget, J. (1993), S. 17.
[537] Piaget, J. (1993), S. 22.
[538] Piaget, J. (1993), S. 107.
[539] Piaget, J. (1993), S. 115. Vergleiche dazu: „Das erklärt auch, warum auf allen Niveaus (...) das Subjekt die sichtbaren Modell nur in dem Maße imitiert, wie es sie versteht". Piaget, J. (1993), S. 115.
[540] Piaget, J. (1993), S. 117.
[541] Piaget, J. (1993), S. 121.

Vergnügen, Spontanität, Exzess oder Überschuss und Konfliktkompensation sind Aspekte, die nach Piaget nicht als bestimmende Kriterien standhalten können und dem Kriterium der Assimilation untergeordnet werden müssen.[542]

Der wesentliche Punkt in Piagets Ansatz liegt dabei in der graduellen Differenzierung zwischen Assimilation und Akkommodation. Spiel ist eben nicht eine eigenständige Handlungsform, sondern kann nur über die Polarität, über die Dominanz eines Handlungsaspekts, erklärt werden. Dabei kann von einer kognitionstheoretischen Ausrichtung Piagets Theorie ausgegangen werden, insofern dieser allgemeine Aspekt von Handlung auf den Piaget sich bezieht eine mentale Ausrichtung darstellt. So qualifiziert Piaget schließlich auch Spiel als spezifische Ausprägung des Denkens.[543] „Das Spiel ist mit dem gesamten Denken verbunden und stellt nur einen mehr oder weniger differenzierten Pol des Denkens dar."[544]

Ein ebenfalls häufig benanntes Kriterium ist das der Wiederholung. Auch hier ordnet Piaget den Aspekt der Assimilation über. Zwar werden Zirkulärreaktionen bzw. wiederholendes Handeln meist zu Spielhandlungen fortgesetzt aber nicht jede Zirkulärreaktion stellt nach Piaget Spielhandeln dar. Als Spielhandlung können sie erst charakterisiert werden, wenn der zielgerichtete Aspekt eines informationsgewinnenden oder gezielt nachahmenden Prozesses zugunsten einer rein egozentrischen (in Piagets Terminologie: assimilierten) Ausrichtung aufgegeben wurde.[545]

Nachahmung und Spiel: Entwicklung bis zum operativen Denken
Nach Piagets entwicklungspsychologischer Untersuchung ist erst über die Ausbildung des operativen Denkens die Integration der beiden Pole – Nachahmung und Spiel bzw. Akkommodation und Assimilation – in das intelligente Denken des Erwachsenen vollzogen. Nur über die Ausbildung reversibler Denkstrukturen ist es möglich eine fortlaufende Transformation ausgebildeter Strukturen je nach innerem bzw. äußerem Anpassungsdruck zu gewährleisten und so ein Gleichgewicht herzustellen – und damit die Handlungsfähigkeit in der Umwelt aufrechtzuerhalten.[546]

Insofern Akkommodation wie Assimilation als graduelle Qualitäten verstanden werden, ergibt sich daraus für Piaget die Möglichkeit der Differenzierung von symbolischen Mechanismen über die Qualität der Referenzierung. Es gibt symbolische Repräsentationen, die vorrangig vom Individuum und dessen internen Bedürfnissen geprägt werden, und im Gegenzug solche, deren repräsentativer

---

[542] Piaget, J. (1993), S. 190.
[543] Piaget, J. (1993), S. 194.
[544] Piaget, J. (1993), S. 194.
[545] Piaget, J. (1993), S. 121,122.
[546] Vgl. Piaget, J. (1993), S. 214, 217, 342 ff.

Status vorrangig durch die externe Bezugsetzung bestimmt wird.[547] „Es ergibt
sich also, dass die Entwicklung des Spiels, die ständig mit der Entwicklung der
Nachahmung oder der Darstellung allgemein interferiert, es erlaubt verschiedene
Typen von Symbolen zu unterscheiden und zwar von dem Symbol das durch seinen Mechanismus der einfachen egozentrischen Assimilation sich am weitesten
vom „Zeichen" entfernt, bis zu dem Symbol, das durch seine darstellende Natur zugleich akkommodatorische wie assimilatorische Züge trägt. So entwickelt
sich das Spiel auf das begriffliche Zeichen hin, ohne allerdings mit diesem zu
verschmelzen."[548] Damit vollzieht auch Piaget die Differenzierung zwischen einer
externen verweisenden Referenzierung und einer internen selbstbezüglichen
Bedeutungszuweisung

In seinen weiteren Ausführungen zur repräsentativen Aktivität des Denkens
stellt Piaget ein Schaubild auf, bei dem die beiden Pole Spiel, Nachahmung und das
daraus zu bildende Gleichgewicht in verschiedenen Entwicklungsstadien dargestellt werden. Darin werden die wesentlichen Qualitäten der beiden Pole modellhaft
zusammengefasst. Die Stadien des spielerischen Denken werden beschrieben mit:
Dominanz der Assimilation, Symbolspiel und schließlich Konstruktionsspiel. Die
Stadien der Nachahmung werden beschrieben mit: Dominanz der Akkommodation,
darstellende Nachahmung, reflektierte Nachahmung. Im Stadium des Denkens von
Erwachsenen stehen sich also Konstruktionsspiel und reflektierte Nachahmung
gegenüber.[549]

6.2   Handlungs- und erfahrungsorientierte Theorieansätze zu Spiel

6.2.1   Oerter: Eine handlungstheoretische Erklärung von Spiel

Oerters psychologisch orientierter Theorieansatz[550] zum Spiel entwirft eine handlungstheoretische Perspektive, bei der die Handlung mit den beiden zentralen
Merkmalen der Intentionalität und des Gegenstands die Basis bildet. Damit grenzt
er sich explizit von der kognitionspsychologischen Theorie Piagets ab, insofern
er den Ich-Umwelt-Bezug und die in diesem verankerten konkreten Handlungs-
bedingungen und Handlungsmöglichkeiten als Ausgangspunkt jeglicher mentaler
wie emotionaler Bedeutungszuweisungen setzt.[551]

---

[547] Piaget, J. (1993), S. 118.
[548] Piaget, J. (1993), S. 118.
[549] Piaget, J. (1993), S. 366.
[550] Oerter, R. (1993).
[551] Oerter bezieht sich nicht auf Theorieansätze des symbolischen Interaktionismus, dennoch scheint
die von Oerter entwickelte Begrifflichkeit des Gegenstands und des übergeordneten Gegenstand-

Oerter bezieht sich auf Leontjews Handlungstheorie, nach der drei Ebenen von Handlung zu differenzieren sind: die Tätigkeitsebene (als Motiv von Handlung), die zielgerichtete Handlung und Operationen (verstanden als automatisierte Routinen).[552] Die Tätigkeitsebene stellt die sinnzuweisende Ebene von Handlung dar.[553] Damit ergeben sich eine theoretische Unterscheidung zwischen der Zielsetzung von Handlungen einerseits und der Begründung der Bedeutsamkeit des Ziels andererseits.[554]

Oerter führt dazu den Begriff des „übergeordneten Gegenstandsbezugs" ein, als Bedeutungsebene einer Handlung, die neben den je konkreten Handlungsgegenständen und den damit vollzogenen Sinnzuweisungen eine eigene Ebene darstellt.[555]

Der übergeordnete Gegenstandsbezug von Handlung lässt sich nach Oerter als dynamische Struktur zweier dialektischer Paare beschreiben: 1. Aneignung vs. Vergegenständlichung, 2. Subjektivierung vs. Objektivierung. Dabei greift Oerter Piagets Konzept von Assimilation und Akkommodation auf, erweitert es aber die Komponente des Ich-Umwelt-Bezugs im Sinn der je konkreten Handlungserfahrung.

Aneignung und Vergegenständlichung ergänzen sich gegenseitig und sind als Einheit zu verstehen.[556] Vergegenständlichung ist die nach außen gerichtete ergebnisorientierte Komponente von Handlung, die vor allem Gegenstände selbst erzeugt.[557] „Vergegenständlichung vermittelt also die emotionale Grunderfahrung von Macht und Kontrolle über die Umwelt und führt gleichzeitig zur Erfahrung der umweltzentrierten Selbsterweiterung (Selbstvergrößerung). (…) Diese Erfahrung und das Bedürfnis nach ihrer Wiederholung bilden den allgemeinen übergeordneten Gegenstandbezug für Spielhandlungen (wie für Handlungen überhaupt), die auf Herstellung und Manipulation von Gegenständen aller Art gerichtet sind."[558]

Aneignung richtet sich von der Umwelt auf das Subjekt hin und schlägt sich dort in Form von Wissen, Repräsentationen, Begriffen nieder. „Aneignung ist ein aktiver Vorgang, der äußerlich als Heranholen eines Gegenstandes (Besitz ergreifen), mental als Konstruktion oder Einordnen aufgefaßt werden kann."[559] Über Aneignung erreicht das Subjekt Orientierung in einer Umwelt und damit ein Grund-

---

bezugs von Handlung dem Ansatz der auf Handlung bezogenen Bedeutungszuweisung des symbolischen Interaktionismus zu entsprechen.

[552] Oerter, R. (1993), S. 180.
[553] Oerter, R. (1993), S. 180.
[554] Oerter, R. (1993), S. 181.
[555] Damit können Handlungen mit je unterschiedlichen Handlungsgegenständen den gleichen übergeordneten Gegenstandsbezug, wie z. B. Aneignung haben. Oerter, R. (1993), S. 182.
[556] Oerter, R. (1993), S. 184.
[557] Als Beispiel nennt Oerter Konzeptualisierungen von Symbol- und Rollenspielen als Form der Vergegenständlichung von immateriellen Erfahrungen und Sachverhalten. Oerter, R. (1993), S. 183.
[558] Oerter, R. (1993), S. 183.
[559] Oerter, R. (1993), S. 184.

gefühl von Sicherheit. Diese Grunderfahrung der Aneignung ist nach Oerter die zweite Komponente des übergeordneten Gegenstandbezugs.[560] Das Begriffspaar Objektivierung und Subjektivierung ist in Anlehnung an Piagets Konzept von Assimilation und Akkommodation als mentales Konstrukt konzipiert. Eine Objektivierung durch den Handelnden findet statt, wenn das Ergebnis der Handlung sich auf eine als vom Individuum unabhängig erfahren Realität bezieht.[561] Es findet eine Anpassung des Subjekts an Umwelt statt.

Bei der Subjektivierung wird das Handlungsergebnis an die subjektiven Bedürfnisse und Wissensstrukturen angeglichen. Subjektivierung ist eine grundlegende Notwendigkeit für die Aufrechterhaltung der Handlungsfähigkeit des Subjekts. Es würde sonst Gefahr laufen, den Anschluss zwischen der Umwelt und den eigenen Wissens- und Bedürfnisstrukturen zu verlieren und damit orientierungslos und handlungsunfähig zu werden. (Das Symbolspiel nennt Oerter als prototypisches Bespiel für eine einseitige Assimilation der Wirklichkeit an das eigene Wissen.)[562]

Aneignung und Vergegenständlichung, Objektivierung und Subjektivierung stellen die vier Komponenten der Konstruktion von Weltmodellen der handelnden Individuen dar, deren unterschiedliche Ausprägungen und Kombinationen, die je eigene Charakteristik von Handlungen beschreiben.[563]

Auch Oerter vollzieht eine Gegenüberstellung von nachahmenden hereinholenden und konstruktiven nach außen gerichteten Prozessen. Ebenso wie schon bei Piaget wird von graduellem Ineinandergreifen beider Prozesse je nach Spielform ausgegangen, der aber noch um eine Differenzierungsebene erweitert ist. Auf Ebene der Handlungserfahrung ist hier vor allem der mit dem Symbolspiel verbundene Aspekt der Kontroll- und des Machterfahrung von Interesse und die damit verbundene Ausweitung des Selbsterlebens. In Gegenüberstellung dazu beschreibt Oerter die Rezeption fiktionaler Geschichten als Kombination von Aneignung und Subjektivierung, „insofern das Kind die Inhalte an seine emotionale und kognitive Struktur anpaßt".[564]

---

[560] Oerter, R. (1993), S. 184.
[561] Oerter, R. (1993), S. 184.
[562] Oerter, R. (1993), S. 184.
[563] Oerter, R. (1993), S. 185.
[564] Oerter, R. (1993), S. 185. Diese Darstellung kann in Analogie zu der bereits fest gestellten Freiheit von Bedeutungszuweisung und dem damit verbundenem Vergnügen einer selbstbezüglichen Interpretation gesehen werden. Eine Rezeptionsform, die sich hingegen auf das Verstehen von Gegebenheiten richtet, beschreibt Oerter als Aneignung plus Objektivierung, insofern hier eine Anpassung an kulturelle Realität vollzogen wird. Oerter, R. (1993), S. 185.

6.2.2   Kulturtheoretische Erörterung des Spiels von Sutton-Smith

Ausgangsfrage seines Theorieansatzes, ist die Frage nach der intrinsischen Motivation des Spiels.[565] Unter Verweis auf Huizinga sieht Sutton-Smith Spiel als Grundform menschlichen Denkens an.[566]

Spiel kann nach Sutton-Smith als eine Form der Strukturierung von Erfahrungen und Prozess der Erzeugung von Regeln dargestellt werden.[567] Im Spiel vollzieht sich die Abstraktion früherer Erfahrungen. In der Abstraktion wird den Erfahrungen eine Bedeutung zugewiesen, die über dem unmittelbaren Erfahrungswert hinausgreift.[568] Als Beispiel nennt Sutton-Smith Bewegungsspiele beim Kleinkind: In der Wiederholung kommt es häufig zu einer Kondensation vorangehender Handlungen. Ein bestimmter Teil von Handlungen wird abstrahiert und variierend (oft übertreibend) wiederholt.[569]

Beim kindlichen Spiel findet eine Fokussierung auf kontrollierbare Handlungen statt. Kinder wählen für Spiel die Handlungsteile neu erlernter Handlungssequenzen aus, die sie gut kontrollieren können (Assimilationsaspekt). Diese Abstraktionsform des instrumentellen Verhaltens kann nach Sutton-Smith als „selbsterzeugte Erregungssteigerung" verstanden werden.[570]

[565] Sutton-Smith, B. (1972), S. 43.
[566] Sutton-Smith, B. (1972), S. 44.
[567] Sutton-Smith, B. (1972), S. 46.
[568] Sutton-Smith verweist hier auf Vigotsky. Sutton-Smith, B. (1972), S. 46.
[569] Sutton-Smith, B. (1972), S. 47. Sutton-Smith bezieht sich hier ebenfalls auf Piagets Theorie. Nach Piaget ist Abstraktion ein grundlegendes Kennzeichen von Spielhandlungen beim Kind. Das „Kind abstrahiere sein instrumentelles Verhalten von den ursprünglichen Zielen und mache diese zum Selbstzweck. Was also zunächst intelligente Adaption war, ist durch den Transfer, des Interesses auf die Handlung selbst, ungeachtet ihres Ziels zum Spiel geworden". Sutton-Smith, B. (1972), S. 48.
[570] Sutton-Smith, B. (1972), S. 48. Sutton-Smith führt in diesem Zusammenhang die Verbindung von künstlerischem Schaffen und Spielhandlungen unter dem Bezug der je materielle Verankerung einer objekthaften Realisation subjektivierender Handlungsvollzüge aus. Im Spiel findet eine Verbindung aus Abstraktion und Zentrierung statt: Der Abstraktionsaspekt ist auf die symbolische Darstellungsebene bezogen. Die damit beschriebene isolierende, herauslösende Handlungsweise kann aber auch auf eine spezifische Form von Wahrnehmung bezogen werden. Diesen Aspekt nennt Sutton-Smith „Zentrierung", als Fokussierung der Wahrnehmung auf einige bestimmte Handlungsteile. Zentrierung gestaltet sich dabei nach Sutton-Smith im Spiel als eigenständige Organisationsform, in der der subjektivierende Aspekt des willentlichen Hinausgreifens und Aneignens eine objektivierende Qualität erfährt. „Alles Spielen (und letztlich auch die Kunst) kann man als Handlungsweisen verstehen, in höchstem Maß persönliche „Zentrierungen" als potentiell kommunikable Organisation in materielle Sachverhalte zu transformieren." Sutton-Smith, B. (1972), S. 48. Spiel kann generell (vergleichbar zum Kunstprozess) als ein konstruktiver, bewusst schaffender Prozess beschrieben werden. Sutton-Smith, B. (1972), S. 49.

Im Anschluss an den Abstraktionsprozess folgen häufig Wiederholung, Variation und Übertreibung als charakteristische Elemente spielerischen Verhaltens.[571] Es ergibt sich eine Zwei-Phasen-Struktur über die Kombination der strukturellen Komponenten der Abstraktion und Variation im Spiel. Die Abstraktion früherer Handlungen vollzieht sich als Erregungsphase, Variation und (übertreibende) Wiederholung stellen die erleichternde, kathartische Befreiung dar.[572] Das Modell bezieht sich auf das kindliche Spiel, bei dem das Kind sich in seinen Abstraktionen in der Regel immer auf unmittelbar vorangegangene Erfahrungen bezieht. Nach Sutton-Smith kann aber auch bei einer allgemeineren Betrachtung von Spielformen bzw. allgemeineren Beschreibungen zum Spiel das hier beschriebene Ineinandergreifen eines induzierten Erregungszustandes (auf der Basis geregelter, abstrahierter Handlungsformen) und dem Streben nach einer kontrollierteren, vertrauteren Handlungsformen, die dann als Reduktion von Spannung erfahren werden, zugrunde gelegt werden.[573]

Spiel ist für den Spieler vor allem eine sichere Form der Erregung. Nach Sutton-Smith kann aus der Betrachtung von sozialen Spielformen geschlossen werden, dass nicht die Verfestigung von Handlungsformen wesentliches Element des Spiels ist, sondern Spiel als eine „sichere Form von Aufregung, Anregung und Reiz" beschrieben werden kann, in der sich die Spieler auf eine sozial anerkannte Form von dramatischer Spannung einlassen.[574]

6.2.3   Ergänzender Verweis auf Scheuerls ästhetischen Spielbegriff

Scheuerls Ansatz[575] soll insofern noch kurz aufgegriffen werden, als bei ihm einerseits explizit der Bezug von Spiel und ästhetischer Rezeption diskutiert wird und andererseits dennoch Spiel nicht als rein mentale Operation verstanden wird. Spiel wird von Scheuerl als „Bewegungsform von besonderer Ablaufgestalt"[576] beschrieben, die sich aus der „Verknüpfung von Tätigkeit und Geschehen"[577] ergibt. Auch bei Scheuerl stellt wie bei Sutton-Smith die Abstraktion und eine damit verbundene Muster- oder Regelerkennung wesentliches Moment von Spiel

---

[571] Sutton-Smith, B. (1972), S. 49.
[572] Sutton-Smith, B. (1972), S. 49.
[573] Sutton-Smith, B. (1972), S. 51.
[574] Sutton-Smith, B. (1972), S. 52. Sutton-Smith übt hier Kritik an Piaget, dessen Spielbegriff sich wesentlich am individuellen Einzelspiel orientiert und den Intelligenzbegriff als Ausgangspunkt wählt. Nach Sutton-Smith sollten hingegen konkrete Spielformen Grundlage der Betrachtung sein. Sutton-Smith, B. (1972), S. 51.
[575] Vgl. Scheuerl, H. (1991).
[576] Scheuerl, H. (1991), S. 202.
[577] Scheuerl, H. (1991), S. 201.

dar. Das Erregungsmoment der Spieltätigkeit verbindet Scheuerl mit der Freude des ästhetischen Erlebens, wodurch wiederum eine Betonung mentaler Wahrnehmungsprozesse vollzogen wird.[578] Das ästhetische Moment des Spiels speist sich wesentlich aus der Dynamik eines wechselseitig bezogenen Kräftefelds, dessen Unkontrollierbarkeit der Spieler selbst in seiner Spieltätigkeit erlebt.[579] Der Spieler befindet sich in einem Feld, dessen Gesamtheit er nicht kontrollieren kann, sondern auf das er reagieren muss. Über die Wahrnehmung dieser Dynamik, als ästhetisch verstandene Bewegungsform, vollzieht sich in der Abstraktion das ästhetische Erleben. Die Kontrollerfahrung vollzieht sich hier nur über die eigene Reaktionsfähigkeit und über die abstrahierende Wahrnehmung größerer Zusammenhänge, nicht als Kontrollmöglichkeit der Gesamtsituation. Spiel als Tätigkeit bedeutet bei Scheuerl damit auch Eingebundensein in einen dynamischen Prozess, dessen Gesamtverlauf für den Spieler nicht vorherzusehen und nicht kontrollierbar ist und dennoch über das ästhetische Erleben eine positive Erfahrung darstellt.[580]

6.3   Zusammenfassung der theoretischen Qualifizierung mentaler Prozesse des Spiels

6.3.1   Kognitive Aspekte von Spiel

Spiel als Konstruktionsprozess
Spiel wird als auf kognitiver Ebene (wie auch auf Ebene der Handlungserfahrung) als konstruktiver Prozess begriffen, bei dem der Spieler aktiv neue kognitive Modelle, Zusammenhänge oder Hypothesen erstellt. Die vom Spieler ausgehende aktive Weltbildung und Systembildung auch im Sinne einer Aneignung von Welt steht im Vordergrund. Piaget grenzt diese konstruktiven Formen von nachahmenden Formen kognitiver Prozesse ab, bei denen vorhandene Prozesse nachvollzogen oder nachempfunden werden.

---

[578] Vgl. Scheuerl, H. (1991), S. 203–204.

[579] Es kommt zu einem Ineinandergreifen je sich widerstrebender Eindeutigkeitstendenzen aus denen „gerade die Ambivalenz und damit jener Spannungszustand" [entstehen,] „in dem kein nachfolgender Moment aus dem vorherigen ganz prognostizierbar ist, und damit der abenteuerliche, scheinbar determinationsfreie Variationsreichtum des Spiels. Es gehört zur Kunst des Arrangierens von Spielen, die Entgegensetzung der beteiligten Kräfte so zu regeln und Übergewichte nach der einen oder anderen Seite so zu begrenzen, daß der Ausgang so lange wie möglich offen bleibt." Scheuerl, H. (1991), S. 205.

[580] Vgl. Scheuerl, H. (1991), S. 203–207. Scheuerl wendet sich in dieser Beschreibung der ästhetischen Bedeutungsdimension von Spielhandlungen ebenso wie auch Piaget gegen die Charakterisierung von Spiel als selbstzweckhafte Handlung. Scheuerl, H. (1991), S. 207.

Spielerisches Denken vollzieht sich als divergentes Denken, das auf die Erzeugung von Vielfalt gerichtet ist. Spielerisches Denken grenzt sich damit von einem logischen konvergenten Denken ab, das auf der Basis von vorhandenem Vorwissen oder noch anzueignendem Wissen sukzessive eingrenzend vorgeht.

Spiel als Abstraktionsprozess

Spiel kann aus mehrfacher Perspektive als Abstraktionsprozess beschrieben werden. Hinsichtlich des Umgangs mit symbolischen Repräsentation stellt Spiel eine Form der Modellbildung dar, die über die interne Selbstbezüglichkeit die Möglichkeit einer konstruktiven Erzeugung symbolischer Systeme bietet, die von einer unmittelbaren externen Sinnzuweisung abstrahiert sind.[581]

Das von Ohler angeführte konstruktive Denken der Entwicklung vielfältiger Möglichkeiten setzt eine vorangehende rückwärtige abstrahierende Regel- oder Mustererkennung voraus, die eine explorative vorwärts gerichtete Ausweitung und Transformation in zukünftige Alternativen (über unterschiedliche Variablenbesetzungen), ermöglichen.

Auf kommunikativer Ebene stellt Spiel eine Form der Meta-Referenzierung dar, bei der die Kommunikationsteilnehmer eine indirekte zweistufige Form der Sinnzuweisung von Zeichen anzeigen. Der Sinngehalt symbolischer Repräsentation beim Spiel wird damit vom direkten Verweisungsstatus abstrahiert und auf eine metakommunikative Form der kategorialen Referenzierung gelenkt. Das Spiel kann aber nicht auf die einfache Ebene der abstrakten Repräsentation beschränkt werden. Die Staffelung zweier Bedeutungsebenen ist wesentlicher Bestandteil der Erlebnisqualität und sozialen Rolle des Spiels.[582]

Spiel als egozentrierter Prozess

Die Abstraktion vom Bezug auf eine vom Individuum als unabhängig erfahrene externe Realität, ist verbunden mit einer egozentrierten Form der kognitiven Prozesse beim Spiel. Beim Spiel steht die Aneignungsqualität des menschlichen Denkens im Vordergrund. Über das Primat der eigenen Bedürfnisbefriedigung und einer egozentrischen Perspektive wird die Referenzierung auf die intersubjektive Wirklichkeit und Umwelt zugunsten der subjektiver Bedeutungszuweisungen und selbst konstruierter Gesetzlichkeiten abgeschwächt.

---

[581] Auf diesen Aspekt gehen Klaus und Piaget in je unterschiedlicher Ausrichtung ein. Siehe Kapitel 6.2.3 und 6.1.4.
[582] Siehe unten, Kapitel 6.3.2.

6.3.2   Handlungs- und erlebnisbezogene Aspekte von Spiel

Spiel stellt einen ergebnisorientierte Handlungsform dar, die auf aktive Welt- und Gegenstandserzeugung ausgerichtet ist. Entsprechend der vom Subjekt ausgehenden konstruktiven Handlungsrichtung stehen die eigenen Bedürfnisse und das Selbsterleben im Zentrum der Spielhandlungen.

Spiel ist eine Handlungsform, die auf den instrumentellen Umgang mit Gegenständen ausgerichtet ist. Es findet eine Fokussierung auf kontrollierbare Handlungen statt. Grundlage dafür sind Abstraktion in Verbindung mit Variation (Herauslösung einzelner Handlungsteile als Abstraktion, die Kontrollierbarkeit wird über wiederholende Variation erreicht) und Zentrierung (als subjektivierende Motivation dieser auf instrumentellen Umgang gerichteten Handlungsform). Die im Spiel vollzogene Aneignung kann sich als mentale wie auch gegenständliche Komponente des Hereinholens oder Vereinnahmens von Umwelt vollziehen.

Die nach außen gerichtete ergebnisorientierte Handlungskomponente der Welt- und Gegenstandserzeugung (Vergegenständlichung) ist mit Macht- und Kontrollerfahrung verbunden. Ebenso stellt die Dynamik eines gegebenen Kräftefelds und der damit verbundene partielle Kontrollverlust einen Bestandteil von Spiel dar. Erst über die Einbindung in ein bestehendes System von (zumindest anfänglich) nicht kontrollierbaren Vorgängen kann die Zielsetzung der Kontrollerfahrung aufgebaut werden. Entsprechend der Dynamik und Unvorhersehbarkeit der vorgegebenen Prozesse wird die Spielhandlung von einem systeminternen erkundendem Verhalten geprägt, bei dem über das experimentelle Vorgehen versucht wird Regelmäßigkeiten oder Strukturen zu erfahren und der kontingenten Verlaufsstruktur Rechnung zu tragen. (Das Streben nach Kontrollfähigkeit kann sich sowohl als aktive Handlungsfähigkeit wie auch als passive Form der Vorhersehbarkeit und Reaktionsfähigkeit realisieren.)

Der zweistufige Aufbau über den Prozess der Abstraktion als Erregungsphase und die anschließende Variation und das damit erreichte Kontrollerleben als Entspannungsphase ist Teil des involvierenden Moments von Spielhandlungen.[583]

Spiel stellt eine Handlungsform dar die auf Basis kommunikativer Vereinbarungen in einen rahmenden Kontext gestellt ist. Die Bedeutungsebene der Spielhandlungen kann nicht direkt auf die Alltagswirklichkeit bezogen werden, sondern erst über eine zweite Ebene der Referenzierung erschlossen werden. Dennoch findet beim Beteiligten eine Kopplung von unmittelbarem Erleben der Spielhandlungen und paralleler oder nachgeschalteter sekundärer Bedeutungszuweisung. Über die soziale Rahmung bietet das Spiel eine sichere Form der Erregung.

---

[583] Sutton-Smith, B. (1972).

6.3.3   Relative Qualifizierung von Spiel

Insofern spielerische Rezeption in Abgrenzung zu narrativer Rezeption als polare Eigenschaft beschrieben werden soll, sind die in den Theorieansätzen aufgeführten relativen Bezugnahmen und Abgrenzungen von Spiel von Interesse. Die zentralen Aspekte in den bipolaren Beschreibungen sind:

- die Gegenüberstellung eines auf konstruktive Produktion von Vielfalt ausgerichtetem Denken zu einem eher eingrenzenden sich auf vorhandenes Wissen oder externe Bezugssysteme richtenden Denkens
- die Gegenüberstellung von primär selbstbezüglichen mentalen Prozessen und Handlungsformen zu primär fremdbezüglichen Formen. (Assimilation vs. Akkommodaton bzw. Subjektivierung vs. Objektivierung)
- die damit verbundene Gegenüberstellung einer primär externen Referenzierung nachahmender symbolischer Bedeutungszuweisung und einer primär selbstbezüglichen konstruktiven Bedeutungszuweisung.

6.4   Bezug zu den Ausgangsthesen: Interaktivität und Spiel

Nach den vorangehenden Erörterungen der Eigenschaften spielerischer Rezeptionsformen soll noch einmal kurz rückblickend der Bezug zu den Ausgangsthesen hergestellt werden. Im Kapitel 2.1 wurden die wichtigsten Thesen zu möglichen Verschiebungen von Bedeutungskonstruktionen und Rezeptionssituationen durch den Computer als interaktives Medium dargestellt, sowie die damit verbundenen Implikationen einer Spielkultur. Die wesentlichen Aspekte der angeführten Ansätze, die nur als Ausgangspunkt (nicht als Grundlage) für die hier angestellten Theoriereflexionen verwendet wurden, lassen sich dennoch in der Rückschau mit den zentralen Punkten der obigen Ergebnisse in Einklang bringen.

6.4.1   Ebene der Bedeutungszuweisung

Bei Klaus' Ansatz wird das Moment der Selbstbezüglichkeit von Spiel als bereits abstrahierter Form symbolischer Repräsentation relevant. Der Aspekt der Selbstbezüglichkeit wird hier nicht auf psychologischer handlungsorientierter Perspektive aufgebaut, sondern auf Ebene der Bedeutung von Zeichen und deren systematischen Funktionsweisen. Damit folgt seine Theorie der gleichen Perspektive, die von Foersters systemtheoretischen Überlegungen zum Wesen von Erkenntnis- und Wahrnehmungsprozessen entwickelt worden. Über den Zusammenhang von Selbstbezüglichkeit und Mehrdeutigkeit tritt beim Spiel mit Zeichen der operative Sinn der Zeichen in den Vordergrund und die verweisende externe Bezugsetzung wird abgeschwächt.[584]

Konsequenz der Ablösung, auf die Klaus in diesem Kontext auch hinweist, sind die verstärkte Relevanz der Grenzen und Bedingungen, die über die jeweilige Materialität der symbolischen Systeme gegeben sind. Insofern nur die Möglichkeiten der systeminternen Operationen die Bedingungen der Sinngenerierung festgelegt werden. Bei weniger geschlossenen Formen symbolischer Repräsentation mit größerer Durchlässigkeit (z. B. zu anderen Kommunikationsteilnehmern, direkten Verweisen auf externe Realitätsbezüge) kann Sinn auch über zusätzliche externe Bezugsformen im Prozess der Datengenerierung hinzutreten.

Damit im Zusammenhang steht auch die, den internen Operationen vor- bzw. nachgängige Referenzierung, die Esposito in ihren Ausführungen zur besonderen Situation rechnergestützter Symbolverarbeitungangesprochen hat. Der referentielle Sinn wird vom Menschen vor oder nach dem Verarbeitungsprozess vollzogen, die die Daten erstellenden Operationen basieren hingegen auf rein interner operationaler Systematik.[585]

Über gegebene interne Flexibilisierung und Abstraktion wird eine eindeutige externe Bezugsetzung aufgehoben. Die Sinnzuweisung unterliegt damit zum einen einer relativen Kontingenz und damit auch größeren Subjektivität bzw. stärkeren Bezugsetzung zum Rezipienten und dessen Bedürfnissen.

6.4.2 Kommunikationssituation und Mitteilungsperspektive

Auf der Ebene der Kommunikationssituation entsprechen die Aspekte der konstruktiven und primär selbstbezüglichen (im Sinne des Selbst des Rezipienten einerseits aber auch der Selbstbezüglichkeit des Prozesses der Bedeutungszuweisung andererseits) Bedeutungszuweisung, der von Esposito formulierten Ablösung von der Mitteilungsperspektive aber auch der Auflösung vergleichender Sinnzuweisungen von Rezipienten über den Bezug auf gleichförmige (generalisierte) Medienangebote. Damit verbunden ist die Notwendigkeit, sich in der Sinngenerierung wesentlich auf den Rezeptionsprozess selbst zu beziehen und über dort möglichen Operationen sinnhafte Bezüge herzustellen.

In diesem Zusammenhang kann auch die Hervorhebung der Konstruktivität symbolischer Repräsentationen und der Kontingenz von Bedeutungszuweisung durch interaktive Medien gestellt werden.[586] Über die Thematisierung der symbolischen Repräsentation an sich im Spiel als Form der Metakommunikation und über

---

[584] Siehe Darstellungen der Thesen von Foerster, H. in Kapitel 2.1.
[585] Siehe Darstellungen der Thesen von Esposito, E. und Foerster, H. in Kapitel 2.1.
[586] Siehe Darstellungen der Thesen von Krotz, F. und Krieg, P. in Kapitel 2.1.

die willentliche konstruktive Erzeugung verschiedener Bedeutungszuweisungen (Variationsbildung) wird der Akt der Referenzierung selbst thematisiert.

Handlungsebene und Erlebnisdimension
Hinsichtlich der Erlebnisdimension wurde ebenfalls die Selbstbezüglichkeit in zweierlei Hinsicht als Charakteristika interaktiver Rezeption postuliert. Einerseits über den Eigenwert oder die größere Relevanz des Erlebens eines prozesshaften Ereignischarakters der Rezeptionshandlung und damit verbundener konstruktiver Tätigkeit der Bedeutungszuweisung. Andererseits als Dominanz des ästhetischen selbstbezüglichen Erlebens, die sich auch über die Abkopplung von einer Fremd-bezüglichkeit als verbleibender Bezugspunkt der Bewertung und Beurteilung von Sinnhaftigkeit ergibt.[587]

6.4.3 Aufstellung der Ausgangsthesen, die sich in den theoretischen Reflexionen zu Spiel wieder finden

Zusammenfassend können die ausgehend erläuterten Theorieansätze über folgende Elemente auf die Eigenschaften von spielerischen Denkprozessen, die aus den erörterten Theorien zu Spiel abgleitet worden, bezogen werden.

- Die Möglichkeiten der Bezugsetzung auf den Mitteilungsaspekt werden eingeschränkt.
- Es findet eine Abstraktion von Bezugsetzung auf externe Erfahrungswirklichkeit statt.
- Der Bedeutungsbezug über interne Referenzierung nimmt zu.
- Es vollzieht sich ein Verlust der Eindeutigkeit der Referenzierung über die zunehmende Selbstbezüglichkeit des Prozesses.
- Der Prozess der Bedeutungszuweisung selbst wird bestimmender Teil der Bedeutung.
- Die Konstruktivität bzw. relative Kontingenz symbolischer Repräsentationen wird bewusst reflektiert.
- Die Komplexität des Rezeptionsprozesses und Dynamik der Rezeptionsaktivität rücken in den Vordergrund.
- Die symbolischen Repräsentationen erhalten Objektstatus und der Handlungsbezug richtet sich auf die symbolischen Repräsentationen.
- Damit lassen sich zum einen die in diesen Theorieansätzen meist nur sehr allgemein formulierten Bezugsetzungen zum Spiel konkretisieren und auf

---

[587] Siehe dazu die Ausführungen zu den Theorieansätzen in Kapitel 2.1(insbesondere die Thesen von Krämer, S., Rötzer, F., Krieg, P. und Wehner, J.).

eine solidere theoretische Basis stützen. Zum anderen liefert die Möglichkeit der Bezugsetzung der theoretisch ermittelten Qualifikationen von Spiel auf die in dort nur sehr allgemein ausgeführten Charakterisierungen des Spiel, eine Bestätigung für die mögliche Relevanz, der in diesen Texten hergeleiteten Verbindung von interaktiver Medienrezeption und spielerischer Prägung von Wahrnehmungsprozessen.

7 Spielerische versus narrative Medienrezeption

Für die zusammenfassende Ergebnisdarstellung zur Gegenüberstellung von spielerischen und narrativen Rezeptionsmustern wird, wie bereits vorangehend ausgeführt, eine Idealvorstellung einer einfachen narrativen Rezeption einer filmischen Darstellung vorausgesetzt, bei der der Rezipient davon ausgeht, dass ihm Sachverhalte und Ereignisse in situativen Handlungszusammenhängen mit übergreifendem Handlungsbogen dargestellt werden.[588] Darauf bezogen wird der Gegenpol einer spielerischen Rezeption bei vergleichbaren Präsentations- und Gestaltungsformen formuliert.

7.1 Zusammenfassende Gegenüberstellung spielerischer und narrativer Medienrezeption

7.1.1 Interpretation

7.1.1.1 Referenzierung

Narrative Rezeption stellt eine ereignis- und handlungsorientierte Form der Referenzierung auf semantischer Ebene dar. Es findet eine phänomenologische Referenzierung unter Bezug auf das Erfahrungswissen der Alltagswirklichkeit von Handlungsträgern und Handlungssituationen statt. Die symbolischen Darstellungen werden als Repräsentationen eindeutiger Zeit-Raum-Beziehungen interpretiert.

Narrative Rezeption vollzieht sich im Wissen um die Reinterpretation über eine Bezugsetzung von Mitgeteiltem und Mitteilungsperspektive. Die Reinterpretation realisiert sich über das Wissen um die Vorinterpretation und gegebenenfalls damit verbundenen Einschätzungen zu Selektivität, Wertigkeiten, Wissensrestriktion und Intentionen.

---

[588] Dabei ist, wie Branigan überzeugend darstellt, davon auszugehen, dass die jeweiligen konkreten Erwartungen und damit verbundenen Prozesse der Bedeutungskonstruktion abhängig sind von bestimmten Darstellungskonventionen und in graduellen Abstufungen ineinander greifen können. Die Frage, ob ein Rezipient von einer sachbezogenen dokumentarischen narrativen Darstellung von einer eher subjektiven narrativen Perspektive auf reale Sachverhalte oder von fiktionalen Erzählungsformen ausgeht, entscheidet sich in Abhängigkeit von dem jeweiligen Rezeptionskontext und den jeweiligen Vorinformationen und kann unter Umständen im Verlauf noch variiert werden. Branigan, E. (1998), S. 199–206.

Die Kohärenzbildung vollzieht sich über die Adäquatheit der repräsentierten Handlungssituationen zur Alltagswirklichkeit (zugewiesener Realismus) und die Bezugsetzung zu einer kohärenten Mitteilungsperspektive. Spielerische Rezeption wird durch die relationale Referenzierung geprägt. Es findet eine mehr oder weniger starke Entkopplung zwischen der internen relationalen und der externen Bedeutungszuweisung über die Referenzierung auf Umweltwahrnehmungen oder Mitteilungsperspektive statt. Die Kohärenzbildung wird primär über relationale interne Bezugsetzungen gebildet. Die Referenzierung auf externe Wahrnehmungswirklichkeiten und Kommunikationssituation kann gegebenenfalls auch erst nach Abschluss der internen Bezugsetzungen erfolgen. Grundlage für die interne Kohärenzbildung ist eine strukturelle Flexibilisierung auf Basis operationaler Verbindungen von symbolischen Zeichensystemen. Die Freisetzung von starren Festlegungen bezüglich externer Referenzsysteme bietet die Möglichkeit der systeminternen Optimierung und des Aufbaus struktureller Kohärenz.

7.1.1.2 Struktur und Verlauf

Narrative Rezeption ist eine primär top-down orientierte Interpretation, bei der auf Grundlage von Schemata Inferenzen und Erwartungen aufgebaut werden. Kausalstrukturen stellen die zentrale Form der Relationierung von einzelnen Handlungsmodulen dar. Über vorhandene narrative Schemata entstehen Erwartungen bezüglich eines möglichen Gesamtverlaufs und dessen Bestandteilen (u. a. Komplikationen und Auflösung). Das Anstreben einer narrativen Auflösung als Abschließung der Makrostruktur gibt eine inhaltliche Zielorientierung der Rezeptionsform vor. Auf Basis des sich anreichernden Wissens werden im Verlauf zunehmend eingrenzende Erwartungen, im Sinne einer konvergenten Hypothesenbildung, aufgebaut. Über die starke Relevanz vorhandener Wissensschemata für die Bedeutungszuweisung und den Aufbau von Hypothesen dominiert eine deduktive Anwendung vorhandener Regelsysteme.

Spielerische Rezeption wird hingegen von der explorativen Ermittlung von Regelbezügen im Verlauf der Rezeption geprägt. Es liegt eine tendenziell perzeptive Schematawahrnehmung im Sinne einer induktiven Extrahierung von Bezugsystemen und ableitbaren Verbindungsregeln vor. Schemata werden über Musterbildungen ausgeformt und im Verlauf getestet und gegebenenfalls variiert. Es findet eine primär kategoriale Relationierung von Textbausteinen statt.

Spielerische Rezeption gestaltet sich als selbstreflexiver Rezeptionsprozess. Die Ausbildung von kohärenten Variationen bestätigt die erfolgreiche Abstraktion und Strukturwahrnehmung.

7.1.1.3 Selbst- vs. fremdbezügliche Bedeutungszuweisung

Narrative Interpretation ist primär fremdbezüglich auf das Nachvollziehen vorhandener Bezüge einer externen Perspektivierung gerichtet und vollzieht sich als repräsentative Erfassung dargestellter Handlungszusammenhänge unter Bezug auf die externe Erfahrungswirklichkeit. Der selbstbezügliche Aspekt liegt vor allem im Interesse am sozialen Verstehen im Sinne von Perspektivübernahmen und Rollenverständnissen als Grundlage sozialer Handlungsfähigkeit.

Spielerische Interpretation vollzieht sich über die konstruktive Gestaltung des Rezipienten und die Bedeutungskonstruktion wird primär über die Intentionen, Bedürfnisse und Kompetenzen des Rezipienten selbst geprägt. Der fremdbezügliche Aspekt liegt im funktionalen oder operativen Verstehen von Kommunikation als Aufbau von Handlungsfähigkeit.

7.1.2 Involvierung

7.1.2.1 Allgemeine Charakteristika

Die emotionale Involvierung bei der narrativen Rezeption basiert auf der Anteilnahme an repräsentierten Handlungssituationen. Die Imagination von Bedürfnisstrukturen und Erfahrungen der beteiligten Handlungsträger bildet die Grundlage der diegetisch bezogenen Involvierung. Im Zentrum steht das Interesse am Verstehen der sozialen Umwelt über die Erfahrung von Handlungssituation durch Perspektivübernahmen beteiligter Rollenträger.

Zusätzlich stellt das inhaltliche Interesse an den repräsentierten Handlungssituationen z. B. hinsichtlich politischer, sozialer oder individueller Aspekte einen Faktor dar. Auch diese themenbezogenen Interessenfelder werden in der narrativen Rezeption über die Handlungsträger und deren Rollensituationen erschlossen.

Insofern narrative Rezeption die Wahrnehmung einer vom Mitteilenden dargestellten Interpretation von Handlungszusammenhängen darstellt, ist mit dem inhaltlichen Interesse auch das Interesse an einer Perspektive, einer Interpretation von Zusammenhängen, verbunden (von der sich der Rezipient gegebenenfalls abgrenzen kann).

Bei der spielerischen Rezeption basiert die Involvierung auf der konstruktiven selbstinitiierten Aktivität des Rezipienten. Es kann von der Lust oder Freude an der aktiven und auch selbstbezüglichen (auf den Rezipienten) im Sinne subjektivierender Bedeutungsgenerierung ausgegangen werden. Diese bezieht sich einerseits auf den Akt der Erzeugung von symbolischen Darstellungen (relationale Ebene) und andererseits auch auf die Vervielfältigung von Handlungsmöglichkeiten oder

Rollenvorstellungen, die über diese symbolischen imaginativen Darstellungen repräsentiert werden (referentielle Ebene).[589]

Dieses selbstständige Gestalten bewegt sich in der Auseinandersetzung mit einer begrenzenden Materialität symbolischer Darstellung, deren Dynamik und Beschaffenheit Ausgangspunkt und Widerstand der konstruktiven Tätigkeit darstellt. Über die Ableitung möglicher Strukturen, Muster oder funktionaler Relationen ist der Rezipient in der Lage aktiv vorausgreifend konstruktiv tätig zu werden. Die vom Rezipienten geleistete Abstraktion und daraus gegebene Möglichkeit der Variation stellt ein Moment emotionaler Erregung dar.

Die spielerische Interpretation beinhaltet das Ineinandergreifen von direkter externer Referenzierung und einer abstrahierenden über die interne Funktionalität gegebene Bedeutungszuweisung symbolischer Darstellungen. Die Ambivalenz dieser zweistufigen Referenzierung führt zu einer Erregung, die sich einerseits aus dem Wechsel von direkter und selbstreflexiver abstrahierender Referenzierung ergibt und andererseits über die gegebene Mehrdeutigkeit und damit verbundenem Unsicherheitsgefühl bzw. Kontrollverlust hinsichtlich der Bedeutungszuweisung.

7.1.2.2 Verlauf

Beim linearen Verlauf einer narrativen Rezeption wird die emotionale Erregung stark durch den Wechsel und die Dynamik der repräsentierten Handlungssituationen und die damit verbundenen emotionalen wie kognitiven Anforderungen an den Rezipienten geprägt. Die narrative Rezeption ist mit grundlegenden Erwartungen bezüglich des Aufbaus einer narrativen Makrostruktur verbunden, die auch eine narrative Schließung beinhaltet, die der Rezipient im Verlauf der Rezeption nachzuvollziehen bzw. aufzubauen versucht. Zusätzlich kann davon ausgegangen werden, dass mit dem zeitlichen Verlauf und der damit verbunden kognitiven wie emotionalen Investition der Anteilnahme auch das Interesse an der narrativen Auflösung von aufgebauten Erwartungsstrukturen steigt.[590]

Die Passivität hinsichtlich des Verlaufs bei linearer narrativer Rezeption (insofern der Rezipient nur die Rezeption aufrecht erhalten, aber nicht inhaltlich aktiv werden muss) trägt zur emotionalen Erregung in zweierlei Hinsicht bei.

---

[589] Siehe dazu auch die bereits mehrfach angesprochenen Vergnügen an der Bedeutungsgenerierung, auch die Überlegungen von Schwab zur Bedingung von positiven Emotionen in der (passiven) Medienrezeption über die Erweiterung eines „Denk-Handlungsrepertoires". Schwab, F. (2001), S. 68.
[590] Dabei sind genrespezifisch, wie bereits erörtert, große Unterschiede in der Ausprägung und Intensität der verlaufsgesteuerten Involvierungsmomente zu erwarten. Auch kann sich die Erwartung einer narrativen Auflösung sich sowohl auf Ebene der Handlungssituationen oder auf Ebene der narrativen Mitteilungsperspektive vollziehen. Generell geht die narrative Rezeption von einer endlichen abgeschlossenen Darstellung von Handlungssituationen aus.

Der Rezipient ist von einer handlungsorientierten Ausrichtung der Rezeptionstätigkeit befreit und kann sich auf eine emotional intensive wahrnehmungs- und erfahrungsorientierte Rezeption einlassen. Der Rezipient kann den inhaltlichen Verlauf nicht beeinflussen und ist dem fremdbestimmten Verlauf ausgesetzt. Es findet eine Erregung durch den Kontrollverlust hinsichtlich der ihn emotional involvierenden Imagination von Handlungssituationen statt, der nur über passive Antizipation ausgeglichen werden kann.

Als selbstreflexiver Prozess richtet sich der Verlauf der spielerischen Rezeption auf den kreativen Umgang mit den strukturellen Gegebenheiten aus und gestaltet sich damit in Abhängigkeit von den diesbezüglichen Vorgaben seitens des Medienangebots. Die Dynamik des Verlaufs und die damit verbundene Erregung sind auf die Tätigkeit des Gestaltens als Ergebnis eines strukturellen Erkenntnisprozesses gerichtet und die daran gekoppelten Möglichkeiten von Bedeutungsgenerierung gerichtet. Der Verlauf wird geprägt von der Dynamik des wechselseitigen Ineinandergreifens von Gestaltungswillen, dem jeweiligen angebotsspezifischen Widerstand bzw. den daraus resultierenden Erfahrungen hinsichtlich der funktionalen Möglichkeiten des Umgangs mit symbolischen Darstellungen und den daraus konstruierten bzw. konstruierbaren repräsentativen Bedeutungszusammenhängen

Die experimentelle Verlaufsform, die sich aus der Auseinandersetzung mit der strukturellen Dynamik und der Flexibilität externer Bezugsetzungen ergibt, beinhaltet eine fortwährende immer wieder neu generierte Verunsicherung und damit verbunden Erregung, die über zunehmende Erkenntnis struktureller Zusammenhänge und sich damit aufbauenden Kontrollerfahrungen im Umgang mit den symbolischen Darstellungen eingegrenzt werden kann.

7.1.3 Rezeptionshandlung

Die Rezeptionshandlung vollzieht sich bei der narrativen Rezeption als Zuwendung von Aufmerksamkeit in Form eines nachvollziehenden kognitiven wie emotionalen Verstehens dargestellter Handlungszusammenhänge und der darstellenden Interpretationsperspektive. Es liegt eine wahrnehmungsorientierte Form von Rezeptionshandlung vor. Der Umgang mit den symbolischen Darstellungen richtet sich wesentlich auf das verstehende Referenzieren – also die Kohärenzbildung auf einer der Darstellungsebene externen Bedeutungsebene.

Das damit verbundene Kompetenzerleben bezieht sich auf das Selbsterleben über die Zuwendung zu seiner sozialen Umwelt. Die Zielorientierung der Rezeptionshandlung richtet sich auf das soziale Verstehen einer fremden Perspektive. Die Anforderungen an den Handlungsvollzug (als mentale und emotionale Anteilnahme über das Nachvollziehen) werden vom Medienangebot dominiert. Die Input-dominierte Rezeptionshandlung befreit den Rezipienten aber auch vom Handlungsdruck auf Ebene der Durchführung und Aufrechterhaltung der Medienrezeption.

Die Rezeptionshandlung der spielerischen Rezeption bezieht sich auf die Handlung mit symbolischen Darstellungsformen. Der Rezipient erlebt sich selbst als Handelnder. Das Kompetenzerleben bezieht sich auf die aktive Gestaltung, die auf Basis der Kontrolle struktureller Relationen möglich ist, und ist damit wesentlich auf den Rezipienten selbst bezogen. Die Dynamik dieser gestaltenden Handlung wird über die Materialität, die strukturellen Gegebenheiten und deren potentiellem Wechselspiel mit den referentiellen Bedeutungszuweisungen geprägt.

Die Rezeptionshandlung ist handlungsorientiert auf den Umgang mit symbolischen Objekten gerichtet. Handlungsziel ist die übergreifende Kontrollerfahrung über die systematische oder strukturelle Erschließung des Medienangebots.[591]

7.1.4   Kommunikationssituation

Als Reinterpretation ist die Kommunikationssituation bei der narrativen Rezeption von der Verbindung und der Differenz der Betrachtung von gemeinsamer Erfahrungswirklichkeit im kommunikativen Austausch geprägt. Die Input-dominierte Form der Rezeption gibt Freiraum für die kommunikative Reflexion hinsichtlich möglicher Differenzen zwischen den nachvollzogenen Bedeutungszuweisungen der Mitteilungsperspektive und eigenen Interpretationsperspektiven bzw. Beurteilungen zu dargestellten Inhalten.[592]

Einerseits findet ein Nachvollziehen einer Interpretationsperspektive über die Referenzierung auf die vom Mitteilenden wahrgenommenen Wirklichkeitsbezüge statt. Damit wird auch die Herstellung einer Gemeinsamkeit von Wirklichkeitskonstruktion begründet. Andererseits ermöglicht die Geschlossenheit der Mitteilungsperspektive die eigene Distanzierung von der Position des Anderen in seiner

---

[591] Im Fall eines interaktiven Medienangebots ist die Durchführung und Aufrechterhaltung der Rezeptionshandlung an die aktive Handlung auf der Ebene der Materialität des Medienangebots seitens des Rezipienten gebunden. Damit ist ein mehr oder weniger ausgeprägter Handlungsdruck verbunden, der auf der Reflexionsebene eine Bindung der Interpretationsformen an den intentionalen Umgang mit den symbolischen Darstellungen mit sich bringt als Reflexion der strukturellen Möglichkeiten einerseits und der Evaluation der eigenen Handlung andererseits. Bei nicht interaktiven Medienangeboten kann hingegen (neben der Aufrechterhaltung der Rezeptionshandlung) nur die Bedeutungszuweisung als Handlung aufgefasst werden, wobei auch hier ein strukturelles Erschließen im Sinne der Schaffung von Handlungsspielräumen als spielerische Form von Bedeutungsgenerierung verstanden werden kann.

[592] Dieser Aspekt der personalisierten Rezeption tritt nach Esposito, wie in Kapitel 2.1 erörtert, vor allem über die distanzierenden Qualitäten medialer Vermittlungssituationen auf. Für den Fall einer narrativen Rezeption in einer unmittelbaren persönlichen Kommunikationssituation ist diese Form der Selbstwahrnehmung über den Aspekt der Reinterpretation weniger stark ausgeprägt.

Sicht auf die Wirklichkeit und damit auch die Bezugsetzung zwischen dem Selbst und dem Anderen als Kommunikationspartner.

Über die Selbstbezüglichkeit und Selbstreflexivität der Bedeutungskonstruktion bei der spielerischen Rezeption wird der direkte Bezug auf eine Mitteilungsperspektive des Kommunikationspartners über eine gemeinsame Sicht auf Wirklichkeit unterbrochen. Die Bezugsetzung zur jeweiligen referentiellen Interpretationsebene der Kommunikationspartner ist durch die prinzipielle Mehrdeutigkeit der externen Referenzierung der symbolischen Darstellungen abgeschwächt.

Der Bezug zum Mitteilenden verlagert sich über die strukturelle Flexibilisierung auf die metakommunikative Ebene des Umgangs mit symbolischen Zeichen. Die Verbindung zum Mitteilenden kann gegebenenfalls, in Abhängigkeit von der konkreten Gestaltung der Kommunikationssituation, auch in der gemeinsamen Handlung mit symbolischen Objekten liegen.

7.1.5 Distanz und Souveränität

Auf der Ebene der Rezeptionshandlung ergibt sich die Möglichkeit der Distanzierung und Wahrung der Souveränität des Rezipienten (bei gegebener Involvierung) im Verlauf der Rezeption über die bewusste Graduierung der Intensität der Zuwendung und Aufmerksamkeit. Auf der Ebene der Relation von Kommunikationssituation und Interpretation stellt die Reflexion der Differenz zwischen eigener Interpretation und Interpretation der Mitteilungsperspektive eine Möglichkeit der Distanzierung dar.

Bei der spielerischen Rezeption ergibt sich die Souveränität auf Ebene der Rezeptionshandlung aus der Kontrolle der eigenen Aktivität. Auf der Ebene der Bedeutungszuweisung ergibt sich ein distanzierendes Moment über die Unterbrechung des direkten Wirklichkeitsbezugs, durch die Staffelung von interner und externer Bedeutungszuweisungen sowie in der relativen Freiheit der Konstruktion von Bedeutung liegt ein Moment der Souveränität.

7.1.6   Tabellarische Gegenüberstellung spielerischer und narrativer Rezeptionsformen

Spielerische Medienrezeption	Narrative Medienrezeption
Interpretation/Bedeutungszuschreibung, Verstehen	Interpretation/Bedeutungszuschreibung, Verstehen
• Dominanz relationaler struktureller Bedeutungszuweisung der symbolischen Darstellung (operationaler Sinn) • Flexibilisierung der externen referentiellen Bezugsetzung (Mehrdeutigkeit, Abstraktion) • zweistufiger Prozess primärer und sekundärer Bedeutungszuweisung/Entkopplung von relationaler und referentieller Bedeutungszuweisung • Kohärenzbildung über relationale Bezugsetzungen (im ersten Schritt)	• primär referentielle Interpretation der symbolischen Darstellung • Ereignis- und handlungsorientierte semantische Referenzierung • phänomenologische Referenzierung auf eindeutige Zeit-Raum-Beziehungen (eidetischer Sinn) • Kohärenz über referentielle Bezugsetzung zur Alltagswirklichkeit (unter Berücksichtigung der Mitteilungsperspektive) • Reinterpretation als Bezugsetzung von Narration und Handlung (Differenzierung epistemologischer Ebenen)
Struktur/Verlauf • primär kategoriale, strukturelle Relationierung von Bedeutungseinheiten • perzeptive regel-/musterorientierte Rezeption • experimentelle, selbstreflexive Verlaufsform • divergente Hypothesengenerierung	Struktur/Verlauf • Dominanz kausaler (sowie zeitlicher, örtlicher) Relationierung von Bedeutungseinheiten • schematadominierte top-down orientierte Rezeption • inhaltsorientierte Erwartungen zu narrativer Makrostruktur • konvergente Hypothesengenerierung
Selbst-/Fremdbezug • primär selbstbezügliche Bedeutungszuweisung (Subjektivierung)	Selbst-/Fremdbezug • nachvollziehende, primär fremd-/umweltbezügliche Bedeutungskonstruktion (Objektivierung)
Involvierung	Involvierung
Bedeutungszuschreibung • emotionale Einbindung über selbstzentrierte konstruktive Gestaltung/aktive Konstruktion • Freude an der Generierung von Vielfalt (auf relationaler wie referentieller Bezugsebene) • Erregung über Abstraktion und Variation • Involvierung über Ambivalenz aus primärer Bedeutungszuschreibung und Relativierung über sekundäre reflexive Ebene	Bedeutungszuschreibung • emotionale Erfahrung repräsentativ konstruierter Handlungssituationen • Empathie als Anteilnahme an Bedürfnisstrukturen von Handlungsträgern • inhaltliches Interesse bezüglich repräsentierter Handlungssituationen (Themen, Rollenbezüge) • Interesse an Mitteilungsperspektive
Rezeptionshandlung • Kompetenzerleben aktive Gestaltung/Selbsterleben über Handlungserleben	Rezeptionshandlung • Kompetenzerleben über Umweltbezug/soziale Anteilnahme
Verlauf • strukturelle Dynamik über Umgang mit Materialität symbolischer Darstellung • Handlungsdruck der aktiven Gestaltung • Spannung über Ambivalenz im Verlauf der Bedeutungszuschreibung (experimentelle Verlaufsform)	Verlauf • Dynamik/Wechsel repräsentativer Handlungssituationen • Zunehmender Erwartungsdruck bezüglich narrativer Auflösung • Kontrollverlust auf referentieller Ebene repräsentierter Handlungssituationen

Rezeptionshandlung	Rezeptionshandlung
• handlungsorientierte Rezeptionshandlung • Output-dominierte Handlungsform • Zielorientierung des strukturellen Verstehens und aktiver Gestaltung (strukturellen Kontrolle/Handlungsmöglichkeit) • Handlungsdruck über aktive Aufrechterhaltung des Handlungsverlaufs	• wahrnehmungsorientierte Rezeptionshandlung • Input-dominierter Verlauf • Zielorientierung des nachvollziehenden Verstehens (referentielle Kohärenz) • Befreiung vom Handlungsdruck bezüglich Aufrechterhaltung Rezeptionshandlung
Distanzierung/Souveränität	Distanzierung/Souveränität
• Distanzerleben über Abkopplung vom unmittelbaren, eindeutigen Realitätsbezug • Kontrolle über Intensität der eigenen Aktivität	• Distanz über Differenzierung von Mitteilungsperspektive und eigene Beurteilung • Kontrolle der Intensität der Anteilnahme und Zuwendung
Kommunikationssituation	Kommunikationssituation
• Abkopplung von Bezugsetzung auf Mitteilungsperspektive • gemeinsames Handeln mit symbolischen Objekten/Gemeinsamkeit des metakommunikativen Bezugs	• Nachvollziehen der Mitteilungsperspektive (referentieller Bedeutungsbezug) • kommunikativer Austausch über gemeinsamen Bezug auf Mitteilung/differenzierender Vergleich zwischen Mitteilungsperspektive und eigener Perspektive

7.2 Spielerische Rezeption bei der Rezeption narrativer fiktionaler Filme

Es wurde bereits in der Konzeption der Fragestellung verankert, dass spielerische und narrative Rezeption hier als zwei Formen der Wahrnehmung und Bedeutungskonstruktion verstanden werden, die zwar je eigene Charakteristika aufweisen, sich aber nicht gegenseitig ausschließen müssen, sondern in graduellen Abstufungen ineinander greifen können. Der vorliegende Ansatz geht davon aus, dass bei der Rezeption linearer fiktionaler Spielfilme sowohl narrative wie spielerische Rezeptionsmuster angewandt werden.

Die Charakteristika der Rezeption narrativer Filme auf den verschiedenen Ebenen des hier vorgeschlagenen Modells wurden im Kapitel 5 zunächst allgemein ohne spezielle Differenzierung hinsichtlich der Gegenüberstellung narrativer oder spielerische Qualitäten erörtert. Im Anschluss wurden die in den Darstellungen angeführten charakterisierenden Elemente von narrativer Rezeption bei audiovisueller filmischer Darstellung zusammengestellt und über die Gegenüberstellung zur spielerischen Rezeption noch mal deutlicher profiliert.[593] Im Folgenden sollen nun auf der Basis dieser Ausführungen die spielerischen Rezeptionsqualitäten der Rezeption narrativer linearer Spielfilme erörtert werden. Für die Gegenüberstellung

---

[593] Siehe Kapitel 5.5 und Kapitel 7.1.

von narrativen und spielerischen Rezeptionsmustern bei der Rezeption narrativer fiktionaler Spielfilme wird als theoretisch konstruierte Kontrastfolie die Rezeption einer sachorientierten narrativen Darstellung eines realen Handlungszusammenhangs gesetzt.

Spielerische Rezeptionselemente werden beim fiktionalen linearen Spielfilm vor allem über zwei Aspekte aktiviert: Den Aspekt der Fiktionalität und den Aspekt der besonderen Gestaltung der narrativen Dramaturgie wie auch der audiovisuellen Ästhetik beim Spielfilm, die auf die emotionale Intensivierung des Rezeptionserlebens angelegt sind.

7.2.1.1 Spielerische Rezeptionselemente bedingt durch die fiktionale Repräsentationsform

Die fiktionale Darstellung hebt die Eindeutigkeit hinsichtlich der phänomenologischen Referenzierung auf. Die Referenzierung bleibt zwar an den Bezug auf die phänomenologische Alltagswirklichkeit gekoppelt, wird aber über die Interpretationsspielraum, den die fiktionale Perspektive des Mitteilenden bietet, von der direkten Bezugsetzung abstrahiert. Es bleibt eine gewisse Ambivalenz der Referenzierung hinsichtlich der externen Bezugsetzung.[594]

Im Gegenzug weist die fiktionale Diegese eine Verstärkung der internen Geschlossenheit im Sinne konstruierter interner Gesetzmäßigkeiten oder Regelmäßigkeiten auf, die gerade durch die Abstraktion von der externen Bezugsetzung notwendig wird, auch um einen konsistenten Handlungsraum aufzubauen.[595] Über die Geschlossenheit der fiktionalen Diegese findet eine Verstärkung der internen Relationierung der symbolischen Darstellungen statt. Der Bezug auf die phänomenologische Alltagswirklichkeit und das soziale Erfahrungsumfeld der Rezipienten bleibt trotz Abstraktion von der direkten Referenzierung auf reale Objekte erhalten. In der Regel wird eine (wenn auch variierbare) Form von Eindeutigkeit eines

---

[594] Sowohl im Hinblick auf die Mitteilungsperspektive des Gemeinten wie auch hinsichtlich der Referenzierung auf Objekte der Erfahrungswirklichkeit. Beim dokumentarischen narrativen Format geht der Rezipient hingegen von einer eindeutigen Referenzierbarkeit hinsichtlich der repräsentierten Objekte der Erfahrungswelt aus und es bleibt lediglich ein gewisse Unsicherheit über den Aspekt der Reinterpretation und damit verbundenen Fragen zu vorausgehenden Selektions-Modifikationsmöglichkeiten in der narrativen Darstellung. Ebenso wird in der Regel von einer möglichst eindeutigen Mitteilungsabsicht und damit verbundener nachvollziehbarer narrativer Strukturierung hinsichtlich der Darstellung von Handlungszusammenhängen ausgegangen, die also nicht mit einer möglichen bewussten Irreführung des Rezipienten verbunden ist.

[595] Dabei sind auch Formen der internen Konsistenz möglich, die nicht auf der Ebene der Handlungsräume liegen, sondern anderen Ebenen der Filmgestaltung, und ggf. über metaphorische Bezugsetzungen des Rezipienten hinsichtlich ihrer Bedeutung für mögliche Handlungssituationen geprüft werden.

physikalischen Handlungsraumes etabliert, ebenso wie auf vorhandene Wissensstrukturen bezüglich vorstellbare Handlungssituationen und den damit werden
verbundenen Bedürfnisstrukturen der Handelnden referiert wird.

Die fiktionale Referenzierung beinhaltet die von Bateson beschriebene Zweistufigkeit des Wahrnehmungsprozesses zwischen primärer und sekundärer Stufe
der Referenzierung. Gerade bei der Filmrezeption erhält die Unmittelbarkeit der
Bildwahrnehmung in der ersten Stufe eine große Präsenz und wichtige Bedeutung
für das emotionale Erleben der Rezipienten.[596]

7.2.1.2 Spielerische Elemente bedingt durch narrative Dramaturgie und ästhetische Gestaltung

Eine der zentralen Charakteristika der Rezeption von Spielfilmen ist, wie Branigan
es formuliert, das Wissen um die Wissensrestriktion.[597] Im Wissen um die angelegte Struktur, die darauf abzielt Überraschungen oder Unvorhersehbares zu produzie-
ren, versucht der Rezipient diesen Aspekt des Kontrollverlusts so weit wie möglich
einzudämmen und über ein breit angelegtes Hypothesenspektrum aufzufangen.
Trotz einer zunehmenden konvergenten Eingrenzung (im Rahmen der Konstruktion einer narrativen Makrostruktur) tritt in den verschiedenen Rezeptionsepisoden
beim Spielfilm in Abhängigkeit vom mehr oder weniger überraschenden Verlauf
immer wieder eine variierende auf Vielfalt ausgerichtete Antizipation möglicher
Ereignisse bzw. Evaluierung möglicher Zusammenhänge ein.

Der Prozess der Bedeutungszuweisung erhält eine stärkere Eigendynamik
und rückt in seiner Prozesshaftigkeit selbst stärker in den Vordergrund. Über
die aktive Variantenbildung und die möglichen Täuschungserlebnisse tritt eine
experimentelle Form der Bedeutungszuweisung mit vorläufigen Festlegungen und
wiederholten Revidierungen in den Vordergrund.

Auch die Abstraktion einer ästhetischen Wahrnehmung und auf Muster oder
Regelbezüge ausgerichteten Relationierung stellt bei der Rezeption von Spielfil-
men je nach Genre und Gestaltung der Filme einen (mehr oder weniger) größeren
Eigenwert in der Rezeption dar.

7.2.1.3 Rezeptionshandlung

Über die Dominanz der Prozesshaftigkeit, Ambivalenz und der strukturellen
Dynamik der Bedeutungszuweisung wird die Komponente der aktiven Bedeu-

---

[596] Siehe dazu auch die Ausführungen in Kapitel 5.2.1. zum Salience-Aspekt.
[597] Vgl. Branigan, E. (1998), S. 74.

tungskonstruktion an sich zu einem verstärkten Faktor des Kompetenzerlebens. (Die soziale Komponente eines Anteil nehmenden Kompetenzerlebens wird dementsprechend abgeschwächt.) Das beinhaltet auch die „Vergnügen"[598] an der Bedeutungsgenerierung Kommunikationssituation

Die Interpretationsspielräume, die die Uneindeutigkeit der fiktionalen Perspektive bietet wie auch die Verstärkung der internen Relationierung über die Dominanz der Gestaltungsebenen, führt zu einer Abstraktion von dem unmittelbaren Bezug auf den Mitteilenden oder externe Erfahrungswirklichkeit. Es findet eine stärkere Selbstbezüglichkeit sowohl in der Bedeutungszuweisung als auch in der selbstbezüglichen Ausrichtung eines ästhetischen Rezeptionserlebens statt.

7.2.1.4 Relation von narrativen und spielerischen Rezeptionsmustern bei der Rezeption narrativer linearer fiktionaler Filme

Greift man noch mal auf die wichtigsten Aspekte der Interpretation und Involvierung zurück, die im Kapitel 5 zur Rezeption narrativer Filme dargestellt worden, so ist davon auszugehen, dass die spielerischen Rezeptionsstrukturen aufbauend auf einer zugrunde liegenden narrativen Erschließung von Handlungs- und Konfliktsituationen, Charakteren und deren Bedürfnissen und möglichen Handlungsoptionen stattfinden. Intensität und Ausmaß der Qualitäten der spielerischen Rezeptionsmuster sind dabei stark vom jeweiligen Genre und der konkreten Gestaltung des Filmwerks abhängig. So ist eine typologisierende und damit abstrahierende Charakterrezeption sicherlich bei Actionfilmen stärker ausgeprägt als im Alltagsdrama. Die Präsenz narrativer Strukturen und der spielerische Umgang mit diesen steht bei explizit spannungsorientierten Genres wie Krimi oder Thriller im Vordergrund der Rezeptionsaktivität. Die ästhetische Gestaltung und die damit verbundene gegebenfalls eher perzeptiv orientierte Ausbildung von Gestaltungsmustern und deren Interpretation sind vor allem bei Arthouse Filmen relevant.

7.3   Theoretische Annahmen zur Rezeption interaktiver narrativer fiktionaler Filme

Ausgangsthese ist, dass über die Interaktivität eine Verstärkung spielerischer Rezeptionsmuster stattfindet. Auf Basis der vorangehenden theoretischen Modellierungen zu spielerischer und narrativer Medienrezeption und Qualifizierungen zur Rezeption narrativer fiktionaler Filme werden die möglichen Auswirkungen

---

[598] Vgl. Mikos, L. (2003).

einer Verstärkung der Charakteristika spielerischer Rezeption formuliert. Diese aus theoretischer Perspektive entwickelten Thesen werden im anschließenden Teil zur Entwicklung und Beschreibung der empirischen Studie die Basis für die Forschungshypothesen zu den empirisch beobachtbaren Veränderungen des Rezeptionserlebens bilden.

7.3.1   Thesen zur Veränderung der Interpretationsprozesse

Die referentielle Dimension der Interpretation unter Bezugnahme der phänomenologischen Alltagswirklichkeit wird abgeschwächt. Der Realitätscharakter der Handlungsträger und der dargestellten Handlungssituationen ist weniger stark ausgeprägt.

Die relationale Bedeutung von Charakteren und Handlungselementen in Bezug auf deren narrativen Funktionen wird stärker wahrgenommen.

Die Ausrichtung auf eine konstruktive aktive Generierung von möglichen Handlungsverläufen wird verstärkt. Die Charaktere und der Handlungsverlauf werden stärker hinsichtlich der Manipulationsabsichten und -möglichkeiten wahrgenommen. Die Selbstbezüglichkeit von Bedeutungszuweisung tritt stärker in den Vordergrund. Die nachvollziehende wahrnehmungsorientierte Rezeption wird damit abgeschwächt.

Die bereits gegebene Mehrdeutigkeit der fiktionalen Referenzierung wird verstärkt. Es findet eine flexiblere, ambivalentere Form der Bedeutungskonstruktion statt.

Die Eindeutigkeit und Differenziertheit einer phänomenologisch ausgerichteten Imagination von Ereignissen werden abgeschwächt. Die Vorstellungen zu den Charakteren, Objekten und Handlungsvollzügen sind weniger konkret, mehrdeutig und gegebenenfalls typisierender.

Die Bezugsetzung auf eine Mitteilungssperspektive wird abgeschwächt. Der Aussagecharakter der filmischen Narration wird weniger ausgeprägt wahrgenommen.

Die konvergente Eingrenzung von Erwartungen zum Verlauf der narrativen Makrostruktur wird abgeschwächt.

Als eine offene Frage stellt sich die mögliche Veränderung der ästhetischen Gestaltwahrnehmung dar. Hier gäbe es nach den diskutierten Theoriereflexionen zwei mögliche Thesenausrichtungen:

1. Die Wahrnehmung ästhetischer Muster oder, allgemein, die bewusste Wahrnehmung von Gestaltung wird mit der spielerischen Rezeption verstärkt, insofern die strukturellen Komponenten der relationalen Bedeutungskonstruktion in den Vordergrund treten. (Es vollzieht sich eine Verstärkung kognitiver reflexiver Wahrnehmung von Gestaltungsmustern.)

2. Über die stärker funktionale Ausrichtung der Rezeption auf systematische Zusammenhänge und mögliche Operationen (seien sie auch kognitiver Art) z. B. hinsichtlich der Generierung von Variationen wird eine nicht intentionale, assoziative Wahrnehmung von Gestaltungsformen eher abgeschwächt. (Es findet eine Abschwächung der emotionalen Intensität ästhetischer Wahrnehmung statt.)

Es könnten auch beide Thesen zusammen vertreten sein, wenn man davon ausgeht, dass eine Funktionalisierung von Gestaltungswahrnehmung stattfindet. Gestaltungsmuster werden dann zwar bewusster wahrgenommen und erhalten gegebenenfalls auch eine stärkere Relevanz für die Beurteilung der Films. Sie werden dabei aber in einen intentionalen Zusammenhang eingeordnet. Eine freie assoziative und möglicherweise auch emotional intensivere Form von ästhetischer Wahrnehmung wird hingegen abgeschwächt.

7.3.2 Thesen zur Veränderung der Involvierung

7.3.2.1 Negative Faktoren

Durch die Abschwächung des Realitätscharakters von Charakteren und Handlungssituationen und Funktionalisierung der Bedeutungszuweisung werden die Intensität des nachvollziehenden Miterlebens von Handlungssituationen und der empathischen Anteilnahme an Charakterperspektiven abgeschwächt.

Darauf aufbauend werden auch das Spannungserleben hinsichtlich der Erwartung von Handlungsverläufen und damit verbundenen empathischen Emotionen abgeschwächt.

Die Intensität des passiven Miterlebens nicht zu beeinflussender Handlungsverläufe wird herab gesetzt. Ebenso wie die Dynamik des Verlaufs der kognitiven und emotionalen Prozesse über die Steuerung durch die narrative Dramaturgie (Input-dominiert) weniger intensiv erlebt werden.

Das inhaltliche Interesse wird mit dem geringeren Realitätsbezug wie auch mit der Abschwächung einer Mitteilungsperspektive geringer.

Der Spannungsaufbau über den Gesamtverlauf ist weniger stark ansteigend, zum einen weil die emotionale Investition in die Anteilnahme am diegetischen Geschehen weniger intensiv ist und zum anderen weil die Erwartungen zum Gesamtverlauf weniger eingegrenzt werden können.

Das Kompetenzerleben der sozialen Anteilnahme über das nachvollziehende Verstehen und empathisches Miterleben müsste geringer ausfallen.

7.3.2.2 Positive Faktoren

Die Freude an der konstruktiven Bedeutungsgenerierung und aktiver Variationsbildung wird über die Verstärkung der strukturellen Bedeutungszuweisung und Freisetzung von der nachvollziehenden Referenzierung verstärkt.

Es könnte eine stärkere Erregung über die Verstärkung der abstrahierenden Wahrnehmung wie auch über eine stärkere Unsicherheit in der Bedeutungszuweisung auftreten.

Gegebenenfalls findet eine Verstärkung des Spannungserlebens bzw. des Interesses hinsichtlich narrativer oder dramaturgischer Gestaltungselemente über die stärkere Gewichtung struktureller Relationen im Rezeptionsprozess statt.

Das Kompetenzerleben wird auf der Ebene der Rezeptionshandlung über die aktive Veränderung des Medienangebots verstärkt.

Das Selbsterleben wird über das Kompetenzerleben der konstruktiven Gestaltung und der stärkeren Selbstbezüglichkeit in der Bedeutungszuweisung verstärkt.

7.3.2.3 Offene Fragen

Distanz und Souveränität
Hinsichtlich des Aspekts der Souveränität und Möglichkeit der Distanzierung von involvierenden Faktoren kann nur schwer eine Verschiebung postuliert werden. Dem Verlust an Distanzierungsqualitäten bei der narrativen Rezeption (als Abgrenzung zwischen Selbst- und Fremdperspektive und Kontrolle der mehr oder weniger intensiven Zuwendung) über die eigene Aktivität werden das Kontrollerleben der aktiven Manipulation und die Distanz der Abstraktion von der externen Bezugsetzung gegenübergestellt.

Beurteilungen
Über die Abschwächung des Realitätsbezugs werden die wertbezogene Beurteilung von dargestellten Handlungssituationen und Charakteren abgeschwächt. Ebenso werden die Beurteilung einer Mitteilungsperspektive und deren Stellungnahmen weniger explizit ausfallen.

Die gestaltungsbezogene Beurteilung könnte hingegen stärker in den Vordergrund rücken, zum einen über die geringere Bedeutung der inhaltlichen Bezugsetzungen und zum anderen durch die stärkere Wahrnehmung bzw. Reflexion struktureller Komponenten.

7.3.3   Thesen zum Rezeptionserleben

Der Abschwächung nachvollziehender emotionaler Involvierung, inhaltlichen Interesses und der Erregung der passiven Rezeption steht ein Anstieg involvierender Faktoren, vor allem über das selbstbezügliche Erleben aktiver Konstruktion, gegenüber.

Auf Basis der vorangehenden Erörterungen zur Involvierung bei der Rezeption narrativer Filme wird angenommen, dass die nachvollziehende Anteilnahme über die Imagination von Handlungssituationen einen zentralen Aspekt darstellt. Der zugewiesene Realitätscharakter im Sinne einer möglichen Bezugsetzung auf die Erfahrungswirklichkeit und damit verbundenen emotionalen Aspekten der Perspektivübernahme ist dafür ein entscheidender Faktor. Auch das Moment der Intensitätssteigerung der Passivität sowohl hinsichtlich des diegetischen Verlaufs wie auch hinsichtlich der strukturellen Gestaltung narrativer Restriktionen wird als wichtige Komponente der Filmrezeption angesehen.

Deshalb wird angenommen, dass die positiven Faktoren der interaktiven Rezeptionssituation im Fall des narrativen fiktionalen Films die negativen Aspekte nicht aufwiegen werden und das Rezeptionserleben insgesamt weniger involvierend sein wird.

8 Empirische Forschung zur Rezeption interaktiver Filme

8.1 Ableitung der zu prüfenden Hypothesen für die empirische Studie

Aus den Darstellungen zu den hypothetisch reflektierten Veränderungen von Interpretation, Involvierung und Rezeptionserleben bei der Rezeption eines interaktiven narrativen Spielfilms im Vergleich zu einem linearen Spielfilm werden folgende Forschungshypothesen für die empirische Studie abgeleitet. Die Eingrenzung und Reduktion der Formulierungen sind auf die Möglichkeit der Überprüfbarkeit über eine dem Rezeptionserleben nach geschaltete Rezipientenbefragung ausgerichtet.

Die Ausrichtung der Hypothesen ist als Differenz von der interaktiven zur linearen Version eines vergleichbaren Films formuliert.

Es wurde zwischen den zentralen Hauptthesen, die vor allem in der Fragebogenerhebung ermittelt werden sollen, und zusätzlichen Aspekten, die stärker in der Auswertung der Interviews berücksichtigt werden sollen, unterschieden.[599]

8.1.1 Hauptthesen

- Der Realitätsbezug des interaktiven Films ist weniger stark. Der Film wird als weniger realistisch empfunden.
- Die Charaktere werden distanzierter, gegebenenfalls funktionaler (hinsichtlich ihrer Funktion in einer narrativen Struktur) oder konstruierter (bewusst als Konstrukte eines Mitteilenden) wahrgenommen.
- Das Empathieempfinden für die Charaktere ist weniger ausgeprägt.
- Der Film wird als weniger spannend empfunden.
- Eine moralische Beurteilung der Charaktere ist weniger stark ausgeprägt.
- Der Mitteilungscharakter oder die mögliche Botschaft des Films wird weniger stark wahrgenommen.
- Das Rezeptionserleben insgesamt wird weniger positiv bewertet.
- Der Spannungsverlauf ist weniger stark auf die Erwartung des Ausgangs ausgerichtet (Spannungsanstieg). Das Spannungserleben beim linearen hingegen Film steigt zum Ende hin an.

---

[599] Zum Teil wurden diese Aspekte zwar auch im Fragebogen erfasst, allerdings nicht mit hohen Erwartungen hinsichtlich der Auswertbarkeit der Ergebnisse.

- Der Film wird stärker als konstruiertes, gestaltetes Werk wahrgenommen. Gestaltungselemente fallen möglicherweise stärker auf oder werden stärker reflektiert.

8.1.2   Zusätzliche Thesen

- Die Interpretation ist weniger eindeutig ausgerichtet. Es kommt stärker zu Reflexion von Mehrdeutigkeiten.
- Der Film wird selbstbezüglicher interpretiert. Das selbstbezügliche Erleben steht stärker im Vordergrund.
- Die Aussagen über den Film sind weniger stark diegetisch nachvollziehend auf die Handlungssituationen ausgerichtet. Die Aussagen sind stärker hinsichtlich der Reflexion der Konstruktivität von Figuren und Handlungen formuliert. (relationale vs. referentielle Begrifflichkeiten bei der Beschreibung und Reflexion)
- Die Beurteilung des Films ist stärker auf Gestaltungselemente bzw. das ästhetische Erleben ausgerichtet.

8.2   Methodenwahl und Untersuchungsanlage

Das Interesse der theoretischen Analyse liegt darin, einen Ausgangspunkt zu schaffen, der eine differenzierte Beobachtung der Rezeption interaktiver filmischer Medienangebote mit narrativem Charakter oder narrativen Anteilen ermöglicht.[600] Ausgangsthese dabei war, dass die vergleichende Charakterisierung und Gegenüberstellung narrativer und spielerischer Rezeptionsmuster sinnvolle Beobachtungsperspektiven eröffnen. Wesentliches Anliegen der theoretischen Auseinandersetzung war es, diesbezüglich theoretische Grundlagenarbeit zu schaffen.

Da es speziell zu dieser Fragestellung der empirischen Beobachtung möglicher Veränderungen der Bedeutungszuweisung und des Rezeptionserlebens im Zusammenhang von angenommenen Verschiebungen spielerischer und narrativer Rezeptionsmuster bisher weder im theoretischen noch im empirischen Bereich Untersuchungen gibt, ist die Erwartung an die empirische Untersuchung hier nur zweitrangig auf die tatsächliche Verifizierung oder Falsifizierung der eingegrenzten Hypothesen ausgerichtet.

---

[600] Der Begriff interaktiver filmischer Medienangebote mit narrativem Charakter zielt nicht auf eine bestimmte Form des interaktiven Films, sondern soll hier weit gefasst verstanden werden für alle Angebote, die durch die Verbindung von erzählendem Bewegtbild und Interaktivität charakterisiert werden.

Im Interesse steht vor allem, über diesen ersten Versuch zu ermitteln, ob und wenn ja in welcher Form differierende Rezeptionsmuster im Zusammenhang linearer und interaktiver Mediennutzung im beschriebenen Kontext aufgezeigt werden können. Ob sich über eine standardisierte Befragung bereits klare Differenzen zwischen interaktiver und nicht interaktiver Rezeption aufzeigen lassen, die sinnvolle Relationen zu den theoretischen Konstrukten spielerischer und narrativer Rezeptionsmuster in der Interpretation ermöglichen. Ob und wenn ja wie sich aus den empirischen Befragungen gegebenenfalls Hinweise hinsichtlich notwendiger und aussichtsreicher Überarbeitungen der theoretischen Vorarbeit und des empirischen Untersuchungsdesigns ergeben. Welche ergänzenden Untersuchungen gegebenenfalls sinnvoll sein könnten, um die These der differierenden Rezeptionsformen spielerischer und narrativer Qualität im Kontext interaktiver AV-Medien auszubauen, zu überarbeiten oder gegebenenfalls zu verwerfen.

8.2.1 Experimentelles Studiendesign

Als Untersuchungsmethode wurde ein experimentelles Studiendesign gewählt, bei dem die zu vergleichenden Rezipientengruppen eine lineare und eine interaktive Variante eines zu diesem Zweck produzierten Testfilms ansehen. Im Anschluss an die Filmsichtung erhalten die Gruppen standardisierte Fragebögen, in denen sie zu ihrem Rezeptionserleben befragt werden. Zusätzlich werden bei jeder Gruppe im Anschluss an die Fragebogenerhebung Gruppeninterviews zum Filmerleben durchgeführt.

Für das Experiment wurden drei Kontrollgruppen geplant. Zusätzlich zu der Gegenüberstellung von linearer und interaktiver Variante wurde eine dritte Variante erstellt. Der dritte Film entspricht der interaktiven Variante, enthält aber zwei zusätzliche Elemente (Punktebewertung und Zeitanzeige), die den Spielcharakter der Rezeptionshandlung verstärken sollen. Über die Verstärkung des Spielcharakters und der damit angenommenen Verstärkung bestimmter Eigenschaften von spielerischer Rezeption sollte ein zusätzliches Vergleichsmoment, hinsichtlich der graduellen Veränderung von Bedeutungskonstruktion und Rezeptionserleben, erzeugt werden.

Da die Fragestellung auf die angenommene Veränderung der Rezeption durch Interaktivität fokussiert ist, stellt das Experiment über die Möglichkeit des direkten Vergleichs der Rezeption bei linearer und interaktiver Materialität in einer Laborumgebung eine fokussierte Untersuchungsform dar, bei der sich die Beeinflussung durch Störfaktoren und konfundierende Variablen so weit wie möglich eingrenzen lässt.

Die These des Anstiegs spielerischer Rezeptionsmuster ist unter anderem mit der Annahme der Verstärkung einer von der diegetischen Repräsentation abstrahierenden reflektierenden Wahrnehmung und des Bewusstseins der Konstruktivität verbunden. Deshalb schien es nicht sinnvoll, den Rezeptionsvorgang mit zwischengeschalteten Fragestellungen zu unterbrechen. Dies würde gegebenenfalls auch beim linearen Film eine Abschwächung der diegetischen Involvierung sowie Verstärkung reflektierter Wahrnehmungsformen evozieren und damit möglicherweise eine schwer einschätzbare Manipulation hinsichtlich des Faktors Abstraktion in der Bedeutungskonstruktion verursachen.

Die Befragung unmittelbar nach der Rezeption wurde deshalb als sinnvolle Form erachtet, um noch möglichst unmittelbare Eindrücke und Erinnerungen an den Rezeptionsprozess abfragen zu können.[601]

Die Ermittlung über standardisierte Fragebögen ist einerseits mit der Zielsetzung der Vergleichbarkeit einer möglichst repräsentativen Stichprobe hinsichtlich der Veränderungshypothese verbunden. Andererseits können Fragen zur Bedeutungskonstruktion nur über die bewusste und reflektierte Erinnerung der Rezipienten erhoben werden. Bei der vorliegenden Untersuchung steht in Abgrenzung zu den wirkungsorientierten Forschungen nicht die isolierte Beobachtung emotionaler Erlebnisformen im Vordergrund, sondern deren Bezugsetzung zu den vorangehenden Prozessen aktiver kognitiver und emotionaler Zuweisungen.[602]

Gegebenenfalls wäre hier noch die Methode des lauten Denkens[603] eine sinnvolle Methode, um sowohl reflektierende wie emotionale Aspekte der Bedeutungszuweisungen und Beurteilungen im Rezeptionsprozess zu erheben. Diese Erwägung wurde hier aus ökonomischen Gründen nicht ausgeführt, da hierzu eine Einzelbeobachtung aller Rezipienten notwendig gewesen wäre, die mit den gegebenen Mitteln nicht abzudecken gewesen wäre. Im Hinblick auf die Unsicherheiten, die sich in der Dateninterpretation ergeben haben, könnte dies aber hinsichtlich der Überlegungen zu möglichen Weiterentwicklungen gegebenenfalls noch einmal überdacht werden.[604]

Die Ergänzung der Fragebogenerhebung über Gruppeninterviews wurde gewählt, um die in der standardisierten Befragung notwendigen Reduktionen und damit gegebene Gefahr der Verzerrungen und Fehlinterpretation über die stärker differenzierte Form der Interviewbefragung gegebenenfalls aufzufangen. Da die Interviewteilnehmer vorab bereits an der Fragebogenerhebung teilgenommen ha-

---

[601] Wie die theoretischen Ausführungen zur Rezeption narrativer Filme zeigen, ist die Rezeption in ihrem Verlauf neben anderen Faktoren auch von der parallel stattfindenden Konstruktion einer narrativen Makrostruktur und damit verbundenen Erwartungen geprägt. Über eine Befragung während der Rezeption wäre auch die Gefahr gegeben, dass das Spannungserleben durch die zwischengeschaltete Reflexion in seinem Gesamtverlauf manipuliert wird.

[602] Beobachtungsmethoden, die auf unbewusste emotionale Einbindung der Rezipienten zielen, wie sie z. B. von Vorderer und Knobloch (Vorderer, P; Knobloch, S. (2000).) sind deshalb hier nicht von Interesse. Siehe dazu auch die Ausführungen zur vorhandenen Forschung in Kapitel 4.

[603] Vgl. Bilandzic, H.; Trapp, B. (2000).

[604] Siehe Kapitel 8.4.4 und Kapitel 9.3.

ben, konnten hier noch einmal im direkten Gespräch das Verständnis der Frage-
bogenfragen und mögliche Schwierigkeiten thematisiert werden.

Neben pragmatischen Begrenzungen bringt die Gruppensituation den Vorteil, dass über die offene und lockere Gesprächssituation in der Gruppe den Teilnehmern das Erinnern und Formulieren der eigenen Gedanken und Erlebnisse
erleichtert wurde. Über die Möglichkeit der Kontrastierung zu den Erfahrungen
und Beurteilungen anderer Teilnehmer können gerade relativ schwer fassbare
Prozesse eher ins Bewusstsein rücken als in einer Einzelsituation.[605] Insofern alle
Teilnehmer Studierende geisteswissenschaftlicher Studiengänge waren, kann von
der Erfahrung offener Diskussionsrunden zu Fragen der Film- oder Medienrezeption ausgegangen werden.

Ebenso kann von einer vorhandenen Schulung hinsichtlich der Formulierung
subjektiver Rezeptionserlebnisse und Beurteilungen von Medienangeboten auch
bei differierenden Diskussionsbeiträgen ausgegangen werden. Zusätzlich stehen
die Teilnehmer in den Gruppeninterviews nicht in einem völlig anonymen Verhältnis zueinander, da sie Kommilitonen derselben Studiengänge sind. Damit ist
eine gewisse Vertrautheit der Gruppensituation gegeben. Die Gefahr der Zurück-
haltung aus Unsicherheit und einer Meinungsführerschaft, der sich ein Großteil
der Gruppe anschließt, sollte in diesem Umfeld relativ gering sein.

8.2.2 *Durchführung der Stichprobenerhebung*

Es wurden insgesamt 122 Personen, auf drei Gruppen verteilt, befragt. Da sich
die Hypothesenstellung auf die Relation von Materialität des Medienangebots und
Bedeutungskonstruktion richtet, sollten die individuellen Einflussfaktoren der Bedeutungszuweisung und des Rezeptionserlebens so wenig wie möglich differieren.
Deshalb schien es sinnvoll, ein Umfeld für die Stichprobenerhebung zu finden, in
dem vermutet werden kann, dass der kulturelle Hintergrund und das vorhandene
Medienwissen der Probanden relativ große gemeinsame Schnittmengen bilden.
Zusätzlich schien es hilfreich, medien- und filmaffine Personen zu befragen, bei
denen einerseits Erfahrungen mit interaktiven Anwendungen vorausgesetzt werden
können und andererseits Fragestellungen zum Rezeptionserleben auf ein vergleich-
bares Reflexionsvermögen zu Medienerlebnissen stoßen.

---

[605] Dabei wird das Gruppeninterview im Sinne Lamneks Differenzierung als exploratives Instrument verstanden (Lamnek, S. (1998), S. 61), mit dem individuelle Meinungen im Gruppenprozess
qualitativ erfasst werden können. „Entscheidender Vorteil ist, dass ‚die individuelle Meinung in der
Gruppendiskussion durch die gegenseitige Stimulierung deutlicher zum Vorschein kommt als bei
standardisierten Interviews'." Lamnek, S. (1998), S. 60. Lamnek bezieht sich hier auf seine eigenen
Ausführungen zur qualitativen Sozialforschung.

Die Personen waren alle Studierende in medienbezogenen Fachrichtungen an einer Universität in Berlin oder Potsdam. Ein Großteil der Befragten nahm an der Studie im Rahmen laufender Seminartermine teil, so dass das aktive Interesse oder die bewusste Zuwendung zu interaktiven Medienformen und deren Erforschung als ausschlaggebende Teilnahmemotivation keinen beeinflussenden Faktor der Stichprobenselektion darstellen sollte.[606]

Die Teilnahme an den daran anschließenden Gruppeninterviews beruhte auf der freiwilligen Bereitschaft zum zusätzlichen Aufwand. Als Anreiz für die Teilnahme erhielten die Personen einen Kinogutschein. Da die Interviewzeit zum Teil noch im Rahmen der Seminarzeiten lag und der Kinogutschein einen zusätzlichen Motivationsfaktor darstellte, sollten die Eigeninitiative und das Interesse am Gegenstand nicht der einzige prägende Faktor. Es muss aber davon ausgegangen werden, dass die Teilnehmer der Gruppeninterviews tendenziell stärker an der Thematik der Forschungsfragen interessiert sind als der restliche Anteil der Stichprobe. Insofern es sich aber bei den Gruppeninterviews vorwiegend um eine qualitative Erhebung im Sinne einer differenzierenden und kontrollierenden Betrachtung zur Fragebogenerhebung handelt, ist hier die Repräsentativität der Probanden nicht von zentraler Bedeutung.

8.2.3   Vortest zur Fragebogenerhebung und Interviewführung

Es wurde ein Vortest durchgeführt, bei dem eine Gruppe von fünf Teilnehmern die erste interaktive Variante des Films sichtete und im Anschluss daran den Fragebogen ausfüllte und an einem Gruppeninterview teilnahm.

Der Vortest ergab, dass die Formulierungen im Fragebogen für die Teilnehmer weitgehend verständlich und ohne Schwierigkeiten zu beantworten waren. Tendenziell problematisch sind die Frage nach der Einschätzung zur Wahrnehmung der Charaktere als reale Personen oder eher konstruierte Figuren gewesen. Diese Fragen wurden zwar von den Teilnehmern nicht aktiv als problematisch beurteilt. Es stellte sich aber im Verlauf des Interviewgesprächs heraus, dass hier leichte Einordnungsschwierigkeiten bestanden. Die Fragestellung wurde dennoch im Fragebogen beibehalten, da sie als sinnvolle Kontrolle zu den direkten Fragen zur Charakterrezeption, zum Realismus und zu den Eigenschaftsangaben eingesetzt werden kann.

Im Leitfaden des Interviews hingegen wurden direkte Fragestellungen zur Abstraktion oder Konstruktivität in der Rezeption weitgehend heraus genommen, sowie Fragen zur Gestaltungswahrnehmung weiter nach hinten gestellt. Die zu

---

[606] Insgesamt 10 Personen wurden außerhalb eines Seminarzusammenhangs über die Aufforderung zur Teilnahme rekrutiert. Zusätzlich wurden in den Kontrollvariablen zu den Personenkennzeichen die bevorzugten Mediennutzungen, explizit auch von PC-Spielen, abgefragt.

stark eingegrenzte zielgerichtete Formulierung von Fragen führte in der Interview-situation dazu, dass die noch frischen Erlebnisse nicht frei ausgesprochen werden konnten und das Gespräch zum Stocken kam. Es zeigte sich, dass die Ermittlungen zu diesen Items besser indirekt über die Art und Weise der Gesprächsbeiträge und des Verlaufs der Diskussion zu erheben sind. Die Teilnehmer sollten zunächst Gelegenheit haben, möglichst offen und frei über ihr Filmerlebnis zu sprechen und zu diskutieren. Der überarbeitete Leitfaden liefert eine grobe Strukturierung des Gesprächsverlaufs hinsichtlich der verschiedenen Themenfelder wie Gesamt-erlebnis, Charakterwahrnehmung und Spannung.

Bei der Frage, ob die Rezipienten den Eindruck haben, dass der Regisseur eine Botschaft vermitteln möchte, zeigte sich in der Interviewsituation, dass die Teilneh-mer sich durch die Fragestellung tendenziell dazu aufgefordert sahen, eine Botschaft zu finden. Die Beurteilung, ob eine Botschaft überhaupt wahrgenommen wurde, trat bei mehreren Teilnehmern in den Hintergrund. Dennoch wurde die Frage im Fragebogen beibehalten, da angenommen wurde, dass sich gegebenenfalls über den Vergleich zwischen den Versionen ein aussagekräftiges Ergebnis ermitteln ließe.

Zusätzlich ergab der Vortest, dass die Teilnehmer bei den Auswahlsituationen im Film Entscheidungsschwierigkeiten hatten, weil dort nur die Namen der zu wäh-lenden Personen auf den Schaltflächen angegeben waren. Es wurde beschlossen, zusätzlich zum Namen, noch einen Hinweis auf das kommende Handlungselement dieser Person anzugeben.[607]

8.3   Beschreibung der Testfilme

8.3.1   Anforderungsprofil für die Testwerke

Es wurden insgesamt drei Filmvarianten basierend auf dem dafür entwickeltem Drehbuch eines narrativen fiktionalen Kurzfilms produziert. Für die Drehbuch-entwicklung wurde vorab ein Anforderungsprofil im Hinblick auf die Ausrichtung der Hypothesenformulierungen und die praktischen Bedingungen der Rezeptions-studie verfasst.

Um die Durchführbarkeit der Befragungs- und Sichtungssituation in vertret-barem Zeitrahmen zu gewährleisten, sollte die Gesamtzeit der Rezeption nicht länger als 15 Minuten betragen.

Es sollte sich um ein Alltagsdrama in realistischem Setting handeln. Das Er-zählen einer Geschichte, die so auch wirklich passieren könnte und dem Alltag der Zuschauer entnommen ist, sollte im Vordergrund der Inszenierung stehen. Die

---

[607] Siehe Kapitel 8.3/Beschreibung der Testfilme.

Einführung der Charaktere und der zentralen Handlungssituation sollte Empathie erzeugenden Charakter haben. Das heißt, es sollte sich um eine Situation handeln, die von den Rezipienten schnell erfassbar ist und bei denen die emotionale Involvierung der beteiligten Charaktere ein wichtiges Element des Handlungsverlaufs darstellt. Mindestens eine der Personen sollte dabei eine Handlung ausführen, die eine moralische Beurteilung vom Zuschauer herausfordert.

Die formulierten Anforderungen an die Geschichte und deren Inszenierung sind darauf ausgerichtet, dass 1. der Realitätsbezug ein wichtiges Element der Rezeption hinsichtlich kognitiver wie auch emotionaler Faktoren darstellt und nicht bereits im linearen Format zusätzliche distanzierende oder spielerische Elemente wie z. B. Komik oder auffallende ästhetische Gestaltungselemente auftreten. 2. Die empathische Anteilnahme an den Bedürfnissen der Charaktere ein wichtiges Element des Filmverständnisses darstellt und damit auch des Rezeptionserlebens. 3. Die Frage der realitätsbezogenen Charakterwahrnehmung auch über die moralische Beurteilung der Handlungen abgefragt werden kann. 4. Die Frage des externen Realitätsbezugs auch hinsichtlich des Mitteilungscharakters über die Frage nach der Aussage oder Botschaft des Films gestellt werden kann.

Die Dramaturgie des Handlungsverlaufs musste sich zusätzlich für die Entwicklung der interaktiven Varianten eignen. Es muss eine Dramaturgie vorliegen, bei der sich die Konstruktion von Alternativen im Handlungsverlauf anbietet. Dabei sollte bei den interaktiven Varianten möglichst keine Abänderungen der narrativen Makrostruktur und des inhaltlichen Gesamtverlaufs der Geschichte ergeben. Damit sollte vermieden werden, dass die Beurteilung des Films und das Rezeptionserleben bereits durch die unterschiedlichen Ausprägungen auf inhaltlicher Ebene und der Gesamtdramaturgie differieren. Die Wahl der interaktiven Zugriffsmöglichkeiten sollte sich aber dennoch auf die inhaltliche Ebene des Films beziehen, damit ein zusätzliches Distanzmoment über eine gestaltungsbezogene Selektion vermieden wird. Um trotzdem die oben angeforderte inhaltliche Kongruenz so weit wie möglich zu erreichen, wurde die Selektionsmöglichkeit über die Wahl des Charakters gelöst, der in einer bestimmten Ausgangssituation die Handlungsinitiative ergreifen soll. Damit ist die Möglichkeit gegeben, eine Alternative auf diegetischer Ebene anzubieten, die dennoch nicht zu grundlegend unterschiedlichen Handlungsverläufen führen muss.

8.3.2 Kurzbeschreibung der drei Testfilme

Es liegen drei Testwerke vor, die im Folgenden als Variante 1 (V1), Variante 2 (V2) und Variante 3 (V3) angeführt werden: ein linearer Kurzfilm, eine interaktive Variante zu diesem Kurzfilm und eine mit zusätzlichen Spielelementen versehene Variante des interaktiven Kurzfilms. (Der Handlungsverlauf wird im nächsten Abschnitt beschrieben. Alle Filme sind mit Schauspielern auf Videomaterial gedreht. Die filmische Inszenierung richtet sich nach der Ästhetik einfacher TV-Filme hinsichtlich Schnitttempo, Tonmischung und Kameraeinstellungen. Dabei entspricht das Produktionsniveau dem von Hochschulfilmen.

Es gibt drei Protagonisten, Kai, Kirsten und Andreas, die circa 20–25 Jahre alt sind und aus dem studentischen Milieu kommen. Die Geschichte spielt in einer Wohngemeinschaft in Berlin. Kai kommt als Bewerber für ein Zimmer in einer 2er-WG zu Andreas. Kirsten wird ihr Zimmer verlassen, um zu ihrem Freund zu gehen. Es kommt zu einer Übergangssituation, bei der Kai und Kirsten sich für einige Tage das Zimmer teilen. In der sich entwickelnden Beziehung zwischen Kai und Kirsten spielt Andreas eine intrigante Rolle, die zum zentralen Konflikt führt.

Bild 1   Kai, Kirsten und Andreas (Variante 1)

Beim interaktiven Film können die Zuschauer an vier Stellen eine Entscheidung treffen. An bestimmten Handlungspunkten hält der Film an. Die Zuschauer können nun Kai oder Kirsten anklicken und sie oder ihn als aktive Person auswählen. Die alternativen Handlungssequenzen sind so gewählt, dass der Film danach wieder mit den gleichen Szenen wie in der linearen Variante weiter laufen kann. Die interaktive Variante hat in jedem Fall das gleiche Ende wie die lineare Variante.

Bild 2 Startbild (Variante 2)

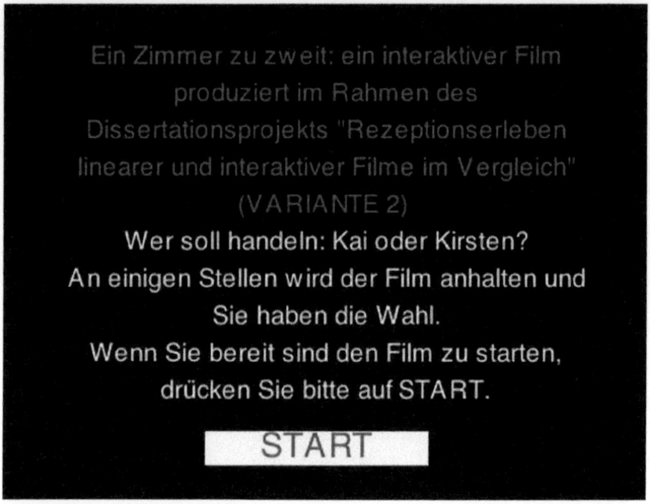

Ein Zimmer zu zweit: ein interaktiver Film
produziert im Rahmen des
Dissertationsprojekts "Rezeptionserleben
linearer und interaktiver Filme im Vergleich"
(VARIANTE 2)
Wer soll handeln: Kai oder Kirsten?
An einigen Stellen wird der Film anhalten und
Sie haben die Wahl.
Wenn Sie bereit sind den Film zu starten,
drücken Sie bitte auf START.
START

Bild 3 Erste Auswahl (Variante2)

KIRSTEN
küsst ihn
KAI
bekommt eine
Backpfeife

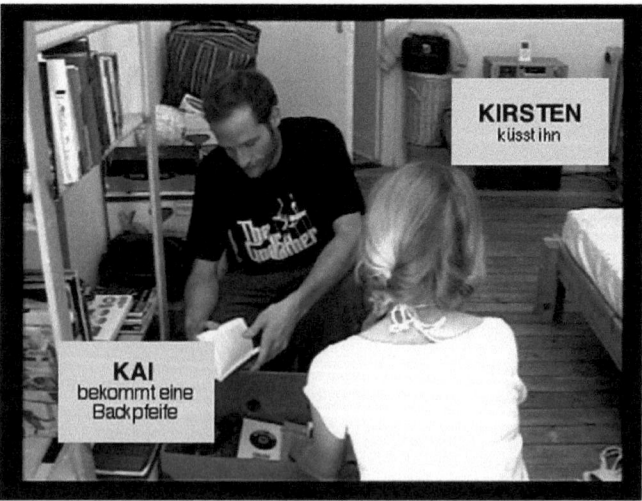

Die dritte Variante wird um zwei Spielelemente erweitert. Zu Beginn des Films wird der Zuschauer aufgefordert Kai und Kirsten dabei zu helfen ein Paar zu werden. Es werden neben dem Filmbild ein Zeitkonto und ein Punktestand eingeblendet und die Selektionen des Nutzers werden unmittelbar über Veränderungen des Zeit- und Punktestands bewertet. Über eine Bewertung der Eingriffsformen und eine zeitliche Begrenzung soll der instrumentelle Charakter der Rezeptionshandlung stärker akzentuiert werden (bei einer gleich bleibenden narrativen Struktur). Die Anzeigen hinsichtlich der abgelaufenen Zeit sind nur in groben Schritten zwischen dem ersten und zweiten Tag der Handlung abgestuft, so dass der beim Rezipienten aufgebaute Zeitdruck nicht als dominant angesehen werden dürfte. Für die Punkteanzeige wurde ebenfalls eine einfach grobe Rasterung gewählt. Der Rezipient erhält insgesamt maximal 8 Punkte (deren Anzeige in Herzform eingeblendet ist). Nach jeder Entscheidung werden maximal 3 Punkte dazu addiert oder auch abgezogen. Da bei allen Teilnehmern das Ende gleich ist, wird der maximale Punktstand immer erreicht.

Bild 4   Startbild (Variante 3)

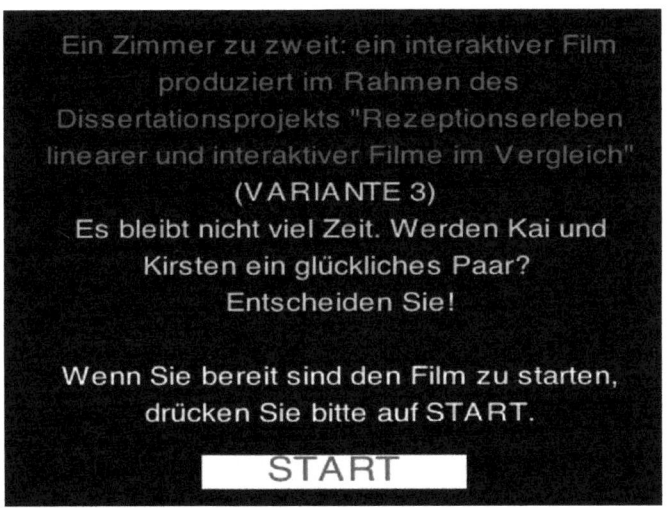

Bild 5   Punkteanzeige nach erster Auswahl (Variante 3)

8.3.3 Inhaltsbeschreibung der Filme

Im Folgenden wird kurz der Handlungsverlauf des linearen Films nach Szenen beschrieben. Im Anschluss werden die jeweils alternativen Szenen der zweiten Variante beschrieben. Variante 3 ist inhaltlich identisch mit Variante 2. Hier gibt es nur wie oben beschrieben zusätzliche Punkte- und Zeitanzeigen. (Siehe beispielhafte Bilder zu V2 und V3 für zweite Auswahl unten).

8.3.3.1 Variante 1 (V1): Linearer Film

Länge: ca. 12 Minuten
Charaktere: Andreas , Kai, Kirsten

Handlungsverlauf nach Szenen:
Szene 1) Andreas zeigt Kai seine Wohnung. Er sucht einen Nachmieter für Kirstens Zimmer. Andreas stellt Kai prüfende Fragen zur Person. Kirsten kommt dazu. Kai zeigt Interesse für Kirsten. Auf Andreas Anstoß hin wird vereinbart, dass Kai schon in das Zimmer einzieht, bevor Kirsten ausgezogen ist (aus praktischen Gründen), und sie für einige Übergangstage zu dritt in der Wohnung sein werden.

Szene 2) Beim Einzug von Kai findet ein kurzes Männergespräch zwischen Andreas und Kai bezüglich Kirsten statt. Andreas äußert die Vermutung, dass Kai sich in Kirsten verliebt hat und kommentiert das noch unterstützend.

Szene 3) Kirsten packt ihre Sachen in ihrem Zimmer in Umzugskisten. Kai kommt dazu und bietet Hilfe an. Kai macht Musik an. In dem kurzen Gespräch mit Kirsten zur Musikauswahl gibt er sein Interesse an ihr kund. Kirsten ergreift dann die Initiative und küsst ihn.

Szene 4) Morgens, eine Nacht später, liegen Kirsten und Kai zusammen im Bett. In dem Gespräch erfährt Kai, dass Kirsten nicht, wie angenommen, nur einfach in eine andere Wohnung zieht, sondern in zwei Tagen zu ihrem Freund in die USA gehen wird. Kai ist enttäuscht und verärgert und verlässt das Zimmer.

Szene 5) Es findet ein Gespräch zwischen Kai und Andreas in der Küche statt. Kai berichtet Andreas von der Situation. Er erwähnt, dass Kirsten jetzt zu einer Freundin gegangen ist. Andreas rät Kai, das nicht auf sich beruhen zu lassen und doch bei Kirstens Freund Sven anzurufen, um die Sache zu klären. Kai findet diese Idee nicht gut, Andreas gibt ihm aber dennoch die Telefonnummer von Sven.

Szene 6) Kai ruft dann doch bei Sven an und spricht ihm auf den Anrufbeantworter. Er sagt aber nichts über sein Verhältnis zu Kirsten.

Szene 7) Kirsten und Kai treffen sich auf dem Balkon vor Kirstens Zimmer. Kirsten entschuldigt sich bei Kai. Kai berichtet von seinem Anruf, bei dem er aber nichts von ihrer Nacht erzählt habe und entschuldigt sich dafür bei Kirsten. Kai hat eine Flasche Sekt und Blumen besorgt. Sie stoßen zusammen mit Sekt an.

Szene 8) Morgens, eine Nacht später, haben Kirsten und Kai wieder die Nacht zusammen verbracht. Andreas schaut unbemerkt ins Zimmer von Kirsten, in dem die beiden im Bett liegen und scheint zufrieden zu sein.

Szene 9) Andreas macht Frühstück. Als Kai im Bad ist, gibt es ein kurzes Gespräch zwischen Andreas und Kirsten. Kirsten sagt, dass sie Kai mag und nicht genau weiß, was das zu bedeuten hat. Kai kommt aus dem Bad und setzt sich dazu. Es klingelt das Telefon. Sven ruft aus den USA an. Sven fragt nach dem Anrufer Namens Kai, der sie zu kennen scheint. In dem Gespräch zwischen Sven und Kirsten entwickelt sich ein Streit. Sven wirft Kirsten vor komische Freunde zu haben. Das Gespräch eskaliert und Kirsten legt den Hörer im offenen Streit mit Sven auf. Kai will sie umarmen, aber Kirsten ist verärgert über den Verlauf.

Kirsten antwortet ausweichend. Kai ergreift den Telefonhörer und erzählt von seiner Liebe zu Kirsten und den gemeinsamen Nächten.

Szene 10) Kirsten ist entsetzt über Kais Tat und macht ihn dafür verantwortlich, dass er ihre Beziehung zu Sven zerstört hat. Kai möchte sie umarmen und für sich gewinnen, wird aber von Kirsten weggestoßen.

Szene 11) Andreas bringt Kai zur Tür und gibt ihm zu verstehen, dass er jetzt wieder gehen muss, da Kirsten das Zimmer ja jetzt wieder braucht. Andreas wendet sich tröstend Kirsten zu. Kai realisiert, dass Andreas den Verlauf gezielt gesteuert hat, um Kirsten für sich zu gewinnen. Er ruft Kirsten durch die Wohnungstür von außen zu, dass Andreas diesen Komplott inszeniert hat. Die Tür geht auf und Andreas wird von Kirsten vor die Tür gesetzt. Kai und Kirsten umarmen sich.

8.3.3.2 Variante 2 (V2) und Variante 3 (V3): Interaktive Filme

Beim interaktiven Film können die Zuschauer an vier Stellen eine Entscheidung treffen. An bestimmten Handlungspunkten hält der Film an. Die Filmszene bleibt als Stillbild zu sehen. Es werden zwei Schaltflächen mit den Namen Kai und Kirsten und kurzen Hinweisen auf deren Aktivitäten eingeblendet. Zum Beispiel: „Kirsten küsst Kai" oder „Kai erhält eine Backpfeife". Die Zuschauer können nun Kai oder Kirsten anklicken und seine oder ihre Handlungsvariante aktivieren. Die alternativen Handlungssequenzen sind so gewählt, dass der Film danach wieder mit den gleichen Szenen wie im linearen Ablauf (siehe oben) weiter laufen kann. Je eine der beiden Varianten, die nach den Entscheidungspunkten ablief, ist dem linearen Film entnommen. Im Folgenden werden nur die jeweils neuen Varianten beschrieben. Die der linearen Szene entsprechende Handlungsalternative kann oben nachgelesen werden.

Handlungsalternativen:
Szene 3) Der Film hält nach dem kurzen Gespräch über die Musik an, in dem Kai sein Interesse an Kirsten zu verstehen gibt. Kai und Kirsten schauen sich an. (Siehe Bild oben)

Wahl 1: Sie wird aktiviert (wie V1/Szene 3).
Wahl 2: Er wird aktiviert.
Kai übernimmt die Initiative. Er geht zu Kirsten nimmt ihr die Bücher aus der Hand und küsst sie. Kirsten gibt ihm darauf hin eine kurze Ohrfeige, hat dann aber doch auch Interesse und küsst ihrerseits Kai.

Szene 7) Kirsten und Kai treffen sich auf dem Balkon. Der Film hält an.

Bild 6   Zweite Auswahl (Variante 2)

Bild 7   Punktanzeige nach zweiter Auswahl (Variante 3)

Wahl 1: Sie wird aktiviert.
Kirsten gesteht, dass sie sich für Ihre Handlungsweise sehr schämt. Kai gesteht
Kirsten ebenfalls, dass er „Scheiße gebaut hat" und berichtet von dem Telefonat.
Kirsten verzeiht ihm. Kirsten hat Sekt eingekauft, mit dem sie zusammen anstoßen.
Wahl 2: Er wird aktiviert (wie V1/Szene 7).

Szene 9) Andreas, Kirsten und Kai sitzen in der Küche. Es klingelt. Der Film
hält an.

Bild 8   Dritte Auswahl (Variante 2)

Wahl 1: Sie wird aktiviert (wie V1/Szene 9).
Wahl 2: Er wird aktiviert .
Sven ruft aus den USA an. Sven fragt nach dem Anrufer Namens Kai, der sie zu
kennen scheint. Kirsten antwortet ausweichend. Kai ergreift den Telefonhörer und
erzählt von seiner Liebe zu Kirsten und den gemeinsamen Nächten.

Szene 11) Nachdem Andreas Kai in den Flur begleitet hat. Alle drei stehen im Flur. Der Film hält an.

Bild 9   Vierte Auswahl (Variante 2)

Wahl 1: Sie wird aktiviert (wie V1/Szene 11).
Wahl 2: Er wird aktiviert (wie V1/Szene 11).

8.4   Fragebogenerhebung

8.4.1   Fragebogendesign

Da es sich, wie erläutert, um eine erste testende Erhebung zu der Qualifizierung von Differenzen im Rezeptionserleben hinsichtlich der vorab erörterten theoretischen Annahmen handelt, wurden die reduzierten Forschungshypothesen weitgehend direkt in den Fragestellungen angesprochen. Es wurden zu jeder Hypothese nur eine oder maximal zwei Fragestellungen eingefügt.

Eine differenzierte Entwicklung der Fragestellungen, z. B. auch mit indirekten Methoden, sollte erst diskutiert werden, wenn bereits eingrenzende Erörterungen zu diesbezüglich hilfreichen Dimensionen und Kategorien des Zuschauererlebens angestellt werden können.

Der Fragebogen sollte von den Probanden in einer relativ kurzen Zeit von maximal 15–20 Minuten ausfüllbar sein. Zum einen sollte die Bereitschaft der Teilnahme nicht negativ belastet werden. Zum anderen sollten die Fragen ohne längeres Nachdenken direkt in Verbindung mit dem gerade abgeschlossenem Rezeptionserleben von den Teilnehmenden beantwortet werden.

Die Fragestellungen lassen sich in fünf Bereiche gliedern: Fragen zur allgemeinen Beurteilung des Films und des Rezeptionserleben, Fragen zur Charakterwahrnehmung, Fragen zum Spannungserleben, Fragen zu zusätzlichen Aspekte wie Botschaftscharakter und Gestaltungswahrnehmung und schließlich Fragen zur Person.

Die Fragen zum allgemeinen Filmerleben und der Beurteilung der Umsetzung des Films wurden verteilt auf Anfang und Ende der Befragung, um eine gegenseitige Beeinflussung der Beantwortung im Sinne einer vom Befragten angestrebten Widerspruchsfreiheit zu vermeiden.

Die Fragen zum Einfühlungsvermögen wurden für die Figuren Kai und Kirsten formuliert, da sie die beiden potentiellen Sympathieträger darstellen. Die Frage zur Charakterbeurteilung im Sinne einer moralischen Einschätzung zur dargestellten Person oder Handlung wurde bezogen auf die Figur Andreas gestellt, da Andreas als Antagonist angesehen werden kann. Zusätzlich wurden für alle Figuren Fragen zur Einschätzung der Lebensnähe bzw. dazu, ob die Figuren als konstruiert empfunden wurden, gestellt.

Beim Spannungserleben wurde die Intensität abgefragt und eine zusätzliche Frage zur Einschätzung zum Verlauf des Spannungserlebens gestellt.

Die Fragen zur Charakterrezeption und Spannungswahrnehmung wurden jeweils zusammen geblockt, um die Möglichkeit zu haben über einfache direkte Fragen den Einstieg zu finden und danach eine etwas schwierigere Frageformulierung zu dem Thema zu stellen.

Im Anschluss daran wurde gefragt, ob mit dem Film eine Aussage oder Botschaft verbunden wird.

Über eine Adjektivliste wurden noch einmal ergänzend die zentralen Aspekte (Realismus, Spannung, Spaß, Aussagecharakter, Emotionalität) der obigen Fragestellungen mit variierten Begrifflichkeiten aufgegriffen und der Hauptteil der Fragestellungen zum Rezeptionserleben abgerundet.

Im Schlussteil der Fragen zum Rezeptionserleben wurde danach gefragt, wie stark den Rezipienten Gestaltungselemente aufgefallen sind. Eine abgewandelte Form der Genrezuordnung wurde abgefragt.[608] Abschließend wurde noch einmal um eine Beurteilung der Umsetzung des Films gebeten.

---

[608] Neben den bekannten Genres Alltagsdrama, Komödie wurde noch der Genrevorschlag „Narratives Spiel" angeboten.

Bei den interaktiven Varianten wurden im Interesse einer explorativen Erhebung noch zusätzliche Fragen zu Einschätzungen der Rezipienten hinsichtlich eines hypothetischen Vergleichs zu einer linearen Variante des Films abgefragt. Die Fragen zur Person wurden an das Ende des Fragebogens gestellt.

Für die Beantwortung wurden je nach Schwierigkeitsgrad der Fragestellung Rangskalen (5er-Skalierung) oder Antwortalternativen vorgegeben.

8.4.2 *Ergebnisdarstellung der Fragebogenerhebung*

Insgesamt wurden 122 Personen befragt. Die Fragebögen konnten fast alle als vollständig gültig ausgewertet werden.[609] Da die Befragten ihre Fragebögen persönlich abgeholt und abgegeben haben, wurde einerseits drauf geachtet, dass alle Fragen ausgefüllt waren und andererseits konnten die Probanden bei Unsicherheiten Rückfragen stellen.

Die drei Kontrollgruppen werden im Folgenden mit V1, V2 und V3 abgekürzt. V1 hat den linearen Film gesehen, V2 die einfache interaktive Variante und V3 die interaktive Variante mit zusätzlichen Spielelementen.

Die Verteilung auf die drei Kontrollgruppen liegt bei 47 Personen in V1, 38 in V2 und 37 in V3.

8.4.2.1 Geschlechtsverteilung und Altersprofil der befragten Personen

Die Geschlechtsverteilung der Stichprobe insgesamt liegt bei einem Verhältnis von 58,7 % weiblichen zu 41,3 % männlichen Teilnehmern. Das entspricht nach vorliegendem Kenntnisstand auch in etwa der Verteilung innerhalb der medienbezogenen Studiengänge, bei denen im Allgemeinen der weibliche Anteil der Studierenden über dem der männlichen Studierenden liegt. Die Verteilung ist dabei innerhalb der Experimentgruppen weitgehend gleich bleibend und liegt zwischen dem Verhältnis von 60 %/40 % und 54 %/46 %. Die Geschlechtsverteilung wird damit als unproblematisch hinsichtlich möglicher Konfundierung eingeschätzt. Zur Kontrolle wurden die zentralen Fragestellungen dennoch auf eine mögliche Einflussnahme durch die Geschlechterdifferenzen überprüft.[610]

Die Altersverteilung der befragten Personen bewegt sich zwischen 18 und 46 Jahren. Da es vor allem im oberen Bereich Ausreißer gibt, reicht die um insgesamt 4 % (3,3 % oben, 0,8 % unten) reduzierte Altersverteilung von 19–33 Jahre.

---

[609] Es gab nur bei einigen Fragen maximal 1–2 ungültige bzw. nicht beantwortete Fälle. Lediglich die Genrezuordnung wurde in Gruppe 3 von 4 Teilnehmern nicht beantwortet.
[610] Siehe Kapitel 8.4.3.2.

Bei verschiedenen Kontrolltests wurde kein signifikanter Unterschied in den Antwortergebnissen unter Einbeziehung der vollständigen Stichproben im Vergleich zu der um die oberen und unteren Ausreißer reduzierten Stichprobe ermittelt. Deshalb wurde in den folgenden Auswertungen jeweils die nicht reduzierte Stichprobe zugrunde gelegt.

Tabelle 1   Altersverteilung der gesamten Stichprobe

Alter	n	%	kumulierte %
18	1	,8	,8
19	5	4,1	4,9
20	14	11,5	16,4
21	13	10,7	27,0
22	7	5,7	32,8
23	6	4,9	37,7
24	13	10,7	48,4
25	13	10,7	59,0
26	8	6,6	65,6
27	13	10,7	76,2
28	6	4,9	81,1
29	4	3,3	84,4
30	7	5,7	90,2
31	3	2,5	92,6
32	2	1,6	94,3
33	3	2,5	96,7
39	1	,8	97,5
42	2	1,6	99,2
46	1	,8	100,0
Total	122	100,0	

8.4.2.2 Unterschiedliche Altersverteilung als konfundierende Variable?

Die differierenden Ausprägungen der Altersverteilung weisen ein relativ hohes Potential einer möglichen Verzerrung der Ergebnisse auf. Deshalb wird dieser mögliche Störfaktor vorab bereits kurz diskutiert. Die ausführlichere Darstellung dazu, mit entsprechender Wertetabelle, findet sich im Kapitel 8.4.3.2 zusammen mit der Überprüfung weiterer Manipulationsmöglichkeiten über differierende Persönlichkeitsmerkmale.

Die Altersverteilung ist zwischen den Gruppen nicht homogen. Die dritte Gruppe enthält im Vergleich zu den beiden anderen auffallend mehr ältere Studierende und hat einen deutlich höheren Altersdurchschnitt als die beiden anderen Gruppen. Die Mittelwerte des Alters ergeben für V1 = 24,7, V2 = 24,3 und V3 = 26,7 Jahre. Zusätzlich sind in der zweiten Gruppe auffallend mehr junge Studierende unter 22 Jahren, so dass sich auch im Vergleich zur ersten Gruppe, trotz relativ gleichen Altersdurchschnitt, ein unterschiedliches Altersprofil ergibt.

Um die mögliche Einflussnahme des Alters untersuchen zu können, wurden die Stichprobe in drei Altersgruppen eingeteilt. Die Abgrenzung wurde einerseits unter Berücksichtigung der prozentualen Aufteilungen der Altersverteilung und andererseits hinsichtlich möglicher Differenzen der Studien- und Lebensabschnitte der Personen vollzogen. In die erste Gruppe wurden 18–22 Jährige zusammengefasst, da hier davon ausgegangen werden kann, dass es sich um Studierende handelt, die noch im Grundstudium sind und wahrscheinlich noch keine oder wenig parallele Berufserfahrungen haben. Die zweite Gruppe der 23–27 Jährigen ist entweder schon im Hauptstudium oder es kann, falls das Studium später begonnen wurde bzw. längere Studienzeiten vorliegen, von einer vorhandenen anderweitigen Berufs- oder Ausbildungserfahrung ausgegangen werden. Die dritte Gruppe, der ab 28-Jährigen, befindet sich in einem Alter, in dem kein ungebrochener Ausbildungsverlauf angenommen werden kann. Hier wird in jedem Fall eine zusätzliche Form der Beschäftigung angenommen und damit auch ein weiteres Erfahrungsspektrum.[611] Die Frage, in welchem Lebensabschnitt bezogen auf die Ausbildung im medienbezogenen Studium sich die Studierenden befinden, wurde als Begründung für die Differenzierung der Gruppen gewählt, da davon ausgegangen wird, dass sich mit der zusätzlichen Erfahrung im Umgang mit Medienangeboten (durch das Studium und durch anzunehmende berufliche Tätigkeiten) das Selbstverständnis in der Beurteilung ändert. Im Hauptstudium haben die Studierenden bereits Erfahrungen in der Theoriereflexion, Medienanalyse und meist auch im Umfeld der produzierenden Praxis gesammelt und müssen sich in der Ausrichtung des Studiums wie auch bezüglich der eigenen zukünftigen Tätigkeit im Medienumfeld bereits positionieren.

Geschmacksvorlieben sind anzunehmender weise ausgeprägter, die Toleranzbreite und Offenheit wahrscheinlich geringer. Es kann von einer gesteigerten kritischen Haltung bei gleichzeitig stärkerem Selbstbewusstsein hinsichtlich des eigenen Urteilsvermögens ausgegangen werden.

---

[611] Es wurde zusätzlich auch eine Kontrolle der Kernvariablen bei einer Altersgruppierung rein nach prozentualer Einteilung (18–21 = 0–27%, 22–24 = 28–48%, 25–27 = 49–76%, 28–46 = 77–100%) vorgenommen. Auch hier ergaben sich keine aussagekräftigen Differenzen zum Gesamtergebnis. Da bei dieser Gruppierung die Fallzahl in einigen Gruppen sehr gering wird, wurde die oben angeführte Aufteilung präferiert.

Tabelle 2 Gruppierte Altersverteilung der Experimentgruppen

		Alter (gruppiert)							
		18–22		23–27		28–46		Total	
		n	%	n	%	n	%	n	%
Filmvariante	Variante 1	16	34,0	22	46,8	9	19,1	47	100,0
	Variante 2	18	47,4	11	28,9	9	23,7	38	100,0
	Variante 3	6	16,2	20	54,1	11	29,7	37	100,0
Total		40	32,8	53	43,4	29	23,8	122	100,0

Grafik 1 Gruppierte Altersverteilung der Experimentgruppen in Prozent

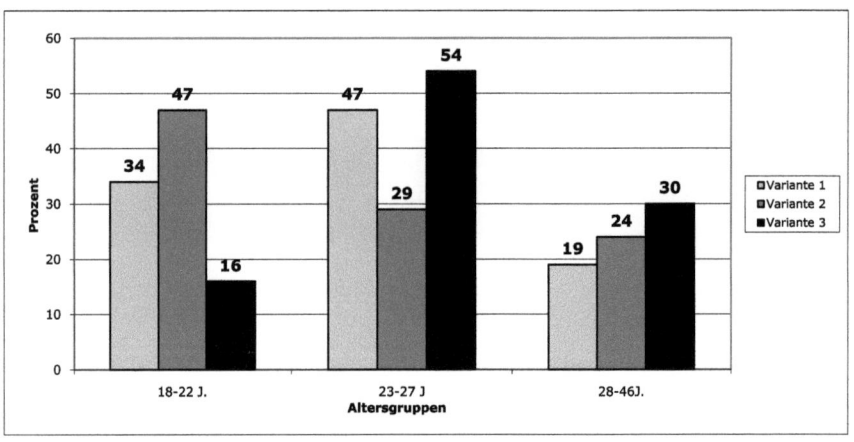

Aufgrund der großen Differenzen wurden bei den einzelnen Fragen Kontrollen zu möglichen Manipulationen durch die unterschiedliche Altersverteilung vorgenommen. Für die zentralen Fragen zum Filmerleben – Gesamterleben, Realismus, Einfühlung, Spannung und Beurteilung der Umsetzung – ergaben sich bei einem Vergleich der Beurteilungen zu den Filmvarianten innerhalb gleicher Altersgruppen der jeweiligen Experimentgruppen ähnliche Bewertungsdifferenzen hinsichtlich der Filmvarianten (bei nahezu konstanten Bewertungshierarchien) wie bei dem Vergleich der jeweiligen gesamten Experimentgruppen. Das bedeutet, unter den

jeweils gleich jungen oder alten Teilnehmern wurde bis auf wenige Ausnahmen die zweite Variante besser beurteilt als die beiden anderen Varianten.[612]
Auffallend sind die durchgängig besseren Bewertungen bei den jeweils jüngsten Gruppen[613] in fast allen Fragen. Das entspricht der obigen Einschätzung, der kritischeren Haltung bei älteren Studierenden. Da sich aber, wie beschrieben, im nach Alter differenzierten Vergleich der Bewertungen keine Unterschiede in der Bewertungshierarchie zwischen den Filmvarianten ergeben, kann keine entscheidende Manipulation des Gesamtergebnisses über die unterschiedliche Altersverteilung angenommen werden.

8.4.2.3 Allgemeine Beurteilung des Rezeptionserlebens und des Films

Bei der einleitenden Fragestellung, wie dem Teilnehmer der Film „Ein Zimmer Zu Zweit" insgesamt gefallen habe, erhält V2 eine deutlich bessere Beurteilung als V1 und V3. Die interaktive Version ohne zusätzliche Punkteanzeige scheint den Nutzern am besten gefallen zu haben. Im Mittelwert erhält V2 die Note 2,47 während V1 mit 3,01 und V3 mit 2,94 ähnlich schlechter beurteilt wurden.

Tabelle 3   Gesamterleben des Films

	Wie hat Ihnen der Film „Ein Zimmer Zu Zweit „insgesamt gefallen? Würden Sie sagen er war….							
	sehr gut/gut		durchschnittlich		schlecht/sehr schlecht		Basis	
Filmvariante	n	%	n	%	n	%	n	%
Variante 1	13	27,7	18	38,3	16	34,0	47	100,0
Variante 2	23	60,5	12	31,6	3	7,9	38	100,0
Variante 3	13	36,1	12	33,3	11	30,6	36	100,0

Auf die im Schlussteil gestellte Frage, wie die Teilnehmer die Umsetzung des Films, unter Berücksichtigung der nicht professionellen Produktionsbedingungen beurteilen, ergab sich eine vergleichbare Notenhierarchie. Die Beurteilung viel aber insgesamt positiver aus. V2 erhielt den Mittelwert 1,76, während V1 mit 2,40 und V3 mit 2,32 wieder eine annähernd gleich schlechte Beurteilung als V2 erhielten.

---

[612] Die genauere Darstellung zu dieser und weiteren kontrollierenden Betrachtung zu möglichen konfundierenden Personenmerkmalen werden im Kapitel 8.4.3 ausgeführt.
[613] Siehe dazu Tabelle im Kapitel 8.4.3.2.

Tabelle 4   Beurteilung der Umsetzung des Films

	Unter Berücksichtigung des nicht professionellen Anspruchs: Wie gut oder schlecht fanden Sie den Film gemacht? Als Forschungsfilm fand ich den Film ... umgesetzt.							
	sehr gut/gut		mittelmäßig		schlecht/sehr schlecht		Basis	
Filmvariante	n	%	n	%	n	%	n	%
Variante 1	27	57,4	17	36,2	3	6,4	47	100,0
Variante 2	34	89,5	4	10,5	–	–	38	100,0
Variante 3	26	70,3	7	18,9	4	10,8	37	100,0

8.4.2.4 Die Rezeption der Charaktere

Bei der Rezeption der Charaktere wurde zwischen den beiden Hauptcharakteren Kirsten und Kai als potentielle Sympathieträger und der Figur Andreas als Antagonisten differenziert. Bei Kirsten und Kai wurde danach gefragt, wie gut sich die Rezipienten in die Person einfühlen konnten. Bei Andreas wurde nach der Beurteilung seiner Person oder seiner Handlungen gefragt.

Im Vergleich der Beurteilung des Einfühlungsvermögens bei Kirsten und Kai, erhielt Kirsten wesentlich schlechtere Beurteilungen. Das lässt sich zum einen über ihre negative Handlungsweise erklären, insofern sie Kai gegenüber nicht klar stellt, dass sie zu ihrem Freund zieht. In den Interviews zeigte sich zusätzlich, dass Kirstens Charakter bereits allein aufgrund ihres Auftretens häufig mit negativen Eigenschaften belegt wurde.[614]

Im Vergleich der Varianten ergeben sich wieder für Variante V2 die besten Bewertungen zur Einfühlung. Die Differenz der Bewertung ist dabei nicht so groß wie bei den Fragen zum Filmerleben und zur Umsetzung. Für Kai und Kirsten erhält die Variante 3 jeweils die schlechteste Bewertung.

Für Kirsten ergeben die Mittelwerte 3,21 für V2, 3,40 für V1 und 3,59 für V3. Kai wird hingegen mit 2,42 für V2, 2,78 für V1 und 2,83 für V3 deutlich besser bewertet.

---

[614] Siehe Kapitel 8.5.2.

Tabelle 5   Einfühlungsvermögen bei Kirsten (gruppiert)

| | Wie gut konnten Sie sich in Kirsten einfühlen?
Ich konnte mich in Kirsten … einfühlen. | | | | | | | |
| | sehr gut/gut | | mittelmäßig | | schlecht/sehr schlecht | | Basis | |
Filmvariante	n	%	n	%	n	%	n	%
Variante 1	10	21,3	13	27,7	24	51,1	47	100,0
Variante 2	8	21,1	15	39,5	15	39,5	38	100,0
Variante 3	3	8,1	14	37,8	20	54,1	37	100,0

Tabelle 6   Einfühlungsvermögen bei Kai (gruppiert)

| | Wie gut konnten Sie sich in Kai einfühlen?
Ich konnte mich in Kai … einfühlen. | | | | | | | |
| | sehr gut/gut | | mittelmäßig | | schlecht/sehr schlecht | | Basis | |
Filmvariante	n	%	n	%	n	%	n	%
Variante 1	23	48,9	12	25,5	12	25,5	47	100,0
Variante 2	23	60,5	9	23,7	6	15,8	38	100,0
Variante 3	16	43,2	11	29,7	10	27,0	37	100,0

Die im anschließenden Fragenblock auf alle Figuren bezogenen Fragen zur Lebensnähe und Echtheit der Personen in Gegenüberstellung zu rollentypischen Figuren
und einem konstruierten Charakter der Figuren bestätigen die bisherige Beurteilungshierarchie zwischen den Varianten weitgehend. Lediglich bei der Frage danach,
ob die Figuren als rollentypisch angelegt wahrgenommen wurden, erhält die Variante 1 die beste Bewertung (d. h. die Figuren wurden am wenigsten stark als rollentypisch angelegt beurteilt). Bei den anderen drei Fragestellungen wird wie bisher die
Variante 2 am besten, im Sinne der Lebensnähe und Echtheit der Figuren, bewertet.
Dabei ist einschränkend hinzuzufügen, dass, wie bereits erwähnt, die Interviews
zeigten, dass die Probanden die Formulierungen der ersten und auch der dritten
Fragestellung schwierig fanden und anzunehmender Weise ein Teil der Personen,
diese Fragen – insbesondere die erste Frage – nicht eindeutig interpretieren konnte.

Tabelle 7   Figurenwahrnehmung Mittelwertvergleich

Wie haben Sie die Figuren Kai, Kirsten, Andreas und ihre Handlungen in der Filmgeschichte wahrgenommen? Bitte lesen Sie sich folgende Aussagen durch und beurteilen Sie anhand einer Skala von „trifft voll zu" (1) bis „trifft gar nicht zu" (5) wie zutreffend Sie die Aussagen finden. (Die Reihenfolge der Fragestellung entspricht der Anordnung im Fragebogen)	Mittelwerte		
	Variante 1	Variante 2	Variante 3
Ich fand die Figuren rollentypisch angelegt.	**2,04**	2,34	2,38
Ich hatte das Gefühl, dass es sich um echte Personen handelt.	3,27	**2,86**	3,37
Ich hatte den Eindruck, dass die Figuren und ihre Handlungen hauptsächlich für die Konstruktion der Geschichte da sind.	2,10	**2,57**	2,05
Ich fand die Figuren und ihre Handlungen sehr lebensnah.	3,42	**2,91**	3,38

In der Beantwortung der Frage danach, ob die Teilnehmer sich ein Urteil zu Andreas Person oder seinen Handlungen gebildet haben,[615] ergaben sich keine auffallenden Differenzen. In allen drei Gruppen gaben circa 80 % der Teilnehmer an, sich ein Urteil zu Andreas gebildet zu haben.

8.4.2.5 Realismusbeurteilung und Spannungserleben

Auch bei den Beurteilungen zur Realitätsnähe und zum Spannungserleben bleibt die V2 in der besten Position und wieder werden V1 und V3 jeweils fast gleich schlecht beurteilt. Dabei tritt die Differenz zwischen V2 und den beiden anderen Varianten beim Spannungserleben deutlicher hervor als bei der Frage danach, wie realistisch die Probanden den Film fanden.

Beim Realismus wurden im Mittelwert für V2 die Bewertung 2,52 im Vergleich zu 2,85 für V1 und 2,94 für V2 vergeben. Das Spannungserleben wurde im Mittelwert bei V2 mit 2,84 im Vergleich zu 3,31 für V1 und 3,35 für V3 bewertet.

---

[615] Die Formulierungen der Fragestellung und der Antwortmöglichkeiten lauteten:
„Wie haben Sie Andreas wahrgenommen? Haben Sie sich ein Urteil zu seiner Person oder seinen Handlungen gebildet?
[ ] Ich habe mir kein Urteil gebildet.
[ ] Ich bin mir nicht sicher, ich denke ich habe mir kein Urteil gebildet.
[ ] Ich kann nicht sagen, ob ich mir ein Urteil zu Andras gebildet habe
[ ] Ja, ich habe schon ein Urteil zu Andreas gebildet, könnte aber nicht sagen welches.
[ ] Ja, ich habe mir ein Urteil gebildet. Könnten Sie das in ein zwei Stichpunkten beschreiben".

Tabelle 8   Beurteilung des Realismus

	Wie realistisch fanden Sie den Film: Könnten Sie sich vorstellen, dass Ihnen oder jemandem anderen so etwas Ähnliches wie in dem Film passieren könnte?							
	Ja, sehr gut/Ja, geht so		Nur bedingt		Eher nicht/Nein, auf keinen Fall		Basis	
Filmvariante	n	%	n	%	n	%	n	%
Variante 1	18	38,3	15	31,9	14	29,8	47	100,0
Variante 2	20	52,6	11	28,9	7	18,4	38	100,0
Variante 3	14	37,8	8	21,6	15	40,5	37	100,0

Tabelle 9   Spannungserleben

Hat sich das Spannungserleben während des Films verändert? Gab es einen Spannungsverlauf?	Variante 1		Variante 2		Variante 3	
	n	%	N	%	n	%
Die Spannung war eigentlich immer gleich groß.	8	17,0	3	7,9	8	21,6
Die Spannung hat zum Ende hin zugenommen.	12	25,5	16	42,1	9	24,3
Die Spannung war am Anfang eher größer.	9	19,1	7	18,4	6	16,2
Die Spannung war schwankend, mal mehr mal weniger.	15	31,9	10	26,3	12	32,4
Ich kann mich nicht erinnern.	3	6,4	2	5,3	2	5,4
Basis	47	100	38	100	37	100

Zusätzlich wurden die Rezipienten noch um eine Einschätzung zum Verlauf des Spannungserlebens gebeten. Ihnen wurden mehrere Antwortalternativen zur Auswahl gestellt. Es wurde zur Wahl gestellt, ob die Spannung am Anfang oder am Ende größer war, ob sie immer gleich groß oder schwankend war. Die Verteilung auf die vier Alternativen ist bei V1 und V3 relativ gleichmäßig und auch wieder sehr ähnlich, jeweils mit dem Schwerpunkt auf einem schwankenden Spannungsverlauf mit je ca. 32 %. Bei V2 hingegen haben 42 % angegeben, dass die Spannung zum Ende hin zugenommen hat. Nur ein relativ geringer prozentualer Anteil der Teilnehmer hat angegeben, sich nicht erinnern zu können.

Tabelle 10   Spannungsverlauf

Hat sich das Spannungserleben während des Films verändert? Gab es einen Spannungsverlauf?	Variante 1		Variante 2		Variante 3	
	n	%	N	%	n	%
Die Spannung war eigentlich immer gleich groß.	8	17,0	3	7,9	8	21,6
Die Spannung hat zum Ende hin zugenommen.	12	25,5	16	42,1	9	24,3
Die Spannung war am Anfang eher größer.	9	19,1	7	18,4	6	16,2
Die Spannung war schwankend, mal mehr mal weniger.	15	31,9	10	26,3	12	32,4
Ich kann mich nicht erinnern.	3	6,4	2	5,3	2	5,4
Basis	47	100	38	100	37	100

8.4.2.6 Fragen zum Botschaftscharakter und der Gestaltungswahrnehmung

Bei der Frage zur Botschaft ergeben sich deutliche Unterschiede in den Ergebnissen zwischen den Versionen, die in diesem Fall nicht der bisherigen Hierarchie folgen. Der dritten Version wurde deutlich weniger häufig eine Botschaft zugeschrieben (51,4 %), während die erste Version für deutlich mehr Rezipienten einen Botschaftscharakter aufzuweisen scheint (44,4 %) als die anderen beiden Versionen.

Tabelle 11   Botschaftscharakter

	Hatten Sie den Eindruck, dass der Regisseur des Films eine Botschaft oder eine Aussage mit dem Film vermittelt?								
	Ja, auf jeden Fall/ Ich denke schon, bin aber nicht sicher welche		Wenn überhaupt, dann nur sehr undeutlich		Eher keine Botschaft/Nein, der Film vermittelt keine Botschaft		Basis		
Filmvariante	n	%	n	%	n	%	n	%
Variante 1	20	44,4	15	33,3	10	22,2	45	100,0
Variante 2	10	26,3	12	31,6	16	42,1	38	100,0
Variante 3	11	29,7	7	18,9	19	51,4	37	100,0

Bei der Frage zur Reflexion von Gestaltungselementen hebt sich wiederum V2 von den beiden anderen Varianten ab, insofern hier mehr Probanden angegeben haben, dass die Geschichte im Vordergrund stand und Gestaltungselement gar nicht oder nicht sehr stark aufgefallen sind.

Tabelle 12   Reflexion Gestaltungselemente

Wie bewusst haben Sie über die Gestaltung des Films nachgedacht? Sind Ihnen Gestaltungselemente, wie z. B. Schauspiel, Dramaturgie, Musik oder Kameraführung aufgefallen?	Variante 1		Variante 2		Variante 3	
	n	%	N	%	n	%
Nein, die Gestaltung ist mir gar nicht aufgefallen, ich habe vor allem auf die Geschichte geachtet.	4	8,7	6	15,8	2	5,6
Doch, ich habe auf die Gestaltung geachtet, aber nicht sehr stark, die Geschichte war wichtiger.	12	26,1	17	44,7	12	33,3
Ja, mir sich Gestaltungselemente aufgefallen, die habe ich bewusst zusätzlich zur Geschichte wahrgenommen.	30	65,2	15	39,5	21	58,3
Kein der Aussagen trifft zu.	–	–	–	–	1	2,8
Basis	46	100	38	100	36	100

8.4.2.7 Weitere Ergebnisse: Eigenschaftszuschreibungen, Genrezuordnung

Nach den zentralen Fragestellungen zu Realismus, Einfühlung und Spannung wurde den Teilnehmern noch einmal eine Adjektivliste zur Beurteilung des Films mit insgesamt 24 Eigenschaftszuschreibungen zur Auswahl vorgelegt. (Mehrfachnennungen waren möglich.)

In der Betrachtung einer Auswahl jeweils als sinngemäß gruppierbarer Adjektive wiederholt sich weitgehend die bisher fast durchgängige bessere Beurteilung der Variante 2. Lediglich für die Gruppe „unterhaltsam, spaßvoll, abwechslungsreich" erhält Variante 3 eine fast gleich hohe Prozentzahl von je ca. 60 %, während Variante 1 mit 36,2 % deutlich schlechter abschneidet.

Tabelle 13   Vergleich gruppierter Eigenschaftszuschreibungen
(Gewertet wurde, wenn eines der Adjektive aus der Gruppe
angegeben war.)

Adjektive (gruppiert)	Welche der folgenden Eigenschaften treffen Ihrer Meinung nach für den Film zu?					
	Variante 1		Variante 2		Variante 3	
	n	Spalte %	n	Spalte %	N	Spalte %
realistisch, authentisch, lebensnah	16	34,0	16	42,1	12	32,4
unrealistisch, wenig glaubwürdig	18	38,3	7	18,4	18	48,6
unterhaltsam, spaßvoll, abwechslungsreich	17	36,2	23	60,5	21	56,8
konstruiert, künstlich	31	66,0	17	44,7	22	59,5
langweilig, unbefriedigend, wenig mitreißend	21	44,7	9	23,7	16	43,2

Bei der einzelnen Betrachtung der am öftesten genannten Adjektive ergeben sich
für alle drei Filme unterschiedliche Profile. Variante 2 erhält deutlich mehr positive Adjektive unter den ersten 10 Plätzen. Variante 1 hingegen schneidet am
schlechtesten ab.

Tabelle 14   Meistgenannte Eigenschaften

	Welche der folgenden Eigenschaften treffen Ihrer Meinung nach für den Film zu?							
	Variante 1			Variante 2			Variante 3	
	n	Spalte %		n	Spalte %		n	Spalte %
konstruiert	28	59,6	unterhaltsam	21	55,3	konstruiert	21	56,8
komisch	19	40,4	konstruiert	15	39,5	unterhaltsam	19	51,4
künstlich	17	36,2	emotional	13	34,2	wenig glaubwürdig	16	43,2
unterhaltsam	15	31,9	lebensnah	12	31,6	spielerisch	10	27,0
unrealistisch	13	27,7	künstlich	11	28,9	künstlich	10	27,0
wenig mitreißend	13	27,7	spielerisch	10	26,3	wenig mitreißend	10	27,0
wenig glaubwürdig	12	25,5	komisch	9	23,7	nichts sagend	10	27,0

emotional	12	25,5	realistisch	8	21,1	langweilig	9	24,3
unbefriedigend	12	25,5	originell	8	21,1	lebensnah	9	24,3
befremdend	10	21,3	uneindeutig	8	21,1	spaßvoll	9	24,3
	47	100,0		38	100,0		37	100,0

Auf die Frage, welchem Genre die Zuschauer dem Film am ehesten zuordnen würden, hebt sich wiederum Variante 2 mit einer Zuordnung zum Alltagsdrama von fast 70 % von den beiden anderen Varianten ab, denen dieses Genre je nur mit 52,2 % (V1) und 42,4 % (V3) zugewiesen wurde.

Tabelle 15 Genrezuordnung

	Welchem der folgenden Genres würden Sie den Film am ehesten zuordnen?									
	Alltagsdrama		narratives Spiel		Komödie		keinem dieser Genres			
Filmvariante	n	%	n	%	n	%	n	%	n	%
Variante 1	24	52,2	12	26,1	4	8,7	6	13,0	46	100,0
Variante 2	25	69,4	6	16,7	4	11,1	1	2,8	36	100,0
Variante 3	24	24,4	8	24,2	4	12,1	7	21,2	33	100,0

8.4.3 Kontrolle zur Validität

Bevor die dargestellten Ergebnisse als Grundlage für weitere Fragestellungen und Erörterungen zu möglichen Interpretationen verwendet werden, sollen zunächst die interne Konsistenz der Beantwortung überprüft werden und insbesondere der Frage nach möglichen konfundierenden Variablen über differierende Personenmerkmale in den Gruppenzusammensetzungen nachgegangen werden.

8.4.3.1 Kontrolle der internen Konsistenz

Es wurden verschiedene Korrelationstests zwischen den Fragestellungen mit ähnlicher Ausrichtung zur Prüfung der internen Reliabilität der Beantwortung vollzogen.

Da davon ausgegangen werden kann, dass das Spannungserleben ein zentraler Aspekt bei der Beurteilung eines Spielfilms darstellt, wurde geprüft, inwieweit die gute bzw. negative Beurteilungen des Gesamterlebens mit denen des Spannungserlebens korrelieren. Hier ergab sich eine durchgängig hohe Korrelation von über 0,7 (Pearson).

Es wurde die Bewertung des Realismus mit den Bewertungen zur Lebensnähe und der Beurteilung der Frage, ob die Figuren als „echte Personen" empfunden wurden, verglichen. Die Korrelation zwischen Realismusbewertung und der Aussage, dass die Personen als lebensnah empfunden wurden, lag relativ hoch, bei 0,59 (Pearson). Die Korrelation zur Beurteilung der Aussage, dass die Personen wie „echte Personen" wahrgenommen wurden, lag etwas niedriger, bei 0,54 (Pearson).

Zusätzlich wurde die Auswahl der Adjektive mit den jeweils entsprechenden Beurteilungsfragen auf positive wie auch negative Konsistenz geprüft (z. B. Beurteilungen zum Gesamterleben mit „unterhaltsam", „spaßvoll", „unbefriedigend"). Für die Beurteilungen zum Gesamterleben, zum Realismus und zur Spannung ergaben sich dafür ebenfalls weitgehend konsistente Adjektivbeschreibungen.

Die interne Konsistenz der Beantwortung kann als zufrieden stellend angesehen werden und damit auch die Annahme bestätigt werden, dass die Teilnehmer mit den Fragestellungen wenig Verständnisschwierigkeiten hatten.

8.4.3.2 Kontrollierende Betrachtung zu möglichen konfundierenden Variablen

Bei den personenbezogenen Fragestellungen wurde zusätzlich zum Alter und Geschlecht noch Fragen zu Mediennutzung und Medienvorlieben gestellt. Gefragt wurde nach der Nutzung von PC-Spielen, nach der Häufigkeit der Rezeption von Spielfilmen und nach Vorlieben bei TV-Genres. Zusätzlich wurde der Aspekt der Universitätszugehörigkeit kontrolliert, da gegebenenfalls durch die starke Filmorientierung der Hochschule für Film und Fernsehen in Potsdam(HFF) sowie die stärkere Theorieorientierung der Humboldt Universität(HU) in Berlin Verzerrungen durch die unterschiedlichen Prägungen über das Studium denkbar sind.

Für die Kontrolle zu den einzelnen Variablen wurden jeweils die wichtigsten Fragestellungen zu Gesamterleben, Realismus, Einfühlung, Spannung und Beurteilung der Umsetzung vergleichend begutachtet.

Alter

Beim Altersprofil ergeben sich in den Vergleichsgruppen, wie bereits dargestellt, starke Unterschiede wie auch insgesamt eine große Spannweite. Im Vergleich zu den anderen Personenmerkmalen scheint hier das größte Potential einer möglichen Konfundierung zu liegen.

Es wurden kontrollierende Vergleiche mit reduzierten Altersspannweiten vollzogen. Sowohl bei der auf 19–33 Jahre gefilterten Stichprobe (bei der 5 Fälle bzw. 4,1 % raus fallen) wie auch bei einer Filterung auf 20–32 Jahre (13 Fälle, bzw.

10,6 % raus) ergeben sich in den Bewertungshierarchien für genannten Fragestellungen keine signifikanten Unterschiede zur gesamten Stichprobe.

Zusätzlich wurden die Beurteilungshierarchien zwischen den Filmvarianten innerhalb verschiedener Altersgruppen untersucht und mit der jeweiligen Gesamtstichprobe verglichen. Der Mittelwertvergleich nach Altersgruppen zeigt, dass die Bewertung zwischen den Altersgruppen zwar große Unterschiede aufweist, dabei aber in den Altersgruppen die Bewertungshierarchie zwischen den Filmvarianten der Gesamtstichprobe auch weitgehend erhalten bleibt.

Tabelle 16   Mittelwertvergleich nach Altersgruppen

Frage	Alter	Mittelwerte					
		Variante 1		Variante 2		Variante 3	
		Mittel	n	Mittel	n	Mittel	n
Wie gut hat Ihnen der Film insgesamt gefallen?	Gesamt	3,10	47	**2,47**	38	2,94	36
.	18–22 J.	2,94	16	**2,33**	18	<u>2,40</u>	5
	23–37 J.	3,18	22	**2,45**	11	2,90	20
	28–46 J.	3,22	9	**2,78**	9	3,27	11
Wie realistisch fanden Sie den Film?	Gesamt	2,85	47	**2,53**	38	2,95	37
	18–22 J.	2,50	16	2,39	18	**2,17**	6
	23–37 J.	3,00	22	**2,45**	11	2,85	20
	28–46 J.	3,11	9	**2,89**	9	3,54	11
Wie gut konnten Sie sich in Kai einfühlen?	Gesamt	2,79	47	**2,42**	38	2,84	37
	18–22 J.	2,50	16	**2,22**	18	2,33	6
	23–37 J.	3,50	22	**2,27**	11	2,75	20
	28–46 J.	**2,67**	9	3,00	9	3,82	11
Wie spannend fanden Sie den Film?	Gesamt	3,32	47	**2,84**	38	3,35	37
	18–22 J.	3,12	16	**2,78**	18	<u>2,83</u>	6
	23–37 J.	3,23	22	**2,64**	11	3,25	20
	28–46 J.	3,89	9	**3,22**	9	3,81	11

Geschlecht
Das Geschlechterverhältnis von 58,7 % weiblichen zu 41,3 % männlichen Teilnehmern bleibt innerhalb der Experimentgruppen annähernd konstant. Bei dem kontrollierendem Vergleich der Mittelwerte zu den zentralen Fragestellungen

innerhalb weiblicher und männlicher Teilnehmer in den Gruppen ergaben sich keine substantiellen Auffälligkeiten. Die weiblichen Teilnehmer haben überwiegend bessere Noten vergeben. Die Differenzen zwischen der männlichen und der weiblichen Benotung sind dabei aber in der Regel relativ gering (nicht mehr als 0,2 im Mittelwert).[616] Ebenso bleibt die Beurteilungshierarchie zwischen den Varianten innerhalb der männlichen und weiblichen Gruppen bei allen zentralen Fragen weitgehend gleich.[617]

Universität
Der mögliche Einfluss der Universitätszugehörigkeit kann nicht über alle drei Experimentgruppen verglichen werden, da nicht in allen Gruppen Studierende aller Universitäten vertreten sind. Studierende der Universität der Künste Berlin (UdK) sind in allen drei Gruppen. In der Gruppe 1 wird ein Drittel von Studierenden der Humboldt-Universität gebildet, während in der Gruppe 3 etwa die Hälfte Studierende der HFF Potsdam sind.

Es wurde deshalb einerseits die Beurteilungsdifferenzen zwischen den Universitätsgruppen in den Varianten untersucht und andererseits die Beurteilungshierarchie über die drei Varianten innerhalb der UdK-Studierenden. Hierfür ergibt sich keine Abweichung zu den Hierarchien der Gesamtstichprobe.

Bei den Beurteilungsdifferenzen zwischen den Gruppen der Universitätszugehörigkeiten gibt es nur in vier Fällen nennenswerte Differenzen. Die Angehörigen der Humboldt-Universität (HU) beurteilen einerseits den Realismus auffallend schlechter als die UdK-Studenten (3,11 zu 2,70 bei Variante 1), dafür aber die Spannung besser (3,00 zu 3,50 bei Variante 1). Damit kann nicht angenommen werden, dass die Zugehörigkeit zur Humboldt-Universität die insgesamt schlechtere Bewertung von V1 im Vergleich zu V2 bedingt.

Die HFF-Studenten bewerten hingegen die Spannung schlechter als die UdK-Studierenden (3,59 zu 3,15 bei Variante 3). Ebenso wird von ihnen das Einfühlungsvermögen bei Kai auffallend schlechter beurteilt mit 3,11 zu 2,60 bei den UdK-Studierenden (Variante 3). Da in den anderen Fragestellungen aber keine großen Differenzen auftreten, wird auch hier nicht angenommen, dass die HFF-Zugehörigkeit bedingender oder manipulierender Faktor für die schlechtere Bewertung von V3 zu V2 ist , da ja auch bereits innerhalb der UdK-Studierenden V3 schlechter beurteilt wurde als V2.

---

[616] Bei der Frage des Gesamterlebens vergaben die weiblichen Teilnehmer der Variante 3 mit einem Mittelwertverhältnis von 2,68 zu 3,23 deutlich bessere Beurteilungen als die männlichen. Ebenso große Differenzen ergaben sich noch bei der Beurteilung des Realismus für Variante 1 mit 2,67 (weiblich) zu 3,11 (männlich) und bei Variante 3 mit 2,65 (weiblich) und 3,29 (männlich).
[617] Nur bei der Frage zum Einfühlungsvermögen bei Kai wird bei den Männern V1 und V2 gleich gut bewertet.

PC-Spieler
Die Verteilung von Teilnehmern, die angegeben haben Computerspiele zu spielen und denen die keine Computerspiele spielen, ist zwischen den Experimentgruppen ungleichgewichtig. Während in der ersten Gruppe 17 % (n = 8) PC-Spiele spielen, sind es in der zweiten 36,8 % (n = 14) und in der dritten 21,6 % (n = 8). Insgesamt ist der Anteil der PC-Spieler wesentlich geringer, bei der gesamten Stichprobe beträgt der Anteil 24,6 % (30 von 122 Teilnehmern).

Bei der getrennten Auswertung der Beurteilung des Gesamterleben, der Spannung und der Umsetzung zeigte sich, dass die PC-Spieler in den Experimentgruppen jeweils bessere Bewertungen vergaben, auch für die lineare Variante[618]. Die Bewertungshierarchie zwischen den Varianten bleibt auch in diesem Fall zwischen PC-Spielern und den restlichen Teilnehmern gleich, das heißt dass die V2 für alle drei Fragen jeweils am besten bewertet wurde. Bei den PC-Spielern ist die Differenz zwischen V2 und V3 bei der Beurteilung des Spannungserlebens und der Umsetzung des Films dabei allerdings wesentlich geringer. V3 wird hier fast gleich gut bewertet wie V2.

Tabelle 17   Kontrollvariable Computerspielnutzung

Frage	Spielen Sie Computerspiele?	Mittelwerte					
		Variante 1		Variante 2		Variante 3	
		Mittel	N	Mittel	n	Mittel	n
Wie gut hat Ihnen der Film insgesamt gefallen?	Gesamt	3,10	47	**2,47**	38	2,94	36
	Ja	2,87	8	**2,36**	14	2,75	8
	Nein	3,15	39	**2,54**	24	3,00	28
Wie spannend fanden Sie den Film?	Gesamt	3,31	47	**2,84**	38	3,18	37
	Ja	3,25	8	**2,92**	14	3,03	8
	Nein	3,33	39	**2,79**	24	3,22	29
Wie gut fanden Sie den Film gemacht?	Gesamt	2,40	47	**1,76**	38	2,32	37
	Ja	2,25	8	**1,64**	14	1,88	8
	Nein	2,43	39	**1,83**	24	2,44	29

---

[618] Mit Ausnahme der Beurteilung des Spannungserlebens bei V2.

Spielfilm-Interessierte

Bei der Frage, wie oft die Teilnehmer sich einen Spielfilm im Kino oder zu Hause anschauen, ergibt sich für die dritte Experimentgruppe ein auffallend hoher Anteil der Vielseher. 70,3 % (n = 26) diese Gruppe sieht öfter als ein mal pro Woche einen Spielfilm, während dies von 51,1 % der ersten Gruppe und 39,5 % der zweiten Gruppe angegeben wurde.[619]

Zur Kontrolle wurde eine nach Häufigkeit der Spielfilmrezeption aufgeschlüsselter Vergleich der Beurteilungen zum Gesamterleben, zum Realismus, zum Einfühlungsvermögen, zum Spannungserleben und zur Umsetzung durchgeführt. Dabei ergaben sich keine auffallenden Differenzen in den Mittelwerten der Beurteilungen zwischen den Vielsehern und den jeweils anderen Gruppen. Zusätzlich konnte auch kein durchgängiges Beurteilungsmuster der Vielseher festgestellt werden, es wurden im Vergleich zur nächsten Gruppe (mit der Häufigkeit 2–3 mal im Monat) sowohl bessere wie auch schlechtere Beurteilungen bei verschiedenen Items wie auch zwischen den Varianten vergeben.

TV-Genrepräferenzen

Die Teilnehmer wurden ebenfalls gebeten ihre Präferenzen bei TV-Genres anzugeben. Dafür stand eine Auswahl von 11 Kategorien zur Verfügung, bei denen Mehrfachnennungen möglich waren.[620] Dabei ergaben sich wenige Auffälligkeiten hinsichtlich unterschiedlicher Profile zwischen den Experimentgruppen. In der dritten Gruppe gab es eine stärkere Präferenz für das Genre „Liebesfilm/Drama" (75 % im Vergleich zu 49 % (V1) und 63 % (V2)) sowie die Kategorie „andere Spielfilme" (49 % im Vergleich zu 26 % (V1) und 34 % (V2)), passend zu der höheren Spielfilmfrequenz dieser Gruppe (siehe oben). In der zweiten Gruppe zeigte sich noch im Vergleich zu den anderen Gruppen eine etwas stärkere Präferenz für Alltagsserien und Informationssendungen.

Bei einer getrennten Betrachtung der Beurteilung des Gesamterlebens unter Berücksichtigung der auffällig differenten Genrevorlieben konnten aber keine Differenzen festgestellt werden.

---

[619] Zur Auswahl standen die Häufigkeiten: „ein mal pro Woche oder öfter", „2–3 mal im Monat", „alle zwei Monate", „seltener".

[620] Als Kategorien wurden angeboten: Liebesfilm/Drama, Komödien, Krimi/Thriller/Action, Dokumentarische Filme/Reportagen, andere Spielfilmgenres, Alltagsserien/Seifenopern, Comedy Shows, Musikkanäle, Informationssendungen/Nachrichten, Sportsendungen, Andere TV-Shows.

8.4.3.3 Zusammenfassende Betrachtung zur Validität

Insgesamt ergibt sich nach obiger Darstellung kein starker Befund dafür, dass die sich über fast alle Beurteilungskategorien durchziehend bessere Beurteilung von V2 auf differierende Personenmerkmale in den Experimentgruppen zurückführen lässt.

Bei dem sehr stark differenten Altersprofil zeigen die nach Altersgruppen aufgeschlüsselten Mittelwerte, dass sich keine eindeutig verzerrenden Manipulationen über das Alter ableiten lassen. Auch bei den anderen untersuchten Merkmalen zieht sich wie schon beim Alter die allgemeine Bewertungshierarchie zwischen den drei Varianten in der Regel innerhalb der zu analysierenden Merkmalsgruppen durch.

Die Kontrollen zur internen Konsistenz der Beantwortung sprechen ebenfalls dafür, dass die Ergebnisse valide Aussagen zu den Fragestellungen liefern.

8.4.4 *Vorläufige Ergebniszusammenfassung der Fragebogenerhebung*

Zusammenfassend liefert die Fragebogenauswertung eine für V2 in fast allen Punkten bessere Bewertung als V1 und V3 durch die Rezipienten. V1 und V3 erhalten dabei ebenso in fast allen Bewertungskategorien vergleichbar schlechtere Ergebnisse.

Nur in der Frage des Botschaftscharakters erhält die lineare Variante einen deutlich höheren positiven Wert. Dem linearen Film scheinen mehr Teilnehmer einen Botschaftscharakter zuzuschreiben, als den beiden interaktiven Varianten.

Davon abgesehen ergeben sich zwei weitere Auffälligkeiten. Zur Frage, ob die Teilnehmer die Charaktere eher rollentypisch beurteilen würden, erhielt V1 einen höheren Wert und damit im Sinne einer angestrebten Natürlichkeit oder Differenziertheit der Charakterdarstellung eine schlechtere Beurteilung als die beiden interaktiven Varianten. Hier ist einschränkend bereits ausgeführt worden, dass – wie der Vortest zeigte – diese Fragestellungen für die Teilnehmer schwer verständlich waren. Es ist also möglich, dass diese Verschiebung zum Gesamtbild der Beurteilungshierarchien auf Verständnisschwierigkeiten zurückzuführen ist. Eine mögliche andere Erläuterung sollte aber auf Basis der Interviewbesprechung noch einmal erwogen werden.

Ebenso auffällig ist der zu V2 fast gleich hohe Wert der Eigenschaftszuschreibung „unterhaltsam" für V3, obwohl V3 im Gesamterleben wie auch im Spannungserleben ebenso schlechter als V2 beurteilt wurde wie V1. Auch hier wäre zu fragen, ob sich über die Aussagen der Gruppendiskussionen erklärende Beobachtungen anstellen lassen.

Um noch einmal einen Überblick über die wichtigsten Bewertungsdifferenzen zu haben, werden die Mittelwerte bzw. die wichtigsten Vergleichswerte zusammenfassend in einer Tabelle dargestellt:

Tabelle 18   Überblick zur Beurteilungshierarchie
(Die jeweiligen Items der Fragestellungen werden im Folgenden verkürzt angegeben. Die ausführlichen Formulierungen der Fragestellungen sind in den oben dargestellten Tabellen angegeben. Die Mittelwerte werden zur besseren Übersicht auf eine Stelle gerundet angegeben.)

Beurteilungsitems (Kurzangabe)	Mittelwerte		
	Variante 1	Variante 2	Variante 3
Gesamterleben	3,0	**2,5**	2,9
Umsetzung	2,4	**1,7**	2,3
Einfühlung Kirsten	3,4	**3,2**	3,6
Einfühlung Kai	2,8	**2,4**	2,8
figuren-, rollentypisch	**2,0**	2,3	2,4
echte Personen	3,3	**2,9**	3,4
Figuren und Handlungen konstruiert	2,1	**2,6**	2,0
Figuren und Handlungen lebensnah	3,4	**2,9**	3,4
Realismus	2,9	**2,5**	2,9
Spannung	3,3	**2,8**	3,3
Spannung am Ende höher	32%	**42%**	32%
Botschaft zugeschrieben	**44%**	26%	30%
Gestaltung aufgefallen nein/ja	9%/65%	**16%/40%**	6%/60%
meistgenannte Eigenschaften	konstruiert 60% komisch 40% künstlich 36%	unterhaltsam 55% konstruiert 40% emotional 34%	konstruiert 57% unterhaltsam 51% wenig glaubwürdig 43%

Damit ergibt sich eine, den Hypothesen widerläufige, schlechtere Bewertung der linearen Variante im Vergleich zur interaktiven Variante 2. Das würde dafür sprechen, dass über die Interaktivität das Rezeptionserleben in den wesentlichen Punkten positiv beeinflusst wurde. Damit stellt sich aber die zusätzliche Frage, warum die interaktive Variante 3 ebenfalls schlechter bewertet wurde. Dafür lässt sich zunächst keine einfache Erklärung anbieten. Insofern der einzige Unterschied in der Punkte- und Zeitanzeige und der vorab angestellten Aufforderung Kai und Kirsten zusammenzubringen liegt, muss hier nach möglichen Erklärungen gesucht werden. Bevor hier spekulative Überlegungen angestellt werden, soll zunächst die Auswertung der Interviews als mögliche Grundlage dafür durchgeführt werden.[621]

Durch das den Hypothesen diskonforme Ergebnis der Fragebogenauswertung stellt sich für die Untersuchung der Gruppeninterviews zusätzlich die Aufgabe, nach möglichen Interpretationshinweisen zu suchen für: 1. die den Ausgangsthesen entgegen gesetzte bessere Bewertung der interaktiven Variante (V2) im Vergleich zum linearen Film (V1) und 2. die wiederum schlechtere Bewertung der interaktiven Variante mit Punktesystem (V3) im Vergleich zur einfachen interaktiven Variante (V2). Zusätzlich sollen die Aussagen hinsichtlich möglicher Interpretationshinweise für die oben genannten Auffälligkeiten untersucht werden.

8.5 Durchführung und Ergebnisse der Gruppeninterviews

8.5.1 Fragestellungen und Auswertungsverfahren Gruppeninterviews

8.5.1.1 Der Leitfaden der Gruppeninterviews

Der Leitfaden der Gruppeninterviews wurde, wie bereits eingehend erläutert, nach den zentralen Thesen hinsichtlich möglicher Veränderungen des Rezeptionserlebens entwickelt. Auf Basis des Vortests wurden die Fragestellungen möglichst allgemein gehalten und vor allem zu Beginn des Interviews darauf geachtet, den Teilnehmern viel Raum für eigene Beiträge und einer selbst bestimmten Führung des Gesprächsverlaufs zu lassen.

Folgende Fragestellungen wurden im Leitfaden aufgeführt. Die Reihenfolge wurde dabei der jeweiligen Diskussionsentwicklung angepasst.

---

[621] Überlegungen zur Verschiebung der Ergebnisse über Unterschiede in den jeweiligen Stichproben können durch die angestellten Analysen zu konfundierenden Variablen weitgehend ausgeschlossen werden.

Tabelle 19   Überblick Leitfaden

Themenfeld	Mögliche Frageformulierungen
Gesamterleben	Hat Ihnen der Film Spaß gemacht? Was hat Ihnen gefallen?
Beschreibung (offen)	Wie würden Sie denn den Film kurz beschreiben?
Empathie	Wie gut haben Sie die Personen verstanden? Fanden Sie das nachvollziehbar, was Kai oder Kirsten oder Andreas gemacht haben? Wie gut konnten Sie sich denn einfühlen?
Spannung	Wie spannend fanden Sie den Film? Was fanden Sie besonders Spannend oder nicht spannend?
Makrostruktur/Verlauf	Können Sie sich noch erinnern, was für Gedanken Sie sich zum Verlauf der Geschichte gemacht haben? Was dachten Sie, könnte passieren? Hat sich das während des Films verändert?
Interaktivität	Welchen Einfluss, glauben Sie, hatte die Interaktivität auf ihr Filmerleben? Gibt es etwas, was durch die Interaktivität für Sie besonders war? Glauben Sie, dass sie die Geschichte – oder die Figuren – dadurch anders wahrgenommen haben im Vergleich zu einer linearen Version? Wenn ja wieso?
Botschaft	Haben Sie sich Gedanken zu dem Regisseur oder dem Autor bzw. den Autoren gemacht? Was glauben Sie, war das Motiv, die Motivation, für diesen Film?
Gestaltung	Ist Ihnen die Gestaltung des Films aufgefallen? Haben Sie auf etwas besonders geachtet?
Schlussfrage	Gibt es Dinge, die jetzt gar nicht erwähnt wurden, die Sie noch ergänzen wollen?

8.5.1.2 Überarbeitete und zusätzliche Fragestellungen für die Auswertung auf Grundlage der Fragebogenergebnisse

Die Auswertung der Gruppeninterviews ist im Gegensatz zu der quantitativen Erhebung der Fragebogenerhebung weniger auf die Verifizierung der gerichteten Hypothesen zur Veränderung des Rezeptionserlebens durch Interaktivität ausgerichtet. Im Vordergrund steht hier die qualitative und explorative Ermittlung möglicher Zusammenhänge auf Grundlage der vorangestellten Theorieuntersuchung. Die entwickelten Thesen liefern das Kategoriensystem zur Beschreibung und Analyse der Interviews.

Zentrale Perspektive der Auswertung liefert die Frage nach möglichen Unterschieden im Rezeptionserleben im Vergleich zum Rezeptionserleben des linearen Films und deren Zusammenhang mit den interaktiven Wahlmöglichkeiten. Die strukturierenden Themenblöcke dieser Untersuchung ergeben sich aus den Kapitel 8.1.1 Thesen ausgeführten Hauptthesen die bereits auch die Grundlage für den Leitfaden der Interviewdurchführung darstellten. Über die unerwarteten Fragebogenergebnisse hat sich zusätzlich die Perspektive der Betrachtung von der Hypothesenverifizierung zur offenen Frage hinsichtlich möglicher Erklärungsansätze abgeändert.

Neben diesen inhaltlichen Themenfeldern der Hauptthesen sollen, wie bereits in Kapitel 8.1/Ableitung der Hypothesen ausgeführt, in der Interviewanalyse zusätzliche qualitative Aspekte der Rezeptionsbeschreibungen in Betracht gezogen werden.

Die qualitativen Betrachtung der Beschreibung der Rezeptionserlebnisse soll untersuchen, ob sich Differenzen feststellen lassen hinsichtlich Ausprägung 1. nachvollziehender versus reflektierender oder abstrahierender Beschreibungen, 2. der Selbstbezüglichkeit der Beschreibungen des Rezeptionserlebens und 3. der Mehrdeutigkeit der Bedeutungszuweisung.[622]

Die Auswertung der Gruppeninterviews umfasst dementsprechend mehrere Phasen:

- die beschreibende Zusammenfassung von zentralen Aussagen zu den Hauptthemenblöcken,
- vergleichende Betrachtungen der Gruppeninterviews als Grundlage möglicher, Interpretationshinweise und Diskussionsansätze der Fragebogenergebnisse,
- die Analyse der Diskussionsbeiträge hinsichtlich der zusätzlichen Thesen zur Veränderung des Rezeptionserlebens,
- die Bezugsetzung der Auswertungsergebnisse zu den Fragebogenergebnissen einerseits und zu den vorangehenden Theorieausführungen andererseits.

8.5.1.3 Kodierung und Kategoriensystem

Die Kodierung der Interviews wurde unter zwei Gesichtspunkten vollzogen. Einerseits die Kodierung nach den inhaltlichen Themenblöcken. Hier steht im Interesse der Analyse, was die Teilnehmer zu den verschiedenen Aspekten ihres Rezeptionserlebens gesagt haben. Insbesondere nach dem unerwarteten Fragebogenergebnissen sollen hier Ansatzpunkte ermittelt werden, die eine Ergänzung oder Erweiterung der Fragebogenauswertung ermöglichen. In der Kodierung wurden dabei allgemein beschreibende Aussagen von beurteilenden Aussagen (mit positiver oder negativer

---

[622] Vergleiche dazu Kapitel 8.1.2.

Valenz) differenziert, um so auch eine Zusammenfassung nach Ausrichtung der Bewertungen durchführen zu können.

Zusätzlich wurden die Aussagen hinsichtlich einer Qualifizierung der Rezeptionsbeschreibungen selbst, unabhängig vom Inhalt der Aussage, kodiert. Hier soll differenziert werden, wie der Teilnehmer sich zu den Fragestellungen äußert. Im Vordergrund steht dabei, die These der Verstärkung von abstrahierenden reflexiven Bedeutungszuweisungen durch spielerische Wahrnehmungsmuster.

Dementsprechend wurden die Aussagen differenziert in Aussagen, die unmittelbar unter Bezug auf die diegetische Ebene formuliert werden, und Aussagen, die mittels reflexiver Begrifflichkeiten auf das Rezeptionserleben und die filmische Darstellung Bezug nehmen. Im ersten Fall wird aus einer nachvollziehenden Perspektive direkt über Figuren und Handlungen gesprochen. Im zweiten Fall finden die Aussagen auf einer die Konstruktivität der Filmdarstellung reflektierenden Ebene statt. Ein Beispiel für eine nachvollziehende oder inhaltliche Interpretation ist die Aussage: „Er war total verzweifelt. (…) Er hat jetzt gerade erfahren, dass sie nach Amerika zieht und weiß überhaupt nicht, was er machen soll." (2332/w-CH). Beispiele für eine reflektierende Aussagen wären: „Schon so eine sehr prototypische Geschichte, so eine klassische WG Story" (2202/m-CL) oder „Manchmal habe ich mir gewünscht, dass die Charaktere sich mehr bewegen." (2515/m-LK)

Ein weiterer Aspekt war die Frage der Selbst- oder Fremd- bzw. Werkbezüglichkeit der Aussagen zum Rezeptionserleben und der Bedeutungszuweisung. Unter Bezug auf die These einer stärker egozentrischen Bedeutungszuweisung und Erlebnisorientierung bei der spielerischen Rezeption wurden die Aussagen als dominant selbstbezügliche Aussagen gewertet, bei denen der Teilnehmer subjektive Aspekte seiner Rezeption explizit in den Vordergrund stellte. Beispiele dafür sind: „Also für mich persönlich (…) sind solche Beziehungsgeschichten (…) nicht so der Brüller." (2510/m-CL)

Der Aspekt der Mehrdeutigkeit wurde ebenfalls mit in die Kodierung aufgenommen, hier wurden aber weniger einzelne Aussagen isoliert betrachtet, sondern mehr auf Diskussionsabschnitte geachtet, bei denen explizit von einzelnen Teilnehmern mehrere Bedeutungsmöglichkeiten diskutiert werden.

8.5.2   *Ergebnisbeschreibung und Analyse Gruppeninterviews*

8.5.2.1   Die Teilnehmer und Ablauf der Gruppeninterviews

Die Gruppeninterviews wurden im Anschluss an die jeweiligen Filmsichtungen und die Fragebogenerhebung durchgeführt. Die Teilnehmer der Interviews hatten sich vorab bereits freiwillig angemeldet. Als Gegenleistung für die zusätzliche

Zeitaufwendung erhielten sie einen Kinogutschein. Die Interviewzeiten betrugen zwischen 45 und 75 Minuten.

Da die Teilnahmebereitschaft für die erste und dritte Variante nicht sehr hoch war, konnten die Gruppenzusammensetzungen hier nicht gleichgewichtig nach männlichen und weiblichen Teilnehmern ausgewählt werden.

In der ersten Gruppe (Variante 1) befanden sich 3 männliche und 4 weibliche Teilnehmer.[623] In der zweiten Gruppe (Variante 2) waren 5 männliche und 4 weibliche Teilnehmer.[624] In der dritten Gruppe (Variante 3) konnten nur 2 männliche Teilnehmer und 5 weibliche Teilnehmer rekrutiert werden.[625]

Die Gruppeninterviews verliefen in lockerer Atmosphäre und insbesondere bei den interaktiven Varianten zeigte sich eine hohe Diskussions- und Gesprächsbereitschaft bei den Teilnehmern. Die Fragestellungen bzw. Anregungen zu den Themenbereichen wurden von den Teilnehmern weitgehend gut verstanden und aufgegriffen. Die Gruppendynamik zwischen den Teilnehmern war nicht in allen drei Gruppen gleich ausgewogen. Insbesondere in der zweiten Gruppe standen sich eher dominante Gesprächsteilnehmer und zurückhaltende Interviewpartner gegenüber, so dass hier einige Male explizit Teilnehmer um ihre Meinung gebeten wurden und die Aussagenverteilung zwischen den Teilnehmern nicht sehr ausgewogen ist.

8.5.2.2 Beschreibende inhaltliche Darstellung der Aussagen

Im Folgenden werden die zentralen Aussagen der Gruppeninterviews, gegliedert nach Themenblöcken, beschreibend dargestellt. Die Darstellungen zu den einzelnen Themenbereichen werden getrennt nach Interviewgruppen der Filmvarianten beschrieben.[626]

Zunächst wird auf die allgemeinen Aussagen zu den verschiedenen Themenblöcken eingegangen. Im Anschluss werden die Diskussionsbeiträge zu dem jeweiligem Themenbereichen in Zusammenhang zur interaktiven Nutzung in den Gruppen V2 und V3 ausgeführt.

Bei den zusammenfassenden Darstellungen zu den Aussagen werden in Klammern jeweils die Anzahl der Teilnehmer, die sich sinngemäß dieser Aussage

---

[623] Im Folgenden mit den Kürzeln m-MT, m-MC, m-MX, w-AN, w-JL, w-FN, w-SV angeführt.
[624] Im Folgenden mit den Kürzeln m-CL, m-LK, m-MR, m-TB, m-GT, w-LZ, w-MA, w-CH, w-LA angeführt.
[625] Im Folgenden mit den Kürzeln m-SO, m-NK, w-CT, w-CE, w-CW, w-MI, w-KS angeführt.
[626] Die gruppenübergreifende vergleichende Erörterung der Aussagen wird im anschließenden Kapitel 8.5.2.4 dargestellt.

angeschlossen haben angeführt, um ein Bild der Gesamtsituation im Gruppeninterview zu vermitteln.

Bei beispielhaften Ausführungen zu Interviewbeiträgen werden jeweils Namenskürzel und Geschlechtsangabe angefügt. Damit wird ermöglicht Aussagen gleicher Teilnehmer zwischen den verschiedenen Themenbereichen einander zuzuordnen.

Geschichte bzw. Filmhandlung allgemein
Übergreifend zeigte sich in den Interviews, dass Teilnehmer aus den drei Gruppen, aufgrund der Mimik und Gestik des Darstellers von Andreas Charakter, zunächst annahmen, dass Andreas homosexuell ist und Interesse an Kai hat. Im weiteren Verlauf der Geschichte wurde dies dann von den Teilnehmern als irrtümliche Annahme erkannt.

Variante 1: In der Interviewgruppe der linearen Variante wird die Alltagsnähe der Filmhandlung positiv beurteilt. Vier Teilnehmer geben an, dass sie die einfache und lebensnahe Dramaturgie der Geschichte angenehm oder spannend fanden. Zwei Teilnehmer empfanden dabei die Dramaturgie als zu komprimiert. Zwei Teilnehmer finden hingegen Beziehungsgeschichten generell eher unangenehm bzw. langweilig.

> IV-Beispiel: „Es war halt in einer Berliner Wohnung, und deswegen kann man sich das ganz gut… Das finde ich interessant, wenn das verfilmt wird." (1102/w-JL)
> IV-Beispiel: „Ich fand die Geschichte ganz gut, aber in den 15 Minuten ein bisschen sehr komprimiert, es hätte ein bisschen langsamer, ein bisschen subtiler gehen können, seine Intrigen." (1106/m-MX)
> IV-Beispiel: „Ich fand's eher unangenehm in so einer Situation. (Gelächter). Ich schau so was nicht so gerne, so Beziehungsdramen." (1105/m-MC)

Variante 2: Unabhängig von der interaktiven Nutzung finden drei Teilnehmer die Geschichte ganz gut. Ebenso äußern sich zwei Teilnehmer negativ über die Geschichte. Sie finden sie zu langweilig bzw. plakativ und zu konstruiert.

> IV-Beispiel: „Aber so die Geschichte an sich fand ich eigentlich ganz smart." (2102/m-GT)
> IV-Beispiel: „Schon eine sehr prototypische Geschichte, so wie klassische WG-Story." (2202/m-CL)

Variante 3: In dieser Gruppe finden vier Teilnehmer die Geschichte an sich eher langweilig und zu prototypisch.

IV-Beispiel: „Weil sonst finde ich die Story so was von total langweilig, eigentlich bescheuert, weil das in jeder Soap irgendwie vorkommt, also das kann ich mir jeden Tag im Fernsehen angucken." (3916/w-CW)

Geschichte und Interaktivität
Variante 2: Drei Teilnehmer fanden die Geschichte hauptsächlich durch die Entscheidungsmöglichkeit interessant oder spannend. Vier Teilnehmer hatten entweder das Gefühl, dass die Entscheidungsmöglichkeiten zu wenig Einfluss auf den Verlauf der Geschichte nahmen, oder hätten sich mehr Entscheidungsmöglichkeiten gewünscht.

IV-Beispiel: „Ich fand gerade diese Entscheidungspunkte sehr spannend. Bevor man sich entscheiden musste, fand ich gut, dass ich das lenken konnte." (2103/w-CH)
IV-Beispiel: „Also ich finde die ganze Sache „Interaktiver Film" spannend, weil ich achte sehr auf Handlungen. Also ich habe mir mehrere Handlungsmöglichkeiten gewünscht, dass die auch wirklich anders verlaufen." (2502/w-LZ)

Variante 3: Drei Teilnehmer gehen davon aus, dass die Geschichte nur durch die Entscheidungsmöglichkeiten interessant oder spannend wurde. Eine Teilnehmerin findet hingegen, dass dadurch nur die Entscheidungsmöglichkeit interessant war, durch die Handlungsvorwegnahme die Geschichte selbst hingegen weniger interessant wurde. Zwei Teilnehmer geben an, dass sie vor allem die Entscheidungsmöglichkeiten interessant fanden und dadurch weniger auf die Geschichte geachtet haben.

IV-Beispiel: „Also ich fand das schon ganz gut, dass man so bestimmen kann und so. Das fand ich schon ganz lustig, Wenn das nicht gewesen wäre, wäre das vielleicht zu langweilig gewesen." (2102/w-CT)
IV-Beispiel: „Also ich fand, das hat ziemlich die Spannung genommen. Man war eher auf die Fragen gespannt, wozwischen kann ich mich jetzt entscheiden. Also insgesamt, dieses Auswählen nimmt ja dann schon die Handlung vorweg." (2103/w-CW)
IV-Beispiel: „Also dadurch, dass ich wusste, dass es ein interaktiver Film ist, habe ich eigentlich immer darauf gewartet, dass die Möglichkeit kommt zur Interaktion. Zum eventuellen Verlauf habe ich mir gar keine Gedanken gemacht." (3605/m-SO)

Realismus
Variante 1: Fast alle Teilnehmer (6) äußern sich positiv zur Realitätsnähe des Films. Die Geschichte und die Figuren werden von ihnen als authentisch, alltagsnah und realistisch oder wenigstens nachvollziehbar beschrieben. Explizit wurde das Setting in einer Berliner Wohnung und die Darstellung einer WG-Situation als

gut nachvollziehbar und alltäglich erwähnt (siehe oben, Abschnitt Geschichte bzw. Filmhandlung allgemein).

> IV-Beispiel: „Ich fand's, dass es so schlicht war, so … glaubhaft, so die Umgebung, das war halt nicht künstlich, sondern alles realistisch, irgendwie." (1104/w-FN)
> IV-Beispiel: „(…) Alltagsdrama und doch recht lebensnah durch die Figuren." (1204/w-JL)

Dabei wird einschränkend die Figur des Andreas von mehreren Teilnehmern (3) explizit als am wenigsten nachvollziehbar oder wenigsten realistisch beschrieben.

> IV-Beispiel: „(…) dass der Typ [Andreas] mir nicht so richtig glaubwürdig erschien, (…)" (1208/w-AN)

Ein Teilnehmer findet die Ausgangssituation hingegen nicht sehr realistisch und auch die Figuren in ihren Handlungen teilweise brüchig.

> IV-Beispiel: „(…)weil es eher eine unrealistische Situation ist, dass jemand auszieht und doch nicht ganz und doch noch bleibt." (1109/m-MT)

Variante 2: In der zweiten Gruppe wurden wenige Aussagen unmittelbar zum Realismus des Films gemacht. Lediglich zwei Teilnehmer erwähnen, dass sie die Geschichte als künstlich, konstruiert bzw. aufgesetzt empfunden haben.

> IV-Beispiel: „Alles sehr konstruiert. Alles sehr künstlich und aufgebaut (…)". (2229/m-MR)

Variante 3: In der dritten Gruppe wurde hingegen sehr ausführlich das Thema Realismus und Interaktivität diskutiert (siehe unten, Abschnitt Realismus und Interaktivität). Unabhängig von dieser Diskussion fanden ein Großteil der Teilnehmer die Geschichte und die Personen entweder bedingt glaubwürdig und nachvollziehbar aber nicht so ganz realistisch (2) oder insgesamt zu konstruiert und vor allem Andreas und dessen Intrige nur wenig glaubwürdig (3).

> IV-Beispiel: „(…) könnte ich nicht wie eine von denen handeln, (…). Aber man könnte es schon in ihrer Position so nachvollziehen." (3507/w-CT)
> IV-Beispiel: „(…) diese Intrige fand ich schon ein bisschen konstruiert." (3505/m-SO)

Realismus und Interaktivität
Bei Variante 2 werden keine Aussagen zum Thema Realismus und Interaktivität gemacht.

Variante 3:
In der Gruppe wurden verschiedene Aspekte der Beeinflussung des Realismus durch den interaktiven Eingriff diskutiert. Vier der Teilnehmer waren der Ansicht, dass durch die Interaktivität der Realismus eingeschränkt wird, wenn auch mit unterschiedlichen Ausführungen dazu. Für zwei Teilnehmerinnen hatte der Film über die interaktive Steuerung explizit Spielcharakter und damit verbunden eine eher außen stehende Betrachterposition, bei der man versucht die Geschichte im Sinne eines Spielziels zu steuern. Eine Teilnehmerin führt den Vergleich zu dem Strategiespiel „Sims" an.

> IV-Beispiel: „(...) Also es war mehr so eine Art Strategiespiel, also es war schon auch spannend, als Film wie eine Soap, (...) aber es war eben unrealistischer." (31010/w-CE)

Ein Teilnehmer fände den interaktiven Eingriff nur dann nicht beeinträchtigend für das Realitätsempfinden, wenn er nur eine Person aktiv steuern kann und damit aus einer konsequenten Ego-Position mit einer nicht veränderbaren Umgebung umgehen muss. Demgegenüber findet ein anderer Teilnehmer gerade, dass es unrealistischer wird, wenn man zwei Alternativen für eine Person hat, da dann die Person nicht mehr als unabhängig von sich erfahren und beobachten kann. Das wäre hingegen noch gegeben, wenn die Alternative in der Wahl verschiedener Akteure läge.

> IV-Beispiel: „Es ist eine Sache, ob ich jetzt das Gefühl habe, da steht so eine reale Person vor mir und ich sehe da einfach nur zu oder ob ich jetzt sagen kann, da ist irgendwie eine Person, die hat zwar einen bestimmten Charakter, aber letztlich bestimme ich alle wesentlichen Punkte. In dem Moment ist es natürlich keine Person mehr extern vom Geschehen, insofern ist die Frage, glaube ich, ein bisschen ungünstig." (31004/m-NK)

Zwei Teilnehmer sahen hingegen keinen Einfluss der interaktiven Nutzersituation auf den Realismus des Films.

Spannung
Beim Thema Spannung war die Diskussion der beiden interaktiven Varianten mehr noch als beim Thema Realismus an die Entscheidungsmöglichkeiten gekoppelt.

Variante 1: Über die Hälfte der Teilnehmer (4) fanden den Film gut bis mittelmäßig spannend. Bei allen wurde der Alltagsbezug als positives Element in diesem Kontext erwähnt. Zwei empfanden dabei die komprimierte Verdichtung durch die kurze Erzähldauer und die damit verbundene Typisierung von Personen und Handlungselementen als abträglich.

> IV-Beispiel: „Ich war gespannt, was aus dieser alltäglichen Situation einer Wohnungs-
> besichtigung (…) jetzt wohl spannendes passiert." (1617/w-AN)

Drei Teilnehmer fanden den Film explizit nicht spannend. Dafür war vor allem
das Genre ausschlaggebend: Beziehungsfilme finden sie generell nicht spannend.
Zusätzlich findet ein Teilnehmer aber noch, dass dieser Film für einen Beziehungsfilm nicht spannend gemacht sei.

> IV-Beispiel: „(…) in Anbetracht dessen, dass es ein Beziehungskisten-Film war, da
> finde ich dann nicht so wirklich einen Spannungsverlauf (…)" (1508/m-MT)

Variante 2: Auch beim Thema Spannung wurde in der zweiten und dritten Gruppe
überwiegend im Zusammenhang mit den interaktiven Entscheidungsmöglichkeiten diskutiert. Unabhängig davon empfanden zwei Teilnehmer hingegen die
Geschichte an sich oder Beziehungsfilme generell spannend.
     Drei Teilnehmer erwähnen explizit, dass die Spannung in der Kussszene
durch den vorhersehbaren Verlauf bei ihnen abgefallen sei.

> IV-Beispiel: „Als die sich länger als 30 Sekunden in die Augen geschaut haben (…)
> da ging die Spannungskurve bei mir total runter (…). Da dachte ich, alles klar (…)"
> (2505/m-TB)

Variante 3: Hier gaben drei Teilnehmer an, dass sie die Geschichte an sich überhaupt nicht spannend fanden oder ohne Interaktivität langweilig gewesen wäre.

Spannung und Interaktivität
Variante 2: Vier Teilnehmer geben an, dass die Spannung vor allem in der Möglichkeit der interaktiven Entscheidung lag. Wobei zwei Teilnehmer zwar prinzipiell
einen interaktiven Verlauf spannend finden, in diesem Fall aber die Entscheidungsmöglichkeiten langweilig fanden und sich andere Variationsmöglichkeiten
erhofft hatten.

> IV-Beispiel: „(…) Ich finde die ganze Sache ‚interaktiver Film' spannend, weil ich
> achte sehr auf Handlungen. Also ich habe mir mehr Handlungsmöglichkeiten ge-
> wünscht (…)" (2114/w-LZ)
> IV-Beispiel: „Also ich fand es eigentlich nur spannend durch dieses Interaktive. Dass
> ich immer mehr Entscheidungen getroffen habe und dadurch habe ich auch gar nicht
> mehr so viel überlegt, was könnte passieren."(2513/w-CH)

Ein Teilnehmer findet hingegen, dass die Entscheidungsmöglichkeiten die Spannung
der Geschichte herabsetzten, insofern man den Verlauf selbst voraus bestimme.

IV-Beispiel: „Gerade bei dieser Spannungsgeschichte fand ich die Auswahlmöglich-keiten eher behindernd. Weil man ja schon wusste, was nicht passiert." (2806/m-CL)

Variante 3: Auch hier gaben vier Teilnehmer explizit an, dass die Entscheidungs-punkte das eigentlich spannende an dem Film seien. Dabei wird das Verhältnis von der Spannung durch die Entscheidung an sich und der Spannung der Geschichte kontrovers diskutiert. Eine Teilnehmerin ist der Ansicht, dass man sich durch die Entscheidungsmöglichkeit stärker mit den Personen und ihren Handlungen beschäftige und damit mehr Spannung in der Geschichte entstehe. Ein Teilnehmer kann die Beeinflussung auf die Spannung der Handlung nicht abschätzen. Die anderen beiden gehen davon aus, dass durch die Interaktivität die Spannung sich nur auf die Erwartung der möglichen Beeinflussung durch die Entscheidung aber nicht auf den eigentlichen Handlungsverlaufs richte.

IV-Beispiel: „Also ich habe auch das Gefühl, dass man mehr darauf achtet, wie die Personen handeln und dass man den Film bewusster guckt, auf jeden Fall. Weil sonst finde ich die Story so was von total langweilig (...). Ja, und wenn ich das eben interaktiv beeinflussen kann, dann beschäftigt man sich mehr damit."(3916/w-CW)
IV-Beispiel: „Also ich fand gerade, also die Fragen spannend. (...) dass es eigentlich spannend war, wenn die Fragen kamen." (3104/w-MI)
IV-Beispiel: „Aber es war trotzdem so, dass es eigentlich das Interessante war an dem Film für mich, diese Entscheidungsmöglichkeiten. (3105/m-SO)

Ebenso gaben aber auch zwei andere Teilnehmer an, dass die Entscheidungsmög-lichkeiten die Spannung weggenommen habe. Nur durch den dann wieder nicht erwarteten weiteren Verlauf der Geschichte sei die Spannung wieder angestiegen.

IV-Beispiel: „Also ich fand, das hat ziemlich die Spannung genommen. (...) Also ins-gesamt, dieses Auswählen nimmt ja dann schon die Handlung vorweg." (3103/w-KS)

Personen
Bei den Aussagen zu den Personen wurde, wenn möglich, zwischen Aussagen, die sich auf die Charaktere als imaginative Handlungsträger, und Aussagen, die sich auf die Figurendarstellung beziehen, unterschieden.

Variante 1: Vier Teilnehmer finden die Personen realistisch und können sich vor-stellen, dass es solche Personen gibt, wenn auch die Handlungsweisen nur bedingt mitempfunden werden oder als nachvollziehbar beschrieben werden.

IV-Beispiel: „Alle diese Typen gibt es auf der Welt, auf jeden Fall. Jeder ist für sich authentisch, absolut." (1409/w-FN)

Drei Teilnehmer empfanden die Handlungsweisen von Kai, Kirsten oder Andreas explizit an verschiedenen Stellen als brüchig oder inkonsistent. Wobei aus den Aussagen nicht ganz klar zu erschließen ist, ob diese Brüche eher den Personen oder den Figuren zugeschrieben werden. Unabhängig davon wird dadurch bei den Teilnehmern ein geringeres Einfühlungsvermögen mit den Personen verbunden. Ein Teilnehmer findet hingegen die Handlungsweisen der Personen insgesamt eher unrealistisch.

> IV-Beispiel: „An irgendeiner Stelle hätte ich immer etwas ganz anders gemacht. Aber nachvollziehen kann ich die auch alle." (1410/w-AN)

Der Person Kirsten wird von vier Teilnehmern negative Charakterzüge zugeschrieben. Sie wird als egoistisch, durchtrieben oder naiv und blöd beurteilt. Nur ein Teilnehmer findet sie impulsiv und schreibt ihr keine bösen Absichten zu.

> IV-Beispiel: „Also die Kirsten fand ich eigentlich auch ganz schön durchtrieben (…)" (1303/m-MC)

Ihre Figur wird von zwei Teilnehmern als zu undifferenziert beurteilt und als „maskenhaft" (1315/m-MT) und „stereotyp" (1208/w-AN) beschrieben.

Kai wird hingegen von allen Teilnehmern als normaler, offener Charakter beschreiben. Wobei der Großteil (5) ihn auch als passiv und tendenziell naiv beschreibt. Drei Teilnehmer geben explizit an, dass sie sich in Kai am meisten einfühlen konnten. An einigen Stellen fanden andere Teilnehmer (3) Kais Handlungen allerdings auch unnachvollziehbar bzw. unrealistisch.

> IV-Beispiel: „(…) doch Kai am realistischsten, wo ich mich am ehesten reinfühlen konnte (…)" (1406/m-MC))
>
> IV-Beispiel: „(…) der [Kai] sitzt nach dieser Nacht so ganz zerschlagen da, und das habe ich dann nicht ganz verstanden (…), dass er da gleich so fertig ist." (1413/m-MT)

Die Person Andreas wird von allen Teilnehmern negativ beurteilt, als berechnend, provokativ und gemein. Drei Teilnehmer finden zusätzlich, dass er sich nicht sehr schlau verhält. Ein Teilnehmer findet die Person Andreas dabei auch „bemitleidenswert" (1313/m-MX). Die Figur Andreas wurde von drei Teilnehmern als am wenigsten nachvollziehbar oder unglaubwürdig beschrieben. Nur ein Teilnehmer findet die Figur Andreas hingegen am „spannendsten" (1107/m-MT) und gut besetzt.

> IV-Beispiel: „(…) der Andreas ist der Fiesling (…)" (1315/m-MT)

IV-Beispiel: „(...) der Andreas, den fand ich von Anfang an total unsympathisch, diese Schleimfreundlichkeit." (1207/m-MC)

Variante 2: Die allgemeine Diskussion über die Figuren und Charaktere ist in dieser Gruppe wiederum stark an die Auseinandersetzung mit den interaktiven Eingriffsmöglichkeiten gebunden. Darüber hinaus finden zwei Teilnehmer, dass die Figuren nicht gut gespielt wurden. Und zwei weitere Teilnehmer finden, dass die Figuren nicht schlüssig bzw. konsistent angelegt wurden.

Fast alle Teilnehmer (6) empfinden den Charakter bzw. die Figur Kirsten nicht gut verständlich bzw. inkonsistent. Hauptgegenstand der Diskussion ist die Frage, warum sie trotz fester Beziehung und der Bereitschaft in die USA zu gehen so kurzfristig bereit ist, eine andere Liebesbeziehung einzugehen.

> IV-Beispiel: „Also das war mir wirklich ein bisschen unverständlich, wie jemand der sich entscheidet zu seinem Freund nach Amerika zu ziehen, entweder so charakterschwach oder so...spaßfixiert sein kann, da noch jemand aufzureißen." (2305/m-CL)
> IV-Beispiel: „Man weiß ja nicht, warum sie in die USA zieht. (...) weil sie ihn so sehr liebt, (...) weil sie so berechnend ist (...)? Keine Ahnung." (2318/w-MA)

Dementsprechend finden zwei Teilnehmer Kirstens Handlung nicht ganz nachvollziehbar und tendenziell berechnend. Zwei weitere Teilnehmer finden, dass Kirsten nicht zu Kai passt und ihn dominiert bzw. ausgenutzt hat.

Als positiv oder zumindest nachvollziehbar wird Kirstens Charakter von zwei Teilnehmern beurteilt. Sie schreiben ihr eine emotional motivierte Handlung zu.

Kais Handlungen werden hingegen von drei Teilnehmern explizit als nachvollziehbar beschrieben. Seine Handlungsweise wird von fast allen Teilnehmern in der Diskussion nachvollzogen, ohne dabei auf Inkonsistenzen zu sprechen zu kommen. Fünf der Teilnehmer fanden aber, dass er zu schwach oder weich war und sich von Kirsten und Andreas dominieren ließ, ohne die Situation selbst in die Hand zu nehmen.

> IV-Beispiel: „Er war total verzweifelt. (...) Ich meine, dass geht doch jedem mal so (...)" (2332/w-CH)
> IV-Beispiel: „Kai hätte sich mehr emanzipieren müssen." (2405/m-CL)

Bei Andreas Charakter wird von den Teilnehmern wie auch bei Kirsten intensiv über seine möglichen Motive und die Schlüssigkeit seiner Handlungen mit verschiedenen Deutungsvarianten diskutiert. Von vier Teilnehmern wird er sehr negativ, als „berechnend" (2422/w-LZ), hinterhältig „unmenschlich" und „eklig" (2432/m-MR) beurteilt. Ebenso wird sein Verhalten von drei Teilnehmern explizit als am wenigsten nachvollziehbar beschrieben.

IV-Beispiel: „Es gibt 2 Deutungsoptionen für mich. (...) Allerdings ist die Wahrscheinlichkeit, dass dieser Plan dieser Kategorie aufgeht (...) so dermaßen unwahrscheinlich dass kein einigermaßen vernünftiger Mensch auch nur auf die Idee käme..." (2430/m-MR)

IV-Beispiel: „(...) dann kann man ihm auf jeden Fall zwei Adjektive zuordnen, (...) einmal illoyal gegenüber seiner ehemaligen Mitbewohnerin. (...) Und Hinterhältigkeit, falls es wirklich sein Plan war." (2442/m-TB)

*Variante 3:*Auch in der dritten Gruppe wird sehr ausführlich über das Zusammenspiel von Interaktivität und Personenwahrnehmung diskutiert. Darüber hinaus wird allgemein zu den Personen nur von einer Teilnehmerin erwähnt, dass sie alle irgendwie nachvollziehen, aber sich mit keiner identifizieren könne. Zwei Teilnehmer glauben hingegen, dass man sich wegen der nicht professionellen Umsetzung auch nicht so in die Personen einfühlt und sich nicht so stark in die Handlungen hinein versetzt.

Kirsten finden hier vier Teilnehmer zunächst eigentlich ganz gut, sehr hübsch, selbstbewusst und impulsiv. Zwei von ihnen fanden sie dann aber nach der gemeinsamen Nacht mit Kai unsympathisch. Zwei Teilnehmer fanden Kirsten hingegen von Anfang an unsympathisch, „undurchsichtig" (3404/w-CW) und „affektiert" (3503/w-CE). Eine Teilnehmerin findet, dass Kirstens Figur schlecht gespielt wurde.

IV-Beispiel: „Ich hatte den Eindruck, sie ist eben sehr impulsiv." (3708/m-SO)
IV-Beispiel: „Sie wäre mir zu anstrengend und zu affektiert irgendwie (...)". (3503/w-CE)

Kai wurde von fünf Teilnehmern als Sympathieträger beschrieben, als „natürlich" (3404/w-CW) und „einschätzbarer" (3402/w-CT). Sie konnten sich gut in ihn rein versetzen und seine Handlungen verstehen.

Drei Teilnehmer fanden dabei Kais Handlungen teilweise nicht ganz verständlich, bzw. etwas unrealistisch.

IV-Beispiel: „Also wer war auf jeden Fall Sympathieträger, auch ich fand auch, ich habe mich in ihn am meisten hineinversetzen können." (3418/w-MI)
IV-Beispiel: „(...) So Liebe auf den ersten Blick (...) ist vielleicht ein bisschen unrealistisch(..)" (3412/w-MI)

Auch in dieser Gruppe wird Andreas von der überwiegenden Teilnehmerzahl (5) als „total unangenehm" (3202/w-CE), „manipulativ" (3405/m-SO) und strategisch bzw. unsympathisch beurteilt. Eine Teilnehmerin fand dabei aber Andreas Plan „brillant", wenn auch sadistisch (3809/w-CE). Zur Darstellung seiner Figur ergeben sich hier gegensätzliche Auffassungen. Zwei Teilnehmer fanden seine Liebe

zu Kirsten nicht glaubwürdig gespielt. Ein Teilnehmer fand hingegen Andreas Figur
sehr überzeugend dargestellt.

> IV-Beispiel: „Also ich habe diesen Andreas von Anfang an ganz klar als manipulativ
> wahrgenommen." (3405/m-SO)
> IV-Beispiel: „(...) dieser Andreas – der war bestimmt ziemlich lange frustriert und
> hat wahrscheinlich ziemlich viel Zeit gehabt, sich so einen Schwachsinn auszuden-
> ken (...) Ich kenne, ehrlich gesagt, Leute denen ich zutrauen würde zu so was fähig
> zu sein." (3512/w-CE)

Personen und Interaktivität
Variante 2: In der Diskussion zur Frage, ob die Interaktivität die Wahrnehmung
der Personen beeinflusst habe, glauben vier Teilnehmer, dass sie die Personen
oder ihre Handlungen bewusster oder intensiver wahrgenommen haben. Daraus
ergeben sich bei den Teilnehmern aber je unterschiedliche Perspektiven auf die
Figuren und die Geschichte. Es wurde diskutiert, ob die Personen eher von außen,
aus der Position eines Lenkenden, oder mehr von innen, aus der Perspektive der
Charaktere, wahrgenommen wurden. Dabei schlossen sich zwei Teilnehmer eher
der ersten Ansicht und zwei Teilnehmer mehr der zweiten Ansicht an.

Ein Teilnehmer gibt an, durch die eigene Mitwirkung und Mitverantwortung
die Personen kritischer und negativer beurteilt zu haben, als im Fall einer reinen
Beobachtung von außen. Ein Teilnehmer habe sich zwar mehr mit den Handlungen
auseinandergesetzt, aber die Entscheidungen dann doch aus seinen subjektiven
Zuschauerinteressen und nicht im Sinne des Charakters getroffen. Zwei gaben
an, durch die Entscheidungsmöglichkeit mehr in die Handlung hineinversetzt
worden zu sein, aber die Identifikation mit den Personen sei dadurch um so mehr
davon abhängig, ob die Person nach den Entscheidungen entsprechend der eigenen
Vorstellungen handle oder nicht. Das Potential von den Handlungen der Figuren
enttäuscht zu sein sei also größer als bei einer reinen Beobachtungsposition.

> IV-Beispiel: „Ich glaube, ich hätte die Leute auch nicht so verrissen, wenn ich nicht
> hätte entscheiden können.(...) Wenn man sich nicht an die Stelle setzt, wie logisch
> ist das gerade, wie schlüssig ist das gerade, was der macht. Und wenn ich an der
> Stelle stünde – weil man muss ja nachher entscheiden, das weiß man ja vorher – wie
> würde ich in der Situation handeln.... Wäre ich völlig fremd diesen Menschen, ihre
> Denkweise, ihr Auftreten, ihre Körpersprache... Und wenn du sie beim Beobachten
> siehst, dann.. na, macht halt. Ich habe mit euch ja nichts zu schaffen...." (2803/m-MR)
> IV-Beispiel: „Aber wenn man selber mit entscheiden kann, dann macht man sich
> ja darüber Gedanken... über den Verlauf des Filmes, egal, ob man sich damit nun
> identifizieren kann oder nicht." (2822/w-LA)

IV-Beispiel: „Wenn man sich mit einer bestimmten Person mehr identifiziert als mit einer anderen und dann sieht, dass der Handlungsstrang nicht so läuft, wie man es eigentlich wollte, dass man dann enttäuscht wird." (2805/m-TB)

Variante 3: Die Diskussion zum Einfluss der Interaktivität auf die Charakterwahrnehmung wies bei der dritten Gruppe vergleichbare Ansatzpunkte auf wie bei Variante 2. Auch hier gehen einige Teilnehmer (4) davon aus, dass man den Personen und ihre Handlungen mehr Aufmerksamkeit zuwendet und die Handlungen stärker reflektiert, wenn man selbst entscheiden kann.

IV-Beispiel: „Man beschäftigt sich dadurch mehr mit den Menschen, weil man ja überlegt hat, was man jetzt will." (3910/w-CT)

Eine Teilnehmerin ist hingegen der Ansicht, dass man durch Möglichkeit die Filmhandlung zu beeinflussen und den Spaß an der Manipulation die tatsächlichen Handlungen selbst weniger kritisch reflektiert und sich weniger über die realen Situationen, die dargestellt werden, Gedanken macht.

Ein weiterer Teilnehmer geht im Gegensatz zur Aussage in Variante 2 davon aus, dass die Personen weniger kritisch betrachtet werden, wenn man selbst die jeweiligen Handlungsentscheidungen getroffen hat, da ihnen diese Entscheidung damit nicht anzulasten ist.

Zwei Teilnehmer hatten das Gefühl durch die Interaktivität, die Figuren eher von außen als Spielfiguren wahrgenommen zu haben. Dadurch dass die Person nicht unabhängig vom Zuschauer handelt, wird sie zusätzlich auch als weniger realistisch empfunden (siehe oben, Abschnitt Realismus und Interaktivität).

IV-Beispiel: „Also mir ging es so am Anfang, dass ich Kai so ein bisschen wie eine Spielfigur betrachtet habe, den man dann zu einer Art Ziel lenkt." (3908/m-NK)

Im Diskussionsverlauf zeigt sich, dass die zu Beginn des Films gestellte Aufforderung, Kai und Kirsten dabei zu helfen ein Paar zu werden, bei mehreren Teilnehmern eine zielorientierte bzw. eher funktionale Sicht auf die beiden Charaktere bewirkte

IV-Beispiel: „Und ich habe gedacht, das muss jetzt schnell gehen, der Film geht nicht lange, da muss jetzt schnell entschieden werden, was passiert. (…) Aber ich habe jetzt gar nicht so darüber nachgedacht, will ich, dass die zusammenkommen? Ich habe einfach nur gedacht, okay, wenn er sie will, dann soll er sie haben (…)"
IV-Beispiel: „Ich glaube, ich hätte den Film linear total doof gefunden, (…), weil die Story ist eigentlich bis zu dem Punkt, wo man Andreas' wahre Absichten erkennt, ziemlich flach und wird sehr interessant durch diese Auswahlmöglichkeiten…. Weil

man bekommt dadurch das Gefühl, man kann was verändern. Aber z. B. diese Klischeehandlung hätte mich in einem linearen Film so aufgeregt, (...)" (3915/w-CE)
IV-Beispiel: „Ich glaube, was da schon auch stark ist bei so einem Film, dass man da auch so ein bisschen reflektiert über sich selber. Also mir geht es so, wenn ich einen Film sehe, denke ich, wie die Leute sich verhalten und wie würde ich mich denn verhalten in dem Moment? Und ich glaube, das ist jetzt hierbei noch viel extremer. Interessant eben bei der Szene, die dann zwar gar nicht interaktiv war... (Gelächter) Da habe ich gedacht, was ist das denn, würde ich überhaupt nicht machen, hoffentlich kann ich das irgendwie verhindern... (Gelächter)... Aber ich glaube, so stark darüber nachgedacht hätte ich nicht, wenn ich jetzt nicht gerechnet hätte, dass ich jetzt gleich entscheiden darf." (31110/m-NK)

Botschaft
Variante 1: Zur Frage der möglichen Botschaft des Films scheint keiner der Teilnehmer eine sehr klare Meinung zu haben. Vier Teilnehmer denken, dass der Film tendenziell schon eine Botschaft vermitteln will, ohne dabei eine deutliche Vorstellung von der Botschaft zu haben. Ein Teilnehmer ist der Ansicht, dass der Film eher keine Botschaft vermitteln will.

Variante 2: Auch beim Thema Botschaft wird vor allem der Zusammenhang zur Interaktivität diskutiert. Lediglich eine Teilnehmerin findet unabhängig davon, dass der Film durch das Happy End keine Botschaft mehr vermitteln würde, da die Geschichte damit trivial würde und zu typisch ohne eigene Aussage sei.

Variante 3: Bei der dritten Variante schreiben zwei Teilnehmer dem Film eine Botschaft zu, hatten aber dabei nicht den Eindruck, dass die Vermittlung der Botschaft bei dem Film sehr wichtig ist. Eine Teilnehmerin findet, dass es sich eher um einen kleinen Film ohne großen Anspruch auf eine mögliche Botschaft handle.

Botschaft und Interaktivität
Variante 2: Die Frage des Zusammenhangs von Botschaft und Interaktivität wird in dieser Gruppe sehr ausführlich diskutiert, wobei auch mögliche Varianten für andere interaktive Filme durchgespielt werden.
Vier Teilnehmer sehen die Frage der Botschaft direkt mit der Interaktivität verbunden. Eine Teilnehmerin sieht die Botschaft darin, dass über die Entscheidungsmöglichkeit vermittelt wird, dass jedes Eingreifen Konsequenzen habe. Ein Teilnehmer sieht über die Interaktivität die Betonung des Zufälligen im Leben als mögliche Botschaft an – stellt aber auch fest, dass durch die Variationsmöglichkeiten unter Umständen jeder Zuschauer eine andere Botschaft wahrnehmen könnte. Eine Teilnehmerin glaubt, dass sie erst durch die intensivere Auseinandersetzung mit den Handlungen der Figuren durch die eigene Entscheidungsmöglichkeit eine

Botschaft wahrgenommen hat – was bei einem ähnlichem linearen Film eher nicht der Fall gewesen wäre. Und eine weitere Teilnehmerin findet, dass man durch die eigene Manipulation der Handlung jeweils selbst die Botschaft in dem Film konstruiert.

Ein Teilnehmer geht hingegen davon aus, dass durch die Interaktivität die Aufmerksamkeit des Zuschauers auf die eigenen Entscheidungen gelenkt wird und der Zuschauer damit nicht nach einem Sinn hinter den Handlungsverläufen sucht.

> IV-Beispiel: „(...), dieses Interaktive, das gibt mir bestimmt eine Botschaft, dass jede Entscheidung, die ich treffe, irgendwelche Konsequenzen hat und das Leben total umkrempeln könnte." (21003/w-CH)
>
> IV-Beispiel: „Ich glaube, dass jeder eine andere Botschaft daraus zieht, wenn man Pech hat." (21020/m-GT)

Variante 3: Eine Teilnehmerin sieht die Botschaft des Films unmittelbar mit der Interaktivität verknüpft. Nach ihrer Ansicht zeigt der Film sozusagen in zwei Richtungen, dass man das Glück eines anderen nicht aktiv manipulieren kann und jeder für sich selbst entscheiden muss. Ein Teilnehmer fand hingegen, dass durch die verschiedenen möglichen Handlungsverläufe keine Botschaft möglich ist – da es ja kein vorausplanbares Ende geben könne.

> IV-Beispiel: „(...) dachte ich, vielleicht endet der Film ja ganz anders. Es muss ja da Optionen geben und Handlungsstränge... (...). Und das macht es natürlich auch schwieriger zu sagen, das ist jetzt die Message." (31110/m-NK)

Gestaltungselemente (Dramaturgie, Kamera, Schauspiel, Musik ...)
Variante 1: Vier Teilnehmer gaben im Verlauf der Diskussion positive Beurteilungen zur Umsetzung des Films an. Positiv wurde bewertet: die Alltags- und Lebensnähe von Setting und Personen, ungewöhnliche aber situationsgerechte Musikauswahl, die personennahe Dramaturgie und die gute Umsetzung insgesamt.

Die Tonabmischung wurde hingegen von drei Teilnehmern als unprofessionell bzw. irritierend beurteil. Zusätzlich fanden zwei Teilnehmer die Dramaturgie zu komprimiert und verdichtet.

> IV-Beispiel: „Gut macht auf jeden Fall. Und wenn ich jetzt so drüber nachdenke, ist es schon zu komprimiert, da könnte man ja einen ganzen Film draus machen." (1205/ m-MX)

Variante 2: In der zweiten Gruppe wurde die Dramaturgie oder Inszenierung des Films von 4 Teilnehmern als etwas zu konstruiert, plakativ bzw. zu einfach beurteilt. Zusätzlich fand ein Teilnehmer, dass die Dialoge nicht sehr professionell gesprochen waren.

IV-Beispiel: „Das war eben relativ einfach konstruiert worden, wobei ich das nicht langweilig finde." (2604/w-LZ)

Variante 3: Wie in der zweiten Gruppe fanden auch hier zwei Teilnehmer die Geschichte zu einfach oder langweilig inszeniert. Zusätzlich erwähnen drei Teilnehmer, dass sie die Musikinszenierung zu plakativ fanden.

IV-Beispiel: „Also das sind auch so die Momente, wo man so Distanz kriegt, weil gerade so „When a man loves a woman" ist ja (Gelächter)…. Drückt ja mehr meine Gefühle aus als anderes, weil das halt so gepusht ist… so ein Klischee….." (3703/m-SO)

8.5.2.3 Zusammenfassende Darstellung der Interviewabläufe

Nach der ausführlichen Darstellung der verschiedenen Standpunkte zu den Rezeptionskategorien und Dokumentation eines möglichst repräsentativen Überblicks exemplarischer Aussagen dazu, soll hier noch einmal eine zusammenfassende Kurzfassung der Gruppeninterviews mit den wichtigsten Aspekte dargestellt werden. Im Gegensatz zur thematischen Gliederung wird hier der Ablauf der Diskussionen in die Zusammenfassung einbezogen. Die verkürzte Zusammenfassung versucht Schwerpunkte der Diskussionen wiederzugeben und weniger auf das gesamte Spektrum der Beurteilungen einzugehen, um auch über diese Perspektive einen Vergleich der unterschiedlichen Gewichtungen, die sich im Diskussionsverlauf der jeweiligen Gruppen ergeben haben, zu ermöglichen.

Variante 1

Variante 1: Verlauf allgemein
Die Diskussion in der Gruppe der linearen Filmvariante verlief zwar motiviert und entspannt, im Vergleich zu den beiden anderen Gruppen aber weniger angeregt. Die Interviewbeiträge stellen weitgehend Antworten auf die von der Interviewleiterin gestellten Fragen dar, aus denen sich nur an wenigen Stellen eigenständige Diskussionsverläufe entwickelten. Inhaltlich richtet sich der Ablauf der Diskussionspunkte dementsprechend nach den im Leitfaden vorgegebenen Fragestellungen.

Eigenständige Diskussionen entwickelten sich in diesem Interview dazu, ob und inwieweit die im Film dargestellte Situation real vorstellbar ist und zur Nachvollziehbarkeit einiger konkreter Handlungsweisen. Diskutiert wurde insbesondere

Kais Verhalten nach Kirstens Offenbarung, Andreas Charakter und der Verlauf der Schlussszene.

Variante 1: Zusammenfassung des Diskussionsablaufs
Bei der Frage des Gesamterlebens stand der Aspekt der Alltagsnähe und einfache aber lebensnahen Umsetzung des Films und der Geschichte im Vordergrund. Daneben wurde noch über das Genre Beziehungsfilm und die Tatsache, dass dieses Genre einigen Teilnehmern nicht besonders liegt, gesprochen.

Bei der Aufforderung zur Beschreibung des Films kam noch einmal die Realitätsnähe zur Sprache, aber auch dass die Geschichte an einigen Stellen zu komprimiert erzählt wurde und damit etwas künstlich wirkte. Die Figur Andreas und seine Handlungsweise wurden hier explizit zuerst diskutiert.

Bei der Frage zur Personenwahrnehmung und wurden Andreas und Kirstens Charaktere überwiegend negativ beurteilt. Andreas hinterhältige Handlungsweise wurde kurz angesprochen. Kai wird als Sympathieträger beurteilt. Dabei entwickelt sich eine kurze Diskussion zu Kais Handlungsweise. Es wird diskutiert, warum Kai so defensiv reagiert hat und ob er nicht etwas zu naiv war. Insgesamt werden die Personen als realistisch beurteilt.

Das Spannungserleben wird von fast allen dem Genre entsprechend, nicht sehr hoch aber angemessen beurteilt. Insbesondere die Wende am Ende des Films war für viele überraschend und anregend, wenn sie auch – wie bereits erwähnt – als etwas zu komprimiert empfunden wurde.

Ein Anliegen oder Botschaft des Filmemachers wird zwar von den meisten angenommen, allerdings ohne sich einer expliziten Aussage bewusst zu sein. Am ehesten wird die Aussage im Bereich der zwischenmenschlichen Beziehungsformen gesehen. Auch hier wird noch einmal die durch die kurze komprimierte Erzählweise bewirkte Tendenz zur Stereotypisierung angesprochen.

Hinsichtlich der Gestaltung des Films ist vor allem die Ton- und Musikgestaltung aufgefallen, im Vordergrund der Rezeption standen aber der Handlungsverlauf und die Charaktere.

Variante 2

Variante 2: Verlauf allgemein
Die Diskussion in der zweiten Gruppe war von einer hohen Eigendynamik geprägt. Zu fast jeder Fragestellung entwickelte sich zwischen den Teilnehmern eine Diskussion. Im Vordergrund der Gespräche stand in der Regel die Diskussion zu den Entscheidungsmöglichkeiten, sowohl auf inhaltlicher wie auch auf reflektierender Ebene. Der Wechsel zwischen einer inhaltlichen nachvollziehenden Diskussion zu einzelnen Handlungssituationen und Charaktereigenschaften und reflexiver

Erörterungen zur Interaktivität und Dramaturgie charakterisiert den gesamten Diskussionsverlauf.

Variante 2: Zusammenfassung des Diskussionsablaufs
Die Frage zum Gesamterleben wurde von den Teilnehmern mit einer Diskussion über die Entscheidungsmöglichkeit beantwortet, die sich zum einen inhaltlich auf einen Austausch zu den jeweiligen Variationsmöglichkeiten bezog und zum anderen auf das subjektive Erleben und die Beurteilung der Entscheidungsmöglichkeiten einging. Einige Teilnehmer fanden, dass zu wenige Entscheidungsmöglichkeiten geboten wurden bzw. zu wenig Einfluss genommen werden konnte.

Über die Aufforderung zur Filmbeschreibung wurde ein inhaltlich orientierter Austausch zum Handlungsablauf initiiert, bei der die Teilnehmer sich ihre jeweilige Handlungsvarianten und deren möglichen Interpretationen erzählen.

Bezüglich der Personenwahrnehmung wurde zuerst über Kirstens Charakter gesprochen. Im Vordergrund stand die inhaltlich orientierte Diskussion der möglichen Motivation für ihre Entscheidung, die Nacht mit Kai zu verbringen, was von einigen als schwer nachvollziehbar empfunden wurde.

Beim anschließenden Gespräch über Kais Charakter wurde ebenfalls über seine Handlungsweise und Einschätzungen zu deren Motivationen gesprochen. Dabei beurteilen mehrere Teilnehmer seinen Charakter als zu naiv bzw. zu schwach. Die Diskussion mündet in eine wechselseitige Darstellung der jeweiligen Beurteilung zu den Charakteren Kai und Kirsten, bzw. deren Handlungsweisen. Am Ende dieser Diskussion wird dabei auch die Dramaturgie bzw. Inszenierung der Charaktere reflektiert.

Die Diskussion über Andreas Charakter nimmt neben den Erörterungen zu möglichen Motiven und Einschätzungen seiner Handlungsweisen von Beginn an stärker auf die Figureninszenierung Bezug. Die Figur wird von einigen Teilnehmern als inkonsistent oder wenig nachvollziehbar empfunden.

Das Thema Spannungserleben wurde unmittelbar im Zusammenhang mit der Interaktivität besprochen. Die Teilnehmer schildern ihre jeweiligen Spannungsverläufe bei verschiedenen Handlungs- und Entscheidungspunkten. Dabei wird auch über mögliche oder denkbare andere Varianten und Handlungsverläufe gesprochen. Auf die Frage nach der Einschätzung zum Einfluss der Interaktivität auf die Rezeption der Geschichte wird diese Diskussion möglicher Alternativen und die jeweiligen Erwartungen an die Beeinflussung noch stärker reflektiert. Die Teilnehmer hätten sich einerseits stärker überraschende Wendungen nach den Entscheidungen gewünscht und andererseits eine größere Einflussnahme.

Die Frage zur möglichen Veränderung der Personenwahrnehmung durch die Interaktivität führt zu einem Austausch zwischen den Teilnehmern, der von stark selbstbezüglichen und selbstreflexiven Einschätzungen zur Personenwahrnehmung geprägt ist.

Dabei gibt es sowohl die Position, dass durch die Einflussnahme die Personen-wahrnehmung intensiver wird, als auch die Ansicht, dass die Personen durch die Interaktivität eher von außen abstrakter wahrgenommen werden. Am Ende dieses Diskussionsabschnitts stellen einige Teilnehmer noch dar, aus welcher Motivation oder mit welchen Überlegungen sie die jeweiligen Entscheidungen getroffen haben.

Die Frage nach der Einschätzung dazu, ob die Interaktivität die Rezeption der Dramaturgie des Films oder seiner Gestaltung beeinflusst, führt zu unterschied-lichen Reflexionen und Ansichten. Einerseits wird die Ansicht vertreten, dass über die Entscheidungsmöglichkeit die Auseinandersetzung mit der Konstruktion der Geschichte und ihrer Konsistenz intensiviert wird. Andererseits wird die Meinung geäußert, dass das Genre Beziehungsfilm nicht für eine interaktive Nutzung ge-eignet sei, sondern eher Action-Filme oder Thriller.

Die Themen „Botschaft des Films" und mögliche Wechselwirkung von Inter-aktivität und Botschaft wurde sowohl auf inhaltlicher als auch auf reflexiver Eben diskutiert. Dabei gab es ein sehr unterschiedliches Spektrum an Auffassungen: Es wurde keine Botschaft gesehen, weil die Geschichte zu prototypisch angelegt war. Die Botschaft wurde unmittelbar mit der Entscheidungsmöglichkeit verbunden. Die Botschaft wurde im zwischenmenschlichen Beziehungsbereich gesehen.

Zum Einfluss der Interaktivität gab es sowohl die Auffassung, dass die Ent-scheidungsmöglichkeit die Wahrnehmung einer Botschaft blockiere, als auch dass über die Entscheidung intensiver über eine mögliche Botschaft nachgedacht werde.

Auch im Rahmen dieser Diskussion wurde noch einmal darüber gesprochen, dass die Einbindung des Rezipienten über die Entscheidungsmöglichkeit dazu führe, dass man die Dramaturgie und die Konsistenz der Handlungssituationen der Filmgeschichte gründlicher und gegebenenfalls auch kritischer wahrnehme.

Die Diskussion mündete wie auch schon an vorangehenden Stellen in eine Reflexion über mögliche andere Konstruktionen von interaktiven Filmen und mög-lichen Variationen hinsichtlich der Botschaftsvermittlung.

Variante 3

Variante 3: Verlauf allgemein
Auch in der dritten Gruppe verlief die Diskussion sehr angeregt und motiviert. Entsprechend wurden die leitenden Fragestellungen der Gesprächsleiterin, den bereits sich aus den Diskussionen entwickelten Themenbereichen, ergänzend an-gepasst. Wie auch im zweiten Interview war die Diskussion von einem Wechsel aus inhaltlich orientierten Diskussionen zur Handlungsebene und reflexiven Er-örterungen zu den Entscheidungsmöglichkeiten geprägt.

Variante 3: Zusammenfassung des Diskussionsablaufs

Die Frage nach dem Filmerleben mündete unmittelbar in wechselseitige Darlegungen der Beurteilungen zum Zusammenspiel von Interaktivität und Spannungserleben. Es gibt die Auffassung, dass der Film nur über die Entscheidungsmöglichkeit spannend oder interessant wurde. Es gab ebenso die Ansicht, dass durch die Entscheidungen die Spannung hinaus genommen wurde. Die zusätzliche Anzeige eines Punktestands wurde sowohl als besonders anregend und spannungssteigernd beschrieben, wie auch als gar nicht relevant.

Wie auch in der zweiten Gruppe wurde darüber gesprochen, dass über die Entscheidungen nur geringer Einfluss die Handlung genommen werden konnte, bzw. die Handlung nicht so manipuliert werden konnte, wie man es sich vorgestellt hatte. (Was allerdings auch von einem Teilnehmer wiederum als spannungssteigernd empfunden wurde.)

Auf die Aufforderung zur Filmbeschreibung folgte eine inhaltlich orientierte Diskussion über die Charaktere Kirsten und Kai und die jeweiligen Beurteilungen zu deren Handlungsweisen bzw. Charakterzügen. Es wird diskutiert, ob und inwiefern Kai und Kirsten zusammenpassen. Die Diskussionsbeiträge nehmen dabei auch auf die vorab gestellte Aufgabe, Kai und Kirsten zu helfen, ein Paar zu werden, Bezug und beinhalten sowohl Aspekte der Personenwahrnehmung wie auch Bezugsetzungen auf die Figurenkonstellation aus dramaturgischer Perspektive.

Die anschließende Diskussion über Andreas Charakter vollzog sich hingegen als inhaltlicher Austausch über die Beurteilung seiner Handlungsweisen und seines Charakters, der überwiegend als unangenehm beschrieben wird. Lediglich ein Beitrag geht darauf ein, dass die Figur des Andreas durch die Aufgabenstellung lediglich als Hindernis für die Verkupplung von Kai und Kirsten wahrgenommen wurde und weniger als eigenständiger Charakter.

Die Beschreibungen zur Wahrnehmung von Kais Charakter sind ebenfalls überwiegend auf der inhaltlichen Eben. Er wird von den meisten als Sympathieträger und natürlicher Charakter beschrieben. Dabei wird kurz diskutiert, dass die große Liebe von Kai zu Kirsten von einigen als etwas zu plötzlich oder nicht ganz nachvollziehbar empfunden wurde.

Dieser Punkt kommt auch noch einmal auf die Frage nach der generellen Nachvollziehbarkeit der Personen zur Sprache. Die Diskussion dazu bezieht sich vor allem auf Beurteilungen zur Realitätsnähe des Handlungsverlaufs und einzelner Handlungsmotivationen der Charaktere. Insgesamt wurden die Charaktere als nachvollziehbar beurteilt, einzelne Aspekte ihrer Handlungsweisen und des Handlungsablaufs wurden aber als zu konstruiert empfunden.

Zur Frage des Spannungsverlaufs und der möglichen Relevanz der Entscheidungspunkte dafür entwickelte sich eine Diskussion, bei der die Teilnehmer vor allem auf den Einfluss der Entscheidungsmöglichkeiten auf ihre Erwartungshaltung eingingen und ihre Motivation der jeweiligen Entscheidungen schilderten. Bei mehreren Teilnehmern schien die vorab gestellte Frage „Schafft Kai es Kirsten zu gewinnen? Triff die richtigen Entscheidungen!" eine stärker funktionale Wahrnehmung von Kai und Kirsten zu bewirken. Die Wahrnehmung und Beurteilungen der Charaktere sind von der Perspektive darauf bestimmt, ob und wie man sich die beiden als Paar vorstellen kann bzw. ob und wie man die beiden zusammen bringen könnte. Auch hier wurden wieder vorstellbare Alternativen für andere Einflussmöglichkeiten durch die Rezipienten erwägt und vorgeschlagen.

Am Ende dieses Gesprächsabschnitts entstand noch einmal ein kleiner Meinungsaustausch zur Beurteilung von Kirstens Charakter und der Diskussion ihrer Handlungsweise, der als Anlass aufgegriffen wurde, nach der Wahrnehmung von Andreas Charakter zu fragen.

Die Ansichten zu Andreas wurden auf nachvollziehender Ebene besprochen. Sein Charakter wurde von allen als unangenehm und unsympathisch beurteilt, aber seine Handlungsweise fanden einige auch „brillant" (3807/m-SO), wenn auch nur bedingt nachvollziehbar.

Da bereits viel über die Entscheidungspunkte gesprochen wurde, wurde noch einmal speziell die Frage nach der Einschätzung zur Auswirkung der Entscheidungsmöglichkeiten auf die Realitätsnähe der Personenwahrnehmung gestellt. Hierzu gab es verschiedene Standpunkte. Es wurde die Empfindung geäußert, dass die Personen unechter wirkten, da sie von außen kontrolliert wurden. Es gab die Einschätzung, dass durch die relativ eingeschränkte Auswahlmöglichkeit auf nur zwei Alternativen kein großer Einfluss auf die Realitätsnähe bewirkt werde. Und schließlich wurde die Ansicht vertreten, dass diese Frage in Abhängigkeit davon zu beurteilen sei, wie die Entscheidungsmöglichkeiten gestaltet seien. Wenn man z. B. zwischen zwei Personen auswählen kann, wäre das realistischer, wenn hingegen eine Person auf zwei verschiedene Arten handeln könne, wäre das eher unrealistisch.

Zur Frage einer möglichen Botschaft gab es einige Teilnehmer, die eine Botschaft im Bereich von Beziehungsfragen formulierten. Andere fanden den Film eher zu einfach oder zu plakativ für einen wirklichen Botschaftsanspruch. Und nur ein Teilnehmer stellte einen Zusammenhang zur Interaktivität her. Durch die eigene Manipulation des Zuschauers könne keine Botschaft des Regisseurs vermittelt werden, sondern wenn dann nur eine stärkere Selbstreflexion hinsichtlich der eigenen Einschätzungen und Beurteilungen zu den dargestellten Handlungen und Charakteren.

8.5.2.4 Auffälligkeiten im Vergleich der Gruppeninterviews

Auffallend ist zunächst, die stärkere Eigendynamik und hohe Diskussionsfreudigkeit im Interviewverlauf bei der zweiten und dritten Gruppe. Dabei zeigt sich, dass die Beschreibungen und Beurteilungen zum Rezeptionserleben stark an die Entscheidungssituationen und die jeweiligen Beurteilungen gekoppelt sind. Dies trifft besonders stark für den Themenbereich Spannungserleben zu.

Die Diskussionen der interaktiven Gruppen sind sowohl inhaltlich wie auch hinsichtlich der Bezugsebenen der Rezeptionsdiskussion breit gefächert. Bei den Beschreibungen und Beurteilungen zur Beeinflussung des Rezeptionserlebens durch die Entscheidungsmöglichkeiten gibt es in beiden Gruppen völlig konträre Aussagen. Ebenso finden in beiden Gruppen intensive Diskussionen auf Ebene der Handlungssituationen und Charakterperspektiven statt, die im unmittelbaren Wechsel mit abstrahierenden Diskussionen zur Filmgestaltung und selbstreflexiven Erörterungen zum Rezeptionserleben vollzogen werden.

Im Vergleich dazu verlief die Diskussion der linearen Variante wesentlich eingegrenzter. Auf inhaltlicher Ebene wurden die Interpretationsmöglichkeiten der Handlungssituationen und Charaktermotivationen weniger intensiv und weniger breit diskutiert. Im Vordergrund stand die Frage der Konsistenz und des Realitätsbezugs. Die Frage der Alltagsnähe war ebenfalls der dominante Aspekt der gestaltungsbezogenen Diskussion. Hier kam vor allem der Aspekt der Künstlichkeit über die komprimierte Dramaturgie des Kurzfilms zur Sprache. Das Genre Beziehungsfilm und dessen Relevanz für das eigene Rezeptionserleben wie auch die Dramaturgie wird hier ebenfalls stärker berücksichtigt als in den beiden anderen Diskussionsgruppen.

Die Diskussionen der Varianten V2 und V3 scheinen sich sowohl intensiver mit den Handlungssituationen zu beschäftigen wie sie auch kritischer Fragen der Filmgestaltung reflektieren. Dabei fallen zwei zusätzliche Aspekte auf.

Zum einen treten häufig selbstbezügliche und selbstreflektierende Aussagen und Diskussionsabschnitte stärker hervor. Das ist zwar auch direkt bedingt durch die unmittelbare Selbstbezüglichkeit der Beschreibung der jeweiligen Entscheidungssituationen. Dennoch weisen die Aussageninhalte und die jeweiligen Diskussionsverläufe darüber hinaus weisende selbstreflexive Qualitäten auf.

Zum anderen fällt die Entwicklung und Reflexion möglicher Gestaltungsvarianten sowohl auf Ebene der Handlungssituationen wie auch auf Ebene dramaturgischer Gestaltungsmöglichkeiten auf.

Beim Vergleich zwischen den beiden interaktiven Gruppen V2 und V3 fällt auf, dass in der zweiten Gruppe noch intensiver auf der handlungsbezogenen Ebene der Filmnarration diskutiert wird. Demgegenüber stellt sich in der dritten Gruppe der Bezug zur Spielsituation stärker dar. Die Beschreibungen und Erörterungen der Charaktere, deren Handlungen sowie des Rezeptionserlebens, fallen stellenweise noch funktionaler aus und auch der Aspekt der Selbstbezüglichkeit scheint noch stärker in den Vordergrund zu treten.

8.6 Interpretation: Auswertung nach Thesen unter Bezug auf die Rezeptionskategorien des Theoriemodells

Im Folgenden wird die Auswertung und Interpretation der standardisierten Befragung und der vergleichenden Interviewanalyse noch mal im Hinblick auf die zentralen Thesen zur Veränderung des Rezeptionserlebens über eine angenommene Verschiebung zu einem stärker spielerischen Rezeptionsprozess erörtert. Dabei soll die Perspektive auf die vorangehenden theoretische Modellentwicklung und Qualifizierung von spielerischer und narrativer Rezeption bei der Rezeption fiktionaler narrativer Filme erweitert werden. Damit können unter Umständen mögliche Fehlannahmen durch die eingrenzende Verkürzung der gerichteten Hypothesenbildung, als Grundlage einer standardisierten Befragung im experimentellen Design, noch mal in Frage gestellt und gegebenenfalls aufgefangen werden.

8.6.1 Realitätszuweisung

Es wurde angenommen, dass eine Abschwächung des Realismuscharakters stattfinden wird, das heißt, dass die Teilnehmer die Filme weniger realitätsnah oder authentisch empfinden werden.

Theoretische Grundlage ist die Annahme einer über die spielerische Rezeption vollzogenen Abstraktion von einer direkten und eindeutigen Referenzierung auf die Alltagswirklichkeit. Über die gestaffelte Form der Bedeutungzuweisung von referentieller und relationaler Ebene entsteht eine Flexibilisierung der Referenzierungsmöglichkeiten. Die bereits über die Fiktionalität gegebenen Freiheiten in der Bedeutungszuweisung würden sich weiter verstärken, so dass beim Rezipienten ein Bewusstsein von Mehrdeutigkeit und die damit gegebene Selbstbezüglichkeit der konstruktiven Bedeutungszuweisung stärker präsent werden. Die Vorstellung einer unabhängig vom Rezipienten existierenden diegetischen Welt würde damit abgeschwächt werden.

Die These, dass sich über eine Verstärkung der spielerischen Rezeption eine Abschwächung des Realitätsbezugs und damit einhergehend eine Abschwächung der Anteilnahme an der diegetischen Welt und der Charakterperspektiven ergibt, kann in der direkten Form nicht gehalten werden.

Sowohl die Fragebogenergebnisse wie auch die Interviewanalyse zeigen, dass die Rezipienten der interaktiven Filme starken und unmittelbaren Anteil an den dargestellten Handlungen und den Motivationen und Empfindungen der Charaktere nehmen. Im Gegenteil scheint die Entscheidungsmöglichkeit teilweise[627] zu einer intensiveren Auseinandersetzung mit den jeweiligen Handlungssituationen und möglichen Konsequenzen bzw. Handlungsmotiven zu führen.

Demgegenüber steht, die ebenso stärkere Reflexion von Dramaturgie und Figurenkonsistenz wie auch die generelle Bereitschaft alternative Handlungsverläufe oder Inszenierungsvarianten zu diskutieren. Die Teilnahme der Rezipienten scheint damit auch zu einer kritischeren Haltung gegenüber der Filmkonstruktion zu führen. Dies kann in Verbindung zur Variationsbildung gesehen werden, insofern über die kritische Reflexion der Filmkonstruktion die Basis gelegt wird, andere (ggf. bessere) Alternativen zu entwickeln. Dabei fällt auf, dass die Variationsbildung sowohl aus diegetischer Perspektive entwickelt wird – als mögliche Alternativen des Handlungsverlaufs oder der Charaktermotivationen – wie auch auf Ebene der konstruktiven Filmgestaltung – z. B. Alternativen zur Gestaltung der Entscheidungssituationen oder Genrealternativen.

Zusätzlich zeigt sich, dass in der zweiten interaktiven Variante durch den Aufforderungscharakter über das vorangestellte Entscheidungsziel bei einigen Teilnehmern eine den Thesen entsprechende funktionalere Rezeptionsform der Charaktere und des Handlungsverlaufs ergeben hat. Die Charaktere und ihre Situationen wurden weniger als unabhängig existierend imaginiert, sondern unter der Perspektive der zielgerichteten Manipulation wahrgenommen. Hier scheint die Verstärkung einer zielorientierten spielerischen Rezeptionsform zur Abschwächung der narrativen Imagination geführt zu haben.

Hinsichtlich der Zuschreibung von Realitätsnähe fällt in den Interviews auf, dass die Beurteilung des Realismus bei der linearen Variante einen größeren Raum einnimmt als bei den interaktiven Filmen. Die Akzeptanz des Filmwerks und Bereitschaft sich auf das Geschehen einzulassen scheint sich beim linearen Film primär auf die Beurteilung der Realitätsnähe zu richten. Dabei werden sowohl Konsistenz von Figuren und Gesamtverlauf zur Sprache gebracht, wie auch die Gestaltung des Settings und anderer Gestaltungselemente, wie Musik oder Dialoge, relevant sind.[628]

Bei den interaktiven Varianten stehen hingegen vor allem die Figuren und ihre Handlungsmotivationen in den einzelnen Situationen für die Frage der Realitätsnähe zur Debatte. Der Gesamtverlauf der Handlungsdramaturgie steht weniger stark als Ganzheit wahrgenommen worden zu sein, sondern eine modularere Diskussion von Handlungsabfolgen und deren Konsistenz im Vordergrund zu stehen.

---

[627] Hier gab es, wie berichtet, differierende Aussagen. Dennoch kann die höhere Intensität der Auseinandersetzung in beiden Fällen zumindest für die nachgeschaltete Reflexion in den Gruppendiskussionen festgestellt werden.

[628] Dieser Aspekt ist sicherlich im Zusammenhang mit dem Genre des Alltagsdramas zu sehen und dürfte bei anderen Genres weniger Relevanz bzw. andere Schwerpunkte aufweisen.

Im Gegensatz zur vorab angestellten Überlegung, dass insgesamt die Gestaltungselemente der filmischen Darstellung bei den interaktiven Varianten stärker für die Beurteilung relevant werden, führt die Konzentration auf die Entscheidungssituation hier zu einer geringeren Aufmerksamkeit für andere Gestaltungsaspekte. Wohingegen die betrachtende Haltung der linearen Rezeption mehr Spielraum für die Wahrnehmung aller Gestaltungsmittel und der Beurteilung vor allem hinsichtlich der damit geschaffenen Realitätsnähe zulässt.

8.6.2   Realitätszuweisung: Interpretation und Fazit

Es bleibt damit die Frage, wie sich die dargelegten Unterschiede für eine vergleichende Qualifizierung der Referenzierung hinsichtlich des Realitätsbezugs zusammenfassen lassen. In beiden Fällen sind sowohl Aspekte der phänomenologischen Referenzierung wie auch Aspekte einer konstruktiven Abstraktion mit je unterschiedlichen Gewichtungen vorhanden.

Dennoch zeigen die Gruppendiskussionen in ihrer Gesamtheit unterschiedliche Profile hinsichtlich der Diskussion und Zuschreibungen zum Realitätsstatus. Als gemeinsamer Nenner der jeweiligen Differenzen könnte hier der Aspekt der stärkeren Selbstbezüglichkeit bei den interaktiven Varianten diskutiert werden. Sowohl die intensive Auseinandersetzung mit Handlungssituationen wie auch die Entwicklung von Variationen könnten auf eine stärker selbstbezogene Form der Rollenübernahme und der Reflexion und Variation auf der Ebene des Rollenspiels bezogen werden. Demgegenüber könnte die eher statische und die Gesamtheit des Filmkonstrukts umfassende Beurteilung der linearen Variante als eine stärker werkbezogene und damit weniger selbstbezügliche Rezeptionsform interpretiert werden.

Die Zusammenschau der Interviewaussagen, die sich auf die Frage des Realitätsbezugs beziehen lassen, insbesondere im Vergleich der Gruppen V1 und V2, legt die Vermutung nahe, dass die vorausgehenden Annahmen zum Verhältnis des Realitätsbezugs bei der Rezeption fiktionaler narrativer Filme zur spielerischen Aufbrechung durch die Fiktionalität und das Spiel der narrativen Strukturen falsch gewichtet wurde.

Die Souveränität und Selbstbezüglichkeit einer konstruktiven Form der Realitätszuschreibung durch die Rezipienten scheint bereits beim linearen Film stärker als angenommen. Die Aussagen in V2 zeigen, dass die Rezipienten in hohem Maß zwischen verschiedenen Referenzierungsebenen wechseln und das Zusammenspiel zwischen spielerischer Variationsbildung und phänomenologisch orientierter Vorstellung von Handlungssituationen wesentlich flexibler gehandhabt wird, als angenommen. Die vermutete Beeinträchtigung einer realitätsnahen Vorstellung durch die größere Flexibilisierung und die stärkere Selbstbezüglichkeit der Bedeutungszuweisung lassen sich nicht aufzeigen. Ebenso zeigen die Aussagen in V1, dass Wahrnehmung und Reflexion der gestalteten Strukturen fiktionaler Narration stärker im Vordergrund steht, als angenommen, und sogar im unmittelbarem Bezug zur phänomenologischen Referenzierung gesetzt wird.

8.6.3   Charakterwahrnehmung

Es wurde vermutet, dass mit der Herabsetzung der eindeutigen Referenzierung auch der Realitätscharakter der Figuren weniger stark ausgeprägt ist und damit verbunden auch das empathische Miterleben von Charakterperspektiven. Eine stärkere Betonung struktureller Relationen wird, so die Annahme, zu einer funktionaleren Sicht auf die Charaktere führen. Sie werden stärker hinsichtlich ihrer Bedeutung für die narrativen oder dramaturgischen Gestaltungsstrukturen wahrgenommen.

Wie ausgeführt, scheint aber ganz entgegengesetzt die Interaktivität zumindest in der Gruppe V2 zu einer Fokussierung auf die Charaktere und deren Potentiale als real verstandene Handlungsträger zu führen. Die Auflösung des statischen Handlungsverlaufs und die damit verbundene Flexibilität in der Interpretation fördern hier tendenziell eine größere Lebendigkeit der Figuren im Rezeptionserleben.[629] Die Charaktere scheinen tatsächlich eine höhere Eigendynamik in der Rezeption zu erhalten (bei gleichzeitiger Bedingung der gegebenen Möglichkeiten zur Entfaltung). Demzufolge treten höhere Anforderungen an die Konsistenz der angelegten Charakterstrukturen auf.

Charakterwahrnehmung: Interpretation und Fazit
In der Rückschau kann bezüglich der Überlegungen zur Charakterrezeption festgestellt werden, dass die Annahme, eine Verstärkung der Funktionalisierung führe unmittelbar zu einer stärkeren Abstraktion vom Realitätsbezug und damit verbunden zu einer Abschwächung der diegetischen Imagination in dieser direkten Relationierung(A), nicht gehalten werden kann. Die Funktionalität der Charaktere bezieht sich nach den Ergebnissen wesentlich auf ihre Einbindung in die narrativen Strukturen einer diegetischen Konstruktion. Die Verstärkung der funktionalen Wahrnehmung ist wie die Diskussionen zeigen, nicht mit einer Abstraktion von der diegetischen Imagination verbunden, sondern mit einer intensiveren Auseinandersetzung mit diesen narrativen Strukturen.

---

[629] Die Dynamik und Intensität der Auseinandersetzungen über die Charaktere in der zweiten Gruppe spricht für die von Krämer formulierte Objekthaftigkeit symbolischer Repräsentationen in virtuellen Umgebungen. Die Charaktere scheinen durch ihre strukturelle Beweglichkeit einen stärkeren Objektcharakter im Sinne einer eigenständigen (wenn auch fiktionalen) Existenz aufzubauen. Vgl. Krämer, S. (1995), S. 230-231. Siehe auch Kapitel 2.1.3.

Zusätzlich wurde davon ausgegangen, dass die Einbindung der Charaktere in eine geschlossene Erzählperspektive und die darin verankerten Faktoren emotionaler Involvierung[630] ein wichtiger Faktor sowohl für den Realismus der Darstellung als auch für die Intensität der emotionalen Anteilnahme ist. Eine Abschwächung oder Auflösung dieser geschlossenen narrativen Gesamtstruktur sind – so die Annahme – der Intensität der emotionalen Anteilnahme an den Figuren abträglich. Diesbezüglich muss fest gestellt werden, dass die Frage des Realitätsbezugs weniger stark als angenommen an die Konsistenz einer geschlossenen Erzählperspektive gekoppelt ist. Ebenso wie die Flexibilität und Variationsbildung bereits beim linearen Film stärker als angenommen den Rezeptionsprozess prägen. Die Intensivierung der Variationsbildungen über größere Spielräume und Reflexionspotentiale, führt eher zu einer Verstärkung der emotionalen Auseinandersetzung mit den dargestellten Charakteren und ihren funktional angelegten Möglichkeiten.

Offensichtlich ist die Parallelität der fiktionalen Realität filmischer Repräsentation zur externen Wahrnehmungswelt unmittelbarer auf der Ebene der dargestellten Objekte verankert und weniger stark an die kommunikative Vermittlungsperspektive gebunden.

Die Diskussion in Gruppe V3 zeigt hingegen Aspekte der Charakterrezeption, die den vorab angestellten Überlegungen entsprechen. Hier liegt bei einigen Rezipienten eine stark funktionale Orientierung der Charakterrezeption unter Bezug auf ein vom Rezipienten angestrebtes Manipulationsziel vor. Die Charaktere werden hier, wie ursprünglich angenommen, weniger differenziert in ihrem Bezug auf die Vorstellung von realen Handlungsträgern wahrgenommen und die Zielsetzungen der Rezeptionshandlung stehen stärker im Vordergrund. Bei völlig identischer Gestaltung der narrativen Darstellung und der Entscheidungssituationen wurde durch die zusätzlichen Elemente der Punkteanzeige und vorab formulierten Handlungsaufforderung eine Verschiebung der Rezeptionsperspektive bewirkt.

Der Aspekt der Funktionalität der Charakterwahrnehmung bzw. der strukturellen Bedeutungszuweisung muss also noch mal differenziert werden hinsichtlich der Bezugsperspektive der Funktionalität. Wird die strukturelle Reflexion als Ausgangspunkt diegetischer Konstruktionen mit offenem Interpretationsspielraum genutzt oder liegen sie einer Interpretation zugrunde, die intentional auf eine manipulative Rezeptionshandlung ausgerichtet ist?

Das Wechselspiel zwischen der phänomenologisch orientierten Imagination von Handlungsträgern und einer strukturellen oder funktionalen Wahrnehmung von Charakterdarstellungen zeigt sich damit als extrem sensibler Bereich, bei dem

---

[630] Z. B. über die narrative Makrostruktur, über die sich erst im Verlauf erfüllenden oder entwickelnden Intentionen der Charaktere, sowie über die Wissensrestriktion die an eine Erzählperspektive gekoppelt sind.

graduelle Verschiebungen in der Gestaltung der Rezeptionssituation bereits zu völlig unterschiedlichen Wahrnehmungsformen führen können.

8.6.4   Spannungserleben und Spannungsverlauf

Zum Spannungserleben und zur Rezeption des Spannungsverlaufs wurde die Vermutung angestellt, dass durch das geringere Maß an Einfühlung in die diegetische Welt auch das Spannungserleben hinsichtlich der emotionalen Anteilnahme im weiterem Handlungsverlauf abgeschwächt wird. Ebenso wie davon ausgegangen wurde, dass die Erwartungen hinsichtlich des Gesamtverlaufs, also der Aufbau von Hypothesen zur narrativen Makrostruktur, weniger stark ausfallen, da eine stärker modulare Form der Handlungsrezeption zu erwarten sei.

Im Gegenzug wurden Überlegungen angestellt, dass die Spannungserzeugung auf relationaler Ebene durch die stärkere Reflexion narrativer Strukturen sowie die größere Tendenz zur konstruktiven Variationsbildung auf Basis der strukturellen Wahrnehmung stärker ausfallen können. Als zusätzliche Aspekte der Erregungsverstärkung in diesem Zusammenhang wurden die größere Unsicherheit über die Flexibilisierung des Verlaufs und die potentielle Mehrdeutigkeit, sowie die Erregung über die stärkere Abstraktion angeführt.

Auch bei dieser Erlebniskategorie fällt eine eindeutige Antwort bzw. Interpretation schwer. Zunächst zeigen die Aussagen des Fragebogens wie auch der Interviews, dass die interaktive Variante V2 als spannender empfunden wurde als die lineare Variante V1 (und die Variante V3 zumindest gleich spannend beurteilt wurde, wie diese).

In den Interviewaussagen wird einerseits die erlebte Spannung wesentlich auf die Entscheidungssituationen und die Erwartung des jeweiligen Resultats der Selektion bezogen. Andererseits waren die jeweiligen Erwartungen ebenso auf die Handlungssituationen bezogen. Das Spannungserleben der zweiten Gruppe bezieht sich sowohl auf die handlungsbezogene Ebene der Erwartung der Ergebnisse des eigenen Eingreifens, wie auch auf die interpretierende Ebene der Erwartungen zur Entwicklung des Handlungsverlaufs und der damit verbundenen emotionale Einbindung.

Die Erregung über die Flexibilisierung oder Mehrdeutigkeit ist zwar vorhanden, aber im Gegensatz zur angestellten Vermutung wird sie wesentlich aus nachvollziehender Perspektive auf diegetischer Ebene wahrgenommen. Basis dafür bildet zwar eine konstruktive Erfassung der narrativen Struktur, die emotionale Involvierung wird aber zumindest ebenso stark auf die inhaltliche Vorstellung der Handlungssituationen begründet.

Die vermutete Abstraktion bzw. strukturelle Rezeption findet vor allem bezüglich der Beurteilung der Konsistenz der Inszenierung statt. Damit kann im

Sinne der Ebenenstaffelung spielerischer Bedeutungszuweisung zwar von dem Zusammenspiel der konstruktiven, strukturellen und der referentiellen, nachvollziehenden Rezeption gesprochen werden. Die vermutete Dominanz der ersteren zeigt sich hingegen nicht. Im Gegenteil scheint sich das Zusammenspiel tendenziell in Richtung einer Verstärkung der diegetischen Vorstellung und daran gekoppelter Erlebnisdimensionen auszuwirken.

Diese ineinander greifende Verstärkung kann auch als Grund angesehen werden, dass die Annahme der Spannungsabschwächung über die Aufhebung des passiven Status der Rezeptionshandlung ebenfalls nicht eingetreten ist. Zumindest in der zweiten Variante scheint sich ein Wechselspiel zwischen einer passiven diegetischen Spannung und der Spannung über das aktive konstruktive Eingreifen eingestellt zu haben

In der dritten Variante scheint dieses Gleichgewicht hingegen weniger ausgewogen. Die Erwartungen hinsichtlich der Beeinflussung des Verlaufs über die eigene Auswahl scheinen hier ausgeprägter zu sein und damit verbunden auch das Potential der Enttäuschung durch die jeweiligen tatsächlich erzielten Manipulationsmöglichkeiten. Andererseits ist die Auseinandersetzung mit den Handlungssituationen weniger intensiv, so dass das Vergnügen an der Teilnahme und das eher nachvollziehende Spannungserleben einer passiven Rezeption die Enttäuschung nicht ausgleichen können.

Die Interviewaussagen der dritten Gruppen geben Hinweise darauf, dass durch die vorangestellte Aufforderung und die Punkteberwertung bei einigen Rezipienten eine Verlagerung der Rezeptionshaltung bewirkt wurde. Diese Verschiebung kann als Wechsel von einer eher wahrnehmungsorientierten Beobachtung und imaginativer Konstruktion von Handlungswelten zu einer handlungsorientierten Form der Rezeption interpretiert werden.

Die aktive Manipulation wurde hier stärker unter dem Aspekt einer Zielerreichung wahrgenommen. Die Handlungsebene der Medienrezeption im Sinne der Beeinflussung der symbolischen Repräsentation stand stärker im Vordergrund. Die Bedeutungszuweisung wurde stärker dem Handlungsziel untergeordnet und damit funktionaler auf die aktive Manipulation ausgerichtet. Damit wurden, wie auch in den ausgehenden Thesen vermutet, die Intensität der diegetischen Erfahrung und die damit verbundene emotionale Einbindung verringert. Wie den Aussagen ebenfalls zu entnehmen ist, war in diesem Fall, allerdings das Kompetenzerleben über die eigene Handlung nicht ausreichend positiv, da die Beeinflussungsmöglichkeit als zu gering empfunden wurde. Dem Verlust der emotionalen Einbindung auf der Ebene der diegetischen Simulation wurde kein entsprechender Ausgleich über das Handlungserleben entgegengesetzt.

In diesem Zusammenhang muss auch noch einmal erwähnt werden, dass es in beiden Gruppen auch explizit Aussagen zum Spannungsabbau durch die je eigene Vorwegnahme des Handlungsverlaufs bzw. durch eigene Aktivität an sich und die damit verbundene Aufhebung des passiven Beobachtungsstatus gab. Diese Tendenzen, die den vermuteten Annahmen entsprechen, sind in der Gesamtheit aber in der zweiten Gruppe durch positive Effekte einer intensiveren Auseinandersetzung aufgefangen worden, während in der dritten Variante ein derartiger Ausgleich nicht mehr ausreichend vorhanden war.

Spannungserleben: Interpretation und Fazit
Wie bereits beim Realitätsbezug deuten die Beobachtungen zum Spannungserleben darauf hin, dass zumindest für die einfache interaktive Variante über die Möglichkeit der Einflussnahme sowohl eine Verstärkung der konstruktiven, strukturellen Wahrnehmung wie auch eine Intensivierung der diegetischen Imagination stattfinden und über die wechselseitige Verstärkung sowohl das diegetische Spannungsmoment wie auch das relationale, strukturelle Spannungserleben verstärkt werden.

Zusätzlich zeigen aber die Ergebnisse für die dritte Variante darauf, dass diese Intensivierung nicht linear mit dem Grad der spielerischen Rezeption ansteigt. Wie schon bei der Diskussion der Realitätszuschreibung lässt sich auch für das Spannungserleben zwischen V2 und V3 ein Abbruch, als qualitativer Sprung ausgelöst über eine veränderte Rezeptionshaltung, feststellen. Das Rezeptionserleben richtet sich stärker auf die manipulative Spielhandlung aus und entfernt damit von dem narrativen Miterleben. Der Spannungsaufbau richtete sich damit wesentlich auf die Erwartung der Möglichkeiten der aktiven Veränderung, die im vorliegenden Angebot allerdings als zu geringfügig beurteilt wurden.

Eine zusätzliche Annahme wurde hinsichtlich des Gesamtverlaufs des Spannungserlebens formuliert. Die ausgehende Annahme war, dass sich über die Interaktivität eine eher modulare Form narrativer Strukturen mit immer wieder neuen Variationsmöglichkeiten ergibt, die weniger stark auf eine zunehmende Eingrenzung hinsichtlich eines erwarteten Ausgangs hinwirkt. Dementsprechend wäre ein weniger starker Spannungsanstieg im Gesamtverlauf bei den interaktiven Varianten zu vermuten gewesen. Die Fragebogenauswertung zeigte bei V2 aber auch hier einen höheren Wert für den Spannungsanstieg am Ende. In den Interviewdiskussionen ergaben sich zu möglichen Veränderungen im Gesamtverlauf wenig Aussagen, die es ermöglichen würden direkte Interpretationshinweise zu liefern. Über die obigen Darlegungen kann lediglich vermutet werden, dass die höhere Intensität des Miterlebens wie auch der strukturellen Reflexionen zu möglichen Varianten in der zweiten Gruppe auch ein höheres Maß an Erwartungen zum Ausgang der Geschichte mit sich gebracht hatten.

8.6.5   Botschaftszuschreibung

Die These der weniger starken Ausprägung einer Botschaftszuschreibung wurde aus der theoretischen Annahme einer veränderten Kommunikationssituation über die rezipienteninitiierte Transformation der Mitteilung abgeleitet. Es wurde angenommen, dass ein Bezug zur Mitteilungsperspektive durch den interaktiven Eingriff und die damit verbundene größere Selbstbezüglichkeit der Bedeutungszuweisung unterbrochen bzw. abgeschwächt wird. Durch die Aufbrechung der eindeutigen Zuweisung inhaltlicher Aussagen zu einer Mitteilungsperspektive wurde die Möglichkeit dem Film eine Botschaft zuzuschreiben eingeschränkt werden.

In einer zusammenfassenden Auswertung der Fragebögen und der Interviewaussagen zeigt sich kein einheitliches Bild. Zunächst scheinen die Werte der standardisierten Befragung die Erwartungen zu bestätigen. Für die dritte Variante wird am häufigsten angegeben, dass sie keine Botschaft beinhaltet. In der ersten Gruppe wurde hingegen am häufigsten eine Botschaft wahrgenommen.

Wie aber bereits im Vortest festgestellt wurde, scheint die Beantwortung der Frage mit Schwierigkeiten verbunden zu sein. Auch die Interviewaussagen weisen darauf hin, dass in diesem Fall die Operationalisierung über die Frage nach dem Botschaftscharakter keine eindeutige Abbildung der theoretischen These liefert. Zum einen fassen viele Teilnehmer die Frage als Aufforderung zur Botschaftssuche oder Botschaftsermittlung auf. Andererseits wird die Botschaftsfrage nur von einigen Teilnehmern als Bezug auf eine Mitteilungsperspektive aufgefasst. Bei den meisten Aussagen steht hingegen der selbstbezügliche Aspekt der Bedeutungszuweisung im Vordergrund.

Während in der ersten Gruppe die Botschaftsfrage wenig Resonanz erzeugte, wurde sie in der zweiten und dritten Gruppe vor allem im Zusammenhang mit den eigenen Entscheidungen diskutiert. Dabei gab es unterschiedlichste Ausprägungen der Antworten. Die Botschaft wurde in der Entscheidungsmöglichkeit auf der Ebene der Rezeptionshandlung gesehen. Die Botschaft wurde auf referentieller Ebene als über die Selektion selbst konstruierte Aussage beschrieben. Die Botschaft wurde in dem Zusammenspiel von Selektion und dargestelltem Handlungsverlauf als Bewertung der Rezeptionshandlung vermutet. Und es wurde entsprechend der theoretischen Überlegung die Möglichkeit einer Botschaft aufgrund der unvorhersehbaren und mehrdeutigen inhaltlichen Zusammenhänge verneint. Daraus lässt sich zunächst kein zusammenfassendes Bild entwerfen.

Botschaftszuschreibung: Interpretation und Fazit
Insbesondere der Diskussionsverlauf in der ersten Gruppe zu diesem Aspekt gibt Anlass zur Überlegung, ob generell beim narrativen fiktionalem Film die Botschaftsfrage weniger als Bezug auf einen Mitteilungsaspekt und mehr über die selbstbezügliche Zuschreibung einer Relevanz zur eigenen Erlebniswelt beantwor-

tet wird. Die vorausgehende Annahme, dass beim linearen Film der Bezug auf eine Mitteilungsperspektive ungebrochen vorhanden ist, wäre dann nicht erfüllt. Schon beim linearen fiktionalem Film wird die Botschaft, wie die Interviewbeiträge nahe legen, stark selbstbezüglich entwickelt – auf Basis der Interpretationsspielräume, die im fiktionalen Film gegeben sind.

Die angestrebte Qualifizierung der Kommunikationsrelation im Sinne einer Beurteilung der Mitteilung als fremdgeneriertes Kommunikationsangebot ist hingegen eher über die Beurteilung von Gestaltungselementen des Filmwerks beobachtbar. Die Aussagen der Gruppendiskussion des linearen Films zu verschiedenen Aspekten der Filmgestaltung beziehen sich stärker auf die Subjektivität der jeweiligen Gestaltungsentscheidungen eines Gegenübers und deren Beurteilung, als die inhaltlichen Diskussionen zu möglichen Filmaussagen.

8.6.6 Wahrnehmung und Beurteilung von Gestaltungselementen

Die Frage möglicher Verschiebungen in der ästhetischen Wahrnehmung oder, allgemeiner formuliert, der Reflexion und Relevanz von Gestaltungselementen wurde als offene Fragestellung formuliert. Hier stand einerseits eine mögliche größere Relevanz der Rezeption und Beurteilung von Gestaltungselementen zur Debatte und andererseits eine Verringerung assoziativer ästhetisch orientierter Wahrnehmungen über die stärker funktionalere Rezeptionsausrichtung.

Keine der beiden Thesenausrichtungen können in dieser Form bejaht oder verneint werden. Entgegen der Annahmen ist in der Beurteilung der Gestaltung bei der linearen Variante eine größere Bedeutung in der Rezeption erhalten, sowohl hinsichtlich der Beurteilung der diegetischen Konstruktion und deren inhaltlicher Repräsentation, wie auch hinsichtlich der Ablehnung bzw. Annahme des Filmangebots in seiner gesamten Gestaltung.

Demgegenüber weisen die Diskussionen der interaktiven Varianten ein hohes Maß der Reflexion von Gestaltungselementen hinsichtlich des konstruktiven Umgangs in der Entwicklung möglicher Variationsmöglichkeiten auf. Im Vergleich zur linearen Variante steht dabei weniger eine Gesamtschau des Filmwerks im Vordergrund, sondern die Betrachtungen beziehen sich eher auf die Möglichkeiten des Erzählens bzw. des damit verbundenen Rezeptionserlebens.

In diesem Sinne kann hier von einer funktionaleren und auch reduzierteren Betrachtung der Gestaltungselemente gesprochen werden, bei der vor allem die Konsistenz der narrativen Strukturen geprüft werden. Während in die passive Rezeptionshaltung der linearen Variante mehr Raum für eine umfassende Wahrnehmung und Beurteilung des Filmkunstwerks und seiner verschiedenen Gestaltungselemente und der dahinter stehenden Subjektivität eines Mitteilenden geboten wird. Während im ersten Fall eine eher selbstbezügliche auf den Rezeptionsprozess

bezogene Wahrnehmung der Gestaltung vorliegen würde, wären im zweiten Fall
die Gestaltungswahrnehmung und deren Beurteilung eher fremdbezogen auf Ebene der Kommunikationssituation verankert.

8.6.7 Zusammenfassendes Fazit der Ergebnisinterpretation

Neben der unerwarteten positiveren Bewertung der interaktiven Variante im Vergleich zum linearen Film stellte die ebenso große Differenz der Bewertung der
zweiten interaktiven Variante die wesentliche Schwierigkeit bezüglich der Ergebnisinterpretation dar. Welche Gemeinsamkeiten und welche Differenzen lassen
sich für die interpretierende Qualifizierung der Rezeptionsprozesse der beiden
interaktiven Varianten im Vergleich zur linearen Variante und untereinander auf
Basis der empirischen Befunde formulieren?

Ausgehend von den vorangestellten Überlegungen und Interpretationen zu
den einzelnen Rezeptionsdimensionen lassen sich drei Punkte für die Ergebnisinterpretation zusammenfassen.

Als gemeinsames Kennzeichen der Rezeptionsprozesse der interaktiven
Varianten wird die Verstärkung der Selbstbezüglichkeit angesehen, in Abgrenzung
zu einer stärker fremdbezüglichen Bedeutungszuweisung beim linearen Film. Dabei
erhält das Moment der Selbstbezüglichkeit jedoch bei beiden Varianten unterschiedliche Bezugspunkte, die es zu differenzieren gilt.

Die Selbstbezüglichkeit geht nicht, wie angenommen, unmittelbar einher mit
einer Abwendung oder Abschwächung der diegetischen Imagination. Im Gegenteil,
es lässt sich für die interaktive Variante V2 im Zusammenspiel mit einer ebenfalls
verstärkten Reflexion narrativer Konstruktionselemente eine Intensivierung der
Auseinandersetzung mit imaginativen Charakteren und Handlungen feststellen.
Hier führt die stärker selbstbezogene Rezeption zu einem involvierenden Wechselspiel zwischen referentiellem und relationalen Wahrnehmungsformen und Bedeutungszuweisungen. Die Rezipienten nehmen damit das Filmkonstrukt mehr
für sich ein. Die durch die Freiheiten im Verlauf erzeugten zusätzlichen Variablen führen zu einer Intensivierung der von den Teilnehmern zu erbringenden
Konstruktions- und Reflexionsprozesse im Aufbau der diegetischen Vorstellungen.
Die größere Eigenleistung bindet die Teilnehmer stärker ins fiktionale Geschehen,
vor allem im Sinne einer konstruktiven Interpretationstätigkeit, ein.

Die zusätzliche Spielaufforderung der zweiten interaktiven Variante V3 führt
zu einer veränderten Perspektivierung der selbstbezüglichen Rezeptionshaltung.
Die bei V2 vorhandene Bereitschaft zu einer eintauchenden Rezeptionshaltung und
damit verbundener Intensität – auf relationaler wie auch referentieller Ebene – ist
bei V3 durch mehrere Faktoren behindert worden zu sein. Hier findet eine Verlagerung der Ausrichtung des Rezeptionsprozesses auf die Rezeptionshandlung

als aktive Veränderung der symbolischen Darstellungen statt. Die Ansprüche an die Manipulationsmöglichkeiten sind hier ausgeprägter und konnten nicht erfüllt werden, während andererseits die Bereitschaft sich auf passiver Ebene mit den diegetischen Situationen auseinanderzusetzen geringer war.

Diese Verschiebung weist auf eine Verlagerung von einer wahrnehmungsorientierten Rezeptionsform zu einer handlungsorientierten Rezeption für die dritte Variante hin.

Auf Ebene der Kommunikationssituation ist mit der stärker selbstbezüglichen Involvierung auch eine geringere Distanz zum Filmwerk, als abgeschlossenes gestaltetes Produkt, verbunden. Die kommunikative Distanz, die sich bei V1 stärker wahrnehmen lässt, zu einem gegebenen Medienangebot ist bei den interaktiven Varianten weniger ausgeprägt. Bei der ersten Gruppe lässt sich eine klare Grenze zwischen der Interpretationsperspektive der Rezipienten und der Beurteilung der Gestaltung des Angebots ziehen. Die nicht vorhandene Möglichkeit einer beeinflussenden Veränderung des Medienangebots ist damit auch auf einer stärkeren Gewichtung der Beurteilung der Filmgestaltung, des Annehmens oder Ablehnens des Medienangebots im Rezeptionsprozess, zu führen. Die distanzierenden, kritischen Beurteilungen der interaktiven Gruppen beziehen sich gezielter und isolierter auf bestimmte Aspekte, z. B. die narrative Konstruktion oder die Gestaltung der Entscheidungssituationen.

9 Kritische Reflexion der theoretischen Modellierung spielerischer und narrativer Rezeption und der empirischen Studie zur Rezeption interaktiver Filme

9.1 Reflexion zur Theoriebildung

Zusammenfassend erwies sich die Kopplung der Untersuchung möglicher Bedeutungsverschiebungen durch den interaktiven Eingriff in ein narratives filmisches Angebot an die Qualifizierung spielerischer Rezeptionsmuster als ergiebige Vorgehensweise. Der generelle Ansatz der vergleichenden Gegenüberstellung narrativer und spielerischer Rezeptionselemente war einerseits theoretisch konsistent durchführbar und andererseits auch für die Analyse und Interpretation (der nicht vorhergesehenen) Ergebnisse sinnvoll einsetzbar. Gerade letzteres weist darauf hin, dass bei einer weiteren Ausdifferenzierung der theoretischen Erörterung einzelner Faktoren aussichtsvolle Ausbaustufen für empirische Erhebungen möglich wären.

Diesbezüglich können vor allem über die Auswertungen der Gruppeninterviews rückbezügliche Schlussfolgerungen zu möglichen und gegebenenfalls notwendigen Überarbeitungen und Weiterentwicklungen auf mehreren Ebenen der Theoriebildung gezogen werden:

9.1.1 Auf Ebene der Theoriegrundlagen zur Medienrezeption

Die symbolisch interaktionistische Interpretation von Medienrezeption liefert eine bessere Modellierung für die Untersuchung der Rezeptionsprozesse beim narrativen Film als der konstruktivistische Ansatz:

In der rückblickenden Betrachtung kann auf Basis vollzogenen Interpretationen in der Auswertung der Interviews, die Überlegung angestellt werden, dass die gegebenen Differenzen im konstruktivistischen und interaktionistischem Rezeptionsbegriff[631] für bestimmte Ausschnitte der Theorieentwicklung zur Rezeption interaktiver Filme in der vorliegenden Untersuchung von ausschlaggebender Bedeutung sein könnte. Ein konstruktivistisches Verständnis von spielerischer

---

[631] Siehe Kapitel 3.1.3.

Medienrezeption betont stärker die Arbitrarität von Bedeutungszuweisungen und fokussiert auf Fragen der Selbstreflexivität des Prozesses der Bedeutungszuweisung im Sinne einer metakommunikativen Reflexion. Im symbolischen Interaktionismus wird der spielerische Aspekt von Bedeutungszuweisung eher als Flexibilität im pragmatischen Kontext verstanden.[632] Das Durchspielen verschiedener Bedeutungszuweisungen verweist dann weniger auf eine metakommunikative Reflexion, sondern realisiert sich als Variation von Handlungsmöglichkeiten.[633]

Nach diesem interaktionistischen Verständnis von Medienrezeption ist das in der empirischen Analyse ermittelte Ergebnis plausibel begründbar. Eine Flexibilisierung von Bedeutungszuweisungen bzw. eine prinzipielle Mehrdeutigkeit bei der interaktiven Variante führt dazu, dass die Rezipienten sich intensiver mit verschiedenen Rollenzuweisungen und Interaktionssituationen auseinandersetzen, insofern mehrere Situationen mental durchgespielt werden. Die im vorliegenden Theorieansatz konstruktivistisch begründete Annahme einer verstärkten metakommunikativen Reflexion, die mit einer Abstraktion von inhaltlichen Vorstellungen einhergeht, konnte hingegen nicht in der angenommenen Form festgestellt werden.[634]

9.1.2   Auf Ebene der theoretischen Modellierung der Rezeption narrativer Filme

Die spielerische und selbstbezügliche Komponente von Bedeutungskonstruktion ist bereits bei der Rezeption linearer Filme stärker als angenommen:

Geht man davon aus, dass der Ansatzpunkt, zwischen narrativer und spielerischer Rezeption zu differenzieren, eine sinnvolle Perspektive für die Untersuchung von Prozessen der Filmrezeption ermöglicht, dann könnten die Ergebnisse darauf hinweisen, dass in der Qualifizierung von Filmrezeption bezüglich des Zusam-

---

[632] Vergleiche dazu Hans Joas' Ausführungen zum symbolischen Interaktionismus: „Dewey und Mead interessierten sich für das kindliche Spiel nicht nur wegen ihrer reformpädagogischen Absichten; es diente ihnen gleichzeitig als eine Modell des Handelns mit geringem Druck zur Eindeutigkeit der Zwecke. In ihren Analysen des Experimentierens entwickelten sie zugleich die Idee schöpferischer Intelligenz im Sinn einer Überwindung von Handlungsproblemen durch die Erfindung neuer Handlungsmöglichkeiten; diese Erfindungsfähigkeit oder Kreativität hat aber den kontrollierten Umgang mit der Handlungsform des Spiels, ein ‚Durchspielen' alternativer Handlungsvollzüge, zur Voraussetzung." Joas, H. (1988), S. 423.

[633] Insofern auch kommunikative Akte als soziale Handlungen verstanden werden.

[634] Dabei ist zu berücksichtigen, dass es sich hier um die Hypothesenbildung hinsichtlich der generellen Gegenüberstellung narrativer und spielerischer Rezeption handelt. Wie sich ebenfalls über die Interviewanalysen zeigte, kann die Frage der konkreten Gestaltung des interaktiven Angebots und einer gegebenenfalls damit verbundenen Veränderung der Relation von narrativer und spielerischer Rezeption zu einer Verschiebung in Richtung der ursprünglich angenommenen Funktionalisierung bzw. Abstraktion kommen. Siehe Kapitel 8.5.2 und Kapitel 8.6.

menspiels narrativer und spielerischer Rezeptionsmuster andere Gewichtungen vorgenommen werden müssen. Auf Basis der angestellten Interpretationen der Studienergebnisse wäre davon auszugehen, dass der spielerische Anteil bei der linearen Filmrezeption bereits ein stärkeres Gewicht hat. Diese Überlegung begründet sich in mehreren Punkten der angestellten Interpretationen im Rahmen der Datenauswertung, insbesondere zu denen der zweiten Gruppe.

Der zentrale Punkt für diese Annahme ist, dass die offensichtlich starke Auseinandersetzung und Reflexion verschiedener möglicher Verläufe einer Geschichte nicht mit einer Herabsetzung des Realismuscharakters einherging und nicht zu einer abstrakteren Wahrnehmung der narrativen Vermittlung führte. Bedeutungszuweisung wie auch Anteilnahme im Prozess der Rezeption narrativer Filme scheinen auf mehreren Ebenen durch einen wesentlich höheren Flexibilitätscharakter geprägt als angenommen wurde. Damit sind mehrere Überlegungen verbunden:

Erstens bedürfte die Frage der Realismuszuschreibung einer genaueren Differenzierung bzw. veränderten Qualifizierung. Einerseits stellte sie in den Aussagen der Teilnehmer zwar ein zentrales Moment für Fragen der Beurteilung, Akzeptanz und Involvierung dar. Andererseits scheint die Bezugsgrundlage der Zuschreibung von Realismus, weitaus abgekoppelter von einer direkten Bezugsetzung auf die phänomenologische Alltagswirklichkeit, im Sinne eines möglichen dokumentarischen Charakters als angenommen wurde. Realismuszuschreibung scheint hingegen mehr an die Frage einer Vorstellbarkeit gebunden, Vorstellbarkeit im Sinne einer möglichen Geschichte. Die Bezugsperspektive realisiert sich eher über den zukünftigen Aspekt einer möglichen Geschichte und weniger über einen vergangenen Aspekt einer möglicherweise passierten Geschichte. Anders formuliert: die Realismusbeurteilung bezieht sich auf die vollzogenen mentalen Vorstellungen der narrativen Instanz, die über Realbild repräsentiert werden, und weniger auf die direkte Beurteilung einer vermeintlichen phänomenologischen Repräsentation vermittels des Realbilds.

Damit einhergehend kann gefolgert werden, dass eine geschlossene Erzählperspektive weniger relevant ist für die Einschätzung zum Realitätscharakter, bzw. für eine unmittelbare Anteilnahme am Geschehen, als angenommen wurde. Die Eigendynamik einer aktiven Variationsbildung ist bereits beim linearen Film im stärkeren Maß Bestandteil des Erlebens von Handlungssituationen. Der Bezug auf eine konsistente Mitteilungs- bzw. Erzählperspektive ist dann einerseits weniger relevant und realisiert sich andererseits weniger stark über eine phänomenologische Eindeutigkeit einer erzählten Geschichte in ihrer Gesamtheit, sondern über die Konsistenz einzelner narrativer Strukturelemente, die dann als Ausgangspunkt für mögliche Geschichten genommen werden kann.

Diese Annahme kann insbesondere auch durch die Aussagen zum Botschaftscharakter gestützt werden. Hier zeigte sich besonders deutlich, wie stark der selbstbezügliche (im Sinne eines Selbstbezugs zum Rezipienten) Charakter der

Bedeutungszuweisung ausgeprägt ist und wie wenig relevant der Bezug auf eine geschlossene Aussage im Rezeptionsprozess ist. Die angenommene Bezugsetzung zum Mitteilenden auf Ebene der Kommunikationssituation über die in einer Erzählung vermittelten Aussagen fand nur in sehr geringem Umfang statt. Die Bezugsetzung zum Mitteilenden realisiert sich vielmehr über die Beurteilung auf der Gestaltungsebene.[635]

Die aufgezeigte stärkere Modularität wie auch die notwendige Verschiebung der Bezugsgrundlage der Realismuszuschreibung der Filmrezeption zeigen sich besonders ausgeprägt in der Rezeption der Charaktere. Trotz des hohen Grads der Reflexion narrativer Strukturen wurden die Charaktere nicht als reine Funktionsträger, sondern aus nachvollziehender Personen bezogener Perspektive wahrgenommen.[636] Im Gegenteil führte, wie oben ausgeführt,[637] die stärkere Reflexion möglicher Handlungsalternativen zu einer intensiveren Auseinandersetzung mit persönlichen Motiven und möglichen Charakterzügen. Das spricht, wie bereits erörtert, für die symbolisch interaktionistische Fokussierung auf Aspekte der Rollen- und Identitätskonstruktionen in der Betrachtung von Film- und Fernsehrezeption.

Und schließlich basiert auch das Spannungserleben weniger stark auf einer primären Referenzierungsebene beobachteter Ereignisse, sondern lebt wesentlich aus dem Zusammenspiel dieser unmittelbaren Referenzierung mit den, gerade durch die strukturelle Reflexion ermöglichten, aktiven Variationskonstruktionen zur Ausprägung der erzählten Geschichte. Das spricht dafür, dass die Batesonsche Beschreibung spielerischer Erlebnisformen über ein unmittelbares Ineinandergreifen von primärer und sekundärer Bedeutungsebene im Wahrnehmungsprozess beim linearen Spielfilm inhärenter Bestandteil sind.

Bereits die Rezeption linearer Filme ist damit von einem hohen Grad der Abkopplung von externen Bezugsetzungen geprägt, ohne dabei abstrakt zu werden, sowohl auf der Ebene der Referenzierung symbolischer Repräsentation wie auch der Ebene der Kommunikationssituation. Die Souveränität und Selbstbezüglichkeit der Bedeutungskonstruktion sind damit prägende Elemente der Involvierung im Rezeptionsprozess.

Das spricht für die Darlegung von Mikos zum polysemen Charakter populärer Texte, deren Interpretation einerseits von der aktiven spielerischen Bedeutungskonstruktion der Rezipienten lebt, die unter anderem auf der Erfassung von strukturellen Komponenten der Textkonstruktion beruht und gleichzeitig die Re-

---

[635] Siehe Kapitel 9.3.1.
[636] Das gilt vor allem für die zweite Untersuchungsgruppe. In der Gruppe V3 ergaben sich diesbezüglich bereits Verschiebungen. Siehe Kapitel 8.5.2 und Kapitel 8.3.
[637] Siehe Kapitel 8.3.

ferenzierungsmöglichkeiten auf die eigenen Lebenswelten als zentrale Qualität einer inhaltsbezogenen Involvierung versteht.[638]

9.1.3 Hinsichtlich der qualitativen Differenzierung der interaktiven Rezeptionsform

Die konkrete Gestaltung der Interaktivität ist von starker Relevanz für die Ausprägung der Bedeutungszuweisung wie auch der Involvierungsprozesse:
In den Interviews zeigte sich, dass die Frage, wann, in welcher Form und mit welchen Auswirkungen der Zuschauer den Film manipulieren kann, von großer Bedeutung ist für die Ausprägung und Intensität der Involvierung.[639]
In der vorliegenden Forschung wurde eine generelle Setzung von Interaktivität zu Nicht-interaktivität als Ausgangspunkt gewählt. Die Problematik der starken Reduzierung war dabei zunächst bewusst in Kauf genommen worden. 1. Weil es zunächst darum ging, möglichst allgemein zu überprüfen, ob sich die Differenzierung zwischen narrativer und spielerischer Rezeption in einen sinnvollen Zusammenhang zur Gegenüberstellung einer linearen und einer interaktiven Form eines erzählenden Films setzen lässt. 2. Weil zum ausgehenden Zeitpunkt noch nicht die nötigen Kriterien für eine theoretisch begründete Eingrenzung oder Qualifizierung einer bestimmten Form des interaktiven Eingriffs vorhanden gewesen wären. In diesem Bereich müssten jedoch für weitere Ausführungen Kategorien ausgearbeitet werden, die eine spezifischere Untersuchung einzelner Elemente filmischem Involvements im Zusammenhang mit Nutzermanipulationen ermöglichen.[640]
Darüber hinaus liefert die Ergebnisinterpretation Hinweise darauf, dass die Relevanz der Gestaltungsbeurteilung allgemein näherer theoretischer Betrachtungen unterzogen werden müsste. Die Frage der Auswirkungen der Gestaltungs-

---

[638] Vgl. Mikos, L. (2993), S. 90–99.
[639] Siehe Kapitel 8.5.2 und Kapitel 8.3.
[640] An diesem Punkt wäre dann auch zu überlegen, wie die Frage der Interaktivitätsdefinition sinnvoll ausdifferenziert und mit stärkerem Bezug zu den verschiedenen Ebenen des Rezeptionsprozess bei interaktiven AV-Angeboten formuliert werden könnte. In der vorliegenden Arbeit wurde von einer theoretisch begründeten, eher abstrakten, Qualifizierung von Interaktivität über das Kriterium der Komplexität der Transformation (Siehe Kapitel 2.1), die sich zwischen Rezipient und vorgegebenen inhaltlichen Strukturen des Medienangebots schaltet, ausgegangen. Die einfache Form des Entscheidens zwischen zwei möglichen Verläufen in den Testwerken liegt diesbezüglich auf einem sehr niedrigen Komplexitätsniveau. Die Komplexität liegt, wenn davon gesprochen werden mag, hier vor allem in der Kontingenz persönlicher Handlungs- und Entscheidungsmöglichkeiten der Charaktere und der damit verbundenen Unvorhersehbarkeit der Handlungsverläufe. Eine strukturell begründete Komplexität eines Verarbeitungsprozesses liegt hingegen nur in geringem Maß vor. Hier wäre es von Interesse einen Kriterienkatalog zu entwickeln, der verschiedene Ebenen möglicher Komplexität und, bzw., oder Kontingenzen berücksichtigt.

beurteilungen wurde in der Theoriediskussion als offener Punkt möglicher explorativer Erhebungen dargelegt. In der Interpretation wurde eine höhere Relevanz der Gestaltungsbeurteilung für eine Bezugsetzung zu einer Mitteilungsperson bei einem linearem Werk als mögliches Ergebnis dargestellt. Im Gegensatz zu den anderen Ergebnissen steht hier nicht die selbstbezügliche Sinnzuweisung im Vordergrund, sondern eine primär fremdbezügliche Bedeutungszuweisung im Sinne einer Wahrnehmung von etwas subjektiv Gestaltetem findet statt – das damit auf den Gestaltenden verweist. Ob diese auf nur einigen Beiträgen fußende Interpretation sich auch in einer repräsentativeren Erhebungsform tatsächlich halten ließe, wäre interessant, ebenso wie die weitere Erkundung dazu, wie dieser Aspekt bei interaktiven Angeboten ausgeprägt ist. Die Auswertung weist diesbezüglich darauf hin, dass mit dem Nutzereingriff eine distanzierte Beurteilung einer Werkgestaltung, im Sinne eines Subjektbezugs bzw. einer Autorenschaft, abgeschwächt wird. Hier scheinen vielmehr die subjektiven Bedürfnisse der Nutzer im Vordergrund von Gestaltungswahrnehmungen zu stehen.

9.2   Reflexion der empirischen Studie

Das als Experiment angelegte Studiendesign mit drei vergleichbaren Testwerken erwies sich in der Auswertung als anschlussfähig zu der vorausgehenden Theoriebildung und konnte, zwar unvorhergesehene aber interessante und für weiterführende Forschungen, verwertbare Ergebnisse liefern. Die Kopplung von hypothesengeleiteter Fragebogenerhebung und ergänzenden Interviews war trotz der Problematik, die sich aus den Reduzierungen der standardisierten Befragung ergaben, als erster Schritt einer empirischen Annäherung sinnvoll. Durch die vorausgehenden Ergebnisse der Fragebogenauswertung konnte die qualitative Analyse der Interviewaussagen mit spezifischeren Fragestellungen durchgeführt und ausgewertet werden, als das bei einer rein explorativen Vorgehensweise der Fall gewesen wäre. Die Ausrichtung der Ergebnisse der Fragebogenerhebung war zwar unerwartet, aber in sich dennoch konsistent. Die Fragebogenergebnisse verweisen darauf, dass der postulierte Zusammenhang zwischen linearer und interaktiver Form und Ausprägungen in der Bedeutungszuweisung bzw. dem Rezeptionserleben angenommen werden kann.

En der konkreten Durchführung der Erhebungen zeigten sich dennoch einige kritische Punkte, die für mögliche weitere Forschungen berücksichtigt werden sollten:

9.2.1 Geringe Fallzahl bei den Interviewerhebungen

Im Vergleich zur Fragebogenerhebung lieferten die Daten der Gruppeninterviews weitaus ergiebigeres Material hinsichtlich der angestellten Fragestellungen. Während die Fragebogenerhebung eine solide Stichprobengröße aufweist, haben die Interviewanalysen nur eine sehr geringe Repräsentativität, womit die angestellten Interpretationen zu möglichen Zusammenhängen einen spekulativen Charakter haben. Wie bereits erläutert, war diese Gewichtung in Kauf genommen worden, da die empirische Erhebung einerseits auf eine erste Überprüfung möglicher Zusammenhänge generell zielte und weniger der Ermittlung der konkreten Ausrichtung der Zusammenhänge geschuldet war. Andererseits wäre im Rahmen der vorhandenen Mittel eine den Fragebogen ergänzende repräsentative Interviewerhebung nicht möglich gewesen. In weiterführenden Erhebungen wäre eine Ausweitung der qualitativen Erhebungen sinnvoll.

9.2.2 Kritische Punkte in der Gestaltung der Testwerke

Über die Festlegungen der konkreten Gestaltung der Testfilme ergibt sich generell die Schwierigkeit, dass mit der Eingrenzung auf ein bestimmtes Genre ein Teil des Publikums stärker angesprochen wird als ein anderer. Diese Problematik wir in bestimmtem Ausmaß nicht zu umgehen sein. In diesem Fall wurde aus theoretischen Überlegungen heraus die Form des Alltagsdramas gewählt, was aus den angeführten Gründen auch weiterhin als sinnvoll erachtet wird.[641] Es zeigte sich in den Interviews, dass dieses Genre vorwiegend beim männlichem Publikum auf geringeres Interesse stößt.[642] Mit der Entscheidung für eine Liebesgeschichte als zentrale Problematik wurde diese Tendenz noch verstärkt. Hier wäre gegebenenfalls ein geschlechtsneutralerer Konfliktstoff im gleichen Genre denkbar, der dann auch das männliche Publikum stärker anspricht.

Zusätzlich war durch die Begrenzung der verfügbaren Mittel zwar eine ausreichend professionelle Umsetzung auf studentischem Niveau von Filmhochschulen möglich. In den Interviews zeigte sich dennoch, dass die Verbindung aus der unbekannten Form des interaktiven Films und studentischem Produktionsniveau den Filmen einen experimentellen Gestaltungscharakter verleiht. Es wäre auch hier interessant, eine Vergleichbarkeit zwischen den Filmangeboten ohne diese Einschränkung zu erzielen.[643]

---

[641] Siehe Kapitel 8.3.1.
[642] Siehe Kapitel 8.5.2.
[643] Dazu zählt unter anderem auch, dass Andreas Charakter von mehreren Interviewteilnehmern zunächst irrtümlich für homosexuell gehalten wurde.

Auch wenn aus theoretischen Überlegungen heraus anzunehmen ist, dass die Frage nach einem Botschaftscharakter generell problematisch für den Spielfilm ist, bot zusätzlich die Anlage und der Verlauf, der hier vorgelegten Geschichte, wenig Anhaltspunkte für eine mögliche Botschaftszuschreibung. Für diese Fragestellung wäre zu prüfen, ob über ein polarisierendes Thema mit stärkerer gesellschaftlicher Relevanz andere Ergebnisse erzielt werden könnten.

Schließlich wäre auch noch der bereits angesprochene Punkt zu erwähnen, dass mit der Gestaltung einer einfachen Auswahl zwischen je zwei Handlungsverläufen ein sehr geringer Interaktivitätsgrad erreicht wird. Dieser Sachverhalt stellt eine grundsätzliche Schwierigkeit für einen experimentellen Vergleich zwischen linearem und interaktivem Film dar, insofern bei komplexer Interaktivität von großen Abweichungen im narrativem Verlauf ausgegangen werden muss und damit die Geschichte in ihrer Gesamtheit nicht mehr unmittelbar vergleichbar ist. Die theoretischen Überlegungen zeigten aber, dass unter Umständen schon beim linearen Film eine stark modularisierte Form von Bedeutungszuweisungen mit relativ hohen Flexibilitätsgraden bezüglich möglicher Verläufe stattfindet. Es wäre zu überlegen, ob eine theoretische Fragestellung, die z. B. nur auf die Charakterrezeption abzielt, hier die Möglichkeit böte direkte Vergleiche auch bei stärker abweichenden Gesamtverläufen ermöglichen würde.

9.2.3   Kritische Punkte in der Operationalisierung von Fragestellungen

Die direkte Frage zum Botschaftscharakter erwies sich, wie dargestellt, als schwierig, insofern sie von den meisten als Aufforderung zur Botschaftssuche verstanden wurde. Die mit dieser Frage verbundene theoretische Thematisierung möglicher Veränderungen des kommunikativen Charakters eines Medienangebots müsste also gegebenenfalls über andere Items oder über indirekte Fragestellungen aufgegriffen werden. Ebenso erwiesen sich die Fragen zur Relevanz bzw. der bewussten Reflexion und Wahrnehmung von Gestaltungselementen für die Teilnehmer als problematisch. Hier kann aber bereits mit den Ergebnissen der Interviewanalysen davon ausgegangen werden, dass diese Fragestellungen bei gegebener offener Befragung indirekt aus generellen Aussagen zur Filmrezeption abgeleitet werden könnten.

Die Frage zum Spannungserleben wurde in den Fragebögen direkt und mit nur einer Differenzierung hinsichtlich des Verlaufs gestellt. Das war zunächst auch zur Ermittlung einer generellen Differenz zwischen den Filmversionen sinnvoll. Auf theoretischer Ebene wurde die Thematik des Spannungserlebens bereits weitreichend differenzierter erörtert und auch mit unterschiedlichen Kategorien in der Gegenüberstellung von spielerischen und narrativen Rezeptionsmustern berücksichtigt. In den Interviewaussagen zeigte sich, dass die Bezugsdimensionen des Spannungserlebens in den konkreten Fällen dann auch sehr unterschiedlich ausfielen.[644]

Eine einfache standardisierte Fragestellung zum Spannungserleben kann somit für diese Forschungsthematik nur als Hinweispunkt verstanden werden. Für differenziertere Betrachtungen wären gezielt vertiefende qualitative Erhebungen zum Spannungserleben folgerichtig. Gegebenenfalls könnten auf dieser Basis dann auch Überlegungen hinsichtlich einer differenzierten Operationalisierung für standardisierte Befragungen angestellt werden.

Diese Feststellung muss in gewissem Maß, beim vorliegenden Stand der Forschung auch generell für den standardisierten Fragebogen festgestellt werden. Als Eingrenzung von Fragestellungen können hier sinnvolle Ergebnisse gefunden werden, für eine Erläuterung von Zusammenhängen sind bei der gegebenen Komplexität der Zusammenhänge von möglichen Rezeptionsdimensionen und konkreten Gestaltungselementen explorative und noch weitere voraus greifende offene Erhebungen notwendig.

9.3 Zusammenfassendes Fazit zur vorgelegten Forschungsarbeit und Ausblick zu möglichen Weiterführungen

In den obigen Ausführungen zur abschließenden Interviewanalyse wurde bereits eine rückbezügliche Reflexion der ausgehenden Theorieüberlegungen unter Berücksichtigung der empirischen Ergebnisse vollzogen. Weiterhin wurden die kritischen wie positiven Einschätzungen zur Theoriebildung und Durchführung der empirischen Forschungsarbeit dargelegt. Zusammenfassend wird der theoretische Ansatzpunkt wie auch die empirische Studie in ihrer Gesamtheit als sinnvolle Möglichkeit der wissenschaftlichen Untersuchung zur Rezeption interaktiver narrativer AV-Medien beurteilt. Die Fokussierung auf den Prozess der Bedeutungszuweisung liefert nach vorliegender Auffassung eine erkenntnisfördernde Perspektive für die Untersuchung unterschiedlicher Fragestellungen auf der Ebene empirisch beobachtbarer Phänomene der Mediennutzung. Die konkrete Ausgestaltung in der Theorie und vor allem in der empirischen Studie kann nur als erster Schritt verstanden werden, diese theoretische Bezugsperspektive für empirische Fragestellungen zu nutzen. Die Schwierigkeiten dabei wurden bereits thematisiert. Geht man davon aus, dass die genannten Problempunkte in konsistenter Form aufgehoben werden können bzw. über eine Verschiebung der Forschungsausrichtung behoben werden könnten, ergeben sich aus vorliegender Sicht bereits mehrere Perspektiven

---

[644] Es zeigte sich ein breites Spektrum zwischen den Polen eines stark inhaltlich nachvollziehenden Spannungserlebens bis zu einem rein auf das eigene Handlungserleben bezogene Spannungsgefühl der Erwartung der nächsten Manipulationsmöglichkeit. Siehe Kapitel 8.5.2 und Kapitel 8.6.4.

für weiterführende Vertiefungen und, bzw., oder Anwendungen einer noch zu leistenden Ausdifferenzierung in der Modellierung.

Mögliche Weiterentwicklungen und aufbauende Fragestellungen

Untersuchungen zum Zusammenhang von Gestaltungsformen der interaktiven Nutzerführung und Ausprägungen des Rezeptionserlebens
Die festgestellten Veränderungen bei der Gruppe V3, die lediglich über die zusätzlichen Elemente der Punktanzeige und einer veränderten Formulierung der einleitenden Nutzeransprache bewirkt wurden, weisen darauf hin, wie diffizil die je konkrete Form der Eingriffsmöglichkeiten zu berücksichtigen ist. Zusätzlich nahm die Frage der Gestaltung der Nutzereingriffe bei den Gruppendiskussionen relativ großen Raum ein. Es zeigte sich dass die Rezipienten zum einen die Gestaltung der Interaktiven Möglichkeiten stark reflektierten und zum anderen sehr konkrete Alternativen, Wünsche und Verbesserungsvorschläge diskutiert wurden. Ohne dazu bereits theoretische Bezugspunkte liefern zu können, ist anzunehmen, dass empirische Untersuchungen mit experimentellen Versuchsbedingungen für eine differenzierte Erfassung des Zusammenhangs von Nutzereingriff und Filmrezeption sinnvolle Aufschlüsselungen liefern können.

Ein anderer Ansatzpunkt für eine ergänzende Prüfung der entwickelten Vorgehensweise könnte die Kopplung an einen Genrevergleich ermöglichen. Geht man davon aus, dass das Verhältnis von narrativen und spielerischen Rezeptionsmuster in der Filmrezeption mit unterschiedlichen Ausprägungen vorliegen kann, wäre die Überprüfung der Relevanz des jeweiligen Genres für mögliche Verschiebungen ein interessanter Ansatzpunkt. Im vorliegenden Ansatz wurde dieser Punkt ohne weitere theoretische bzw. empirische Ausführung vorausgreifend gesetzt. Es wurde angenommen, dass eine möglichst alltagsnahe Dramaturgie und Gestaltung im Vergleich zu anderen Genres eher ein geringes Maß spielerischer Rezeptionsmuster evoziert. Für die praxisbezogenen Fragestellungen der Gestaltung interaktiver filmischer Angebote wäre es interessant zu ermitteln, inwieweit die Genregestaltung einer interaktiven Dramaturgie gegebenenfalls mehr oder weniger entgegen kommt. Ebenso von Interesse wäre die Frage, für welchen Komponenten der Bedeutungszuweisung und des Rezeptionserlebens Genreverschiebungen ein besonderes Gewicht erhalten, z. B. bezüglich möglicher Verschiebungen in der Charakterrezeption, Verschiebungen in der Entwicklung von Variationen, Verschiebungen in der Bedeutsamkeit von Handlungssituationen, Verschiebungen in der Relevanz von Gestaltungskomponenten.

Schließlich stellt sich die Frage, ob das entwickelte Theoriemuster auch im Umkehrschluss einen sinnvollen Ansatzpunkt für die Untersuchung von audiovisuellen narrativen Spielangeboten liefern könnte. Inwieweit kann das theoretische

Instrumentarium auch für Fragestellungen zur Relevanz narrativer Rezeptionsmuster im Rahmen digitaler Spielprozesse dienen und welche Umwandlungen
müssten dafür vorgenommen werden?

10   Literatur

Aarseth, Espen (2001). Allegorien des Raums. Räumlichkeit von Computerspielen. In: Wenz, Karin (Hrsg.). Spiele und Spielen. Zeitschrift für Semiotik, Bd. 23, 2001, S. 301–319.

Aarseth, Espen (1997). Cybertext. Perspectives on Ergodic Literature. Baltimore, London: The Johns Hopkins University Press.

Atkins, Barry (2003). More than a game. The Computer Game as Fiktional Form. Manchester, New York: Manchester University Press.

Atteslander, Peter (2003). Methoden der empirischen Sozialforschung. Berlin, New York: Walter de Gruyter.

Bateson, Gregory (1993). Eine Theorie des Spiels und der Phantasie. In: Rapp, Uri. Rolle, Interaktion, Spiel. Eine Einführung in die Theatersoziologie. Wien: Böhlau, S. 113–123.

Bateson, Gregory (1971). The Message „This is Play". In: Herron, R. E.; Sutton-Smith, Brian (Hrsg.). Child's Play. New York u. a.: John Wiley & Sons, S. 261–269.

Bhatty, Michael (1999). Interaktives Story Telling. Zur historischen Entwicklung und konzeptionellen Strukturierung interaktiver Geschichten. Aachen. Shaker.

Bilandzic, Helena; Trapp, Bettina (2000). Methode des lauten Denkens. Grundlagen des Verfahrens und die Anwendung bei der Untersuchung selektiver Fernsehnutzung bei Jugendlichen. In: Paus-Haase, Ingrid; Schorb, Bernd (Hrsg.). Qualitative Kinder- und Jugendmedienforschung. Theorie und Methoden: Ein Arbeitsbuch. München: KoPäd, S. 183–209.

Blumer, Herbert (1973). Der methodologische Standort des symbolischen Interaktionismus. In: Arbeitsgruppe Bielefelder Soziologen (Hrsg.). Alltagswissen, Interaktion und gesellschaftliche Wirklichkeit. Reinbek: Rowohlt, S. 80–147.

Böhm, Christian (1990). Die psychologische Realität der Tiefenstruktur filmischer Narrationen. Inferenzbildung und Protagonistenrepräsentation. In: Schumm, Gerhard; Wulff, Hans J. (Hrsg.). Kognition – Rezeption – Perzeption. Münster: MakS Publikationen, S. 143–178.

Bordwell, David (1985). Narration in the Fiction Film. London: Routledge.

Bordwell, David (1992). Kognition und Verstehen. Sehen und Vergessen in Mildred Peirce. In: Montage/av, Heft 1/1, 1992, S. 5–24.

Branigan, Edward. Narrative Comprehension and Film. London. New York, Routledge 1998 (i. O. 1992)

Brosius, Hans-Bernd (2003). Unterhaltung als isoliertes Meidenverhalten? Psychologische und kommunikationswissenschaftliche Perspektiven? In: Früh, Werner; Stiehler, Hans-Jörg (Hrsg.). Theorie der Unterhaltung. Ein interdisziplinärer Diskurs. Köln: Halem, S. 74–88.

Brosius, Hans-Bernd; Koschel, Friederike (2001). Methoden der empirischen Kommunikationsforschung. Eine Einführung. Wiesbaden: Westdeutscher Verlag.

Charlton, Michael; Neumann, Klaus (1990). Medienrezeption und Identitätsbildung. Kultur-psychologische und kultursoziologische Befunde zum Gebrauch von Massenmedien im Vorschulalter. Tübingen: Gunter Narr Verlag.

Dehm, Ursula; Storll, Dieter (2003). TV-Erlebnisfaktoren. Ein ganzheitlicher Forschungs-ansatz zur Rezeption unterhaltender und informierender Fernsehangebote. In: Media Perspektiven, Nr. 9, 2003, S. 425–434.

Eskelinen, Markku. The Gaming Situation (2001). In: Aarseth, Espen (Hrsg.). Game Studies. The International Journal of Computer Game Research, Nr. 0101, 2001. („http://cmc. uib.no/gamestudies/0101/index.html", Stand: Juli 2003)

Esposito, Elena (1993). Der Computer als Medium und Maschine. In: Zeitschrift für Sozio-logie, Jg. 22, Heft 5, Oktober 1993, S. 338–354.

Esposito, Elena. Illusion und Virtualität. Kommmunikative Veränderungen der Fiktion. In: Rammert, Werner. Soziologie und künstliche Intelligenz: Produkte und Probleme einer Hochtechnologie. Frankfurt am Main, New York: Campus, S. 187–206.

Esposito, Elena (1995). Interaktion, Interaktivität und Personalisierung der Massenmedien. In: Soziale Systeme. Zeitschrift für soziologische Theorie, Jg.1, Heft 2, 1995, S. 225–260.

Esposito, Elena (2000). Rhetorik, das Netz und die Entleerung der Subjektivität. In: Sand-bothe, Mike; Marotzki, Winfried (Hrsg.). Subjektivität und Öffentlichkeit. Kultur-wissenschaftliche Grundlagenprobleme virtueller Welten. Köln: Halem, S. 171–191.

Foerster, Heinz von (1992). Entdecken oder Erfinden. Wie läßt sich Verstehen verstehen? In: Gumin, Heinz; Meier Heinrich (Hrsg.). Einführung in den Konstruktivismus: Mit Beiträgen von Heinz von Foerster, Ernst von Glasersfeld, Peter M. Hejl, Siegfried J. Schmidt und Paul Watzlawick. München. Piper, S. 41–88.

Frasca, Gonzalo (2003). Ludologists Love Stories, Too. Notes From a Debate That Never Took Place. In: Copier, Marinka; Raessens, Joost (Hrsg.). Level Up: Digital Games Reserach Donference. Utrecht: Universiteit Utrecht, S. 92–99.

Früh, Werner (2002). Unterhaltung durch das Fernsehen. Eine molare Theorie. Konstanz: UVK.

Gehrau, Volker (2002). Eine Skizze der Rezpetionsforschung in Deutschland. In: Rössler, Patrick; Kubisch, Susanne; Gehrau, Volker (Hrsg). Empirische Perspektiven der Rezeptionsforschung. München: Fischer, S. 9–48.

Grodal, Torben (1997). Moving Pictures: A New Theory of Film Genres, Feelings and Cognition. Oxford. Clarendon.

Grodal, Torben (2000). Video Games and the Pleasure of Control. In: Zillmann, Dolf; Vorderer, Peter (Hrsg.). Media Entertainment. The Psychology of Its Appeal. Mahwah, London: Lawrence Erlbaum, S. 197–213.

Großmann, Brit (1999). Medienrezeption. Bestehende Ansätze und eine konstruktivistische Alternative. Opladen, Wiesbaden: Verlag für Sozialwissenschaft.

Hasebrink, Uwe (1986). Zur Beschreibung der von Rezipienten eines Textes wahrgenom-menen Bedeutungsstrukturen. Hamburg: Universität Hamburg.

Hepp, Andreas (1999). Das Globale trifft das Lokale. Fernsehaneignung als Vermittlungs-prozeß zwischen Medien- und Alltagsdiskursen. In: Hepp, Andreas; Winter, Rainer (Hrsg.). Kultur – Medien – Macht: Cultural Studies und Medienanalyse. Opladen: Westdeutscher Verlag, S. 191–211.

Hügli, Anton; Lübcke, Poul (Hrsg.) (1991). Philosophielexikon. Personen und Begriffe der abendländischen Philospohie von der Antike bis zur Gegenwart. Reinbeck bei Hamburg: Rowohlt.

Joas, Hans (1988). Symbolischer Interaktionismus. Von der Philosophie des Pragmatismus zu einer soziologischen Forschungstradition. In: Kölner Zeitschrift für Soziologie und Sozialpsychologie, Bd. 40,1988, S. 417–446.

Juul, Jesper (1999). A Clash between Game and Narrative. Abschlussarbeit, o. O. („http: www.jesperjuul.dk/thesis/", Stand: Juli 2003).

Klaus, Georg (1968). Spieltheorie in philosophischer Sicht. Berlin: VEB Deutscher Verlag der Wissenschaften.

Klimmt, Christoph (2001). Computer-Spiel. Interaktive Unterhaltungsangebote als Synthese aus Medium und Spielzeug. In: Zeitschrift für Medienpsychologie, 13/2, 2001, S. 22–32.

Knobloch, Silvia, Ngyen-Blaas, L. V.; Hastall, Mattias R. (2004). Mitfühlen oder Mitspielen. Wahrnehmung von Medienfiguren in Trickfilm und PC-Spiel bei Grundschulkindern. In: Hasebrink, Uwe; Mikos, Lothar; Prommer , Elizabeth (Hrsg.), Mediennutzung in konvergierenden Medienumgebungen. München: Fischer, S. 321–346.

Krämer, Sybille (1995). Spielerische Interaktion . Überlegungen zu unserem Umgang mit Instrumenten. In: Rötzer, Florian (Hrsg.). Schöne neue Welten? Auf dem Weg zu einer neuen Spielkultur. München: Boer, S. 225–236.

Krieg, Peter (1993). Versuch über Interaktion und Medien. In: Hartwagner, Georg; Iglhaut, Stefan; Rötzer, Florian (Hrsg.). Künstliche Spiele. München: Boer, S. 180–188.

Krotz, Friedrich (1995). Elektronisch mediatisierte Kommunikation: Überlegungen zur Konzeption einiger zukünftiger Forschungsfelder der Kommunikationswissenschaft. In. Rundfunk und Fernsehen, Nr. 4, 1995, S. 447–462.

Krotz, Friedrich (1996a). Der symbolisch-interaktionistische Beitrag zur Untersuchung von Mediennutzung und -rezeption. In: Hasebrink, Uwe; Krotz, Friedrich (Hrsg.). Die Zuschauer als Fernsehregisseure? Zum Verständnis individueller Nutzungs- und Rezeptionsmuster. Baden-Baden, Hamburg: Nomos, S. 52–75.

Krotz, Friedrich (1996b). Parasoziale Interaktion und Identität im elektronisch mediatisierten Kommunikationsraum. In: Vorderer, Peter (Hrsg.). Fernsehen als „Beziehungskiste": parasoziale Beziehungen und Interaktionen mit TV-Personen. Opladen: Westdeutscher Verlag, S. 73–90.

Krotz, Friedrich (1993). Fernsehen fühlen. Auf der Suche nach einem handlungstheoretischem Konzept für das emotionale Erleben des Fernsehens. In: Rundfunk und Fernsehen, Nr. 4, 1993, S. 477–496.

Kücklich, Julian (2002). Computerspielphilologie. Prolegomena zu einer literaturwissenschaftlich begründeten Theorie narrativer Spiele in den elektronischen Medien. München: Universität München.

Lamnek, Siegfried (1998). Gruppendiskussion. Theorie und Praxis. Weinheim: UTB Verlag.

Maturana, Humberto R. (1988). Elemente einer Ontologie des Beobachtens. In: Gumbrecht, Hans Ulrich; Pfeiffer, K. Ludwig (Hrsg.). Materialität der Kommunikation. Frankfurt am Main: Suhrkamp Verlag, S. 830–845.

Mead, George Herbert (1980). Geist, Identität und Gesellschaft aus der Sicht des Sozial-behaviorismus. Mit einer Einleitung von Charles W. Morris. Frankfurt am Main: Suhrkamp Verlag.

Mikos, Lothar (1992). Fernsehen im Kontext von Alltag, Lebenswelt und Kultur. Versuch zur Klärung von Begriffen zum Zwecke der theoretischen Annäherung (1). In: Rundfunk und Fernsehen, Jg. 49, Bd. 4, 1992, S. 528–543.

Mikos, Lothar (1996). Parasoziale Interaktion und indirekte Adressierung. In: Vorderer, Peter (Hrsg.). Fernsehen als „Beziehungskiste": parasoziale Beziehungen und Inter-aktionen mit TV-Personen. Opladen: Westdeutscher Verlag, S. 97–105.

Mikos. Lothar (1996b). The Experience of Suspense: Between Fear and Pleasure. In. Vorderer, Peter; Wulff, Hans-Jürgen; Friedrichsen, Mike (Hrsg.). Suspense: Con-zeptionaliszation, Theoretical Analysis, and Empirical Explorations. New Jersey: Lawrence Erlbaum, S. 37–50.

Mikos, Lothar u. a. (2000). Im Auge der Kamera: Das Fernsehereignis Big Brother. Berlin. VISTAS.

Mikos, Lothar (2003). Populärkulturelles Vergnügen. Der Umgang mit unterhaltenden Formaten in den Cultural Studies. In: Früh, Werner: Stiehler, Hans-Jörg (Hrsg.) Theorie der Unterhaltung. Ein interdisziplinärer Diskurs. Köln: Halem, S. 89–104.

Morris, Charles W. (1992). Ästhetik und Zeichentheorie. In: Henrich, Dieter; Iser, Wolfgang (Hrsg.). Theorien der Kunst. Frankfurt am Main: Suhrkamp, S. 356–382.

Neitzel, Britta (2000). Gespielte Geschichten. Struktur- und prozessanalytische Unter-suchungen zur Narrativität von Videospielen. Weimar: Bauhaus Universität Weimar. („http://e-pub.uni-weimar.de/volltexte/2004/72/", Stand 14.02.2008)

Oerter, Rolf (1993). Psychologie des Spiels. Ein handlungstheoretischer Ansatz. München: Beltz.

Ohler, Peter (1994). Zur kognitiven Modellierung von Aspekten des Spannungserleben bei der Filmrezeption. In: Montage/av, Heft 3/1, 1994, S. 133–141.

Ohler, Peter; Nieding, Gerhild (2001). Antizipation und Spieltätigkeit bei der Rezeption narrativer Filme. In: Beiträge zur Film- und Fernsehwissenschaft, Bd. 60, Jg. 42, Berlin 2001, S. 13–30.

Piaget, Jean (1993). Nachahmung, Spiel und Traum: Die Entwicklung der Symbolfunktion beim Kinde. Stuttgart. Klett-Cotta.

Rötzer, Florian (1998). Aspekte der Spielkultur in der Informationsgesellschaft. In: Vatti-mo, Gianni; Welsch, Wolfgang (Hrsg.). Medien-Welten Wirklichkeiten. München 1998, S. 149–172.

Rötzer, Florian (1993). Kunst Spiel Zeug. Einige unsystematische Anmerkungen. In: Hart-wagner, Georg; Iglhaut, Stefan; Rötzer, Florian (Hrsg.). Künstliche Spiele. München: Fink, S. 15–38.

Ryan, Marie-Laure (2001). Beyond Myth and Metaphor. In: Aarseth, Espen (Hrsg.). Game Studies. The International Journal of Computer Game Research, Nr. 0101, 2001. („http:// cmc.uib.no/gamestudies/0101/index.html", Stand: Juli 2003).

Scheuerl, Hans (1991). Spiel – ein menschliches Grundverhalten? In: Scheuerl, Hans (Hrsg.). Das Spiel. Bd. 2 Theorien des Spiels. Basel: Beltz, S. 189–208.

Schlütz, Daniela (2002). Bildschirmspiele und ihre Faszination. Zuwendungsmotive, Gratifikationen und Erleben interaktiver Medienangebote. München: Fischer.

Schmidt, Siegfried J. (1996). Kognitive Autonomie und soziale Ordnung: Konstruktivistische Bemerkungen zum Zusammenhang von Kognition, Kommunikation, Medien
und Kultur. Frankfurt: Suhrkamp.

Schmidt, Siegfried (1998). Konstruktivismus als Medientheorie. In: Nöth, Winfried; Wenz,
Karin (Hrsg.). Intervalle 2. Schriften zur Kulturforschung. Kassel: Kassel University
Press, S. 21–47

Schwab, Frank (2001). Unterhaltungsrezeption als Gegenstand medienpsychologischer
Emotionsforschung. In: Zeitschrift für Medienpsychologie, 13/2, Göttingen: Hogrefe,
S. 62–72.

Smith, Murray (1995). Engaging Characters. Fiction, Emotion, and the Cinema. Oxford:
Clarendon.

Sutton-Smith, Brian (1972). Die Dialektik des Spiels. Schorndorf: Karl Hofmann.

Tan, Ed S. (1996). Emotion and the Structure of Narrative Film. Film as an Emotion Ma-
chine. New Jersey: Lawrence Earlbaum.

Vorder, Peter; Knobloch, Silvia; Schramm, Holger (2001). Does Entertainment Suffer
From Interactivity? The Impact of Watching and Interactive TV Movie on Viewers'
Experience of Entertainment. In: Media Psychology, Nr. 3, 2001, S. 343–363.

Vorder, Peter; Knobloch, Silvia. Conflict and Suspense in Drama. In: Zillmann, Dolf; Vorderer, Peter (Hrsg.), Media Entertainment: The Psychology of its Appeal. Mahwah,
New Jersey. Lawrence Erlbaum, S. 59–72.

Walther, Bo Kampmann (2003). Playing and Gaming. Reflections and Classifications. In:
Gamestudies, Bd. 3, Nr.1, Mai 2003 („http: www.gamestudies.org/0301/walther",
Stand: Oktober 2003)

Wehner, Josef (1997). Interaktive Medien – Ende der Massenkommunikation? In: Zeitschrift
für Soziologie, Bd. 26, Nr. 2, 1997, S. 98–114.

Winograd, Terry; Flores, Fernando (1992). Erkenntnis-Maschinen-Verstehen. Zur Neuge-
staltung von Computersystemen. (Mit einem Nachwort von Wolfgang Coy.) Berlin:
Rotbuch.

Witt, Claudia de (1993). Pädagogische Theorien der Interaktion im Zeitalter neuer Techno-
logien. Versuch einer didaktischen Bewertung von interaktiven Computerlehr-/
lernprogrammen. Frankfurt am Main: Lang.

Wuss, Peter (1993a). Grundformen filmischer Spannung. In: Montage/av, Heft 2/2, 1993,
S. 101–116.

Wuss, Peter (1993b). Filmanalyse und Psychologie. Strukturen des Films im Wahrneh-
mungsprozeß. Berlin: Sigma

Medien

Tobias Ebbrecht / Thomas Schick (Hrsg.)
Kino in Bewegung
Perspektiven des deutschen
Gegenwartsfilms
2011. ca. 300 S. (Film, Fernsehen, Medien-
kultur. Schriftenreihe der Hochschule für
Film und Fernsehen „Konrad Wolf") Br.
ca. EUR 29,95
ISBN 978-3-531-17489-1

Regina Friess
**Narrative versus spielerische
Rezeption?**
Eine Fallstudie zum interaktiven Film
2010. ca. 250 S. (Film, Fernsehen, Medien-
kultur. Schriftenreihe der Hochschule für
Film und Fernsehen „Konrad Wolf") Br.
ca. EUR 29,95
ISBN 978-3-531-17502-7

Andrea Gschwendtner
Bilder der Wandlung
Visualisierung charakterlicher Wandlungs-
prozesse im Spielfilm
2011. ca. 450 S. (Film, Fernsehen, Medienkultur. Schriftenreihe der Hochschule für
Film und Fernsehen „Konrad Wolf") Br.
ca. EUR 39,95
ISBN 978-3-531-17488-4

Volker Gehrau /
Christoph Neuberger (Hrsg.)
StudiVZ
Kommunikationswissenschaftliche
Studien zum Umgang mit einem sozialen
Netzwerk im Internet
2011. ca. 208 S. Br. ca. EUR 24,95
ISBN 978-3-531-17373-3

Mike Sandbothe
Wozu Medienphilosophie?
Pragmatistische Aufsätze 2000 bis 2010
2010. ca. 160 S. Br. ca. EUR 19,95
ISBN 978-3-531-17620-8

Wolfgang Schweiger / Klaus Beck (Hrsg.)
**Handbuch
Online-Kommunikation**
2010. 549 S. Geb. EUR 39,95
ISBN 978-3-531-17013-8

Eva Johanna Schweitzer /
Steffen Albrecht (Hrsg.)
Das Internet im Wahlkampf
Analysen zur Bundestagswahl 2009
2011. ca. 300 S. Br. ca. EUR 29,95
ISBN 978-3-531-17023-7

Erhältlich im Buchhandel oder beim Verlag.
Änderungen vorbehalten. Stand: Juli 2010.

www.vs-verlag.de

VS VERLAG

Abraham-Lincoln-Straße 46
65189 Wiesbaden
Tel. 0611.7878-722
Fax 0611.7878-400

Reihe Medien – Kultur – Kommunikation

Andreas Hepp
Cultural Studies und Medienanalyse
Eine Einführung
3., überarb. u. erw. Aufl. 2010. 321 S.
(Medien – Kultur – Kommunikation) Br.
EUR 29,95
ISBN 978-3-531-15543-2

Andreas Hepp / Cigdem Bozdag / Laura Suna
Mediale Migranten
Medienwandel und die kommunikative Vernetzung der Diaspora
2011. ca. 240 S. (Medien – Kultur – Kommunikation) Br. ca. EUR 29,95
ISBN 978-3-531-17314-6

Christine Linke
Medien im Alltag von Paaren
Eine Studie zur Mediatisierung der Kommunikation in Paarbeziehungen
2010. 208 S. (Medien – Kultur – Kommunikation) Br. EUR 34,95
ISBN 978-3-531-17364-1

Jo Reichertz
Die Macht der Worte und der Medien
3. Aufl. 2010. 333 S. (Medien – Kultur – Kommunikation) Br. EUR 29,95
ISBN 978-3-531-17242-2

Paddy Scannell
Medien und Kommunikation
2011. 400 S. (Medien – Kultur – Kommu-nikation) Br. ca. EUR 29,95
ISBN 978-3-531-16594-3

Martina Thiele / Tanja Thomas / Fabian Virchow (Hrsg.)
Medien – Krieg – Geschlecht
Affirmationen und Irritationen sozialer Ordnungen
2010. 363 S. (Medien – Kultur – Kommu-nikation) Br. EUR 34,95
ISBN 978-3-531-16730-5

Waldemar Vogelgesang
Jugend, Alltag und Kultur
Eine Forschungsbilanz
2011. ca. 400 S. (Medien – Kultur – Kommunikation) Br. ca. EUR 49,95
ISBN 978-3-531-14478-8

Erhältlich im Buchhandel oder beim Verlag.
Änderungen vorbehalten. Stand: Juli 2010.

www.vs-verlag.de

VS VERLAG

Abraham-Lincoln-Straße 46
65189 Wiesbaden
Tel. 0611.7878-722
Fax 0611.7878-400